普通高等教育市场营销专业"十三五"规划教材

广 告 学

第 2 版

主　编　崔文丹
副主编　孙金花　田雪莲
参　编　丁　倩　李　玥

机械工业出版社

本书系统阐述了广告学的相关理论，并将与人们生活紧密相关的公益广告和企业形象广告独立成章，旨在满足人们对不同广告的认知要求，了解广告的重要作用，客观评价生活中的各种广告现象和广告策略。通过学习本书，读者可以全面掌握广告学的理论框架，提高实际操作能力，胜任与广告相关的各种工作。

全书共12章，内容包括：广告与广告学、广告调查、广告战略与广告计划、广告定位与广告诉求点、广告预算、广告媒体、广告创意、广告设计、公益广告、企业形象广告、广告的效果测评、广告管理。

本书适合作为高等院校本科、高职高专等不同层次的市场营销、工商管理、广告学等专业的教学用书。

图书在版编目（CIP）数据

广告学 / 崔文丹主编. —2版. —北京：机械工业出版社，2019.10
普通高等教育市场营销专业"十三五"规划教材
ISBN 978-7-111-63602-1

Ⅰ. ①广… Ⅱ. ①崔… Ⅲ. ①广告学－高等学校－教材
Ⅳ. ①F713.80

中国版本图书馆 CIP 数据核字（2019）第 190038 号

机械工业出版社（北京市百万庄大街22号　邮政编码100037）
策划编辑：曹俊玲　责任编辑：曹俊玲　孙司宇
责任校对：炊小云　封面设计：张　静
责任印制：张　博
三河市国英印务有限公司印刷
2019年10月第2版第1次印刷
184mm×260mm·20印张·496千字
标准书号：ISBN 978-7-111-63602-1
定价：48.00元

电话服务　　　　　　　　　　网络服务
客服电话：010-88361066　　机 工 官 网：www.cmpbook.com
　　　　　010-88379833　　机 工 官 博：weibo.com/cmp1952
　　　　　010-68326294　　金 书 网：www.golden-book.com
封底无防伪标均为盗版　机工教育服务网：www.cmpedu.com

前 言

当今社会广告无处不在,如影随形,每一个企业和品牌的成功,都会或多或少地借助了广告的手段,将企业的经营理念、品牌文化等内容通过大众媒介传递给消费者,从而实现广告信息的有效传播。

由于广告在市场竞争中起到的作用越来越明显,其必然会越来越多地引起企业的关注,广告学的相关理论研究也越来越深入,广告业也因此日益繁荣与发展起来,从而吸引了众多对广告感兴趣的人士进入这一领域,从事与之相关的工作。尽管广告离人们的生活很近,但是仍然具有很强的专业性,从业人员只有对其涵盖的理论进行系统学习,才能胜任相关工作。为了顺应国内广告业的发展趋势,特编撰本书。

本书的特色主要表现在以下几个方面:

第一,内容编排新颖,各章节衔接合理,突出了广告学知识的系统性和实用性。本书将与人们生活紧密相关的公益广告和企业形象广告独立成章,旨在满足读者对不同广告的认知要求,读者可以深入了解不同主旨广告的作用,能够客观评价生活中的各种广告现象和广告策略。

第二,考虑到广告从属于社会文化范畴,本书增加了与广告文化相关的内容,并运用大量的广告实例解读由于文化差异对广告诉求点、广告创意、广告表现等相关内容的影响。

第三,每章都包含本章要点、导入案例、本章思考题、案例分析讨论等模块,并在正文中穿插了知识链接、案例链接,将学习广告学过程中可能遇到的难点进行详细解读,便于读者对相关理论的理解和把握。

第四,为配合各高校案例教学的发展方向,本书不仅在各章开始有导入案例,每章结束还有综合案例分析与讨论,旨在使读者在学习过程中能更好地将书本中的理论知识与现实生活中的实际现象和问题紧密联系起来,以便提高分析问题和解决问题的能力。

本书由哈尔滨理工大学、重庆理工大学、黑龙江科技大学等高校的教师联合编写,崔文丹任主编,孙金花、田雪莲任副主编,具体的编写分工如下:第一章、第二章和第三章由田雪莲编写,第四章由李玥编写,第五章、第六章、第七章和第八章由崔文丹编写,第九章、第十章和第十一章由孙金花编写,第十二章由丁倩编写。

本书配有电子课件,凡使用本书作为教材的教师可登录机械工业出版社教育服务网

(www.cmpedu.com）注册后免费下载。

  在编写过程中，我们参考了大量国内外专家的文献资料，在此谨向这些文献资料的作者致以诚挚的谢意。同时也对在编写过程中为我们提供帮助的各方人士表示感谢。

  由于编写时间和编写人员能力有限，书中难免有一些不足之处，恳请广大读者批评指正，也欢迎与我们联系就相关问题进行探讨。

编 者

目 录

前 言

第一章　广告与广告学 ……………… 1
　　本章要点 …………………………… 1
　　导入案例 …………………………… 1
　　第一节　广告的含义和功能 ………… 2
　　第二节　广告学的研究对象与方法 … 12
　　第三节　广告的历史沿革 …………… 14
　　第四节　广告产业的三大支柱 ……… 24
　　本章思考题 ………………………… 28
　　案例分析讨论 ……………………… 28
　　本章参考文献 ……………………… 29

第二章　广告调查 …………………… 30
　　本章要点 …………………………… 30
　　导入案例 …………………………… 30
　　第一节　广告调查的概念和作用 …… 31
　　第二节　广告调查的内容 …………… 32
　　第三节　广告调查的方法 …………… 35
　　本章思考题 ………………………… 39
　　案例分析讨论 ……………………… 39
　　本章参考文献 ……………………… 40

第三章　广告战略与广告计划 ……… 41
　　本章要点 …………………………… 41
　　导入案例 …………………………… 41
　　第一节　广告战略的概念和性质 …… 42
　　第二节　广告战略的类型 …………… 43
　　第三节　广告战略的内容 …………… 52
　　第四节　广告计划 …………………… 59
　　本章思考题 ………………………… 64
　　案例分析讨论 ……………………… 64
　　本章参考文献 ……………………… 65

第四章　广告定位与广告诉求点 …… 66
　　本章要点 …………………………… 66
　　导入案例 …………………………… 66
　　第一节　广告定位概述 ……………… 68
　　第二节　广告定位理论 ……………… 72
　　第三节　广告定位方法 ……………… 76
　　第四节　广告诉求点 ………………… 85
　　本章思考题 ………………………… 95
　　案例分析讨论 ……………………… 95
　　本章参考文献 ……………………… 101

第五章　广告预算 …………………… 102
　　本章要点 …………………………… 102
　　导入案例 …………………………… 102
　　第一节　广告预算概述 ……………… 102
　　第二节　广告预算的方法 …………… 107
　　第三节　广告预算的分配 …………… 111
　　本章思考题 ………………………… 114
　　案例分析讨论 ……………………… 114
　　本章参考文献 ……………………… 115

第六章　广告媒体 …………………… 116
　　本章要点 …………………………… 116
　　导入案例 …………………………… 116
　　第一节　广告媒体概述 ……………… 118
　　第二节　广告媒体的评价和选择 …… 133
　　第三节　广告媒体的组合与频率
　　　　　　发布 ……………………… 138
　　第四节　新型广告媒体研究 ………… 141
　　本章思考题 ………………………… 162
　　案例分析讨论 ……………………… 162
　　本章参考文献 ……………………… 165

第七章　广告创意 …………………… 166
　　本章要点 …………………………… 166
　　导入案例 …………………………… 166
　　第一节　广告创意的概念、内涵及
　　　　　　产生过程 ………………… 166

第二节　广告心理 …………………… 172
  第三节　广告文化 …………………… 184
  第四节　广告创意的思维方法和广告
　　　　　创意的培养 ………………… 188
  本章思考题 …………………………… 195
  案例分析讨论 ………………………… 195
  本章参考文献 ………………………… 198

第八章　广告设计 ……………………… 199
  本章要点 ……………………………… 199
  导入案例 ……………………………… 199
  第一节　广告文案 …………………… 199
  第二节　广告色彩与广告构图 ……… 210
  第三节　广告声响与音乐 …………… 217
  第四节　广告形象代言人 …………… 223
  本章思考题 …………………………… 229
  案例分析讨论 ………………………… 229
  本章参考文献 ………………………… 229

第九章　公益广告 ……………………… 230
  本章要点 ……………………………… 230
  导入案例 ……………………………… 230
  第一节　公益广告概述 ……………… 231
  第二节　我国公益广告主题的选取 … 237
  第三节　公益广告设计技巧 ………… 242
  本章思考题 …………………………… 246
  案例分析讨论 ………………………… 246
  本章参考文献 ………………………… 247

第十章　企业形象广告 ………………… 248
  本章要点 ……………………………… 248

  导入案例 ……………………………… 248
  第一节　企业形象与企业识别系统 … 249
  第二节　企业形象基本要素的设计 … 253
  第三节　企业形象应用要素设计 …… 261
  第四节　企业形象广告设计 ………… 264
  本章思考题 …………………………… 267
  案例分析讨论 ………………………… 267
  本章参考文献 ………………………… 269

第十一章　广告的效果测评 …………… 270
  本章要点 ……………………………… 270
  导入案例 ……………………………… 270
  第一节　广告效果的概述 …………… 271
  第二节　广告传播效果的评估 ……… 277
  第三节　广告销售效果的评估 ……… 281
  本章思考题 …………………………… 283
  案例分析讨论 ………………………… 283
  本章参考文献 ………………………… 286

第十二章　广告管理 …………………… 287
  本章要点 ……………………………… 287
  导入案例 ……………………………… 287
  第一节　广告管理概述 ……………… 290
  第二节　广告管理的内容 …………… 293
  第三节　广告行业自律 ……………… 298
  第四节　现代广告监督管理 ………… 306
  本章思考题 …………………………… 312
  案例分析讨论 ………………………… 312
  本章参考文献 ………………………… 314

第一章

广告与广告学

广告是商品经济发展的产物。随着经济的日益繁荣,广告已经成为我们生活中的重要组成部分,它给人们带来异常丰富的、形式多样的各类信息,对我们形成强有力的冲击,甚至直达心灵的深处。正如法国著名广告评论家罗贝尔·格兰所说的一句至理名言:"我们呼吸着的空气,是由氮气、氧气和广告组成的。"广告学成为一门独立学科,也越来越受到人们的重视。要想学习这门学科,就必须首先深入地理解广告的本质。

【本章要点】

1. 了解广告学的研究对象与研究方法
2. 掌握广告的含义、功能及基本组成要素
3. 掌握广告产业的三大支柱
4. 了解国内外广告发展的历史

【导入案例】

有一种经典广告叫华为精神

很多人都知道拥有自主CPU品牌的手机厂商华为,在2016年风生水起,坐上国内手机销量头把交椅,并且入选2016年度"全球最具价值100大品牌"排行榜。如今,华为早已是我们身边的大牌,品牌深入全球,身边越来越多的朋友使用华为的产品与服务。然而,将时间退回到2012年我们就会发现,那时候的华为,和现在很不一样。从华为一路走来的经典广告,我们可以看出华为精神。

2012年的华为已然是《财富》排名第351位的500强企业,可当老百姓手里拿着印有"HUAWEI"商标的手机时,却并不了解华为。当时的华为知名度并不高,华为很想改变这一现状,于是不久之后,下面这句话抢占了全国大大小小的屏幕:"华为,不仅仅是世界500强。"这句并不惊奇的话的效果,在现在看来,几乎是不可估量的。它引起了大众对华为品牌与广告语的讨论,它让更广泛的用户认识了华为,或者说是重新认识华为。

如果说,华为做产品,是"28年只对准一个城墙口冲锋",那么,多年来的华为广告也只做与用户沟通一件事情:那就是外人难以具象,但在华为人心中的华为精神。在宣传"华为,不仅仅是世界500强"之后至今,华为的企业形象广告里,我们几乎看不到产品介绍,它更像是在和用户谈心,交流多年的经验,而在这些略显高深的方法论里,也隐藏着华为的世界观。

2012年的华为相信，感动了自己的故事，也能感染更多人。例如华为的一则广告：2万个靠大自然驱动的基站，文案如下：华为在全球部署近2万个绿色基站，依靠风能、光能补充供电，减少80%的燃油消耗，还草地和天空的一片洁净。所有努力只为实现一个梦想：联结无数不在，畅想无限可能。每一则广告都在诉说一种情怀，都与消费者产生深层次的共鸣。

2013年，在巴塞罗那世界移动大会（MWC）展会上，华为发布全新品牌理念——以行践言（Make it Possible），并且推出品牌TVC。如果说"华为，不仅仅是世界500强"让大众认识或者重新认识华为品牌，那么"以行践言"的全新品牌理念更像是华为向大众做出的承诺。配合的平面广告一步步向用户说着，什么是可能，并最终告诉所有人，"做世界级的终端品牌，有人说很难，我坚持给你看"。

2015年，华为推出"烂脚"广告，华为创始人任正非曾阐释过这则形象广告的含义："我说这就是华为人生，痛并快乐着。华为就是那只烂脚，如果不表现出来，社会还觉得我们这个脚还挺好。"这幅广告牌出现在全国各地的机场、高铁里，人们每次看到会忍不住躲避它，又忍不住多看几眼。看到的时候都会泛起一阵心酸，也许，这就是人们和广告之间产生了某种共鸣吧。

2016年，华为推出全新品牌形象广告，与全世界同频段的用户沟通心得。在推广Mate8的时候，华为提出了一个很严肃的话题：我们想和这个时代谈一谈。其中一则广告文案是："坚持是这个时代的奢侈品，还是必需品？"就像是华为向全世界抛出了一个问题，让关注的人去审视，你还在坚持自我吗？而之后的问题，越来越多地回到了自身产品上来，华为不紧不慢地告诉大众，28年，华为不求快，但求做精品国货。而到了2016年年末，Mate9预热期间的广告依然，不直接强调产品功能，但是坚持依旧，热爱依旧，创新依旧。

从大众知名度不高，到国货代表，到全球最具价值100大品牌，这样华丽的转身并不容易，这其中的奥秘也不是一篇简单的文章就能够详尽其精华的，但在不断了解华为广告及华为品牌宣传"套路"之后，华为精神有四个明显可供学习的点：

（1）清晰的品牌形象与品牌理念，并用符合品牌理念的语言和内容与用户做深入沟通。
（2）清晰的用户群定位，投放渠道和内容与用户群合拍。
（3）将品牌的内涵植入到触及用户的方方面面中，用户感受深度一致。
（4）选择一条路，然后坚持、坚持、坚持。

从华为广告发展历程中我们可以看到广告对企业的重要性，广告学作为一门独立学科，也越来越受到人们的重视。作为营销决策者，如何科学合理地进行广告策划，如何制订正确的广告战略，首先需要深入地理解广告的本质。

（资料来源：广告常识，经编辑）

第一节 广告的含义和功能

一、广告的含义

广告是商品经济的产物，自从有了商品交换，就有了广告。因而，广告有着非常悠久的历史。根据有关资料，"广告"一词最早源于拉丁文"Adverture"，意思就是引起注意、进行诱导。公元1300—1475年的中古英语时代，其演变为英语的广告"Advertise"，含义是"某人注意到某事"，后来演变为"通知别人某件事，以引起别人的注意"。直到17世纪中后期，随着英国商业活动规模的扩大，"广告"一词因而得以流行，受到人们的关注。在当时的报纸上，就经常出现"Advertisement"的字样，作为标题，表示"通告"的意思，以引起读者的注意。例如，根据《牛津英语词典》的解释："A citizen had advertised a reward for the discovery of a person who had stolen sixty guineas"（1750年有一位市民发布公告，说谁能找到偷他60基尼的人，将给予奖赏）。随着时代的发展，现代的广告已不单指某一个广告，更多是指一系列的广告活动。因此，广告的表述，也由表示静止的物的名词"Advertise"转化成具有现代意义的广告总称"Advertising"。

广告产生的历史虽然非常悠久，但是在不同的国家，不同的学者对广告内涵的认识并不完全相同。

关于广告的定义，最简洁的表述是被称为现代广告学之父的拉斯克所给出的。他认为，广告就是"印在纸上的推销术"（Sales-ship in print）。通过这一定义可以看出，在当时的时代，主流媒体是印刷媒体。但随着时代的发展，广告媒体已经变得多种多样，所以这一定义显然具有时代局限性。

英国《简明不列颠百科全书》给广告下的定义是："广告是传播信息的一种方式，其目的在于推销商品、劳务，影响舆论，博得政治支持，推进一种事业，或引起刊登广告者所希望的其他反应。"这一定义注重对于广告传播目的的阐述，而对于广告的传播方式、传播媒介等并没有提及，所以并不全面。

日本广告行业协会（Japan Advertising Agencies Association, JAAA）认为："广告是明确表示出的信息发送方，作为一种信息活动，针对想要呼吁（诉求）的对象，所进行的有偿信息传播。"这一定义显然侧重于从信息传播过程的角度来揭示广告的内涵。

美国广告主协会认为："广告是付费的大众传播。其最终目的是为传递情报，改变人们对广告商品的态度，诱发其行动，而使广告主得到利益。"这一定义简洁凝练地表达了现代商业广告的含义。

目前，业界人士普遍认可的广告定义是美国市场营销协会（American Marketing Association, AMA）的界定："广告是由特定的出资者（即广告主），以付费的方式，通过各种传播媒体，对商品、劳务或观念等所做的任何形式的'非人员介绍及推广'（Nonpersonal Presentation and Promotion）。"这一定义比较全面地概括了现代广告的内涵，并体现了现代广告的特征。

从上述广告定义可知，人们可以从广义和狭义两个方面来理解广告的内涵。广义的广告含有广而告之的意思，包括一切能唤起人们注意、传播某种信息、说服人们接受某种观点和见解的活动。广义广告的内容和对象比较广泛，包括商业广告和非商业广告。狭义的广告是一种付费的宣传，即商业广告。本书所探讨的广告是后者，也是传统广告学主要研究的对象。

广告概念的类别见表1-1。

表1-1 广告概念的类别

广告概念的类别		举例
广义的广告	商业广告（经济广告）	产品广告、劳务广告、观念形象广告、公共广告等与企业有关的广告
	非商业广告（不以营利为目的的广告）	政治广告、公益广告、个人广告等
狭义的广告	商业广告（经济广告）	

综上所述，根据美国市场营销协会（AMA）对广告所下的定义，结合我国的广告研究，可以把广告定义为：广告是以营利为目的，广告主以付费的方式，通过传播媒体将企业的商品、劳务、观念等信息进行传递，并劝说公众的一种信息传播活动。这一定义包含五层含义：

1. 广告要有明确的广告主

所谓广告主，就是广告的发布者。在商业广告中，广告主通常是企业。在一则广告中，必须要明确这则广告的广告主是谁，是为谁的利益服务的。一方面，做广告的企业表示愿意公开承担责任，同时也便于和消费者进行信息沟通；另一方面，使消费者了解广告的真实动机，便于消费者挑选商品。

2. 广告是一种付费传播

广告是一种营利性的活动，广告主需要付出一定的代价。广告活动的整个过程，包括广告调研、制作、通过媒体传播、进行效果调查等每一个环节，都需要付出一定的费用。同时，因为广告主付出了一定的费用，因此可以在法律道德允许的情况下，控制广告信息传播的内容和形式。

3. 广告是一种非人际的传播

广告是通过传播媒体来进行信息传递的，是一种非人际的传播活动。例如，美国市场营销协会（AMA）的界定：广告进行的是"非人员介绍或推广"的活动。同时也正是由于这种非人际传播，使广告信息在传递过程中几乎不失真，使内容完全相同的信息，包括企业的商品、劳务、观念、形象等信息传达到接触到它的受众。

4. 广告具有劝说企图

广告是经过精心设计的、劝服某些人采取某种行动的传播活动。所以，有人说广告是传达劝说性信息的艺术。虽然广告通常借助艺术的表现手法来增加其感染力，从而达到劝说目标消费者及公众的目的，但需要指出的是，劝说必须遵循一定的道德规范，以一定的客观事实为基准。

5. 广告具有强制性

从广告受众的角度来看，广告是一种强制性的信息传播活动。广告受众在接受广告信息时，处于一种勉强、被动的境地。但为了提高受众的参与度，一些广告活动也做了很好的尝试。例如，百事可乐公司进行的"百事我创"活动，创意着眼于调动用户参与互动，在互动过程中，受众不自觉地接受了品牌宣传。

二、广告的分类

按照不同的标准可以将广告划分为许多不同的类型。合理地对广告进行分类，有利于我们正确选择和使用广告媒体，有利于厘清广告与各种因素之间的关系，从而有利于更好、更快地实现广告目标。

（一）按传播对象划分

在广告活动中，不同的主体所处的地位和发挥的作用是不同的。广告就是要针对不同的受众采用不同的信息传播策略。依据广告所指向的传播对象，可以将广告分为消费者广告、工业用户广告、经销商广告等。

1. 消费者广告

消费者广告的传播对象是以满足个人生活需要而购买商品的一般消费者，是由商品生产者或是经销商向消费者传播其商品信息的广告。广告主多是生产和销售日常及耐用生活用品的企业和零售商。

2. 工业用户广告

工业用户广告主要是向工业企业传播有关原材料、机械器材、零配件等生产资料的信息，这类广告主要是面对产业或组织市场用户进行诉求。

3. 经销商广告

经销商广告是指以获取大宗交易的订单为目的，以经销商为传播对象的广告。这类广告的诉求对象多为商业批发商和零售商，主要由生产企业向商业批发企业、批发商之间或批发商向零售商推销其所生产或经营的商品。这种广告的诉求方式多采用报道式，常采用报纸、广播、电视等媒体；有些产品也采用邮寄广告形式，如寄送商品目录、商品说明书和展销会请柬等。

（二）按传播目的划分

广告活动要想顺利而有效地进行，首先必须明确广告的目的。根据广告所要达到的目的，可以将广告分为商品广告、企业广告、品牌广告、观念广告等。

1. 商品广告

商品广告是指企业以促进产品的销售为目的，通过向目标受众介绍有关商品的质量、功能、价格、品牌、生产厂家、销售地点以及该商品的独到之处，给消费者带来何种特殊的利益和服务等有关商品本身的一切信息，以引起目标受众和潜在消费者的关注，引起消费者的兴趣，激发消费者的购买欲望，从而提高产品的市场占有率，最终实现企业的营销目标。

2. 企业广告

企业广告是指以建立商业信誉、树立企业形象为直接目的的广告。虽然企业广告的最终目的是实现利润，但它一般着眼于长远的营销目标和效果，侧重于传播企业的信念、宗旨或者企业的历史、发展状况、经营情况等信息，以改善和促进企业与公众的关系，增强企业的知名度和美誉度。虽然这种广告宣传对企业的销售业绩不会产生立竿见影的效果，但是对企业的长远发展具有重要的战略意义。例如，太阳神的"当太阳升起的时候，我们的爱天长地久"，海尔的"海尔和你在一起"等广告，它们向社会传播一种哲学思想、价值观念、理念风格和企业精神，这样有利于全体员工树立共同的价值观念，培养一种凝聚力，同时在广大的社会受众心目中树立良好的企业形象。

3. 品牌广告

品牌广告是指以树立产品的品牌形象为目的，从而提高产品的市场占有率而进行信息传播的广告。品牌广告不直接介绍产品，而是以品牌作为传播的重心，从而为铺设经销渠道、促进该品牌下的产品销售起到很好的配合作用。例如，烟草广告在宣传时，通常不直接介绍烟草产品的相关信息，而是宣传一种文化、一种生活态度和方式，让受众逐渐接受，从而达到树立品牌形象，促进产品销售的目的。

4. 观念广告

观念广告是指企业对影响到自身生存与发展的，并且也与公众的根本利益息息相关的问题，通过广告诉求发表看法，以引起公众和舆论的关注，促使消费者建立一种新的消费观念，从而有利于企业获得长远利益的一种信息传播活动，如旅游、新产品与现代工作、生活的关系等。

(三) 按传播范围划分

根据营销目标和市场区域的不同，从广告传播范围的角度，可以将广告分为国际性广告、全国性广告、区域性广告和地方性广告等。

1. 国际性广告

国际性广告是指面向国际市场或以国外消费者为信息传播对象的广告。它在媒介选择和广告的制作技巧上都是针对国外消费者的，以迎合受众心理特点和需求，从而使产品迅速进入国际市场。这类广告通常选择国外各种有影响力的广告媒体或国际性报纸、杂志、卫星电视、广播等传播媒介。

2. 全国性广告

全国性广告是指以全国受众作为信息传播对象的广告。这种广告多选择全国性的大众传播媒介来传播信息，如行销全国的报纸、杂志，传播全国的广播电视等。这种广告较适用于地区差异小、通用性强、销量大的产品，而且在发布广告时要注意不同地区受众的不同特点。

3. 区域性广告

区域性广告多是为配合差异性市场营销策略而选择某一区域消费者作为信息传播对象的广告。广告的产品也多是一些地方性产品，这些产品销售量有限，选择性较强，如加湿器、防滑用具、游泳器材等。区域性广告多采用地方报纸、电台、电视台、路牌等传播媒介，来促使受众使用或购买其产品。

4. 地方性广告

地方性广告是指以某一地方或特定地点的受众作为信息传播对象的广告，其传播范围狭窄，多采用地方性报纸、广播、电视等媒体以及户外广告、售点广告、海报、招贴等形式来传播信息。广告主多是商业零售企业和地方性工业企业，其宣传的重点是促使人们使用地方性产品或是认店购买。

(四) 按传播使用的媒介划分

按广告传播信息所选用的媒介，可以将广告分为印刷广告、电子广告、邮寄广告、户外广告、交通工具广告和网络广告等。

1. 印刷广告

印刷广告主要包括报纸广告、杂志广告、画册广告、挂历广告、书籍广告以及在电话簿、交通图、火车时刻表等印刷媒体上的广告。

2. 电子广告

电子广告是指以电子媒介，如广播、电视、电影等为传播载体的广告。

3. 邮寄广告

邮寄广告又称 DM 广告，是指广告主通过邮寄途径将传单、商品目录、订购单、产品信息等直接传递给特定的组织或个人。邮寄广告按形式也可分为普通邮寄广告和电子邮寄广告。

4. 户外广告

户外广告主要包括路牌广告、橱窗广告、旗帜广告、灯箱广告、霓虹灯广告、售点广告等利用户外媒介所做的广告；还有利用热气球、飞艇甚至云层等作为媒介的空中广告。

5. 交通工具广告

交通工具广告是利用与交通工具有关的载体作为信息传播媒介的一种广告形式，如公共汽车车身广告、地铁车厢广告等。

6. 网络广告

利用网络作为媒介发布的广告称为网络广告。

除此之外，还有烟幕广告、香味广告，会说话的杂志广告等。随着科技的高速发展，将会有越来越多的传播媒体加入广告行业，进一步形成百花齐放的局面。

（五）按传播诉求的方式划分

广告诉求是指广告采用什么样的劝说方式来表现广告主题，即解决广告的表达方式——"怎么说"的问题。它是广告所要传达的重点，包含着"对谁说"和"说什么"两个方面的内容。按照诉求方式，可以将广告分为理性诉求广告和感性诉求广告两大类。

1. 理性诉求广告

理性诉求广告主要是以理服人。理性诉求广告通常采用摆事实、讲道理的方式，通过向广告受众提供信息，展示或介绍有关的广告物，有理有据地向受众进行论证接受该广告信息能带给他们的好处，使受众理性思考、权衡利弊后，能被说服而最终采取行动。例如，TDK磁头广告"TDK磁头，失真系数2.0%"。

2. 感性诉求广告

感性诉求广告主要是以情动人，诱发购买动机。感性诉求广告以受众的喜怒哀乐等情感为基础，通过传递的信息激发受众的共鸣，并使之移情于广告物，从而在受众的心目中占有一席之地，使受众对广告物产生好感，促进产品的销售。例如，可口可乐"刘翔回家过年篇"广告就是利用亲情来感染观众。还有一些药品、保险等广告，通过恐怖情感诉求来感染观众，这类广告强调不幸情境，为预防或阻止其出现而希望消费者购买。

三、广告的功能

目前，广告已经成为我们生活中不可缺少的一部分，而且具有强有力的影响。它已触及现代社会的各个领域，不论人们持何种态度，广告对现代社会的影响日益广泛且作用巨大是显而易见的。正如美国历史学家、斯坦福大学教授波特所说："广告对社会的影响，目前已发展到可以与拥有悠久传统的教会和学校相匹敌。广告支撑了各种媒体的发展，在大众兴趣的形成上也起到了很大的作用。可以说，广告已成为当代社会的重要组成部分。"

现代社会，广告的功能日益增多。归纳起来，广告的影响和作用主要体现在以下几个方面：

（一）广告对企业的影响和作用

1. 广告在企业生存和发展中起着举足轻重的作用

首先，广告为企业提供市场信息。生产者通过研究他人的广告信息，可以掌握经济动态，预测市场走向；可以了解竞争产品、竞争厂家的新变化和新的营销策略，从而改进自身的经营方式，改进自己的形象，改进自己的产品。广告会使企业更深刻、及时地感受到外部的压力，对企业加快产品的更新换代、增加花色品种，以及对新技术的认识和采用具有一定的促进意义。

其次，企业通过广告信息的传播能够扩大市场容量，大量生产并大量销售产品，从而降低成本和售价，提高市场竞争能力。正如广告大师大卫·奥格威在《一个广告人的自白》中曾引用利弗兄弟公司前董事长海沃斯勋爵的话："随着广告的实施，带来的是节省的效果。在销售方面，它使资金周转加速，因而使零售价得以降低而不致影响零售商人的利润。在生产方面，这是使大规模生产得以实现的一种因素。"例如，可口可乐公司每年要投入巨额资金进行广告宣传，而平均分摊到每一位顾客身上的广告成本不过0.3美分。但用人销售时，成本则需要60美元。

最后，广告有助于企业形象的建立。大卫·奥格威说："广告是神奇的魔术师，它是一种神奇的力量，经过它的点化，不只是能卖出商品，而且能化腐朽为神奇，使被宣传的普通商品蒙上神圣的光环。"这种说法实际上就是指广告在树立企业形象方面的作用。企业运用广告和公关可以进一步提升企业的形象，使其从企业标志、视觉识别系统、行为识别系统等各方面在消费者心目中树立一个良好的形象。例如，北京奥运会期间的祝贺广告。北京奥运会期间，一些企业借助广播、电视、网络等平台，发出"热烈祝贺中国奥运健儿勇创佳绩"的祝贺广告，引起了广大消费者的共鸣，让消费者感到，这家企业和我们国人一样关注国家的荣誉，很好地塑造了企业的形象，增强了企业的亲和力。

2. 广告在促进企业销售方面也具有重要影响和作用

现代化的社会大生产具有巨大的能量，每天都有数量众多的商品生产和销售，产品日新月异，市场竞争异常激烈。广告信息的传播，沟通了经济活动中诸如供应、生产、销售、消费等各个环节，使之成为一个有机的整体，进一步促进了社会化的大生产。通过广告信息的传播，消费者已有条件根据自己的意愿、喜好来选择商品，因而企业必须使消费者了解有关商品的信息，才能获得被选择的机会。"酒好不怕巷子深"的时代已经过去。因为广告要运用一定的媒体有效地把信息传达给目标消费者，缩小需求信息上的分离，促进销售，其影响效果绝非人员推销等所能比的。

很多著名的大公司都非常注重广告的投入。例如，据 Wind 资讯数据显示，2016年上半年，共有1903家上市公司披露了其广告宣传推广费用，累计达到686.84亿元，而2015年上半年所有上市公司的此项费用为587.71亿元。在所有上市公司中，上汽集团广告费用最多，达到47.43亿元，紧随其后的是伊利股份，其广告费用超过了40亿元。医药、食品饮料行业的上市公司在广告方面投入居前。

另一方面，有些企业因为不注重广告沟通产销、促进销售的功能而吸取了深刻的教训。全球著名食品企业家佛利斯·马斯的食品公司生产的烧豆、番茄汤罐头和宠物食品罐头，一直受到消费者的欢迎，而其中的 Kit-E-cat 猫食罐头比其他罐头更畅销。马斯自认为这个产品无可挑剔，同类产品在市场上永远也赶不上。于是，他认为每年300万美元的广告支出没有必要了，并做出停止广告的决定。广告停播后，猫食罐头的销售额也随之一落千丈，先是低于本公司其他罐头的销售额，后又低于其他公司的名牌宠物食品罐头的销售额，不到一年时间，它几乎被市场遗忘，落到了濒于亏本的地步。这时，公司又决定恢复广告支出。但恢复市场地位比维护市场地位更难，付出的代价更高。为其代理广告的马希斯·惠尼威廉广告公司的总裁说："你必须花钱去保住钱。"可见产品在滞销时需要广告，畅销时同样需要广

(二) 广告对消费者的影响和作用

随着商品经济的发展，产品种类不断丰富，同类产品可能有几种、几十种，往往令人眼花缭乱。消费者很需要了解各种商品的性能、特点、质地、价格、使用、维修等知识，以购买自己满意的商品。广告在这方面能够对消费者加以指导。

另外，广告能够刺激消费者的消费欲望。广告具有示范和诱导的功用，它通过对商品的各种优点进行集中、连续性的展示，有效地调动和刺激消费者的潜在需要，使消费者产生一种"不足之感、求足之愿"，从而诱发消费者的购买欲望，导致消费者的购买行为。例如，高档奢侈品的广告信息背景往往利用一些高档豪华的场所来进行衬托，从而显示拥有这款产品是身份地位的象征，是成功人士的象征，进一步激发了有这方面需求的消费者的购买欲望。

(三) 广告对社会文化的影响和作用

广告主要通过大众传播媒体传递有关的信息内容。反过来，大众传播媒体又通过刊播广告信息促进了自身的发展。因此，广告首先促进了大众传媒的发展。广告收入在整个媒体经济中占有很大的比例。例如，2011年央视黄金资源广告招标总额就高达127亿元。相反，为了在有限的广告市场中争取到理想的份额，就会促使大众传媒注重信息质量的改进，以得到企业、广告商和目标受众的青睐，因此使得大众传媒在信息的传播内容和形式上更加精彩，各种节目琳琅满目、精彩纷呈。大众传播媒体发展到现代这种程度和水平，应该说与广告的发展是相辅相成的。

另外，广告美化了城市环境，丰富了文化生活。广告作为一种大众传播的工具和手段，既具有经济效益，也具有社会效益。好的广告作品能够美化社会环境，丰富人们的文化生活。树立在高楼大厦上的广告牌、闪烁变幻的霓虹灯、各大商场陈列商品的橱窗等，都构成了城市亮丽的风景，把城市装点得更加绚丽多彩。商业广告直接影响着人们的价值观念和生活态度，使人们的经济意识、消费理念、审美观念、生活习惯和消费行为都发生了深刻的变化。而各种公益广告、观念广告等则向人们传递了积极、健康、开明的思维观念。例如，很多公益广告倡导人们低碳生活、爱护动物等。

虽然广告对企业、消费者、社会文化生活会产生重要的积极的影响，但也应当看到，广告是一把双刃剑，它不是灵丹妙药，而只是企业营销领域中促销策略的一种。如果企业过分依赖广告，而忽视产品的质量，忽视企业营销的其他环节，那么很可能会导致企业的失败。广告对消费者也可能产生负面影响，如有可能会误导消费者来购买自己可能不需要的产品，甚至购买这些产品会损害消费者的利益。有些广告过分注重商业利益，缺乏艺术性，只是简单地重复，甚至产生文化低俗化现象，对消费者和社会产生不利影响。

由于广告的双面性，广告主应当时刻警惕，充分发挥广告的积极作用。

四、广告的基本要素

根据美国传播学者拉斯威尔提出的五W传播理论，即谁（Who）、说什么（Say What）、通过什么渠道（in Which Channel）、向谁说（to Whom）、有什么效果（with What Effect）五个要素，我们把构成广告活动的基本要素分为七大项：广告客户、广告代理、广告媒体、广告费用、广告信息、广告受众和广告效果。

1. 广告客户

广告客户又叫广告主，是指广告的发布者。国家经济发展水平通常和广告市场的发展程度具有一定的关系。通常情况下，经济发展水平越高，广告市场越发达。20 世纪 80 年代，很多企业开始大规模推行全球化战略，开拓国际市场。许多大型全球化公司实力强劲，成为世界广告市场中的主要力量。例如，美国《广告时代》第 21 期全球广告主年度调查显示：全球领先的 100 名广告主在 2006 年的广告总支出为 978 亿美元，其中宝洁公司在当年的广告总支出为 85.2 亿美元，比 2005 年上涨了 4.1%。这也是宝洁公司第六年保持其全球最大广告主的领先地位。位于第二位的联合利华和第四位的欧莱雅也大幅增加了广告投入，在这一年的支出增长率分别为 8.1% 和 12.1%。

2. 广告代理

广告代理是指在广告经营过程中，代理广告客户的广告业务的一种专业性广告组织，一般包括广告公司、制作公司、调查公司等组织。广告代理与广告客户一起构成了广告的主体要素。二者的密切配合和思想方法的高度融合，是广告成功的首要前提。2009 年国内最具影响的行业评选之一"第三届中国广告风云榜"，揭晓了本土广告公司中综合实力 50 强、媒介代理 10 强、营销策划 10 强、10 大广告经理人等，北京未来广告公司、北京广而告之有限公司、上海中视国际广告有限公司等都榜上有名。

3. 广告媒体

广告媒体是传播广告信息的中介物，是连接广告主和消费者的一座桥梁。现代科学技术发展日新月异，为广告主提供了更多传播信息的手段。广告设计者必须根据各种媒体的优缺点，巧妙地加以利用，扬长避短，以达到最佳的传播效果。

4. 广告费用

广告费用就是从事广告活动所需付出的费用。广告活动，如购买报刊版面与电台、电视台的播出时间，以及诸如橱窗布置、招贴与传单等印刷，都需要支付相应的费用和一定的制作成本。广告费用是开展广告活动最起码的保证。为了降低成本，取得最大的经济效益，广告主在进行广告活动时，要编制广告预算，有计划地进行广告活动。

5. 广告信息

广告信息是指广告中所要传达的主要内容，包括商品信息、服务信息、劳务信息、观念信息等。广告主只有把诉求的信息传播给受众，才能实现广告传播的目的。当然，只有受众全面理解广告所传达的信息内容，才有助于发挥广告的作用。

6. 广告受众

广告受众是指广告传播的对象，也就是信息的接受者。广告传播总是针对一定对象进行的。没有对象的传播是毫无意义的。事实上，广告主在开始发起传播活动时，总是以预想中的信息接受者为目标的。广告策划人员在策划广告活动时，首先要找到广告针对的目标市场，如日本东芝主要针对新生代，美国百事可乐主要针对青少年等；然后寻找连接目标市场的最佳传播媒体和传播方式；最后再针对这些特定对象的心理特征、消费习惯、消费能力等因素进行广告内容的创意，以期引起广告接受者的热烈反应。

7. 广告效果

广告效果是指通过广告活动所要达到的目标。广告效果一般要通过调查评估等手段获得，广告效果评估或测定在整个广告活动中占有重要的地位。广告活动要落实到广告效果上，只有靠效果评估，广告主及广告公司才有改进广告活动的指南，才能选择更好的诉求，创作更有说服力的信息，选择更恰当的媒体及媒体组合，达到预定的广告目标。

【案例链接】

特殊的广告主——4A 的一则关于广告的广告

20 世纪 90 年代，针对商业界有些人士不相信广告的价值与作用所提出的种种论点，美国广告代理商协会（American Association of Advertising Agencies，AAAA 或 4A）的广告价值委员会发起了一场"关于广告价值与作用"公众宣传运动。

这一场广告宣传运动从以下三个方面抨击了关于广告的反面舆论：

（1）广告由一系列的长篇文字构成，这些实证广告"用事实说话"，以非常有力的统计数字来说明广告的价值与作用。

（2）在广告衰退时，仍然强调广告的重要性。4A 主席兼高级行政官员约翰·奥图尔强烈希望刊登广告的公司在衰退时不要削减投资，相反应该增加投资。

（3）第三方面也是最有力的方面，就是让那些杰出公司的领导人亲自讲述广告对于本公司经营成功的作用，证明广告宣传与经营业绩之间的联系。

例如，麦肯（McCann-Erickson）广告公司为可口可乐公司总裁艾克·赫伯特制作了广告；BBDO 广告公司为苹果计算机公司领导人约翰·斯卡利制作了广告；李奥贝纳（Leo Burnett）广告公司为麦当劳总裁麦克·昆兰（见图 1-1）制作了广告。这一系列广告的目的就是以可口可乐、苹果计算机与麦当劳总裁们的现身说法，说服那些在公司里财权在握的领导人正确认识广告的价值与作用。

这一场广告宣传运动一炮打响，震动美国新闻媒介。因此，这一系列广告还获得了在《新闻周刊》《商业周刊》《福布斯》《华尔街日报》《广告时代》《纽约时报》等美国排名前 20 位报刊的大部分免费刊登权。通过这一场"关于广告价值与作用"公众宣传运动，美国广告代理商协会有效地扭转了那些反对广告的舆论。

图 1-1　4A 公司的一则关于广告的广告

（资料来源：改编自弗雷德·波普．世界百家超级公司广告最新广告剖析［M］．葛彦，万秀英，戴涛，译．大连：大连出版社，1994）

第二节 广告学的研究对象与方法

一、广告学的研究对象

广告是商品经济的产物。随着商品经济的发展,广告业迅速发展起来,广告学也成为一个热门学科。广告学是广告学科体系的核心和基础,它研究和探讨一切社会制度下所共有的广告活动及其发展规律。广告学作为一门独立的综合性学科,是经过人们长期实践,在经济学、市场学、心理学、社会学、美学等学科发展的基础上逐渐形成和发展起来的。广告学是研究广告活动及其发展变化规律的科学,其研究对象是广告信息传播的过程、效果及其活动规律,属于社会科学的经济学科。

关于广告学的性质,不同的学者有不同的看法。在广告学的发展史中,历来有"科学派"和"艺术派"之争。有些学者认为广告是一门科学,而有些学者却认为广告是一门艺术。

"科学派"的领军人物是美国广告大师克劳德·霍普金斯。1925年,他出版了著名的《科学的广告》一书,全面地阐述了广告应该是一门科学,而并没有对广告是如何成为一门科学的进行全面的论证。以后的许多学者都从不同的角度对广告是一门科学进行了论证。持这种观点的学者认为,广告是一门科学,不是艺术,广告虽然运用了艺术,但艺术只是广告活动的一种表现形式,是广告活动的手段。经过广大广告科研人员与广告工作者的共同努力,广告学总结了大量的广告活动的成功经验与失败教训,运用先进的研究方法,借助现代科学的运算分析,通过对广告知识的系统整理、总结、提高,探索出广告活动的规律,形成广告原理,揭示了广告活动怎样促进商品销售的规律。因此,广告学应当是一门科学。

"艺术派"的领军人物首推詹姆斯·韦伯·扬和乔治·路易斯。前者认为广告是一门艺术,广告的主要目的是从事传播创意。后者也认为广告是一门艺术,他认为,广告主要是源于广告创造者的艺术天赋,靠的是直觉和本能。有很多学者都支持他们的观点。艺术派的观点认为,广告需要艺术的表现形式,广告需要借助美术、音乐、舞蹈等艺术的手法来吸引观众,传递信息,艺术是广告的生命,广告是打破陈规的艺术而非建立定律的科学。

另外一种折中的观点认为,广告既是一门科学,又是一门艺术。持这种观点的学者承认广告是一门综合性的边缘学科,并认为广告以科学开始,以艺术结束。

以上三种对于广告学研究对象的陈述,都具有一定的合理性,但也存在着明显的缺陷。这几种说法忽略了广告学的交叉性和综合性。首先,广告学是一门综合性的边缘学科,广告学在吸收其他学科研究成果的基础上,形成自己独特的学科体系。其次,广告学是一门独立的学科。广告学的形成过程就是从其他学科中分离的过程,最终从自身体系走向完整。因此,对于广告学研究对象的表述,既要从其多学科交叉的特点出发,又要注意保持广告学的相对独立性。因此,即使广告学是边缘学科,也应有自己独立的研究对象和特定的范围体系。

随着广告学研究的日渐深入,在此基础上主要发展起了理论广告学、历史广告学、应用广告学三个分支,每个分支研究的侧重点各有不同。

理论广告学主要以心理学、传播学、市场营销学的基本原理为基础，结合广告的运行机制、原则和方法等来构建理论体系。理论广告学运用科学方法，对广告活动中的根本性问题进行研究，如广告的概念、广告的分类、广告在社会和经济发展中的作用与地位、广告活动的基本规律及原则，以及广告研究的基本方法等。其根本任务是揭示广告活动的最一般规律。作为广告学体系中具有指导意义的核心部分，理论广告学为广告活动和其他分支的广告学研究提供了理论基础。

历史广告学主要研究和总结人类广告活动发展演变的历史，探讨广告活动的规律和特点，预测广告发展的趋势。它的研究范围很广，内容主要有广告媒介发展史、广告组织发展史、广告设计制作风格（表现技法、工具等）演变史、广告学说史等。历史广告学的研究，可以揭示广告发展的历史规律，把握广告活动的发展趋势，从而指导和调整广告实践。

应用广告学是广告学的主体，它以广告实践作为研究对象，旨在探讨和揭示广告在商品促销中的活动规律，如广告战略规划、广告策略实施、广告媒体选择及运用、广告作品设计与制作、广告经营管理的原则与方法等。应用广告学主要包括广告创意学、广告策划学、广告文案写作、广告摄影、广告美术、广告计算机设计制作等。

二、广告学的研究方法

广告学是一门实践性很强的学科，因此广告学的研究必须做到理论与实践相结合，必须从我国广告事业的实际出发，重视调查研究。我们一般可以把广告学的研究方法分为定性的研究方法和定量的研究方法两种。另外还有文献研究法、案例分析法等其他研究方法。

（一）定性的研究方法

定性的研究方法主要包括深层访谈法、小组座谈法和投射法等。

深层访谈法是一种无结构的、直接的、个人的访问，在访问过程中，一个掌握高级技巧的调查员深入地访谈一个被调查者，以揭示其对某一问题的潜在动机、信念、态度和感情。比如，为发掘目标顾客因某产品所引起的深层动机时，可采用深层访谈法。在这些过程中，研究者为消除受访者的自我防卫心理，可以采用各种方法，如文字联想法、语句完成法、角色扮演法等技巧来对顾客进行访问。

小组座谈法是由一个经过训练的主持人，以一种无结构的、自然的形式与一个小组的被调查者交谈，主持人负责组织讨论。小组座谈法的主要目的是通过倾听一组从调研者所要研究的目标市场中选择来的被调查者，从而获取对一些有关问题的深入了解。这种方法的价值在于常常可以从自由进行的小组讨论中得到一些意想不到的结果。

投射法是指个人把自己的思想、态度、愿望、情绪或特征等，不自觉地反映于外界的事物或他人的一种心理作用。投射法在运用时通常要隐瞒调查的真正意图，降低被调查者的心理防御，使被调查者在无意中和没有心理防御的情况下泄露出他们的真实态度或动机。常用的测试方式包括联想法、构造法、完成法、表达法、选择或排列法。

（二）定量的研究方法

定量的研究方法主要包括观察法和实验法等。

观察法是指通过观察被调查者的活动取得第一手资料的调查方法。广告调研人员直接到调研的场所，采用耳听、眼见的方式或借助照相机、录音机、摄像机或其他仪器，把被调查者的活动、行为等真实地记录下来，从而获得重要的广告信息资料。

广告中的实验法是指在给定条件下，通过实验对比，对广告活动中某些变量之间的因果关系及其发展变化过程加以观察分析的一种广告调研方法。

(三) 其他研究方法

其他研究方法包括文献研究法和案例分析法等。

文献研究法主要是指搜集、鉴别、整理文献，并通过对文献的研究，形成对事实科学认识的方法。广告学的研究需要充分地占有资料，进行文献调研，以便掌握有关的科研动态、前沿进展，了解前人已取得的成果、研究现状等。这是科学、有效、少走弯路地进行任何科学工作的必经阶段。

广告学的研究必须采用案例分析的方法。广告学的实用性强，它重在寻求于实践中解决问题的方法和策略。研究人员通过对典型广告案例的分析研究，总结出一般的规律，给广告工作者以启发和借鉴，从而推动广告管理能力和广告水平的不断提高。

【案例链接】

肯德基的特殊顾客

美国肯德基国际公司的子公司遍布全球60多个国家，达9 900多个。然而，肯德基国际公司在万里之外，又怎么会相信他的下属能循规蹈矩呢？

一次，上海肯德基有限公司收到了三份总公司寄来的鉴定书，对他们外滩快餐厅的工作质量分三次鉴定评分，分别为83分、85分、88分。公司中外方经理都为之瞠目结舌，这三个分数是怎么评定的？原来肯德基国际公司雇用、培训了一批人，让他们佯装顾客潜入店内进行检查评分。这些特殊顾客来无影，去无踪，这就使快餐厅经理、雇员时时感到某种压力，丝毫不敢疏忽。

肯德基国际公司通过这种观察法来及时了解旗下的子公司，以保证肯德基始终如一的品质和品牌形象，从而为肯德基国际公司进一步的广告决策打下基础。

(资料来源：新东方网 http：//mba.xdf.cn/201112/979468.html)

第三节 广告的历史沿革

一、世界广告发展史

广告是人类经济生活的产物。虽然不同国家、不同地区、不同民族具有不同的社会经济文化环境，不同的广告表现风格、价值取向，但其本质是相同的。因此，可以把全世界广告的发展放在同一个历史坐标中研究，并按照这个历史坐标给世界广告发展史做历史分期。目前，广告学者们在广告史分期的问题上已经做出了一些卓有成效的探索，对广告史历史时期的划分基本上都以西方广告的发展背景作为分期的参照系，提出了不同的划分方法。本书采用其中影响较大的四分法，并对每一时期的世界广告发展进行阐述。

（一）原始广告时期（1450年以前）

原始广告时期是指从广告产生到公元1450年德国人谷登堡发明金属活字印刷术之前的时期。这一时期以口头叫卖为主要传播媒介，并逐渐向商标演变。

历史研究考证，迄今发现并保存下来的世界上最早的文字广告，是现存于英国大英博物馆中，写在莎草纸上的，记录埃及一名奴隶主悬赏缉拿逃跑奴隶的广告。广告内容如下：

奴隶谢姆从织布店主人哈布处逃走，坦诚善良的市民们，请协助按布告所说将其带回。他身高5ft[①]2in[②]，面红目褐，有告知其下落者，奉送金环一只；将其带回店者，愿奉送金环一副。

——能按您的愿望织出最好布料的织布师

哈布

在古希腊、古罗马时期，一些沿海城市的商业也比较发达，广告已有叫卖、陈列、音响、文图、诗歌和商店招牌等多种形式。

在古希腊时期，随着生产的发展，商业也发展起来，每个城市都有专门的市场和商品出售地点。当时已经出现了多种商业产品的宣传形式。例如，口头广告。一名叫埃斯可里普陀的雅典化妆品商人就曾雇用叫卖人来宣传他的产品，他的诗在当时看来非常具有创意："为了两眸晶莹，为了两腮绯红，为了人老珠不黄，也为了合理的价钱，每一个在行的女人都会——购买埃斯可里普陀制造的化妆品。"当时还出现了另一种比较典型的广告形式——布告。在古希腊市集或人多聚集的地方，有专门用来粘贴布告的板，其中有寻物布告，也有商品布告。

在公元4世纪初，罗马城已经有面包店、油铺等很多商家，市场上各种产品样样俱全。在商业的高度发展中，商业广告广泛使用。1952年，一位工程师在勘测地下水道时，偶然发现地下深埋的废城——古罗马的庞贝城。在庞贝城废墟的墙壁上，有许多说服性质的广告，内容有剧场演出广告、竞技体育广告、浴池广告、房屋出租广告、政治广告、格斗表演广告等。

（二）近代广告时期（1450—1850年）

近代广告时期是从1450年到1850年。金属活字印刷术发明后，为印刷广告的发展提供了条件，开创了广告发展的新纪元。1450年，德国人古登堡创用铅活字印刷术，标志着人类广告史从原始的口头广告、招牌广告、实物广告传播时代进入到印刷广告的新时代。但由于这一时期报纸、杂志还没有大量发行，因此印刷广告的影响范围还非常有限。

1. 印刷广告的出现

1472年，英国第一个出版人威廉·坎克斯顿印制了推销宗教书籍的广告，张贴在伦敦街头。广告内容为："倘任何人，不论教内或教外人士，愿意取得适用于桑斯伯莱大教学的仪式书籍，而其所用字体又与本广告所使用字体相同者，请移驾至西敏斯特附近购买，价格低廉，出售处有盾形标记，自上至下有一红条纵贯以为辨识。"这条广告对目标消费者"不

[①] 1ft = 0.3048m。

[②] 1in = 0.0254m。

论教内或教外人士"、购买地点指引"请移驾至西敏斯特附近购买"、卖点诉求"价格低廉"以及商标、特征的强调"盾形标记，自上至下有一红条纵贯以为辨识"都——顾及，是有劝导力的印刷广告。它虽然印制粗糙，但标志着西方印刷品广告的开端。

2. 报纸、杂志广告的发展

16世纪以后，西方一些比较发达的国家，如英、法、德、美等国的资本主义经济得到进一步发展，印刷术使报刊业兴旺，定期报刊的出现又为报刊广告的诞生创造了条件。

17世纪初，一些经常出版的报纸创办起来。1625年，用英文出版的《英国信使报》，第一次在背面版上刊登了一则推销图书的广告。而广告历史学家亨利·桑普逊则认为，第一则名副其实的报纸广告，应为英国《新闻周报》刊载的要求寻找被盗的12匹马的悬赏启事。进入17世纪中期以后，"广告"这一名词已经被普遍使用。经常做广告的商品有咖啡、薯条、巧克力、药品等。当时报纸的发行量小，作为传播媒介，远远未达到大众化，广告也是可有可无的附属品。17世纪中叶，在印刷术应用的初期，英国成为世界广告业的中心，广告代理商也是在17世纪的英国首先出现的。

1740年，美国创办了第一份报纸《波士顿新闻通讯》，并发布了一则向广告商推荐以报纸为宣传媒介的广告。

到1830年，美国已有报纸1 200余种；英国在1837年有报纸400种，日刊广告8万余条。但此时由于报纸发行量有限，所以报纸广告的影响力也十分有限。

1645年1月15日，一本名为 *The Weekly Account* 的杂志第一次使用了广告栏专门刊登广告，从此杂志作为广告媒介得到了发展。

虽然这时的广告仍以信息告知为主，内容简单、形式单一，但它已为社会所接受，已为人们所需求。

3. 广告代理业的形成

1610年，英王詹姆斯一世让两个骑士建立起了第一家广告代理店。1621年，法国创立"高格德尔"广告代理店。1729年，富兰克林在美国创办《宾夕法尼亚新闻报》，既做出版商和编辑，同时也承接广告代理业务。

英国议会于1712年通过关于报纸广告纳税的法案，开始征收广告特税。在报纸广告得到发展的同时，1710年，约瑟夫·艾迪生发表了关于广告问题的议论，被看作最早的"广告理论"。

(三) 近代广告向现代广告的过渡期（1850—1920年）

1850—1920年是世界近代广告向现代广告的过渡期。由于新技术的广泛应用，广告形式已呈现多样化的发展趋势，世界广告中心已从英国转移到美国。

1850—1911年，世界上有影响的报纸相继创刊，如英国的《泰晤士报》和《每日邮报》、美国的《纽约时报》、日本的《读卖新闻》和《朝日新闻》、法国的《镜报》等。这些报纸的主要收入来源都是广告，并且发行量逐年增加，其刊登广告的数量也越来越多。例如，《泰晤士报》，1815年发行5 000份，1844年发行23 000份。《泰晤士报》在1800年平均每天刊登100则广告，到1840年猛增到每天刊登400则广告。

随着媒介的成熟和壮大，专业广告公司开始兴起。据统计，这一时期在美国建立的广告代理公司约有1 200家，可见19世纪以美国为代表的广告代理业正在快速发展。

另一方面，更多的新技术应用于这一时期的广告制作中来。1853年，纽约的《每日论坛报》第一次采用照片为一家帽子店做广告。从此，摄影图片成了广告的重要表现手段。1891年，可口可乐公司开始用挂历做广告，这是世界上最早的挂历广告。除此之外，还产生了诸如气球广告、宣传车广告、宣传画广告、电子广告、购物点广告等多种形式的广告。

随着广告的发展，19世纪末广告的理论研究逐渐深入。例如，1874年，H. 萨博逊写作了《广告的历史》一书；1866年，莱坞德和哈顿合著了《路牌广告的历史》；1898年，美国的E. S. 路易斯提出AIDA[①]法则。广告管理在当时也得到了加强，1907年，英国颁布了第一部较为完备的《广告法》。1911年，美国制定了著名的《普令泰因克广告法草案》，这一草案一般被认为是美国最早的广告法案。此后，又有一系列法令颁布，强化了政府对广告的管理。

（四）现代广告时期（1920年至今）

现代广告时期是从1920年以后开始至今，世界广告业进入了划时代的发展阶段。在这一时期，出现了电子广告，并且广告媒体呈现多样化的趋势，从此广告由近代时期进入了现代信息产业的发展时期。

1920年10月2日，第一家正式注册营运的美国西屋电气公司开办的KDKA广播电台，以报道美国总统竞选为主旨，并开始了正式的电台商业广告营业。1921年，法国邮电部建立第一座广播电台。同时，在这一时期，又出现了另外一项重大发明——电视技术。美国在1941年正式开播商业电视。在第二次世界大战后，电视得以迅速发展。尤其是在20世纪50年代美国首创彩色电视之后，由于电视广告集语言、音乐、画面于一体，电视成为最理想的传播媒介，因而在其后的广告业中独占鳌头。除了传统的四大媒介之外，又有很多新的广告媒介产生，如20世纪末的户外广告、购物点广告（POP广告）、邮递广告和网上广告等。此外，各种博览会也成为重要的广告形式。

现代广告的第三个重大发展，就是广告管理水平的提高。广告公司的专业水平和经营管理水平均大有改进，而政府部门也通过立法等形式规范和约束广告公司的行为，规定广告业的发展方向。同时，政府还设立专职管理机构，从事广告管理。

现代广告业的进步，最重要的还是表现在广告理论方面。由于广告发展的需要，广告理论的研究工作得以深入开展，从而使广告学成为一门独立、完整、系统的综合学科。

进入20世纪80年代以后，现代工商业迎来了信息革命的新时期。现代产业的信息化大大推进了商品市场的全球统一化进程，广告行业也相应发生了一场深刻的革命。在这场信息革命中，广告活动遍布全球。许多广告公司也由简单的广告制作和代理发展成为一个综合性的信息服务机构。

与此同时，现代广告公司也发展成了集多种职能为一体的综合性信息服务机构，负责收集和传递政治、经济、社会、文化等各种各样的信息，并把这些信息用来指导企业的新产品开发、生产和销售，为工商企业的产品生产和销售提供一条龙的信息服务。

同时，广告的信息在传递过程中也变得高度科学化和专业化。一幅广告，从市场调查入手，先后开展市场预测、广告策划到设计、制作、发布广告，再经过信息反馈、效果测定等

[①] AIDA：Attention（注意），Interest（兴趣），Desire（欲望），Action（行动）。

多个环节，形成了一个严密、科学和完整的过程，尤其是近些年整体策划观念的兴起，更使广告活动趋于系统化，充分发挥了广告业的信息指导和信息服务作用。

二、中国广告发展史

中国广告发展的历史源远流长。在以自给自足的自然经济为主导的传统社会，山川阻隔，交通落后，因此，生活在不同地域的民族基本上都是在相对封闭的环境中创造着各自独具特色的文化。中国古代广告也具有鲜明的中国传统文化特色。在中国社会充满艰辛和苦难的近现代发展历程中，广告的发展也走过了一段艰难曲折的路程。

（一）中国古代广告时期（1840年前）

中国文化重视传统，中国文化的演进历程被认为是在传统中的变化，因此，中国古代广告具有鲜明的传统文化特色。从总体上看，中国古代广告的表现形式和种类相对比较单一。

1. 实物广告、口头广告和音响广告

随着社会生产分工的逐渐深化，剩余产品逐渐增多，物质交换日趋频繁。交换产品，就必须把产品陈列于市场。同时，为了吸引他人，势必需要叫喊等。于是，最原始的实物陈列广告、叫卖广告就随之诞生了。例如，《诗经·卫风·氓》中有"氓之蚩蚩，抱布贸丝"的描写。相传辅佐周文王建立霸业的姜太公在未被起用时曾隐居市井，操屠宰之业。他在铺子里"鼓刀扬声"，高声叫卖以招徕主顾。音响广告是利用工具所发出的音响来代替口头叫卖，如收废品的人鸣锣为号，这也是自古有之的广告形式。《诗经》中有商人在卖麦芽糖时吹箫为号的记载。南宋时茶摊子往往敲响盏唱卖，以响盏作为音响广告的工具。

2. 旗帜广告与悬物广告

旗帜广告在古代尤以酒旗最多，以至诗人有"酒旗风"之说。这种旗帜又叫幌子。例如，唐代诗人杜牧的《江南春绝句》中有"千里莺啼绿映红，水村山郭酒旗风"的诗句。时至今日，北方地区还有小酒店以酒旗作为招牌。悬物广告是在门前悬挂与其经营特征有关的物品（如山货野味）或习惯性标志（如灯笼）作为广告。

3. 招牌广告与彩楼广告

随着商品经济的发展和商业交换的扩大，商业性的标记逐渐具备了商标和招牌的作用。标记同时兼有了实物广告和文字商标广告的职能。例如唐宋时期，商业比较繁荣，商人可沿街设店，店铺的招牌一般以店铺主人的姓名或其经营的商品命名，如酱园门前写着"酱园"两个大字，茶店写着"茶"字等，这些都具有明显的商业性质。《清明上河图》中，宋朝汴州城内十字街口的商店已广泛地出现各种横的和竖的招牌，可见招牌的出现远在宋朝以前。

彩楼广告的实质是商店的门面装潢，使商店的装饰门面别具一格，便于人们识别，起到招牌广告的作用。旧时彩楼广告主要用在酒店，《东京梦华录》中介绍宋时汴京酒店时写道："凡京师酒店，门首皆缚彩楼欢门。"彩楼是永久性的广告设施，一般在节日时重新加以修饰。当今的橱窗陈列广告可以说是古代彩楼广告的发展。

4. 印刷广告

印刷广告是古代广告中比较先进的一种广告形式。我国最先发明了印刷术和纸，其后发展出雕版印刷工艺。在宋代，毕昇发明了活字印刷术，印刷广告的历史由此展开。我国最早的印刷广告是北宋时期（960—1127年）济南刘家针铺的广告，这则广告图文并茂，将产品的质量、性能以及针铺的经营方式、商标等一一做了介绍，与现代广告已相差不远。

（二）中国近现代广告时期

中国近现代广告是指从鸦片战争开始到中华人民共和国成立这一时期的广告。近现代广告与古代广告相比，从内容和形式都有了很大的进步。

1. 报纸广告

中国最早的报纸可追溯到唐玄宗开元年间（713—741年）出现的《邸报》。《邸报》是封建宫廷发行的一种类似政府机关报的誊录品。中国虽然是世界上最早有报纸的国家之一，但我国报纸广告的出现要比西方晚。

1815年8月，英国传教士马礼逊和米怜创办了《察世俗每月统记传》，这是最早刊登广告的定期中文刊物。1833年8月1日，《东西洋考每月统记传》在广州创刊，这是中国境内出版的第一份中文近代报刊，由普鲁士传教士郭士力创办。该刊采用雕版印刷和中国线装书款式，以宣传基督教教义，传播自然科学、社会科学知识及文学知识为主，同时它也是最早登载"行情物价表"之类的商业信息及商业广告的报刊。

鸦片战争前后外国人创办的另一类报纸是商业报纸。为适应列强经济扩张的需要，以沟通商情、促进商品为主的商业报纸应时而生。首先兴起的是英文商业报纸。例如，1827年11月18日，英文报纸《广州纪录报》在广州创刊。该报是为英国商人向中国倾销商品、提供商业信息服务的。

鸦片战争以后，外国人在中国的办报活动日益增多。比较著名的报纸有《遐迩贯珍》《万国公报》《申报》《新闻报》等。随着外国人越来越多地在中国开办报纸，中国人也开始认识到报纸广告的重要性。从19世纪中叶开始，香港、广州、上海、汉口等地出现了中国人办的报纸。仅1895—1898年，全国就有32种主要报纸创刊。这些报纸与外国人办的报纸不同，多数刊登国货广告。"五四运动"前后，报纸广告更加繁荣，我国的中外文报纸达1 100多种。

2. 杂志广告

随着报纸广告在中国的发展，杂志广告也应运而生。上海第一份杂志是清咸丰七年（1857年）英国人伟烈亚力创办的《六合丛刊》，这是一份有关新闻、宗教、科学和文学的综合性月刊。《生活周刊》《东方杂志》《妇女杂志》等在读者中影响较大，它们都刊登较大篇幅的广告。

3. 广播广告

1920年，美国匹兹堡的广播电台开始播音，不久，美国人便把无线电广播技术输入我国。1923年1月23日，大陆报—中国无线电公司广播电台在上海播音，这是中国境内出现的第一座广播电台。1926年10月，中国办的第一座广播电台——哈尔滨广播电台开播。之后北京、天津、上海、沈阳等地也相继建立了广播电台。1928年，国民党在南京建立了广播电台。1934年，中国电声广告社成立，为广播电台承办广告。这些广播电台的建立促进了广播广告的发展。民间广播电台在这个时期也得到了较大发展。民营广播电台以播放广告为主，以营利为目的。

4. 其他形式的广告

除了报纸广告、杂志广告和广播广告以外，还出现了多种其他形式的广告。1917年10

月20日开业的上海先施百货公司制作了我国最早的橱窗广告。此外,新出现的广告形式还有霓虹灯广告、车身广告、路牌广告等。上海最早的霓虹灯广告引进是1926年的"皇家打字机"英文霓虹灯广告。上海当时最大的霓虹灯广告是红锡包牌香烟广告。月份牌年画广告是我国最早出现的商品海报,也是我国近现代广告史上极具特色的商业广告现象。与此同时,印刷广告也得到了进一步发展,相继出现了产品样本、企业内部刊物(免费赠阅)、企业主办的专业性刊物、月份牌和日历等形式的印刷广告。

5. 广告代理业得到发展

19世纪下半叶开始,专门从事广告经营活动的广告公司和广告专业人员应运而生,广告业在中国诞生了。最初的广告商是由报馆代理人演变而来的,后来,随着报馆广告业务的不断扩大,报馆内设立广告部,广告代理人逐步演变为报馆广告部的正式雇员。而专业广告制作业务的广告社和广告公司也开始在中国出现。随着广告在中国的发展,广告的理论研究和教学工作也逐渐展开和深入。1918年10月,北京大学成立了新闻学研究会,该研究会把"新闻纸之广告"作为研究和教学的一项内容。一些大学也相继开设了广告专业课程,《广告须知》等一些专著也相继出版。但由于我国商品经济发展缓慢,使得相关的广告学研究、教育受到了极大限制。

1919年,万国函授学堂上海办事处曾与我国广告界人士联合发起组织过"中国广告公会",它是我国广告史上最早与世界广协有联系的全国性广告机构;1927年,上海6家广告社组织成立了"中华广告公会",这是广告同业最早的组织,创办人是维罗广告社的王梓濂和耀南广告社的郑耀南,主要是为了解决同业之间的纠纷和争取公共的利益。

20世纪20年代,上海的广告代理商发展到30多家,在中国人开办的广告公司中规模较大的是成立于1926年的华商广告公司和成立于1930年的联合广告公司。与此同时,其他城市也陆续开办了广告社,如天津的北洋、大陆、新中国等广告社。

20世纪30年代,中国广告制作水平有了很大提高。广告经营者开始关注对消费者心理的研究,出现了很多优秀的广告作品,同时也涌现出一批优秀的广告设计人才。

(三)中国当代广告时期(中华人民共和国成立以来)

中华人民共和国的成立,标志着我国的广告事业进入了一个新的发展时期。中华人民共和国成立后,我国的广告业得到了一定程度的发展,在全国范围内进行社会主义改造,上海、北京、天津等大城市的私营广告公司逐渐萎缩,取而代之的是国营广告公司,如上海市广告装潢公司、北京市美术公司等,这些公司主要提供报纸广告、杂志广告、路牌广告、橱窗设计等。很多地方政府相继建立了广告管理机构,制定了一些地方性的广告管理法规,这些规定在很大程度上规范了广告市场,对广告业的发展起到了较好的促进作用。例如,1949年4月,天津市公用局率先公布了《管理广告商规则》;1949年12月,上海市人民政府公布了《广告管理规则》;1950年上海市成立"广告商同业公会"。到了1953年,我国开始实行计划经济,这使得我国的广告业基本退出了当时的经济活动。在"文化大革命"时期,广告业的发展受到了阻碍,除了政治广告和八个样板戏的演出宣传广告外,全国的商业广告基本处于停滞状态,户外广告被拆除,换成政治宣传标语。报纸广告逐渐消失,1970年1月19日,《人民日报》取消广告版面,广告公司多数被撤销。

1978年12月,党中央召开了十一届三中全会,社会主义商品经济得以迅速发展,广告业也开始恢复。

20世纪80年代，经过有计划的商品经济踏入社会主义市场经济，广告得到了飞跃发展，我国广告业每年以40%~50%的速度增长。广告公司由1979年以前不足10家到1988年猛增到8 225家。到1989年，全国广告经营单位多达11 142家，比1981年增长了100多倍。为了适应广告业的高速发展，在广告行业管理方面，相继成立了一些广告行业组织，对广告行业进行管理和协调，帮助广告公司开展业务和进行培训人员。

20世纪90年代，广告业的发展由高速向着平稳的态势发展，广告业也逐渐发展成熟，我国广告业逐渐与世界广告业接轨。大型广告公司开始出现，广告公司之间的联合趋势也初露端倪。1997年，前八名广告公司的营业额占全国广告公司营业额的26.05%。一些大型外国广告公司已进入中国市场。1999年，全国广告公司营业额为622.0506亿元，广告经营单位64 882户，广告从业人员587 474人。

20世纪90年代以后，我国传播媒介已经发展成为种类齐全、辐射面宽、覆盖率高的传播媒介体系。我国不仅有电视广告、广播广告、报纸广告、杂志广告等广告形式，而且新闻广告、店铺广告、交通广告等也重新活跃，文艺广告、邮寄广告、馈赠广告和商业展览会、博览会也开始较大规模地登上广告舞台，各种户外广告、名录广告、宣传册等对广告宣传也起到了补充的作用。在我国广告事业发展迅猛的同时，广告理论水平也在不断提高，广告人才培养得到重视。经过多年发展，我国广告业取得了令人瞩目的成就，形成了一定的行业规模和分工比较细致齐全的门类。在服务质量方面，由为客户提供简单的广告时间、版面，逐步转向以广告创意为中心、以全面策划为主导的全方位优质服务，广告运作水准和专业化程度普遍提高。

三、世界主要广告理论

广告的历史源远流长，一代一代的广告人通过大量的实践，积累了大量的经验，并且经过从实践到理论，再从理论到实践的不断循环过程，总结并构建出了科学的广告学理论框架。由于广告理论是建立在错综复杂的基础之上的，因而广告理论的外延是非常广阔的，其中，影响比较大的主要有广告定位理论、品牌形象理论、广告传播理论、广告营销理论四大经典广告理论。

（一）广告定位理论

艾尔·里斯和杰克·特劳特在20世纪70年代早期提出了"定位"的观念。他们认为"在传播的丛林沼泽中唯一能取得高效果希望的，是集中火力于狭窄的目标，实施市场区隔。一言以蔽之，就是'定位'。"如今，定位理论已成为现代广告运作的一个基本原理。正是由于定位理论，消费者才能够更加清晰地对商品进行识别，企业才能够找到一种思路来进一步巩固产品和企业形象，广告从业者才能够找到广告宣传和评价的基准。

1. 广告定位理论的产生背景

广告定位理论是在一定的背景之下产生的。20世纪50年代被称为"产品至上时代"。美国的罗瑟·瑞夫斯提出广告应有"独具特点的销售说辞"（Unique Selling Proposition，USP）。罗瑟·瑞夫斯认为，成功的广告应该把注意力集中在产品的特性、差异性及消费者利益上，找出消费者最容易接受的产品特点作为广告的主题，并把这样的信息传递给消费者。USP 理论是广告定位理论的基石,影响并导致了后世广告定位理论的成熟。20 世纪 60 年代中后期,广告主和广告人认为在销售产品时,声誉和形象比产品的特点更为重要。在这一时期,大卫·奥格威提出了著名的"品牌形象"理论。他的最著名的命题之一就是:"每一广告都是对品牌印象的长期投资。"这一理论进一步把广告定位理论提升到精神层面。

1969 年,艾·里斯和杰克·特劳特在美国《工业营销杂志》上写了一篇名为《定位是人们在今日模仿主义市场所玩的竞赛》的文章,文章中使用了"定位"一词。20 世纪 90 年代以来,广告定位已经不再是零散的、随机的产品形象和企业形象定位,而是系统的形象广告定位。

2. 广告定位理论的具体内容

广告定位是根据企业的定位策略,通过广告传播活动突出强化企业、产品或服务符合目标消费者需要的某些特性,从而确立企业在市场竞争中的有利位置,树立良好的企业形象和品牌形象。

产品定位理论一般可分为产品实体定位和产品观念定位两大类。后来,随着市场的发展,又出现了竞争定位和形象定位,具体内容将在第四章详细论述。

【案例链接】

宜家重新定位

宜家最开始以高档时尚的形象进入中国市场,然而随着中国家居市场的逐渐开放和发展,消费者在悄悄地发生着变化,那些既想要高格调又付不起高价格的年轻人也经常光顾宜家。这时,宜家没有坚持原有的高端定位,而是锁定那些家庭月平均收入 3 350 元以上的工薪族,重新定位自己的目标顾客,并针对其消费能力对在中国销售的 1 000 种商品进行降价销售,最大降幅达到 65%。

只有来自内心的力量才能持久,重新定位后的品牌要获得消费者的忠诚,就必须从内心打动目标顾客,引起目标顾客的情感共鸣。

(资料来源:http://www.xianzhi.net/companyname/44573.html)

(二) 品牌形象理论

20 世纪 60 年代中期,大卫·奥格威所倡导的"品牌形象"(Brand Image)观念,经由其著作《一个广告人的自白》而风行。这一理论得到了越来越多的企业界和广告界人士的认可。史蒂芬·金说:"产品是工厂所生产的东西,品牌是消费者所购买的东西。产品可以被竞争者模仿,但品牌则是独一无二的。产品容易过时落伍,但成功的品牌却能持久不坠。"从这句话中可看出品牌的重要性。

广告策略中的品牌,体现为消费者对品牌所蕴含的诸多信息,如名称、标志、符号、发音、利益的提供、产品的特色、市场的评价、发展的历史等的认知和接受程度,它建立在消费者的心中,更多地体现为一种主观的认识。

树立品牌形象,必须为品牌选择和创造合适的广告意象,能够表现品牌特质和个性,并能为消费者接受。从广告实践来看,广告意象的选择和创造可以有以下几种:

(1) 合适的模特儿。例如,大卫·奥格威曾经为海赛威衬衫创作过一则非常成功的广告。为了表现衬衫的高档形象，他最终选择了一位戴眼罩的仪表不凡的男子，这一品牌形象的选择取得了极大的成功，使这一产品在短时间内闻名全国。

（2）商标人物。例如，现在大家所熟知的米其林轮胎，选用的就是米其林轮胎人这样的商标人物。

（3）拟人化的动物卡通形象。例如，现在很多产品，都以拟人化的动物卡通形象作为产品的品牌形象，如史努比、米奇等都已深入到消费者心中。

（4）名人形象。早在20世纪20年代，智威汤逊公司就率先在力士香皂的印刷品广告中插印影星照片，从而树立起"力士香皂，国际影星所使用的香皂"这一形象。而现在名人形象已成为品牌形象塑造广为使用的一种策略。

（5）普通人形象。许多产品在做广告时使用普通人来做证人，广告也收到了很好的效果。例如，雕牌肥皂使用具有亲和力的家庭主妇做广告，体现了该产品物美价廉、适合普通老百姓使用的特点。

【案例链接】

万宝路香烟广告

1924年，美国菲利普·莫里斯公司生产了一种牌号为"万宝路"的香烟，专供女性消费者享用。广告口号也尽力突出其味道"像五月的天气一样柔和"。然而，产品投放市场后，境况十分糟糕，销售业绩始终不佳。为改善产品的销售状况，菲利普·莫里斯公司曾做过多方努力，甚至为消除吸烟女性对唇膏沾上白色烟纸不雅的抱怨，而将烟嘴部分改为红色。即便如此，万宝路香烟的销售仍然每况愈下。

最后，菲利普·莫里斯公司求助于李奥贝纳公司。李奥贝纳公司经过周密的市场调查和精心策划，提出了一个"颠倒阴阳"的大胆构想：去掉万宝路原有的浓厚脂粉气，为其重塑一个具有男子汉气概的全新形象。1954年，全新的万宝路香烟广告正式推出。粗犷、剽悍、豪爽的牛仔形象在不同的广告画面上以不同的姿态出现，一下征服了无数美国人的心，大家纷纷加入万宝路的世界。短短一年时间，万宝路的销量整整提高了三倍，一跃成为全美10种畅销香烟之一。

（资料来源：改编自张金海主编的《世界经典广告案例评析》）

（三）广告传播理论

1. AIDMA 理论

AIDMA 理论最初是由美国广告学家 E. S. 路易斯于1898年提出来的。他认为消费者在接受广告时的心理活动遵循如下顺序：Attention（注意）→Interest（兴趣）→Desire（欲求）→Memory（记忆）→Action（行动）。信息传递按照广告金字塔形式，有一个逐次"散漏"的过程。这样，广告信息最终能真正导致购买行为是非常有限的。

2. CS 理论

在广告公司的经营管理方法中，有一种方法是以广告目标来管理广告，CS（Communication Spectra）意为扩散传播，就是这一理论的总称。CS 理论是与 AIDMA 相关的广告传播理论，与后者不同的是，它关注的焦点不是受众的接受反应，而是传播者的目标管理。

美国哥伦比亚大学杰格迪什·N. 谢斯教授认为消费者从接触广告到采取购买行动的反应顺序是：注意→了解→确信→意图→购买。CS 理论认为，广告信息传播如同光谱呈扩散状。一个新产品进入市场后，广告目标是分阶段循序渐进的：首先是认知阶段，要让消费者知道广告主和商品名称；其次是理解阶段，向消费者提供更多关于商品功能、用途的信息，使他们理解有关商品的特性；再次是确信和刺激欲求阶段；最后是购买阶段。

3. 广告螺旋理论

广告螺旋理论是由格勒纳教授于 1925 年在其著作《广告创意》(*Advertising Procedure*) 中最先倡导的。其基本观点为，商品在市场上一般要经历一定的生命周期：从引入期到成长前期是开拓阶段；从成长后期到成熟期是竞争阶段；从饱和期到衰退期则是保持阶段。在不同的阶段，广告传播的重点对象和策略是不同的：开拓阶段，广告的主要目标是创新；竞争阶段，广告的首要目标是打败竞争者，应面向大众进行劝说性广告；保持阶段，广告的目标主要是维持市场占有率，广告对象应是消费者群中的老顾客、晚来者，广告应是提醒式的。这三个阶段是互相衔接、循环更替的。经过以上三个阶段之后，进入下一轮循环，开始新的开拓阶段、竞争阶段、保持阶段，以螺旋状扩大市场范围。

（四）广告营销理论

市场营销学的很多理论在广告中都得到了运用，如市场细分和产品生命周期理论，而广告营销理论方面，最有代表性和最为流行的是整合营销传播（Integrated Marketing Communicating, IMC）理论。整合营销传播理论是在 20 世纪 90 年代初首先在美国提出的，90 年代中期开始陆续引进到我国。

整合营销传播以消费者为中心，重在与传播对象的沟通。整合营销传播理论的中心思想是以统一的传播目标，运用和协调各种不同的传播手段，使不同的传播工具在每一阶段发挥出更佳的、统一的、集中的作用，最终强化品牌的整体传播强度和一致性，建立与消费者长期、双向、维系不散的合作关系。

第四节 广告产业的三大支柱

广告主在媒体上做广告，是因为他们希望广告内容能够传达到那些被媒体内容吸引的受众，而广告主达到这样的目的往往需要广告公司的帮助，媒体组织在自己的媒体产品中也为广告主提供了促销其产品和服务的空间和时间。通常我们把广告主、广告媒介组织（简称"广告媒体"）、广告公司称为广告产业市场的主体。

一、广告主

广告主也叫广告客户，是指进行广告活动的主体，通常指发布广告的企业；但也可以是通过媒体发布广告的各种法人、团体或个人。根据广告主销售或服务类型的不同，我们可以把广告主分为三类：生产商和服务企业、中间商、政府机构和社会团体。

目前，美国仍然是世界上最大的广告市场。例如，2015 年美国《广告时代》(*Ad Age*) 杂志发布了一份《全美前 200 名领先广告主》榜单，这 200 个上一年美国营销投入最高的公司，一共花了 1378 亿美元，占整个市场营销投入的近一半，其中，花费超过 10 亿美元的公司有 38 家，前十名分别是：①宝洁 46 亿美元；②AT&T33 亿美元；③通用汽车 31 亿美元；④康卡斯特 30 亿美元；⑤威瑞森电信 25 亿美元；⑥福特汽车 25 亿美元；⑦美国运通 24 亿美元；⑧菲亚特汽车 22 亿美元；⑨欧莱雅 22 亿美元；⑩迪士尼 21 亿美元。

中国是目前成长最快的广告市场之一。根据中国广告协会发布的数据，2015 年中国广告市场规模约为 5973.41 亿元，同比增长 6.56%，自 2012 年起，复合增长率达 6.19%，过去 7 年广告市场的发展主要来源于经济总量的扩大，而市场规模占经济总量的比例基本保持稳定。统计显示，2015 年广告业新增经营单位 128 203 户，增幅达到 23.58%；创造新的就业岗位 354 603 个，增幅达到 13.05%。全国广告业从业人员首次冲过了 300 万人大关，达到了 307.25 万人，仅仅 3 年时间就增长了近百万人。全国广告业经营单位总数飙升至 67.19 万户，平均每天新增企业超过 351 户。

二、广告媒体

广告媒体是指作为传播广告信息的载体。在广告活动过程中，媒介策划、媒介选择与购买、媒介监测及媒介运用细节，都占有相当重要的地位。广告媒体能够及时、准确地把广告主的商品、劳务和观念等方面的信息传送给目标消费者，刺激需求，指导消费。广告媒体使得企业的信息交流能够顺利进行。同时，广告主和媒体也是相互依存的关系。广告主通过广告媒体传递信息，而广告媒体在提供信息服务时也获得一定的经济收入作为媒体发展的经济支柱。

报纸、杂志、广播、电视是四大传统媒体。虽然现在的消费者有更多的获得信息的渠道，如互联网作为传播媒体正在异军突起，但从整体特征来看，这四大媒体仍然是名副其实的大众媒体。它们也仍然是社会大众获得信息的最主要的几个渠道。除了传统的四大媒体之外，近几年我国的新媒体以超乎寻常的速度在发展。伴随着三网融合的步伐，IPTV、移动电视、手机电视等数字新媒体和新业务正在国内迅速兴起。与此同时，手机无线广告业务、播客、博客、视频、户外电视等新媒体的发展形势也十分可观。

广告主及广告公司可以选择和利用的媒体形式是丰富多样的。表 1-2 中，概括了当今可利用的主要媒体形式，在本书的第六章会对广告媒体的内容做主要介绍。

表 1-2 广告媒体概览表

媒 体 类 别	具 体 举 例
广播、电视媒体	有线电视、无线电视；有线广播、无线广播
印刷媒体	杂志；报纸；直邮宣传品；特制宣传品；传单、夹报
互动媒体	互联网、互动电视、互动广播、手机
辅助性媒体	户外媒体、交通媒体、赠品、招贴、电话黄页、售点 POP、活动赞助

新经济时代的来临和经济全球化进程的加快，给传媒产业带来了前所未有的发展机遇。中国传媒产业已初具规模，广告营业额占 GDP 的比重达到 1% 左右。中国的传媒产业度过了行业的起飞时期，进入到成长时期。2013 年中国媒体单位广告营业额前 10 名的排序见表 1-3。

表1-3 2013年度中国媒体单位广告营业额前10名

序号	单位全称	营业额（万元）
1	中央电视台广告经营管理中心	2 559 793
2	湖南电视台	708 400
3	上海文化广播影视集团有限公司	638 200
4	江苏电视台（集团）	525 200
5	浙江广播电视集团	515 000
6	深圳报业集团	379 614
7	搜狐	360 500
8	深圳广播电影电视集团广告管理中心	357 700
9	浙江淘宝网络有限公司	338 700
10	新浪	322 300

（资料来源：中商情报网 http：//www.askci.com/news/data/2015/02/06/17728pjri.shtml）

三、广告公司

专业广告公司的出现，是商品经济发展的必然产物。生产的社会化和市场经济的发展，必然要求有与之相适应的广告公司等专门性的市场信息传递组织。广告公司是指依法成立的专门从事广告经营服务的企业，详细地说，就是从事广告策划、设计、制作、代理、咨询以及某些发布等活动的企业。

广告公司有不同的类型，广告主可以根据自己的需求选择不同的广告公司。广告公司按功能可分为全面服务型广告公司、专业服务型广告公司、职能型广告公司、小组制度型广告公司四类。

（一）全面服务型广告公司

全面服务型广告公司即全功能的广告公司。这种类型的广告公司拥有各种专业广告人才和先进设备，具有市场调查、研究分析、策划、咨询的能力和健全的专业机构，为广告客户提供广告活动全过程、全方位的综合性服务。例如，表1-4中的非媒体服务类广告企业主要是指从事品牌营销传播、广告设计制作、专项策划执行等服务的广告公司。这些广告公司就属于全面服务型广告公司。

表1-4 2013年度中国广告企业（非媒体服务类）广告营业额前10名

序号	单位全称	营业额（万元）
1	上海李奥贝纳广告有限公司	834 381
2	北京恒美广告有限公司上海分公司	603 721
3	广东省广告股份有限公司	559 090
4	昌荣传媒有限公司	550 000
5	北京电通广告有限公司	519 013
6	盛世长城国际广告有限公司	502 256
7	北京杰尔思行广告有限公司	311 457
8	北京广告有限公司	190 000
9	南京银都奥美广告有限公司	179 393
10	思美传媒股份有限公司	163 849

（资料来源：中商情报网 http：//www.askci.com/news/data/2015/02/06/17728pjri.shtml）

（二）专业服务型广告公司

专业服务型广告公司即部分功能的广告公司。这种类型的广告公司依靠其某方面专门的独特能力，承担部分拥有其特长和优势的广告经营业务。例如，创意公司一般侧重于创意概念的开发、文案和艺术服务；媒介购买公司专门为广告公司和广告主购买媒介时间和空间，尤其是广播时段和电视时间；互动广告公司协助广告主开展新媒体（如网络、手机、互动电视等）上的传播活动；特定广告代理公司以特定的广告业务为中心，提供有关服务内容，如房地产广告公司、公共交通广告公司、地下铁路广告公司、户外广告公司等。

（三）职能型广告公司和小组制度型广告公司

广告公司的内部组织，一般分为职能型组织和群体型组织。职能型组织又称部门组织。职能型广告公司按照广告活动的任务与范围，分为各个职能部门，各部门协同为广告客户服务。群体型组织又称小组制度。它是较大规模广告公司的组织形式。小组制度型广告公司是按广告客户的需要，将广告公司内部机构分成若干分支小组而构建的一种组织形态。

【资料链接】

什么是 4A 广告公司

"4A"一词源于"The American Association of Advertising Agencies"的缩写，中文为"美国广告代理协会"。因名称里有四个单词是以 A 字母开头的，故简称为 4A。后来世界各地都以此为标准，取其从事广告业、符合资格、有组织的核心规则，再把美国的国家称谓改为各自国家或地区的称谓，形成了地区性的 4A 广告公司。

美国广告代理协会（The American Association of Advertising Agencies，4A），是 20 世纪初由美国各大著名广告公司所协商成立的组织，成员包括：Ogilvy&Mather（奥美）、J. Walter Thompson（智威汤逊，JWT）、McCann（麦肯）、Leo Burnett（李奥贝纳）、BBDO（天联）等著名广告公司。该组织最主要的协议就是关于客户媒体费用的收取约定（17.65%），以避免恶意竞争。此后，各广告公司都将精力集中在非凡的创意和高超的客户服务中，从而创造出一个又一个的美妙广告创意。因此，4A 也成为众多广告公司争相希望加入的组织。

从 20 世纪 70 年代末到 90 年代初，4A 成员们渐渐地进入到华人世界，从中国台湾到中国大陆。由于国内尚未允许外商独资广告公司的存在，所以 4A 公司往往与国内公司合资成立合资广告公司，如盛世长城（Saatchi&Saatchi 与长城）、智威汤逊-中乔（J. Walter Thompson 与中乔）等。

20 世纪 80 年代末到 90 年代初，改革开放初期随着跨国公司纷纷进入中国，国际广告公司也纷至沓来。当时，国内的广告业尚未发展，4A 公司凭借着国际客户的声誉，大胆而精妙的创意，以及精彩的导演和拍摄，树立了其在国内广告界的声誉，国内广告界逐渐了解了 4A 公司，4A 公司便成为代理国际品牌的广告公司的代名词。

那些并不是 4A 成员的国际广告公司也被列为 4A 之列，如电通（日本最大的广告公司，业务量甚至超出了许多 4A 公司）、博报堂等。由于广告公司的人员流动性比较大，所以很多广告人有在多家 4A 公司工作的背景。一般我们所说的 4A 是指国际性有影响力的广告公司，如奥美、智威汤逊、精信、麦肯、电通、电扬、天联、李岱艾等。

【本章思考题】

1. 广告分为哪几种类型？依据是什么？你在生活中见过哪种类型的广告？请举例说明。
2. 广告的基本要素是什么？
3. 我国古代广告的主要形式是什么？
4. 从世界广告发展史与中国广告发展史的比较中，你得到什么启示？
5. 世界主要的广告理论有哪些？请举出经典案例。
6. 广告市场的三大主体是什么？你是如何认识各主体的市场角色的？

【案例分析讨论】

可口可乐已家喻户晓，为什么还要继续打广告

为什么很多家喻户晓的品牌还要继续打广告？在很多人看来，像可口可乐这样的已经家喻户晓、人人皆知的品牌，是不是可以不用打广告了呢？难道停止打广告人们就真的不买可口可乐了吗？为什么它还要一如既往地花这么多钱继续打广告呢？

一、健力宝的故事："家喻户晓"从来都靠不住

我们说可口可乐家喻户晓正是其持续投放广告的一个结果，然而"家喻户晓"从来都是靠不住的——我们来看一个曾经"家喻户晓"的典型例子——健力宝，当年被称为"东方魔水"的健力宝是本土软饮料市场的一个奇迹。

出色的广告让其坐上了国内饮料市场第一的宝座，1997年销售额达到了惊人的55亿元，是百事可乐和可口可乐在中国销量的总和，那时橙色易拉罐的健力宝是众多"80后"童年的集体回忆，用"家喻户晓"形容一点都不为过，但如今对于"95后""00后"而言，很多人并不知道健力宝为何物。

健力宝沉沦原因复杂，当然不能只归结于不再投放广告，但它客观上为我们回答这个问题提供了一个绝佳的案例——曾经家喻户晓的品牌多年不打广告的结果就是消费者会忘记它。

二、遗忘曲线：人们总是很健忘

德国心理学家艾宾浩斯的遗忘曲线告诉人们：人们遗忘一件事情的速度不是线性的，而是开始遗忘快，而后续遗忘的速度就会变慢。广告商深刻明白这个道理。

通常一个广告Campaign在电视上会播放四周然后停止两周，在互联网投放的时候也会对同一人群覆盖至少3次以上，背后就是用记忆曲线让你在忘记之前加强印象。据尼尔森的数据，一个美国人平均接触到的广告品牌超过120个，为使品牌在众多的信息中脱颖而出，广告是一个直接有效的手段。即便品牌已经反复加强了印象，如果过一段时间没有强化，也会在消费者心目中慢慢消失。举一个其他的案例：李宁，曾经的体操王子，在20世纪80年代是全中国人的偶像，用家喻户晓形容并不为过。然而30多年过去，很多人只知道李宁是运动品牌而不知道他是曾经的全民偶像和世界冠军。

三、广告的作用机制：告知、说服、提醒、强化

对于任何一个产品，它的广告受众都可以分为重度消费者、轻度消费者、非消费者，广告对这三种类型的人的作用机制是不一样的。

（1）对于非消费者，广告的作用是培养知名度。2013年的夏天，可口可乐的昵称瓶广告使得销售额同比增长20%。这种转换非常重要，要知道，即使是在可乐消费大国美国，依然有45%的家庭是不消费可口可乐的，而只要广告能把这个比例下降一个百分点，对于可口可乐而言也是极其成功的。

（2）对于轻度消费者，广告的作用是培育美誉度，即广告作用中的"说服"。轻度消费者的特征之一是他们往往对某个特定品牌没有稳定的追求，然而他们又非常重要，因为轻度消费者对品牌销售占比很高，这部分消费者的偶尔消费能够支撑起产品的人气，广告的作用就是确保产品在这部分消费者的选择范围之内。

（3）对于重度消费者，广告的作用是培养忠诚度，即广告作用中的"强化"。这时候广告的作用就变成了强化忠诚消费者的自豪感，比如你已经是百事可乐的忠实消费者了，这时候如果百事赞助了世界杯，或者请了莱昂纳多做代言，你一定会想：嗯，这就是我热爱的那个百事！

四、竞争和规模：如果你不做广告别人就会做

可口可乐所在的市场是一个快消品市场，快消品市场意味着较高的购买频率；和洗发水、化妆品等强调功能层面的产品不同，可口可乐和百事可乐在产品功能、味道层面的区分度基本不大。1970年，美国人做过实验，只有不到10%的人能喝出两种可乐的区别，即品牌是维系购买桥梁的重要方式，而广告是塑造品牌最重要的方式之一。

饮料市场竞争极其激烈，而用广告保持规模对于可口可乐而言非常重要，你不做广告，别人就会做，别人的规模就会超过你，除非你改变你的模式，保证在小规模情况下也能盈利，否则通过广告维持规模就是必然的选择。

（资料来源：卫夕聊广告，ID：weixiads）

讨论题：

1. 请结合案例，从广告的角度分析为什么很多"95后""00后"不知道健力宝为何物。

2. 请结合案例说明广告的重要性。

3. 结合案例谈谈你对现代广告发展趋势的认识。

【本章参考文献】

[1] 傅根清，杨明. 广告学概论 [M]. 济南：山东大学出版社，2004.
[2] 小林太三郎. 新型广告 [M]. 谭琦，译. 北京：中国电影出版社，1996.
[3] 袁米丽. 现代广告学教程 [M]. 长沙：中南工业大学出版社，1997.
[4] 曹胜斌. 当代广告学 [M]. 西安：西北大学出版社，2006.
[5] 苏士梅. 中国近代商业广告史 [M]. 开封：河南大学出版社，2006.

第二章

广告调查

现代广告活动已经不再是单纯向大众传递商品、服务信息的推销活动,而是具有明确目标性、强烈竞争性和高超艺术性的整体战略活动。只有对广告活动进行周密的思考和系统的策划,才能获得理想的广告宣传效果。而一次成功、周密的广告活动要从广告调查开始。广告调查是广告策划的前提与基础。广告调查通过对客观信息资料的收集和分析为广告决策提供依据。

【本章要点】

1. 了解广告调查的概念和作用
2. 掌握广告调查的内容和方法

【导入案例】

塔吉特百货大数据广告调查

大数据时代的到来使得产生的数据量呈爆炸式增长,各行各业均面临着对海量数据的分析和处理问题。如何运用大数据技术从海量数据中挖掘出有价值的信息,将是今后企业发展的一个巨大挑战。

最早关于大数据的故事发生在美国第二大超市——塔吉特百货。孕妇对零售商来说是个含金量很高的顾客群体,但是她们一般会去专门的孕妇商店。人们一提起塔吉特,往往想到的都是日常生活用品,却忽视了塔吉特有孕妇需要的一切。在美国,出生记录是公开的,等孩子出生了,新生儿母亲就会被铺天盖地的产品优惠广告包围,那时候再行动就晚了,因此必须赶在孕妇怀孕前期就行动起来。塔吉特百货通过大数据分析发现,怀孕的妇女一般在怀孕第三个月的时候会购买很多无香乳液。几个月后,她们会购买镁、钙、锌等营养补充剂。根据大数据分析提供的模型,塔吉特制订了全新的广告营销方案,采用直邮的广告方式,在孕妇孕期的每个阶段给她寄送相应的优惠券。结果,孕期用品销售呈现了爆炸性的增长。2002年到2010年间,塔吉特的销售额从440亿美元增长到了670亿美元。大数据的巨大威力轰动了全美。

这个实例说明了大数据在企业广告调查、营销策略制订上的成功应用,利用大数据技术分析客户消费习惯,判断其消费需求,从而进行精确营销。这种营销方式的关键在于对时机的把握,要正好在客户有相关需求时才进行营销活动,这样才能保证较高的成功率。

虽然大数据分析与应用在广告调查中发挥越来越重要的作用，但传统的广告调查的内容和方法，仍然是企业进行科学广告调查的基础。

（资料来源：http://3y.uu456.com/bp_5euea7jbka7tdil036c4_1.html）

第一节　广告调查的概念和作用

企业若想宣传自己的产品，吸引消费者，树立良好的公众形象，就必须开展广告活动。而一次成功的广告活动要从广告调查开始。广告调查活动的开展能为广告策划提供依据，并且指明方向。那么什么是广告调查？广告调查与我们平时所说的市场调查有什么区别？对于这些问题的准确把握就需要了解广告调查的概念。

一、广告调查的概念

广告调查是指企业为有效地开展广告活动，利用科学的调查、分析方法，对与广告活动有关的资料进行系统的收集、整理、分析和评价，以期获取真实可靠和权威、客观的第一手材料。广告调查是整个广告活动的基础，也是广告策划和实施中的重要一环。

市场调查，就是运用科学的方法，系统地搜集、记录、整理和分析有关市场的信息资料，从而了解市场发展变化的现状和趋势，为企业经营决策提供科学的依据。

广告调查与市场调查在调查方法和原则上是相通的，只不过二者的服务对象不同。市场调查是为企业的整体营销决策提供依据，调查范围更加广泛。广告调查往往是围绕具体的广告活动进行的，调查范围有所限定。企业在进行广告调查时，可以利用市场调查已经取得的资料，在此基础之上进行深入的广告调查。

二、广告调查的作用

在市场竞争日益激烈的今天，越来越多的企业意识到了广告的重要性。很多企业都花费巨资来做广告，希望通过广告提高企业的经济效益和社会形象等。广告是否能达到预期的效果，怎样对广告进行动态的调整，从而符合企业的整体营销战略，这已成为企业关心的重要问题。为了提高广告的效果，必须进行广告调查。广告调查不仅是广告活动的前期工作，它在整个广告活动的进行过程中和完成后，同样是不可或缺的。广告调查具有以下作用：

1. 为广告策划提供所需资料

广告策划与制作不是单凭艺术和经验进行的。科学的广告策划要建立在广泛、深入的广告调查的基础之上。广告调查要为广告的商品定位、广告策略和广告媒体的选择、最佳广告诉求点的确定提供真实可信的信息资料。做好广告调查工作，能够了解消费者的需求特点和竞争对手的状况，从而能够使企业科学地拟订广告计划，确定广告目标市场；做好广告调查，可以使企业科学合理地根据广告计划进行广告预算，从而使企业花最少的钱达到最佳的广告效果；做好广告调查，可以使企业了解各类媒体的性质、特点以及经营状况等，从而使企业合理地选择广告代理公司和广告媒体。因此，广告调查可以为广告策划提供所需资料，是制定广告决策的重要依据。

2. 为广告创意和设计提供依据

广告是向社会大众进行商品信息传播的一种手段。但它不是通过"通知"或"命令"

的方式向人们灌输，而是借助于艺术手段。因此，广告创意的好坏就成为广告成败的关键。但是，广告的创意与纯艺术品创作有很大差别。广告创作是目的性、功能性很强的商业活动，其构思和设计必须围绕着广告主商业目的的实现而展开，偏离了这一点，任何新颖独特的创意和设计都是枉费心机。因此，广告创意和设计必须建立在对产品、消费者和市场状况深入了解的基础之上，而广告调查正是在这方面为其提供了依据。

【案例链接】

"千杯少"酒广告——《相亲篇》

四川酒多，酒的电视广告也做得多，真所谓"披红挂绿，粉墨登场，各显神通"。"千杯少"酒是四川省资阳市宝莲酒厂的老产品，以往做过不少广告，但因做得一般化，而被淹没在众多的酒类广告中，效果不太好。怎样才能使"千杯少"酒的电视广告脱颖而出呢？这就需要精心的策划，并在创意上突出鲜明的个性。然而，好的广告创意不是闭门造车、纯艺术的追求，必须在艺术上能融合商品特性，反映出购买者的心愿，这样才能在激烈的市场竞争中独树一帜。

宝莲酒厂通过广告调查发现，"千杯少"酒价廉物美，是受大众欢迎的传统低档酒。因此，广告的宣传对象应定位在消费低档酒的消费者层次上；同时，"千杯少"酒主要消费对象在农村，因此广告的宣传对象是农民，应该设法满足农民的心愿，对准农民的审美观；最后，"千杯少"酒的广告创作者决定不落旧套，另辟蹊径，以仿真的农民生活方式来构思广告的情节，使其具有浓厚的地方色彩，给受众以新鲜感和亲切感。"千杯少"酒的广告最后定位在农村"相亲"这点上。

当前，酒的电视广告正热衷于追求"洋气""古风"，而"千杯少"酒的电视广告，在广告调查的基础上，根据商品的特色、消费群体目标所在市场构成状况，具有创新精神，立意在风土民情上，着力于刻画乡土气息，正似"万绿丛中一点红"，给目标消费者（广大的低档酒的消费者和父老乡亲们）极大的新鲜感和亲切感，最终取得了良好的广告效果。

（资料来源：改编自张南舟编著的《广告创意探秘——成功广告案例分析》）

第二节 广告调查的内容

广告是以营利为目的，广告主以付费的方式，通过传播媒体将企业的商品、劳务、观念等信息进行传递并劝说公众的一种信息传播活动。因此，涉及从生产者到消费者的商品与劳务转换全过程的相关营销因素都应作为广告调查的内容。广告调查的内容主要包括环境调查、企业经营状况调查、产品调查、消费者调查、媒体调查和广告效果调查等。

一、环境调查

广告的环境是指广告活动所处的总体环境，主要包括政治环境、法律环境、经济环境、文化环境、科技环境、地理环境等。在进行广告策划之前，一般都要进行环境调查。首先，要调查目标市场的国家政策法规、地方政府政策法规，具有政策性、法律性的条例，重大政治活动，政府机构情况等；其次，要调查当地的市场经济状况，如工农业发展水平、消费者购买能力等；在此基础上，还要了解目标市场的人口状况、家庭结构、民俗风情、文化特点、生活方式、流行时尚、民间节日和宗教信仰等内容；最后，要调查目标市场的地理环境，不同地区的消费者，因为地理环境的不同，需求会有差异。例如，南北方消费者对于防寒产品的需求差异较大，广告设计人员应当根据不同的环境采取不同的广告方式。

二、企业经营状况调查

企业经营状况调查主要是收集有关企业经营现状的资料，主要包括以下内容：企业历史、企业设施、企业人才、经营措施、经营状况（即企业的经营业绩、市场分布、流通渠道、公共关系等）。企业通过对这些信息的了解，寻找差距和不足，为塑造成功的企业形象做好准备。调查的对象既包括外部社会公众，也包括企业内部员工。调查应当利用定性分析和定量分析相结合的方法，全面、科学地对广告主的生产经营现状与历史进行深入分析。企业应在深入分析的基础上制定广告目标。

三、产品调查

现代广告里，大部分广告都是产品广告，而很多广告的目的就是推销产品。在有限的广告时间里，企业要想把产品的优点等主要信息传达给受众，引起受众的兴趣，激起广告受众的购买欲望，就必须在广告创作之前进行详细的产品调查。首先，要对产品本身进行调查，如产品的类别、规格、性能、包装、色彩、风格、技术等指标，产品的适应性，同类产品的替代性，相关产品的互补性，产品的生命周期等；其次，要对产品的销售状况进行调查，如产品的日销售额、月销售额、年销售额、不同地区的销售额，这类产品在市场上的占有率和销售指数是多少，其竞争力如何，产品销售过程中的市场表现及获奖情况等。企业进行产品调查，必须有实际资料，这样才能使广告人挖掘出产品优点，并能够保证广告宣传的真实性。

四、消费者调查

在广告活动开展之前，必须对消费者进行调查，企业要知道消费者的消费需求、消费动机和消费习惯，这样企业才能知道生产什么以及怎样来开展广告活动。对消费者的调查主要包括以下内容：

1. 消费者一般情况调查

消费者一般情况调查，包括消费者的性别、年龄、民族、职业、文化程度、婚姻状况、家庭情况、收入水平和消费水平等基本情况。对这些基本情况的掌握，是消费者研究过程中的首要问题。例如，家庭生命周期的不同阶段，消费者及家庭的购买力、兴趣和对产品的偏好都会有较大差别。单身未婚家庭经济负担轻，购买重心以个人为主。有了孩子的家庭，孩子则成为家庭新的购买中心。因此，在广告活动开展之前，企业应通过综合调查，分析出消费者的消费构成、消费方向及其变化规律。

2. 消费者购买动机和消费心理调查

消费者动机调查也就是针对消费者的购买动机进行调查研究。企业无论是做广告还是生产和经营活动，都要以消费者为中心，因此，企业要了解消费者的愿望，他们希望得到什么样的产品，以及他们的消费心理。不同的消费者购买商品，具有各不相同的心理需求，并由此产生复杂的购买动机。企业要洞察消费者的购买动机，这样才能顺利地开展广告活动。例如，速溶咖啡最初上市时销售量不好，当问及消费者不购买的原因时，大多数消费者说不喜欢速溶咖啡的味道。最后，企业通过对消费者的购买动机调查研究后发现，消费者不愿意购买速溶咖啡的真正原因是因为他们认为购买速溶咖啡的消费者是懒惰的人，家庭主妇们以为购买速溶咖啡会变懒，从而产生内疚感。知道了消费者不购买的真正动机后，企业调整了产品的广告宣传策略，之后速溶咖啡的销售量大增。

3. 消费者态度调查

态度会直接影响消费者的购买欲望。企业都希望消费者对自己的产品拥有正面积极的态度，直至形成品牌忠诚。广告策划人员通常运用"态度"来预测消费者对企业产品的反应。广告活动开展之前，企业要通过调查了解消费者对自己产品的态度，并且希望通过广告宣传来影响消费者的态度。例如，本田摩托车进入美国市场时，本田公司通过调查发现，很多美国消费者对摩托车没有好印象。他们把摩托车同黑皮夹克、弹簧刀和犯罪联系在一起。为了改变消费者的态度，本田公司发动了一场"骑上本田迎亲人"的广告策划活动，结果成功地改变了很多消费者对摩托车的态度。

4. 消费者购买行为模式调查

消费者购买行为模式，包括购买地点、购买方式、购买数量、品牌偏好、对包装的要求等。这些信息对于选择广告的诉求重点、确定广告的发布时机、选择广告的媒介都是极为重要的。

【案例链接】

象牙牌香皂的消费者动机调查

在20世纪五六十年代，十分风行依靠弗洛伊德理论来解释购买行为。当时比较有名的消费者行为和动机研究大师是美籍奥地利人厄尼斯特·迪希特博士，他进一步发展了弗洛伊德的理论。迪希特参与了康普顿广告公司象牙牌香皂的广告策划。他认为，沐浴并非仅仅把身体清洗干净，这还是一个摆脱心理束缚的仪式，他断定"洗澡是一种仪式，你洗掉的不仅是污垢，而且还有罪过"。由此，他拟定的广告口号是："用象牙牌香皂洗去一切困扰，使自己洁净清醒。"此广告促销效果十分显著，一时被许多广告主和广告公司效仿。消费者动机和行为调查研究与实践，所追求的是帮助广告决策者挖掘人们内心的购买动机，而不仅仅是"要"或者"不要"的简单回答。

（资料来源：http://blog.renren.com/share/265253467/705371821）

五、媒体调查

媒体调查是指对各种广告传播媒体的特征、效能、经营情况、覆盖面、收费标准等所进行的调查。企业通过媒体调查可以使广告活动选择科学合理的媒体策略，从而取得最佳的广告效果。

1. 印刷类媒体调查

对于报刊等印刷类广告媒体进行调查，首先应当了解其媒体性质。报纸是专业报纸还是知识性、趣味性报纸等；杂志是专业性杂志还是大众性杂志，是月刊、季刊还是年刊等。其次，还要调查其媒体发行量。发行量越大，覆盖面越广，千人广告费用就越低。最后，还要调查读者的特征，如年龄、性别、职业、收入等。

2. 电子类媒体调查

电子类媒体调查主要包括对广播、电视、互联网等媒体的调查。首先要调查广播、电视、互联网等媒体的覆盖范围，其次还要调查节目的视听率。例如，某企业想要对自己生产的家庭日用品在全国范围内进行电视广告宣传，企业首先要通过调查，选择影响较大的电视台进行合作；其次要通过调查选择在家庭主妇愿意收看的电视节目中插播广告，以此来达到宣传产品的目的。

3. 其他广告媒体调查

除了大众传媒之外，媒体调查还需要对户外、交通、直邮、POP等广告媒体进行调查，主要调查它们的功能特点、影响范围、广告费用、接触率等。

六、广告效果调查

广告效果调查主要是对广告效果的测定，通过科学的方法和手段对广告活动开展的事前、事中、事后三个阶段进行测定。广告效果的事前评估，主要是指对印刷广告中的文案、广播电视广告中的脚本以及其他形式广告信息内容的检验与测定。广告效果的事中评估是指在广告作品正式发表后直到广告活动结束前的效果评估与测试，目的是检测广告计划的执行情况，以保证广告战略正常实施。广告效果的事后评估，是整个广告活动效果测定的最后阶段，采用目标测定法进行测定。

第三节　广告调查的方法

广告调查方法是指广告调查人员搜集各种广告信息材料时所使用的途径和方法。广告调查方法有很多种，企业要依据调研的目的、内容和调研对象来加以选择和利用。广告调查按资料来源进行划分，可分为文献调查法和实地调查法两类；按选择调查对象的方法进行划分，可分为全面调查、典型调查和抽样调查三种；按调查方式进行划分，可分为问卷调查和访问调查。下面就几种主要的广告调查方法进行阐述。

一、文献调查法

文献调查法是利用现有的各种文献、档案材料等得到有关广告受众的资料，这是间接进行调查的方法。例如，企业通过查询《中国统计年鉴》《中国人口年鉴》《中国城市年鉴》等，就可以获取有关人口分布、年龄结构、职业构成、收入状况等数据。

文献调查法能够为企业节省时间和费用，并且为企业获得必要的信息，也为企业的实地调查打下基础。文献调查的资料来源主要有以下两种：

1. 企业内部资料

企业内部掌握一定的资料，如企业的历史记录、客户名单、历年销售记录、市场报告、客户函电等，调查人员可以从这些资料中找到有用的信息并加以利用。

2. 社会公开资料

可以通过很多社会公开的渠道获得信息资料。例如，公共图书馆，特别是经贸部门的图书馆，可以查到某些市场背景等基本情况的资料。还有一些政府机构，如统计部门、工商行政管理部门、税务部门、专业委员会、工业主管部门等也可以提供一些相应的统计资料。这些资料可能是人口统计资料，地方经济政策法规，当地的经济水平、生活水平和经济发展等资料。研究机构、商会和行业协会也能提供一些研究论文、当地的规章、业务情况和会员名单等有针对性的资料。某些报纸、杂志，特别是行业报刊会经常刊登一些市场动态方面的信息，调查人员经常可以从中得到启示。调查人员还可以在消费者组织中得到一些有价值的信息，如产品质量调查、消费者调查等资料。

二、访问法

访问法是用访问的方式收集信息资料的一种方法。根据访问方式的不同，访问法又可以分为以下四种类型：

1. 面谈访问法

面谈访问法有两种不同的形式：个人访问法和集体访问法。

（1）个人访问法。个人访问法是对个别的调查对象进行单独访问。个人访问可以到顾客家中、办公室或街头进行面谈。例如，调查人员在化妆品柜台前询问女性顾客对化妆品的偏爱及购买习惯等。这种方法的特点是问卷的回收率高，调查人员可以提出较多的问题；但是调查费用高，耗费时间，消费者的回答容易受调查人员的影响。

（2）集体访问法。集体访问法是在统一的场合，集体分发问卷，要求被调查者在规定的时间内按要求进行回答，由调查人员当场收回；或者邀请一小组消费者用几小时时间来讨论产品或广告效果等某一个主题，由具有专业素质的人员来主持，从而深入地了解消费者的态度和心理。

2. 电话访问法

电话访问法是由调查人员根据事先确定的样本，用电话向被调查人询问，借以收取资料的方法。通常，企业需要设计出电话问卷调查表，并由经过挑选和培训的调查执行人员进行电话访问。这种方法简便、快捷，费用最低；但是受到通信设备的限制，询问的一般都是比较简单的问题。例如，丰田汽车公司会对购车的消费者进行电话访问，以确定消费者的购买习惯、获得信息的渠道等，从而进一步调整企业的广告战略。

3. 邮寄访问法

邮寄访问法是调查人员将设计好的调查问卷或表格邮寄给被调查者，并请他们答好后再寄回的搜集信息的方法。这种方法样本选择面较广，成本低，被调查者有充分的时间来回答问题；但回收率低，回收时间长，使得信息缺乏时效性。

4. 网上访问法

网上访问法是利用互联网进行广告调查的一种方法。它可以采用的方式有网络问卷、邮件访问、在线小组讨论、在线调查点击、BBS讨论版自动统计等。这种方法具有电话访问及邮寄访问的优点，但是调查对象受到很大限制，而且因为访问的匿名性，回收信息的真实性受到影响。

【案例链接】

大宝"我的俩宝，我的滋润"之网络调查

作为国内知名护肤品牌的大宝在2010年冬季重磅推出了主题为"滋润有俩宝，齐了"

的市场推广和广告宣传活动，着重推广大宝SOD蜜和SOD滋润霜两款产品。经过在网络媒体的一轮投放，该广告在关注度和活动参与度方面都取得了良好的效果。这次新一轮的大宝调查问卷活动便是对上次"俩宝"投放情况的调研，以富媒体广告投放的方式，获取之前广告投放效果和广告投放后品牌接受度变化的具体信息。由此，展开了一个特别针对大宝上一轮"我的俩宝，我的滋润"广告投放效果的问卷调查活动。

该广告在视窗的基础上，运用了iSURVEY这一富媒体增值功能，显示出调查问卷的画面效果。整个调查问卷广告的翻页、问题设置数量适度，共6页10个问题，以适应现代人快节奏、高效率的行为方式。

为大宝调查问卷打造的iSURVEY富媒体广告，平均点击率达2.42%，广告点击与完成问卷的转化率接近10%，参与人数达3 000多人。表示对该品牌有好感度的占参与调查人数的77%，知晓滋润两宝产品的人数占60%。通过调查问卷可以十分具体地了解到上一轮广告投放的效果以及广告投放带来的品牌受众关注度和对品牌好感度的提升。

（资料来源：中国互动广告 http://net.chinabyte.com）

三、观察法

观察法是由调查人员在现场对被调查者的情况直接观察、记录，来收集资料的一种手段。调查人员到调查现场，耳闻目睹顾客对市场的反应或公开行动，并且进行记录；或者利用仪器间接地进行观察以收集资料。观察法包括直接观察法、仪器观察法和实际痕迹测量法三种方法。

1. 直接观察法

直接观察法是由调查人员深入指定的商店，观察产品、场地设施以及工作人员的态度和消费者的购买兴趣、注意力、行动等，并进行记录。

2. 仪器观察法

仪器观察法的具体方法很多。例如，将监测器安装在收音机或电视机旁，以自动记录收看时间，收听或收看哪一家广播电台或电视台，收听或收看的人有什么反应等。又如，精神电流测定器就是一种用于观察的仪器。可以通过测量脉搏、血压、呼吸、汗腺等间接测出被观察者的情感变化和心理反应。仪器调查一般多用于媒体收视率调查和广告效果研究领域。

3. 实际痕迹测量法

实际痕迹测量法是指调研人员不直接观察消费者的行为，而是通过一定的途径来了解他们行为的痕迹。例如，一种产品在几种不同的媒体上做广告，广告附有回条，消费者寄回回条会收到赠送礼物。企业根据对回条的统计来分析最佳的广告媒体。

观察法可以真实地记录被观察者的自然状态，避免其他因素产生的误差，获得的数据比较直观、可靠。但是观察法无法观察消费者行为的内在动机和原因，而且样本数量有限，因此所得到的结果代表性有限。

四、实验法

实验法是把调查对象置于一定的条件下，对研究对象的一个或多个因素进行操纵，以测定这些因素之间的关系。这种方法科学性较高，可以通过小样本的观察分析来了解某些市场变量的发展趋势。但是这种方法耗费时间，费用比较高，而且大规模的现场实验往往难于控制。

实验法分为实验室测验与市场测验两种。一般用于在广告活动开展前探究消费者对产品的包装、口味、广告主题、广告文案等的反应。

【案例链接】

电视广告的剧场实验

电视广告的剧场实验是美国的一些广告公司进行广告效果检验的常用方法，步骤为：从某大都市的居民电话簿上随机抽取约1000人，给名单上每位居民寄4~8次参加某电视节目预演的邀请函，并告诉他们如果来的话就有机会中奖。通常情况下有300~400人会前来参加。

在电视播出之前，给每位参加者一张有关产品品牌的名单，请他们从每类产品的三种品牌中选择一个他们希望抽奖时能得到的品牌。然后自己拿着这份名单，接着收看30min电视片，内播每类产品三种品牌中一种品牌的广告。看完节目后，让观众记录下他们对广告所能回忆的部分。然后再给他们另一份品牌名单，让他们选择现在想要的品牌。用作第二次抽奖。最后对每种电视广告效果进行评价，方法是比较观众在观看广告前后对品牌选择偏好的变化。

（资料来源：http：//www.54lou.com/SheJi-YiShu/201606395261.html）

五、焦点小组访谈法

焦点小组访谈法是由一个经过训练的主持人负责组织讨论，主持人以一种无结构的自然的形式与一个小组（通常8~12人）进行讨论；针对预先设定的话题，现场气氛越轻松越好，主持人控制节奏，并启发大家讨论；讨论结束后，通过录像、录音等资料对大家的讨论进行观察和分析，得出结论。

六、问卷法

问卷法是将调查的内容设计成调查问卷发给（或邮寄给）被调查者，请被调查者按要求填写问卷后回收收集资料的一种调查方法。企业进行问卷调查时，首先要明确调查主题和所需的资料；其次要明确被调查对象的类型；然后设计问卷，对问卷进行小组实验，制定、打印和印刷调查问卷。而在所有的工作中，根据实际情况设计一份出色的问卷是问卷法成功的关键。

1. 问卷的基本结构

问卷的基本结构由四部分组成：标题、说明词、调查内容和被调查者的基本资料。问卷的标题要明确此次调查的目的和应该解决的问题，不能含糊不清。说明词主要介绍调查的目的、意义，填写问卷的方法、要求，以及一些必要的承诺、致谢、其他说明事项等。说明词要简洁，态度要热情诚恳，争取被调查者的合作。调查内容主要是提问和回答的问题。被调查者的基本资料视调查的目的不同，会有所侧重。

2. 问卷中问题的设计

问卷中的问题一般有开放式问题和封闭式问题两种。

开放式问题就是自由问答题，不设计具体答案。例如：您对笔记本电脑的外形和功能有何个性化的构想和要求？

另外一种方式是封闭式问题：在提出的问题之后，给出可供选择的答案，答案由问卷填写者根据具体情况填写。例如：您对手机的功能更偏重哪一项？（最多三项）A. 上网 B. 短信　C. 铃声　D. 摄像　E. 其他____。

调查问卷中，问题的设计排列要有合理的顺序，一般的顺序是：先问一般问题再问特殊问题；先问接触性、过渡性问题，再问实质性问题；先问容易问题，再问困难问题。问题要围绕广告调查的目的进行设计，语言表达要明确、规范。问题的数量不宜过多、过散，回答问题所用时间最好不超过半小时。问卷的问题设计要科学，便于数据录入和进行数据处理。一般情况下，调查问卷是将两种类型结合起来，以封闭式问题为主，适当辅以开放式问题。

综上所述，广告调查的方法有很多，但是所有的广告调查方法都有各自的优缺点，因此，应当根据不同的情况选择不同的方法。在实际调查中，各种调查方法并不是孤立的和互相排斥的，应当把各种方法巧妙结合，并且注重广告调查技术的运用。例如抽样技术，如何正确确定样本单位（确定调查对象是谁），确定样本规模（确定应该调查多少人），确定抽样程序（确定选择答卷人的方法）等非常重要。只有正确、恰当地运用广告调查的方法与技术，广告调查才能取得最佳的效果。

【本章思考题】

1. 如何正确理解广告调查的作用？
2. 简述广告调查的主要方法。
3. 企业内部广告资料调查包括哪些内容？应使用何种广告调查方法？
4. 请结合实际设计一个调查问卷，并做实际调查。

【案例分析讨论】

宝洁公司的广告市场调查

一个被称为"贴身计划"的摸底市场调查静悄悄地铺开。"润妍"品牌经理带领十几个人分头到北京、大连、杭州、上海、广州等地选择符合条件的目标消费者，和他们48小时一起生活，进行"蛔虫"式调查：从被访者早上穿着睡衣睡眼蒙眬地走到洗手间，开始洗脸梳头，到晚上洗发卸妆，女士们生活起居、伙食、化妆、洗护发习惯尽收眼底。在调查中，宝洁公司的调查人员发现，消费者认为滋润又具有生命力的黑发最美。

宝洁公司还通过一、二手调查资料发现了以下的科学证明：将一根头发放在显微镜之下，会发现头发是由很多细微的表皮组成的，这些称为毛小皮的物质直接影响头发的外观。健康头发的毛小皮排列整齐，而头发受损后，毛小皮则是翘起或断裂，头发看上去又黄又暗。而润发露中的滋养成分能使毛小皮平整，并在头发上形成一层保护膜，可有效防止水分的散失，并补充头发的水分和养分，使头发平滑光亮，并且更滋润。同时，润发露还能大大减少头发的断裂和摩擦，令秀发柔顺易梳。

宝洁公司的这次市场调查活动表明，即使在北京、上海等大城市也只有14%左右的消费者会在使用洗发水洗发后单独使用专门的润发产品，全国平均还不到10%。而在欧美、日本、中国香港等发达市场，约80%的消费者会在使用洗发水洗发后单独使用专门的润发产品。这说明国内大多数消费者还没有认识到专门润发步骤的必要性。因此，宝洁公司推出"润妍"产品，一方面是借黑发概念打造属于自己的一个新品牌；另一方面，就是把"润发"的概念迅速普及。

（资料来源：湛江广告公司网站http：//www.zyt-seo.com）

讨论题：

1. 宝洁公司这次调查的主要内容是什么？
2. 在这次调查中，宝洁公司采用了何种调查方法？
3. 结合案例说明广告调查的作用。
4. 根据这次调查的结果，你认为宝洁公司在今后的广告中应注意什么？

【本章参考文献】

[1] 严学军，汪涛. 广告策划与管理 [M]. 北京：高等教育出版社，2006.

[2] 吴柏林. 广告策划实务与案例 [M]. 北京：机械工业出版社，2010.

第三章

广告战略与广告计划

在现代社会和经济生活中,战略是用来描述一个组织打算如何来实现其目标和使命的。菲利普·科特勒的观点是:"当一个组织清楚其目的和目标时,它就知道今后要往何处去。问题是如何通过最好的路线到达那里。公司需要有一个达到其目标的全盘的、总的计划,这就叫战略。"现代广告策划要想达到最佳效果,就需要具有战略化的策划思想。广告发布者需要在宏观上对广告决策进行把握,它是以战略眼光为企业长远利益考虑,为产品开拓市场着想。

【本章要点】

1. 了解广告战略的概念和性质
2. 掌握广告战略的类型和内容
3. 熟悉广告计划的分类和制订步骤
4. 掌握撰写广告计划书的方法

【导入案例】

可口可乐更改全球广告语,拉开新的品牌战略序幕

2016年1月19日晚,可口可乐公司首席营销官 Marcos de Quinto 在巴黎揭开了2016年全新品牌升级活动。将自2009年启用的广告语"Open Happiness"(开启快乐)更改成了"Taste the Feeling"(品味感觉),成为可口可乐百年历史上的第48支广告语。

过去7年,可口可乐一直围绕着"开启快乐"这个主题展开广告宣传。此次升级并不是仅仅简单地更改了广告语,更是一次大的战略调整,可口可乐有史以来首次使用了"One Brand"(同一品牌)的策略,即可口可乐旗下所有可乐家族产品,包括可口可乐、零度可乐、健怡可乐、生命可口可乐都会统一使用这一新的广告语。

碳酸饮料市场在不断萎缩,2015年前三个季度,可口可乐公司的销售额仅增长可怜的1%。而这些与竞争对手百事可乐并没什么关系。

可口可乐品牌掌舵者 Marcos de Quinto 说:"我们希望重新让可口可乐回到根本。可口可乐自始至终都是简单的,如果我们是一个大品牌,那也是因为我们拥有简单的快乐(并让消费者同感之)。当我们当自己是一个图腾(Icon)时,其实我们开始让自己变得狭窄了。我们越简单,那么我们才能越强大。我们需要强调的是,可口可乐是属于每一个人的。可口

可乐是有着不同口味产品的一个品牌，所有产品线都有着相同的价值观和视觉形象。人们可以尝试不同的可口可乐产品，但无论他们想要哪一种产品，他们想要的都是美味可口、神清气爽的可口可乐品牌。"

整个活动贯穿 2016 年全年，并在全球范围内进行推广。包括麦肯、Santo、Sra. Rushmore 和奥美在内的 4 家广告公司参与到了此次活动的创作中，产出了 10 支 TVC、平面、互动、户外、终端等宣传内容。

可口可乐通过更改全球广告语，重新布局品牌战略，从而开拓了市场，促进品牌健康发展。

（资料来源：瑞颜品牌策划）

第一节 广告战略的概念和性质

"战略"（Strategy）一词，源自希腊文，原意是"将军的艺术"，现代意指"领导的艺术"。早期企业管理中并没有战略的概念，但随着外部环境的变化，各种因素之间的关系越来越复杂，战略思想在企业管理中越来越重要。而在现代广告策划中，广告战略也发挥着越来越重要的作用。

一、广告战略的概念

科学、合理的广告战略是广告策划成功的关键，也是市场战略获得成功的关键。市场如同战场，错误的广告战略不但会浪费企业的资源，还会阻碍企业的发展。而正确的广告战略则可以以较小的花费达到最佳的广告宣传效果。广告战略追求的不但是投资回报率，更是战役的胜利，是竞争优势的确立，是品牌的积累和远景。

企业战略是关于企业未来经营活动的指导思想和总体设计。广告战略是企业经营战略的一个重要组成部分。它是企业为实现总的战略目标，从战略的眼光出发，对其规划期内的广告活动进行长远的、全局的谋划。具体地讲，广告战略涉及广告运作所有的主要环节：广告目标、广告对象、广告诉求点、广告表现和广告媒体等。

二、广告战略的性质

广告战略所涉及的是广告活动中带有全局性和根本性的问题，是广告发布者在宏观上对广告决策的把握，因此，它具有全局性、长期性、纲领性和竞争性的特点。

1. 全局性

广告战略是为企业总体战略目标服务的，是开展一系列广告活动的思想指南和行动指南。广告战略在总体上把握方向，确定广告在企业经营活动中的地位和功能，所追求的是广告活动总体达到效果最佳。所以广告战略一般不涉及广告活动的具体实施细节。

2. 长期性

广告战略是企业在未来较长一段时间内开展广告活动的发展规划，它的制定不仅要以企业当前的外部环境和内部条件为出发点，还要对企业的广告活动起指导作用。广告战略对广告整体活动具有深远的影响。广告战略在没有最终实现以前，一般不会轻易改变，具有极强的稳定性。例如，跨国公司的全球广告战略，十分注意广告口号、手法、风格的一致性，以期在世界范围内保持一个统一、强大的形象。美国可口可乐公司在相当长的时间里都采用统一的广告宣传策略,从而迅速提高了产品在全世界的知名度。

3. 纲领性

广告战略对广告活动具有全局性和长期性的影响,从整体上规定了广告活动的发展方向和发展重心,以及所要采取的重大措施和基本步骤。这些都是概括性和纲领性的,都需要分解落实,然后付诸实施。而在广告战略的规划期内,每一则广告都要以广告战略为指导,服从广告战略总体方案。

4. 竞争性

广告战略是企业增强市场竞争能力的一种重要手段,所以在制定具体的广告战略时,企业必须考虑竞争对手的广告战略,这样才能有效地掌握竞争的主动权。企业只有正视竞争、参与竞争、准确地制定具有竞争优势的广告战略,才能促进企业的生存和发展。

【案例链接】

可口可乐公司新年广告明星战略

值 2012 年春节之际,李奥贝纳上海公司再次推出"新年第一瓶可口可乐"活动,全新广告撷英于品牌大使、著名运动员刘翔的学生时代。

可口可乐产品 2012 年新年推广活动以刘翔学生时代的真实故事为原型,在 30s 探访母校的电视广告中,我们看到刘翔在新春佳节重返母校的画面。

广告中,主人公热切地盼望与昔日同学欢乐重聚。刘翔忆起了自己竞选班长时的失败尝试,当时仅获得唯一一张选票。接着,他的回忆被老同学打断,这位同学现在已是一名教师,正是当年为刘翔投票的那个人。

"分享是新春佳节的核心,分享饮料是节日的关键",李奥贝纳上海公司执行创意总监杨秀如表示,"创作人员将可口可乐作为联系的纽带,将可口可乐与团聚、友谊和家庭紧密联系在了一起。"

2012 年春节前,这支电视广告通过无线和有线电视、网络、平面、户外等媒体以及店内广告广为传播。

(资料来源:中国公共关系网 http://www.17pr.com)

第二节 广告战略的类型

广告战略的最终目标是服务于企业总体营销战略,获得良好的广告宣传效果。而不同的企业因为产品不同,所选择的目标市场不同,所以采用的广告战略也各不相同。根据广告实践,一般可供企业选择的广告战略主要有以下几种类型:

一、品牌战略

品牌战略是指创立、推进、保卫品牌,力争扩大品牌的知名度、美誉度,步步深入地实施的广告战略。消费者在市场中所关注、购买的是品牌,消费者关心的是品牌带给他们的功能及情感利益,而并不关心品牌背后的企业。比如,许多消费者并不知道雷达、浪琴是

SMH公司旗下的品牌，然而这并不影响这些品牌深入人心。所以，企业经营活动必须以品牌战略为核心，这样才能最终占有消费者的心，进而占领市场。例如，长虹曾经以成本领先战略令竞争对手闻风丧胆，成为中国彩电业的佼佼者。然而2000年以来，长虹的价格利器似乎失去了竞争优势，反而每况愈下。长虹原本的成本领先战略侵蚀了长虹的品牌形象，在一项家电品牌调研中，长虹给消费者的品牌联想是"农民品牌"，这导致长虹失去了很多城市市场。可见品牌战略在广告战略、企业战略中的重要性。

企业要想打造强势品牌，必须进行品牌战略管理。进行品牌战略规划一般要遵从一定步骤。品牌战略实施的步骤如图3-1所示。

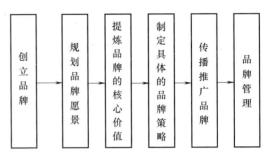

图3-1 品牌战略实施的步骤

创立品牌，是品牌战略走向成功的第一步。首先，企业要进行产品设计、品牌设计、品牌注册等工作；其次，要对品牌进行进一步的调研，了解品牌所在市场环境、品牌与消费者的关系、品牌与竞争品牌的关系，以及品牌的战略目标等，从而找准品牌的定位。例如，红罐王老吉曾经使消费者陷入了认知的混乱，产品是凉茶却有饮料的面孔，而经过品牌调研之后发现，消费者一般在饮用时特别希望能够预防上火，所以产品以"预防上火"为品牌诉求点来创立品牌，使王老吉脱颖而出。

第二步是规划品牌愿景。规划品牌愿景也就是确立品牌未来的发展方向，包括市场规划、资源规划、目标规划等。

第三步是提炼品牌的核心价值。品牌核心价值是品牌广告传播的中心，它必须高度差异化，体现品牌的个性。例如，可口可乐的"乐观向上"，海尔的"真诚到永远"等。

第四步是制定具体的品牌策略。这就是说，在具体的品牌策略上是采用统一品牌策略还是多品牌策略。例如，日本松下电器启用全球统一品牌策略，而宝洁公司采用多品牌策略。

第五步是传播推广品牌。品牌战略一旦确定，企业就应该进行全方位、多角度的品牌传播与推广，使品牌深入人心。品牌的推广可以运用广告、公关赞助、新闻炒作、关系营销等多种策略。

第六步是品牌管理。在品牌战略中，品牌的管理非常重要。企业应当根据情况设置专门的品牌管理组织机构。例如，宝洁公司的品牌经理负责解决有关品牌的一切问题，通过交流、说服调动公司所有的资源，为品牌建设服务。而且在品牌管理上要注重品牌的保护，品牌在传达内容、媒体计划等方面都要进行合理策划，有损于品牌价值提高的广告，即使可以一时地提高销售额，也不应该予以实施。品牌延伸也要合理。例如，雀巢经过品牌延伸后，产品拓展到咖啡、婴儿奶粉、炼乳、冰淇淋、柠檬茶等，结果每种产品都卖得不错。而金利来品牌的核心价值是"男人的世界"，但曾一度推出女装皮具，结果收效甚微。

【案例链接】

李宁重拾快时尚品牌战略

早在2007年，时任李宁CEO的张志勇就有意重塑李宁的品牌战略布局。当时的消费者市场调查报告显示，李宁品牌实际消费人群的年龄主要分布在35~40岁，而张志勇则希望把年轻人作为主要目标群体，让品牌年轻时尚化。2010年正值李宁公司成立20周年，张志勇对目标群体、产品定位、品牌DNA等做出了重大调整，甚至更改了李宁的标志性口号——"一切皆有可能"。

然而，这次激进的品牌转型计划并没有成功。由于李宁的品牌形象并没有跟上年轻人的需求，加之传统的代理商营销模式尚未被撼动，因而李宁成了一个打着年轻人牌的"老化品牌"。此外，为了向国际高端运动品牌靠拢，张志勇还采取了提价的方式。不但目标群体"90后"没有买账，连原来"70后""80后"的消费群体也流失了，业绩大幅下滑，公司被迫走上了转型之路。

6年前，李宁集团在品牌转型上折戟了；6年后，李宁重拾年轻时尚化的品牌战略。

李宁集团2016年的中期报告显示，李宁给公司的业务发展划出了重点：在产品及渠道方面，继续拓展低价位运动休闲市场，吸引追求时尚的年轻消费者。2015年下半年以来，李宁陆续推出了以蓝色为主调的李宁弹簧标产品系列，并开设专属独立销售点，主打低价位、高性价比吸引年轻消费者。这款产品定位运动休闲和快时尚，以二三线城市的核心商圈、购物中心为主要线下销售渠道。截至2016年6月底，该品牌已经在北京、上海、深圳、合肥、南宁、重庆、武汉等30多个城市开设销售点。

"未来，公司将努力超越以性价比取胜的局限，通过以性能及功用吸引爱好运动的消费者。以体育运动为DNA，将技术、文化等元素融入产品中，倡导体育作为教育和快乐生活方式的理念，推动'体育+'概念的发展。"李宁集团2016年的中期报告透露了公司未来的发展方向。一直以来，李宁、安踏、特步等本土运动品牌走的都是以性价比取胜的市场策略，而高端市场则被Nike和Adidas等国际高端运动品牌瓜分。李宁公司的发展策略表明，未来将进一步提升品牌的附加值。

（资料来源：时代周刊 http：//www.chinasspp.com/News/Detail/2017-3-21/375108.html）

二、集中战略

集中战略是指企业集中所有资源优势，先在最可能取得高销量的地区集中宣传，取得市场优势后，再逐步扩大到其他地区。集中战略追求的是广告的近期效益。由于目标集中，因此容易取得竞争优势，获得明显的宣传效果。例如，脑白金刚问世时，史玉柱向朋友借了50万元，投入10万元在无锡江阴做广告宣传，很快便在当地产生了市场效应，为其进军全国市场走好了第一步。但是集中战略也有风险，那就是容易顾此失彼。

三、全方位战略

全方位战略就是企业在产品销售的所有市场进行广告宣传，建立从中央到地方的多种宣传渠道，通过这样的做法，提高企业及产品的知名度，迅速扩大影响。这种广告战略的关键是在较大的市场中谋求较大的份额。这种战略一般只适用于资金雄厚且市场差异小、产品面向大众的大型企业。

四、渗透战略

渗透战略是指企业瞄准竞争对手的同类产品在市场上已有的地位，通过广告渗透及营销扩散战略，把自己的产品打入同类产品所占领的市场。这种广告战略在时间和空间上采取持之以恒、潜移默化、逐步渗透的策略与竞争对手展开持久战。这种广告战略的重点在于宣传产品比同类产品的优异之处，或者更多、更好的服务，慢慢地打入同类产品所占领的市场，力求从竞争者那里吸引消费者，吸引更多的人来购买。例如，上海白猫洗洁精曾一度占领了北京市场，金鱼洗涤灵虽然失去了占领市场的先机，但它在北京市场采取渗透广告战略，利用白猫洗洁精脱销的机会，采取促销攻势，一举夺得了白猫洗洁精开辟的北京市场，成功地使一些买不到白猫洗洁精的顾客成为金鱼洗涤灵的新顾客。

五、防御战略

防御战略是指企业为了维护自己的市场地位，运用不间断的广告来维持产品知名度和市场占有率。这种广告战略往往用于企业产品的成熟期。在这一时期，产品拥有比较稳定的消费者群体，广告的主要目的是提醒消费者继续购买，维持品牌忠诚。例如，可口可乐公司打出的"真正可乐"的口号，以此与竞争者加以区别，以保存其市场地位。

六、心理战略

心理战略是指企业利用"攻心战术"进行广告宣传，使消费者产生强烈的购买欲望。广告心理战略必须适合消费者的心理需求、审美需求和利益需求。首先，广告媒介的选择。广告媒介包括报纸、杂志、广播、电视、户外广告和直接函件等，由于不同广告媒介在消费者中所能激起的反应程度是不同的，因此企业要选择适合消费者心理诉求的广告媒介。其次，富于想象力的文案或广告画面能给人以更强烈的刺激，从而产生更佳的印象，使广告的魅力和艺术表现力大增；同时，也可以加强消费者的心理诉求效果。因此，企业要提高广告制作的质量，使消费者产生更佳的印象。再次，要激发消费者的购买欲望。企业通过广告宣传，激发消费者潜在的特殊欲求，从而促使其购买能够满足心理欲求的产品。最后，要注重时尚流行和产品的个性宣传。

例如，招商银行的Young卡（信用卡）的目标消费者主要是在校大学生。针对大学生收入低、消费需求大、喜爱网上购物、需要使用外币支付等特点，招商银行在Young卡的宣传广告中，主要突出了一卡双币、全球通用、先消费后还款、开卡和使用挂失零风险；网上购物，安全方便等内容。这种广告诉求很好地契合了大学生的心理需求和利益需求，使大学生产生强烈的使用欲望，结果Young卡成为在校园中普及率很高的一款信用卡。

不同的广告战略体现了不同的广告战略思想，企业应当根据企业、市场和产品的情况确定正确的广告战略指导思想，为企业的广告活动指明方向。

七、广告战略决策过程中必须进行的若干选择

（一）面向总体市场的广告战略或面向细分市场的广告战略

企业对上述两种战略的选择，基本上确定了其广告活动的针对对象以及广告活动应如何选用媒介的趋向。

1. 面对总体市场的广告战略

面对总体市场的广告战略是为了配合无差别营销（Undifferentiated Marketing）战略的。

无差别营销战略是指企业将总体市场看成是同质性的，向市场中的所有消费者推销产品。这时要推销的产品，必须是大众化的用品，其大众化体现在用途、质量、性能、价格、销售地点等方面，使得大多数人有可能成为这种产品的消费者或用户。

采用面向总体市场的战略，广告活动就必须充分考虑如何迎合普通大众的需求和口味。首先，广告的文案、形象等必须是大众化的，要用大众熟悉的语言讲话，用大众可以接受的形象来推销产品；其次，广告必须在大众可以接收的媒介上传播，如电视节目中、报纸上、大众化杂志上、新闻节目前后的无线电广播节目中等，使得一般大众可以接收到广告信息；最后，广告还必须能够具体配合这种无差别营销战略的推销活动，如保持长期稳定的广告形象、广告口号、劝说重点等，使广告宣传可以给人留下连续性、统一性的印象，让人们长期接受这一产品。

2. 面对细分市场的广告战略

面对细分市场的广告战略是为了配合差别营销（Differentiated Marketing）战略的。差别营销战略是指企业把市场进行细分，找出本企业产品可以进行推销的若干细分市场，以及可以向不同细分市场推销的不同产品。在这样的营销战略指导下，企业的生产和销售都必须是多元化的，以迎合不同细分市场中不同消费者的多样化需求。产品的生产应该是小批量、多品种、式样变化快、总产量高的，而产品的销售则应以多种推销方式、多种售价、多种产品（甚至商标）形象来进行。

为了配合差别营销战略，广告战略决策也需要适应这种生产和销售的多元化要求。所以，面对细分市场的广告战略要求，广告活动是多样化的，企业为了迎合各种类型的消费者，应以多种劝说方式推销多元化的产品。面对细分市场的广告战略对广告活动提出若干宏观要求。广告活动不能再是大型的统一行动，而应该采用企业整体广告同具体产品广告相结合的方式：有一定数量和规模的宣传企业自身、企业商标、企业营销标记、企业形象等的广告，连续不断地在大众化的媒介上推出；同时，又有一系列具体宣传各种产品的广告，以不同的劝说方式在各种针对性强的媒介上推出。这两类广告的总体效果是，既不断强化企业的整体形象，又向不同类型的消费者推销不同品种的产品。

（二）满足基本需求的广告战略或满足选择需求的广告战略

企业对上述两种战略的选择，基本上决定了其广告活动中应该采取的总的劝说方式和重点。

在广告战略决策中，企业必须结合消费者分析和产品分析得出的结论，了解消费者对某一种产品的需求到底是属于哪一个层次的，由此决定应采用什么样的劝说方式，向消费者着重介绍产品的哪些特点。

1. 满足基本需求的广告战略

当消费者对某一种产品的需求是基本需求时，这种产品必然是能够为消费者的基本生活提供便利的。消费者对这一产品的要求是：供应充足稳定；价格合理且以尽可能低廉为好；性能稳定不易损坏，可以长期使用；维修方便，收费低廉等。为了能更有效地向消费者推销这类产品，满足基本需求的广告战略要求广告的劝说方式为：①尽量采用大众化的语言，通俗易懂，不要使用不易理解的概念和词汇；②以实例说明，通过对比产品使用者代表、明星及其他权威人士等来加强劝说效果；③突出产品的物美价廉，经久耐用，甚至可以公布参考性价格，以证实产品的价格之低廉；④劝说方式中可以有一定程度的夸张和噱头，以满足消费者的心理期望；⑤对产品的销售数量、售后服务方式等进行宣传，以增强消费者的购买决心；⑥塑造产品形象应注意其大众化、实惠的特点。

2. 满足选择需求的广告战略

如果消费者需要一种产品以满足其选择需求时，消费者在评价这种产品时情绪化的因素会起很大作用。消费者已不再把价格低、经久耐用当成重点来考虑，转而注意产品是否时髦和是否符合自己的气质。这时消费者对产品的要求是，是否漂亮华丽（或者古朴粗犷），是否能符合本人所在的小集体的审美观，是否能使本人具有一些独特性，是否能使本人得到（或者是自认为得到）别人更多的赞美等。为了迎合消费者的这些需求，满足选择需求的广告战略要求广告的劝说方式为：①强调产品的独特性是广告劝说的重点。产品要么豪华名贵，要么古朴典雅，要么庄重美丽，要么怪诞离奇，总之这一产品必须同其他产品有着相当明显的不同，而这些不同点又能为消费者带来自豪感。②在劝说中加重情感成分，培养消费者对产品形象、商标形象的羡仰之情，突出拥有这一产品后消费者将会显现的风度，这时可以请明星来进行劝说。③通过广告中的气氛渲染，显示本产品的高档次和高价格，吸引消费者注意。④对产品的销售方式、销售地点做若干限定，加强消费者购买此产品时所能获得的心理满足。例如，在广告中注明"本产品只能用某某信用卡付账购买"，或者"本产品只在本市最高级的商店出售"等。⑤广告语言要优美动人，格调优雅。

综上所述，可以看到满足基本需求的广告战略和满足选择需求的广告战略在劝说方式和重点上是十分不同的。这一不同反映在两个方面：一是产品的通用化、大众化或产品的独特性、个性化；二是产品物美价廉或产品贵重华丽。在进行这一组的广告战略决策中，除广告劝说方式之外，企业还应该考虑广告推出应选择的媒介。满足基本需求的广告战略，要求广告在大众化的媒介上出现。满足选择需求的广告战略，除要求广告在大众化的媒介上出现之外，还要在一些专门性、对接收者要求较严格的媒介上出现。

（三）推出需求广告战略或拖拉需求广告战略

企业对上述两种战略的选择，基本决定了其广告活动应如何同其他推销活动相配合。

1. 推出需求广告战略

由于推出需求广告战略是企业广泛采用的，因此其形式大家较为熟悉。推出需求广告的形式是这样的：产品已经在市场上销售了，消费者可以看到、买到这些产品，广告同时也在宣传这些产品，使得广告和直接销售紧密联系起来。推出需求广告战略是企业在一般情况下采用的，所以也是十分普遍的。之所以称其为推出需求广告战略，是因为广告的作用是推动需求去接受产品的供给，促进产品的销售。

2. 拖拉需求广告战略

拖拉需求广告战略的形式同推出需求广告战略正好相反，这种广告战略虽然被企业采用的不多，但也绝不是十分罕见的。在拖拉需求广告战略指导下，企业准备把一种新产品推出之前，或者是企业准备把一种产品在一个新的市场中推出之前，就开始对这种产品做广告宣传，让消费者未见产品先见广告，当这些广告带动（拖拉出）消费者的需求后，再让产品正式上市销售。拖拉需求广告战略把广告当成产品销售的先锋，如果运用得当，将会大大促进产品销售，为整体营销带来很大的利益。因为先进行广告宣传，让消费者知道、了解新的产品，把消费者的消费欲望拖拉出来，然后再销售产品，产品的销售就不再是盲目的、被动的了。产品一经投放市场，就有可能取得良好的销售效果。

拖拉需求广告战略可以为企业的营销带来很大的利益，但是也必须承担两重风险。出现两重风险的原因，是由于在拖拉需求广告战略下，消费者先了解到的是广告中的产品，而非市场中的产品。

采用拖拉需求广告战略必须承担的第一重风险：由于消费者接触产品的信息首先是广告宣传，所以消费者对产品的第一印象来自广告。如果广告策划工作做得不好，广告不能迎合消费者的潜在需求欲望，或者广告中产品形象是消费者不喜欢的，那么这种产品将很难再在这一市场中销售出去。

在推出需求广告战略指导下，如果广告宣传不当的话，消费者可能不喜欢广告中的这种产品，却可以在市场中或其他人那里看到这种产品。所以，消费者对此产品的了解是多渠道的，不同渠道得来的信息可以相互补充。只要产品本身是好的，消费者尽管不喜欢广告中的这一产品形象，却完全可以通过接触真实产品，了解这一产品的性质，从而喜欢上这一产品。但在拖拉需求广告战略指导下，上述情况就不会出现了，消费者不可能接触到产品实物，只能从广告上对产品形成第一印象。如果消费者不喜欢这一产品的形象，那么当这一产品真的上市销售时，就不会有人问津，不但白白浪费了一笔广告费，而且破坏了整个营销计划的实施。企业若想重新树立产品的形象，就要再花费更多的资金和力量，比新树立一个产品的形象困难得多。正因为如此，企业确定要采用拖拉需求广告战略后，必须认真进行广告的策划，最好先在小范围内测试一下广告的效果，有了十足的把握后，再将广告推出。

采用拖拉需求广告战略还可能要承担另一重风险：企业采用拖拉需求广告战略后，在广告推出和产品上市之间，一定有一段犹豫时间，以便广告宣传产生效果，拖拉出消费者的潜在消费欲望。但在这一段犹豫时间中，市场上的需求正在形成，而广告主企业又不能及时满足这些需求，所以完全有可能为其他竞争对手提供可乘之机。由于拖拉需求广告战略指导下所推销的产品大多是新产品，消费者首先要了解的是产品本身，而不是具体某一种商标牌号的产品，所以竞争对手的产品完全可能抢先一步上市，吃掉广告主企业拖拉需求广告带动起的需求，使得广告主出钱为其竞争对手做广告。

在推出需求广告战略指导下，广告是专为本企业产品而做的。产品在市场上销售，广告在宣传产品特点的同时，强调本产品的商标牌号。所以，消费者接收的广告信息是包含有产品和商标的。这样，消费者将区别市场上不同商标牌号的同类产品，广告信息将会在消费者的购买决策中发挥一定的作用。但在拖拉需求广告战略指导下，情况就可能完全不同。拖拉需求广告虽然也可以既宣传产品也可以宣传该产品的商标牌号，但消费者由于没有区别比较不同商标牌号的这种产品的可能，所以注意的仅仅是这种产品，而不是商标牌号。只要市场上出现这种产品，已经被拖拉需求广告带动出消费欲望的消费者就会去购买这种产品，而不理会这种产品是不是广告上所宣传的商标。这样一来，广告主企业就要被捷足先登的竞争对手抢走自己辛辛苦苦开拓出的市场，不但部分损害了广告的效果，而且也影响了整体营销计划的实施。为了防止这一情况的出现，广告主企业在决定采用拖拉需求广告战略后，除了要特别在广告中突出本企业产品的商标牌号外，还要把握好从广告推出到产品上市之间的犹豫时间的长短，并且尽量把产品上市的时间定得有弹性一些，以便及时对抗竞争对手的突然袭击。这就需要广告部门同营销部门的密切配合。

虽然采用拖拉需求广告战略要承担以上两重风险，但很多企业还是不惜代价一试，主要是因为这种广告战略很可能为企业的营销带来巨大的好处。企业若想采用拖拉需求广告战略，就一定要具备下述条件中的若干个：第一，广告主企业本身必须财力雄厚，经营状况良好，有实力承担风险，也有实力同可能的竞争者对抗。经营状况不佳的企业如果想凭运气来采用拖拉需求广告战略，只要广告效果不理想，企业就有可能一败涂地。第二，新产品的市场比较广泛，潜在的消费者或用户很多，即使有若干个竞争企业涉足这一市场，也不会严重影响广告主企业的营销地位。广告主企业仍然可以在广告的配合下，争取到众多的消费者。第三，广告主企业准备推出的产品是十分先进的、高科技的，其他竞争对手一时无法马上仿制出来，无法对广告主企业的新产品构成直接的威胁。第四，广告主企业有能力委托好的广告公司，将广告内容的创作水准提高，在着重宣传产品本身的同时，突出本企业的商标牌号。另外，在广告内容中不显示产品的细节，使别人只能够了解该产品的用途，而无法了解该产品的制造方法。第五，广告主企业对推出这一产品已有十足的把握，能够在必要的时候提前让产品上市，以保证配合广告的宣传效果。当产品尚在试制阶段，绝不可贸然率先做拖拉广告，以免广告做出后，产品无法按时上市，损害企业的名誉和形象，又浪费了广告费。

当然，拖拉需求广告和推出需求广告不是绝对分开的，而是相互连接的。当拖拉广告效果良好，广告主企业的产品上市后销售情况合乎理想，推出需求广告就要随之而来。推出需求广告应该同拖拉需求广告保持一致，使得消费者从产品上市前后广告中得到的信息是一样的，以便进一步劝说消费者购买此产品。

选择采用推出需求广告战略还是拖拉需求广告战略，实际上是要对产品上市前是否要率先做广告宣传做决策。不论产品上市前是否做广告，产品上市后的广告都是要做的，所以这项决策并不影响以后的广告活动规划。只不过企业在采用拖拉需求广告战略时，应考虑广告活动的连接问题。

最后，任何新产品上市前（或新服务推出前）企业都是要做广告的，如果这些广告的推出时间距上市时间很近，这些广告就不应算作拖拉需求广告，只不过是推出需求广告的前奏而已。拖拉需求广告仅指那些广告推出和产品上市之间有一定时间间隔的广告。

（四）产品广告战略或形象广告战略

企业对上述两种战略的选择，基本上决定了其广告活动为整体营销发挥作用的层次和发挥作用的长短。

产品广告和形象广告是广告的两种形式，在广告目标和广告主题上有着明显的区别。产品广告的目标是直接推销产品，希望广告劝说能够带来销售额的迅速上升。产品广告的内容可能是多种多样的，但是其主题却是一样的，展示、介绍、宣传产品的特点和优点，催促消费者尽快来买此产品。目前，我国大陆地区的广告，绝大多数都是产品广告，采用各式各样的劝说内容和劝说方式，让消费者了解产品的情况，赶快来购买产品。

形象广告的目标不是直接推销产品，而是塑造产品、商标或企业整体的形象，通过长久地巩固和发展这一形象，赢得消费者的喜爱和支持。所以，形象广告的内容不是直接展示、介绍产品的。形象广告大多情感动人、内容美妙、耐人寻味，通过显示拥有此产品的人将会具有的风格和风度、此产品的情调、此产品能够带给人们的联想等，塑造产品的形象，并由此进一步塑造商标形象和企业形象，通过广告内容同消费者交流感情，赢得消费者的喜爱。

下面我们比较两对四则广告，从中可以清楚地看到产品广告和形象广告之间的区别。

第一则广告，在电视屏幕上先展示出一只酒瓶，接下去一位明星手托酒杯一一介绍这种酒的好处，如历史悠久、味道香醇、健身活血等。然后很多人一起举杯畅饮，其中一位转过头冲着观众说："你们都来尝一尝吧！"

第二则广告，在电视屏幕上首先出现的是一派柔和华美的色彩，一只装潢豪华的酒瓶。然后出现一位容貌美丽的少女。接下去，一位英俊的男士打开酒瓶盖，另一幅镜头上少女猛地一回头；男士向酒杯中倒酒，酒入杯中不断地打旋，另一幅镜头上少女正在急速跑下一旋转式的楼梯；男士将装满酒的酒杯举起，对着烛光一望，色彩光华灿烂，另一幅镜头上少女正走上一幢大厦前的高高台阶；最后，男士将酒杯送到嘴边，一饮而尽，另一幅镜头上少女和男士两人热烈地拥抱。电视屏幕上再次出现那只装潢豪华的酒瓶，第一次出现画外音"魅力凝聚，谁可抗拒"。

第三则广告，电视屏幕上一架飞机腾空而起，画外音介绍一家航空公司的经营历史和服务特色。接下来，几位漂亮的空中小姐微笑着送上饮品和点心，同时展示飞机中坐椅的舒适。然后，一位明星人物走到空中小姐中间，笑着向观众介绍这家航空公司航班准时、飞行安全、服务周到。镜头一转，在飞机售票台前，这位明星又加上一句："票价合理，对熟客还有折扣！"最后，这位明星和几位空中小姐一起向观众说："我们欢迎您！"

第四则广告，电视屏幕上先出现的是正在飞行的飞机内舱，一位空中小姐正在给客人送饮料，走到一位男士前，见到他正在摆弄一条漂亮的项链。空中小姐笑着问："送给谁的？"男士回答："我女儿，是她的生日礼物。"空中小姐赞赏地拿起项链看了看说："她一定喜欢。"接下去，飞机正在下降，机场上一位少女正迫不及待地守在候机室门口。镜头转回机舱内，客人已经走光，空中小姐收拾着东西，突然发现那位男士把首饰盒忘在座椅上了，这位空中小姐拿起首饰盒就向外跑。机场候机室外，少女激动地向走来的父亲奔去，男士见到女儿，高兴地伸手去摸上衣口袋，但是什么也没有摸到，顿时皱起眉头来。少女见父亲手按胸口，双眉紧蹙，于是扑了上去，抱住父亲。此时空中小姐赶到，在父女俩拥抱的时候，从少女背后将首饰盒递到男士的手中，然后又用手指在自己嘴上一挡，笑着走开了。爸爸把项链从盒中拿出，女儿高兴地跳了起来。

从上述的两对广告中，可以看到产品广告和形象广告的不同。产品（服务）广告，用直接介绍的方式向消费者展示一种产品或服务的种种优点，再请出明星来进行劝说，前后总是在催促消费者赶快行动。而形象广告几乎不进行自我介绍，而是通过一系列的画面或情节，向消费者显示拥有或使用某种产品将使人具有的风度和形象，或者是同消费者交流感情，以此来赢得消费者的喜爱。

由此可见，形象广告虽然并没有直接向消费者推销产品，但是其采用的同消费者培养感情的方法，发挥的作用层次更高，发挥作用的时间更长。因此，形象广告的创作较产品广告的创作要复杂一些。

那么，广告主企业应如何选择这两种广告战略呢？我们可以用中国的一句成语来说明问题，即"人无远虑，必有近忧"。当一个企业正在为其近期内的销售发愁时，是无法去考虑5年、10年以后的销售问题的。所以，企业希望广告能带来直接的销售，广告效果越直接明显、越快就越好。在这样的营销战略指导下，企业自然要采用产品广告战略，以便于广告可以迅速支持企业的整体营销。但若一个企业的产品近期内销售不成问题，5年内销售也不成问题，那么这个企业的管理者就必须考虑7年以后情况如何？10年甚至20年以后情况如何？此时企业管理者要为未来的营销做准备，未来的产品（服务）可能改变，但商标和企业本身却不会变，所以产品广告无法再发挥作用，必须借助形象广告去赢取消费者的信任和喜爱，这样才能保证消费者在未来继续支持本企业。

在正常情况下，企业经常采用一种组合方式来综合运用产品广告战略和形象广告战略。一方面，企业用形象广告战略来指导一组广告，宣传本企业的商标形象和企业形象，把这一组广告保持在一定的规模上，持续不断地做下去；另一方面，企业用产品广告战略指导另外的广告去推销各种产品。这样做可能需要投入的资金多一些，但是却可以收到近期和远期、低层次和高层次的综合效果，是比较理想的。

第三节 广告战略的内容

广告战略的内容是指按广告目标的要求，确定广告活动的方式方法。广告战略一般包括广告目标、广告对象、广告诉求、广告表现战略和广告媒体战略。

一、广告目标

广告目标是指广告活动要达到的目的，是由企业的营销目标所决定的。确定广告目标是实施广告战略的第一步，其他的广告活动都要围绕着广告目标来予以实施。

（一）广告目标的意义

广告目标有利于广告活动团队间的沟通协作，为客户、广告公司的管理人员及创作团队提供必要的沟通工具。团队的主要成员用共同的广告目标来指导其行为，就可以避免广告活动中的很多矛盾。在广告活动中，一旦确定了广告目标，广告主企业在广告活动的选择上就有了依据，同时广告活动结束后，广告目标是否实现就可以成为广告活动成败的一项测量标准。因此，好的广告目标应该是可测量的。

（二）广告目标的作用

在充分了解企业的整体营销计划之后，广告规划工作需要对市场、产品、消费者等进行分析，在此基础上确立一次广告活动的目标。确立广告目标，可以发挥下述三项作用：

1. 协调宗旨的作用

广告活动是一项需要靠协调来维持的工作。在广告主企业内部，广告部门是最主要的广告工作机构，必须在企业计划部门、财务部门、销售部门、公共关系部门等的协助下，才能够开展广告工作。同时，广告主企业还必须同各类广告促进机构，如广告公司、广告制作单位、广告媒介单位、广告研究机构等，相互配合以保证广告活动的顺利进行。除此之外，广告主企业还必须协调其同政府有关部门、竞争对手企业、公众利益组织等的关系。因此，在广告活动的整个运作过程中，广告主企业从始至终都需要做协调工作。

协调工作的目的是确保所有涉及广告活动的单位或个人，都能够相互配合地工作，所以这一协调必须有一个明确的宗旨。当不同单位或某些人之间在进行工作时有了分歧，应当以这个宗旨为基础，调整各自的工作，以符合这一宗旨的要求。广告目标的确立，就为广告活动中的协调工作提供了这样的宗旨。凡是有助于广告目标实现的计划、行动，就应该坚决执行；凡是同广告目标要求有偏差的，就应该进行适当的调整。以广告目标为宗旨进行协调，才有可能保证涉及广告工作的所有单位和个人可以有条不紊地协同工作。

2. 决策准则的作用

如果我们把广告工作看成是一系列决策和行动的话，确保一系列决策之间不相互矛盾冲突，一系列行动能够符合决策的要求，就成为广告工作的主体。决策过程必须以一定的准则来限制，用此准则来判断做出的决策是否恰当。广告目标的确立为广告决策提供了这一准则。广告目标是整个广告活动的核心目标，整个广告的策划工作，将以广告目标为中心制定出一套目标体系，确定广告内容创作的目标、广告内容测试的目标、媒介选择的目标、媒介组合的目标、广告效果评价的目标、广告的经济效益目标、广告的社会效益目标等。每确定一个具体的目标，就是对一个具体的工作步骤进行了一次决策。这一具体工作步骤的开展，都将以此决策为准则。而每一项决策又都以总体的广告目标为准则，由此确保整个广告活动的顺利进行，最终实现广告目标。

3. 评价依据的作用

对广告活动的效果进行评价，是一项十分重要的工作，这也是广告管理工作从低水平向高水平转变的标志。而进行效果评价必须有一定的依据，广告目标的确立可以起到这一作用。对广告活动效果进行判断，必须以其是否实现了广告目标为依据。如果没有一个明确的广告目标，广告工作可以热热闹闹地大干一场，干完之后了事，无法评价其达到了什么效果。因此，广告目标不但要明确，可以被测定，而且还要能够转化成一系列的具体目标，以指导每一具体的广告工作。只有这样，在广告活动结束后，企业才能够将广告活动的结果同广告目标相比较，对广告活动的效果做出一个准确的评价。

（三）广告目标的类型

广告目标是为了最终能达成营销目标，因此，随着营销环境的变化和企业营销目标的变化，广告目标也可以分为不同类型。广告的目标大体可以分为以下三种类型：

1. 塑造品牌广告目标

在新产品刚进入市场时，产品正处在生命周期的导入期，因为此时消费者对新产品还没有足够的认识，企业的竞争对手很少，所以这一时期的广告目标往往是为了引起消费者的注意，让消费者了解产品的性能、特点、用途等，以加深消费者对品牌的认识，争取其对产品的试用。当产品所在的市场比较成熟时，产品拥有大量的消费者，而且市场中同类产品的竞争对手也很多，这时候企业为了稳定和扩大市场份额，广告目标就要由最初的创牌目标转变为保牌目标。广告采取劝说和诱导的方式，使消费者加深对品牌的印象，提高品牌的美誉度和知名度，使消费者形成习惯性购买，进而成为忠诚顾客。

2. 提升竞争力广告目标

提升竞争力广告目标的诉求重点是宣传本企业产品与竞争产品的差异，突出本企业产品的优势，在保护现有市场份额的基础上，还可以争取一部分竞争对手的消费者来购买自己的产品，从而扩大市场份额。

3. 广告效果目标

有些广告目标是可测量的，如广告销售效果目标和广告传播效果目标。有些广告活动在进行之前就设定了可量化的销售目标，如利润增长率、销售增长率、市场占有率等。例如，某啤酒设定的广告宣传目标是 12 个月内啤酒的销售量整体增加 10%。另外，还有一些广告目标所要达到的是心理目标，如提高收视率、阅读率、注意率，加深消费者记忆等。

（四）广告目标的确定

广告目标确定之前，企业要对市场的具体状况进行全面的了解。首先，企业要根据自身所面临的市场机会来确定企业营销的目标，企业广告目标要围绕着企业目标和营销目标来确定。其次，企业要了解产品处于产品生命周期的哪一个阶段，此时消费者进入市场的情况如何，他们具有什么样的消费行为和消费习惯，他们对产品的认知如何，如何来保持现有消费者，开发新的潜在消费者。最后，企业要知道广告要达到的效果指标，如销售情况及与消费者的沟通情况等。

1. 确立广告目标的要求

（1）符合企业整体营销的要求。广告不是一项独立的活动，而是企业整体营销活动中的一项具体工作。所以，广告目标必须在企业的整体营销计划指导下制定。广告目标特别要反映出整体营销计划中的考虑重点，如广告发挥影响的范围、时限、程度等，以便使广告活动配合整体营销活动。

（2）清楚明确，可以被测量。因为广告目标将会成为广告主企业同广告公司之间相互协调的宗旨、一系列广告决策的准则，以及最后对广告效果进行测定的依据，所以广告目标不能含含糊糊、模棱两可，使得人们可以对其任意加以解释。对广告目标的确立要求清楚明确，可能还是一个容易实现的要求；要求广告目标可以被测量，就有一定的困难。广告目标无法被测量，最大的缺点就是无法准确地评价广告的效果。因此，广告主企业应尽可能在广告活动规划前，将广告活动的目标具体化，使得人们可以以一套公认的标准对其进行测量。当然，可测量不一定是严格地要求广告目标定量化，可测量是要求广告目标具有可以明确进行比较的性质。前文中介绍的广告目标，只是一系列广告目标的趋向，广告主企业在将其定为真正广告目标时，一定还要对其加以限定和具体化，使得其可以被测量。

（3）切实可行，符合实际。广告目标虽然主要由广告主企业来确定，但是因广告活动是集团与个人相互协调的产物，所以这就要求广告目标必须切实可行，符合实际。也只有切实可行，符合实际的广告目标，才能保证广告活动的顺利进行。

（4）能够被其他营销部门接受。广告活动只是整体营销中的一个组成部分，为了配合整体的营销活动，广告目标就一定要让其他营销部门能够接受，这样才可以让广告活动同其他营销活动相互协调起来。

（5）要有一定的弹性。广告目标必须明确，只有这样才能够起到指导整个广告活动的作用。正因为广告目标要指导整个广告活动，所以企业必须考虑环境的种种变化对广告活动的影响。广告活动为了更好地配合整体营销的进行，可能在实施的过程中会做出适当的调整。而这样的调整，又应该是广告目标所能够允许的。因此，广告目标还应该具有一定的弹性。

（6）能够被转化为一系列具体广告活动的目标。因为广告活动是由一系列具体的广告活动组成的，而每一项具体的广告活动又都需要一个具体的目标来指导，所以广告目标若要发挥其指导整个广告活动的作用，就要能够分解成为一系列广告活动的具体目标。而这些具体广告目标的一一实现，将能够逐步实现总的广告目标。

2. 制定广告目标的科利法

美国广告学家科利曾提出了"制定广告目标以测定广告效果"的方法。科利认为，广告工作纯粹是对限定视听众传播信息并刺激其行动。广告成败与否，应视它是否能有效地把想要传达的信息与态度在正确的时间，花费正确的成本，传达给正确的人。后期，全美广告主协会在20世纪60年代提出了制定广告目标的"6M法"，该方法认为，广告目标应该包括6个基本要素：商品（Merchandise），预推出的产品或服务，其主要诉求点在哪里；市场（Market），广告所要影响的是哪些人；动机（Motives），消费者为什么购买或为什么不买，原因何在；信息（Messages），广告所要传播的主要创意、信息是什么，原因何在；媒体（Media），怎样传播广告信息；测定（Measurement），测定广告效果的方法和准则是什么。在实际确定广告目标时，可以以这6个M为线索来逐一确定广告的具体目标。

二、广告对象

广告对象是指广告信息的传播对象，即信息接收者，广告对象的策划目的是解决把"什么"向"谁"传达的问题。这是广告活动中极为重要的问题。没有对象，就是无的放矢。但一个广告不可能打动所有的人，而应当找准具有共同消费需求的消费者群。找准广告对象的指标有多种，如性别、年龄、文化、收入、兴趣、职业等。

性别不同，人的需求偏好不同，在生活必需品之外的产品消费上有天壤之别。如果产品本身带有性别色彩，那么对消费者性别比例的判断就非常必要。年龄段也是一个因素。年轻人，尤其是未婚者，更关心如何让自己更加完美和浪漫，在服装、化妆品等产品上往往不惜花大钱；已经结婚的人更加实际，对生儿育女、家庭装潢、饮食起居等更关注。如果产品是家用电器，那么广告对象选择年龄偏大一点的消费群体是必要的。同一年龄段的消费者中，会在收入、兴趣、职业等多方面表现出差异性。收入决定消费，不同的收入水平有不同的消费结构。准确划分消费者的收入比与人口比，这样才能决定推出什么档次的产品，决定使用什么样的广告基调。

当消费者作为受众进入广告传播活动时，就出现了与广告对象的关系问题。一般情况下，企业的目标消费者应是广告诉求的对象，是广告的目标受众。由于广告在不同时期、不同的市场，有着不同的目标，广告的目标受众也相应地有所不同。从总量上来看，所有的广告目标受众的总和应是全体目标消费者。广告不可能面对全体消费者或全体受众进行诉求。要提高广告质量，增强广告效果，就要针对广告对象。

明确广告的传播对象，可以采取调查的方法，来了解消费者的基本情况，如价值观念、消费意识、媒介接触状况、消费行为及其他影响因素。

广告对象策划的一个值得注意的问题是对广告对象的研究不具体、不细致，抓一而概百，根本找不到消费焦点，在一些看似重要实际却无关痛痒的问题上花大力气，而影响广告整体效果的致命因素却常常被忽视。更多的广告策划者愿意在"设计""构思""图案""色彩"上下功夫，而对实际很重要的背后文章做得不够。

三、广告诉求

广告诉求是产品广告宣传中所要强调的内容，俗称"卖点"，它体现了整个广告的宣传策略，往往是广告成败关键之所在。倘若广告诉求选定得当，就会对消费者产生强烈的吸引力，激发起消费欲望，从而促使其实施购买行为。广告诉求是广告内容中很重要的部分，是创意性的企图和信息传播者为了改变信息接受者的观念，在传播信号中所应用的某些心理动力，以引发消费者对于某项活动的动机，或影响其对于某种产品或服务的态度。

诉求点不明确的广告，不是成功的广告。寻找或确定广告诉求点时，首先要解决两个问题：向谁诉求（诉求对象）以及向诉求对象强调商品的什么特长；在此基础上，考虑广告的表现方式，如感性诉求、理性诉求等。

1. 感性诉求

感性诉求是采用感性说服方法的广告表现方式，又称情感诉求。它通过诉求消费者的感情或情绪来达到宣传商品和促进销售的目的。采用这种表现方式的广告也可以叫作兴趣广告或诱导性广告。感性诉求广告不做功能、价格等理性化指标的介绍，而是把产品的特点、能给消费者提供的利益点，用富有情感的语言、画面、音乐等手段表现出来。例如，"威力洗衣机，献给母亲的爱"就属于此类诉求方式。通常感性诉求广告所介绍的产品或企业都是以感觉、知觉、表象等感性认识为基础，是消费者可以直接感知的或是经过长期的广告宣传，消费者已经熟知的。广告采用感性诉求的表现方式，最好的办法就是营造消费者使用该产品后的欢乐气氛，使消费者在感情获得满足的过程中接受广告信息，保持对该产品的好感，最终采取购买行为。

2. 理性诉求

理性诉求是采用理性说服方法的广告表现方式，它通过诉求消费者的理智来传达广告内容，从而达到促进销售的目的。采用这种表现方式的广告也称说明性广告。这种广告说理性强，常常利用可靠的论证数据揭示商品的特点，以获得消费者理性的承认。它既能给消费者传授一定的产品知识，提高其判断产品的能力，又会激起消费者对产品的兴趣，从而提高广告活动的经济效益。理性诉求广告独具优势，对于医药产品、洗涤用品，采取理性诉求的广告策略比较好。例如，大宝护肤品的广告"要想皮肤好，早晚用大宝"，保健品黄金搭档的广告"花一样钱，补五样"，均是采用了理性诉求策略，传播效果很不错。

四、广告表现战略

广告表现战略要通过广告创作来实现，具体地讲，就是将广告诉求点转化成可视、可听、可感甚至可嗅、可触的具体实在的广告作品的过程。广告创作主要包括广告主题的确定、表现形式的采用、文稿的撰写、图像的绘制、画面的摄制等多方面的内容。广告表现不仅仅是将广告信息艺术化的过程，它最根本的目的是让人们在欣赏广告作品之后，不知不觉地接受广告传递的信息，从而有效地达到广告的目标。

（一）广告表现方式

广告表现方式通常可以分为以下三类：

1. 产品信息型

产品信息型广告表现方式是指在广告中直接宣传说明产品的性能、特点、服务等。很多早期的广告就是采用这种方式。早期的市场还是卖方市场，所有广告的作用是传递产品的信息，广告主企业多采用这种类型的表现方式。

2. 生活信息型

生活信息型广告表现方式是从消费者的利益出发，突出产品对消费者需求的满足，展示产品和消费者生活之间的关系。例如，雀巢咖啡的电视广告就较多地采用诉求于消费者的情感的创意手法：丈夫出差归来，一杯咖啡送温暖；朋友欢聚一堂，共享咖啡叙友情；情人依依相对，同饮咖啡诉恋情，一句"味道好极了"在不同场景、气氛的烘托之下，使人们感到的不仅是咖啡的味道，而且还感受到了家庭的温馨、朋友的热情和恋人的爱情。

3. 附加价值型

附加价值型广告表现方式是通过产品带给消费者的附加价值，来打动消费者，给消费者留下深刻的印象。例如，很多豪华轿车做广告时，强调的不是轿车的功能，而是强调轿车能体现消费者身份的尊贵，是成功的象征，以此来说服消费者。

（二）广告表现的手段

1. 语言手段

语言分为有声语言和无声语言两种。有声语言是指声音，如广播歌曲、广告中的对话、旁白等。它是电视媒体的主要表现手段，更是广播媒体的表现手段。广播媒体的广告信息几乎都是用有声语言传达的。无声语言是指符号化语言，即文字，它是平面广告信息的主要承载者，在报纸广告、杂志广告、招贴广告、路牌广告等中，广告文字部分占有相当大的比例。

2. 非语言手段

非语言手段是指除了语言之外的其他传递信息的手段。它也可以分为两种：有声非语言手段——音响。它烘托渲染强化广告表现，是电子媒体广告不可缺少的部分。无声非语言手段——姿态和物态。姿态即行动或体态。消费者可以从广告作品中人的面部表情、四肢姿态、躯干动作来接受广告信息。物态是指广告作品中出现的构图、色彩及其他一些有形实体传达的广告含义。除此之外，各种艺术形式，如舞蹈、雕塑和建筑等也可以用到广告表现中。

（三）广告表现手法

广告表现手法是指在广告信息传递过程中，运用各种方法和手段，使消费者在接受广告信息时产生相应的心理变化。广告表现手法一般有以下几种：

1. 美化与赞扬

美化法就是对产品的优点加以突出和赞扬，使消费者产生良好的印象。例如，"鄂尔多斯，温暖全世界"广告的表现手法就是美化与赞扬。运用这种方法，广告所使用的语言必须符合产品的真实情况，不能虚假，不能夸张。动不动就是"质量上乘""世界领先""包治百病"等不切实际的美化，是不能令人相信的。

2. 实证

实证法又叫典型示范或现身说法，就是借助于特定的人直接陈述或演示产品的功能、特点等，直观地表达广告信息。进行陈述或演示的人，称为广告代言人，主要是聘请名人，如影星、歌星、著名运动员或有关的消费者，利用知名度和可信度吸引消费者，增强说服力。例如，谢霆锋的"酷"，迷倒了很多少男少女，这正与可口可乐的目标消费群体是一致的。

由他来印证可口可乐充满青春活力的主题,当然是合适的了。宝洁公司的很多品牌,都选用普通人来进行实证,而这更有接近性和亲和力。

3. 引证和号召

引证就是广告中通过引用正面的或反面的、正确的或错误的事实,来突出产品的优点。例如,权威机关和权威人士的评价、鉴定,各种获奖证书,消费者来信等,都可以作为引证的依据。号召就是在广告中号召消费者采取购买行动。如倡导此产品是最流行的,要求消费者紧跟潮流,从速购买。

4. 理性诱导和情感诱导

广告在劝说消费者时,可以采取两种方法:一种是给消费者讲道理;另一种是同消费者交流感情。前者叫理性诱导,后者叫情感诱导。在广告传播中,情感诱导和理性诱导可综合运用。例如,在文字广告作品中,开头和结尾部分可以带有感情色彩,中间部分是理性论述;或者用感情诱导影响消费者的态度,再以理性诱导巩固已获得的态度等。

5. 一面提示和两面提示

一面提示是指广告主企业在广告中只向消费者介绍有利于自己的事实的方法。两面提示是指广告主企业在广告中向消费者同时提出有利和不利的事实,通过驳斥后者,来证明前者的方法。大多数广告宣传均采用一面提示法,在广告中只介绍本产品的种种优点,两面提示法运用得较少。

6. 正向劝说和反向劝说

正向劝说是指在广告中以一种鼓励的形式,告诉消费者购买或使用某一产品将可以得到的种种好处,赞许消费者的选择是正确的。反向劝说的方法是一种警告,告诉消费者若不购买或不使用某一产品,将可能遇到什么危险。例如早期的一则香烟广告,"禁止抽烟,皇冠牌也不例外"反而引起烟民的好奇和对皇冠牌香烟的注意。

7. 先后法与详略法

先后法就是在广告中合理安排内容的先后顺序,通常是主要内容在开头讲,结尾重申或强调,中间做详细阐述。详略法是指广告内容的详述与略述的问题,主要的详述,次要的略述;新鲜的详述,陈旧的略述;已知的详述,未知的略述等。

五、广告媒体战略

制定正确的广告媒体战略目的在于在有限的广告预算内,得到最大的广告效益。在整个广告活动中,广告媒体的选择与组合是否恰当有效,直接影响着广告效果的大小和广告活动的成败。广告媒体战略主要包括媒体的选择、确定广告发布时机和方式等内容。

(一) 媒体的选择

媒体的选择要根据广告信息所要传播的特定的目标受众经常接触到的信息来源来确定。广告主企业需要考虑各种广告媒体的传播特点、广告商品的特性、广告目标的要求、市场竞争的状况、广告费用的支出等各种因素。在此基础上,按照一定的步骤对媒体进行选择,从而使广告信息顺利地到达目标受众那里。企业应先提出媒体选择的目标,然后确定媒体类型,最后在选定的媒体类型中再确定媒体的组合及媒体的分配。

(二) 确定广告发布时机和方式

媒体的选择策略确定以后，广告主企业还要考虑广告信息发布的时机和方式，持续多长时间，在不同媒体上选择什么时段等。

如何实施广告媒体战略，会在后面有关章节做进一步详细的阐述。

【案例链接】

宜家杂志广告不一般：在纸上尿尿就可以获得折扣？

宜家这次的广告不走寻常路。宜家研发了杂志内页验孕纸，只要是孕妈妈，就可以拿着这张确认怀孕的广告，去宜家店内获得近一半的婴儿床折扣。这种方式让很多人感到不适却新奇，话题性十足。

"尿在这张广告上能改变你的生活。"这句让人满脑子问号的广告语来自宜家，而这句广告语也的确是真的。宜家最近在瑞典女性杂志《Amelia》投放的杂志内页，看起来只是普通的婴儿床促销广告——其实它是一整张验孕试纸。

这张验孕试纸与常规验孕棒操作也不一样：当女性用尿液浸透纸张时，若怀孕了，广告上的婴儿床原价下方会浮现出一个红字显示的新价格。拿着这张确认怀孕的广告，就可以去宜家店内获得近一半的婴儿床折扣。

尽管看起来很像恶搞，但是宜家创意代理方 Akestam Holst 却严肃地表示：为了这款全新的杂志内页验孕纸，他们花了不少时间做科研开发。这款基于验孕棒技术、看起来与普通纸张无异的验孕纸，是宜家与瑞典科研开发公司 Mercene Labs 专门合作生产的。

人们对此也褒贬不一。有网友表示带着浸过尿液的广告纸去店里的操作实在很辣眼睛，更多人觉得宜家的广告幽默又让人眼前一亮。不过光是在纸上尿尿这件事就足够有噱头了。

(资料来源：http://www.admaimai.com/news/ad201801122-ad136775.html)

第四节 广告计划

广告活动是一个动态复杂的过程，而整个过程又包含多个环节，要想协调好各个环节，获得好的广告活动效果，就需要对整个广告活动进行全局性的规划。因此制订广告计划，协调好各个环节，做好具体的安排在广告活动中具有十分重要的作用。在广告活动中，企业应根据市场条件和产品特点，制订不同类型的广告计划，开展广告活动。

一、广告计划的分类

1. 按照广告时间划分

按照广告时间划分，广告计划可分为长期广告计划、中期广告计划和短期广告计划。长期广告计划是按照企业市场营销的战略要求制定的广告活动规划，一般3~5年，这种规划是纲要性的文件，具有长期性、系统性。它规定了与广告的未来发展方向密切相关的一些重大问题。长期广告计划要有相对的稳定性，但也要根据市场等因素的变动进行适度的调整和修订。中期广告计划是依据企业年度经营目标和销售计划制订的，是企业在一年内按季分月制定的系列广告活动规划。中期广告计划相对于长期广告计划操作性强，更加具体。短期广告计划是指企业针对某一次的广告活动所制订的广告计划。广告期限为一个月至半年，这种广告计划具有临时性，如针对某一次产品活动进行的广告计划。

2. 按照广告主题划分

在广告计划中，为了突出某一环节的重要性，或为了对广告计划进行补充，可以根据广告活动的某个环节来进行计划。通常，广告计划按照广告主题划分，可分为广告调研计划、广告目标计划、广告创意计划、广告媒体计划、广告预算计划、广告实施评估计划等。

3. 按照广告计划目的划分

广告计划要符合企业的广告目标，以达到广告主企业想要得到的广告效果。广告目标常见的有提高企业或产品的知名度和美誉度，提高消费者的购买兴趣，改变消费者的态度，提高销售量等。广告计划也要与此目标一致。因此，按照广告计划目的划分，广告计划可分为产品广告计划、企业形象广告计划和观念广告计划。产品广告计划是以推销介绍产品为目的的广告计划。企业形象广告计划是以介绍、宣扬企业理念、企业文化，提高企业知名度、美誉度的广告计划。例如，高露洁公司在推广过程中，非常重视与中国医学机构进行联系、合作，携手开拓口腔保健产品市场，来塑造口腔保健专家的形象。因此，高露洁的广告计划要与这一目标相吻合，来提高企业的知名度、美誉度。观念广告计划是以改变或引导消费者的消费观念为目的的广告计划。

二、制订广告计划的步骤

广告计划的制订要按一定的工作程序来完成。一般来说，制订广告计划的程序大致可分为以下几个阶段：

1. 市场分析与研究阶段

企业制订广告计划首先要对市场进行分析与研究。对市场的分析与研究包括：对产品进行分析，明确产品定位；对同类产品进行分析，明确竞争对手；对市场进行分析，明确市场目标；对市场发展机会进行分析，明确潜在市场在哪里；对消费者进行分析，明确广告对象。

2. 广告计划策划阶段

在这一阶段，企业要明确销售策略，并且确定广告目标和广告指标；确定广告战略并决定最佳推销组合方案；决定广告内容；决定广告预算；进行创意策略和媒体策略分析，确定广告主题、广告表现；制订实现广告计划的不同方案；对不同广告计划方案进行评估；决定最佳广告计划方案。

3. 广告计划确定阶段

在这一阶段，企业要确定广告设计方案；明确广告创意要点；对广告表现战略、广告文案方案、广告地区、广告媒体选择、广告时间及广告单位数量进行最后的确定。在广告计划确定的基础上，广告计划制订人员应听取各方面意见，取得负责人的认可，并提交取得客户的认可，最后制作广告作品，并将完成的广告作品送给媒体刊登或播放。

4. 广告计划评估阶段

在这一阶段，企业要收集广告反馈的信息，并对广告效果进行评定。在此基础上，企业应总结经验教训，制订新的广告计划。

【案例链接】

房地产广告策划评估阶段

广告主们都知道自己投放的广告里有一半是无效的,但是谁也不知道哪一半是无效的。房地产广告也是如此,房地产广告和日用品广告效果反馈的最大不同点就是:房地产广告可以在广告投放后的当天就能直接在来电来访上得到体现。大部分的房地产项目已经能够通过客户的第一次来电的渠道建立广告效果跟踪制度,来电数量也成为广告投放效果的重要标准。

在不同项目的反复实践中发现,来电数量的确能在一定程度上反映广告投放效果,但是过分强调来电数量就像完全忽视来电数量一样,容易走向另一个误区。

房地产广告的效果体现为三个层次:一是直接到访;二是电话询问;三是留下印象。因此电话数量就成了广告销售力的直接体现。但是,通过检测不同项目可以发现,同样都是非常优秀的广告表现,同样都是无可挑剔的媒体选择,甚至同属于同一档次的项目,但是两者正常的广告后来电数量也不同。可以看出,相对于广告表现来说,产品本身更为重要。其中最重要的因素是地理位置、价格、销售时间段。

通常来说,主要干道附近的项目来电量低,因为容易描述,容易到达,客户更多会选择直接到达;高档项目(别墅、高档公寓)来电率低,因为目标客户群总量低;进入销售后期的老项目低,因为市场认知度高,电话询问不再成为最主要的了解手段。只有根据不同项目的特性做好来电给人留下的印象程度以及与最终成交量相结合的评估,才能正确测定一个广告的成功与否,使得广告公司能够更好地配合项目进行相应的调整与修改。

(资料来源:中国房地产策划联盟 http://www.360doc.com/content/14/1016/17/1302411_417468552.shtml)

三、广告计划书

广告计划书是把广告计划的内容以书面的形式确定下来。所以在撰写广告计划书之前,先要确定广告计划的内容。

(一)广告计划的内容

广告计划的内容繁多,包括了广告活动的全部领域。一般来说,完整的广告计划主要包括以下内容:广告的市场分析、广告战略、广告策略、广告预算、广告效果评估。

1. 广告的市场分析

广告的市场分析是通过广告调研,对所获得资料的分析研究,在此基础上,才能够制订正确的广告计划,使广告活动顺利进行,从而使广告活动有效传递信息,沟通产销。可以说,市场分析是广告计划首先要做的事情。广告的市场分析主要包括以下内容:

(1)企业分析。企业分析具体包括:有关企业的历史、企业的市场地位、近几年企业的经营业绩、企业的营销计划、企业形象等。在此基础上,还要了解企业过去的广告宣传状况、广告宣传的主题、常用的广告媒体及广告宣传效果。

(2)产品分析。广告计划中要对产品进行分析,目的是对产品进行深入的了解,从而确定广告宣传时的诉求重点。具体包括以下内容:产品的历史,产品的生命周期,产品的销售记录、产品的市场份额、产品组合、产品的品牌状况、产品的特点（成分、用途、包装、定价、渠道）、产品定位、产品形象、消费者对产品的评价、产品的专利技术、产品过去广告的主题、创意、媒体、预算等情况。

（3）市场及消费者分析。市场及消费者分析主要是分析此产品的主要消费群体及这个群体的各种状况，掌握他们的消费习惯、使用媒体及情趣、偏好等。具体包括：市场容量、市场成长、市场竞争结构、发展趋势；目标消费者的人口统计分析，如年龄、性别、受教育程度、收入、职业、种族、地域分布；消费者的心理变量，如个性、生活方式、社会阶层；消费者的行为特点，如购买时机、购买时看重的利益、购买频率、使用量、对产品的态度、对产品的忠诚度等。

（4）竞争状况分析。产品的推广及广告活动效果等会受到其同类竞争产品的影响，所以对竞争状况分析是确定广告宣传规模、广告使用媒体的基础。因此，企业在制订广告计划时还要对竞争状况进行分析。竞争状况分析可以从以下几方面着手进行：企业或产品的主要竞争者、次要竞争者分析；竞争企业及其产品定位、形象分析；竞争对手的经营优势和劣势分析；竞争对手在市场中的位置、营销手段、广告主题、广告内容及媒体组合分析；竞争者的广告效果分析等。

例如，要对 VIVO 手机进行广告策划，首先要在市场调研的基础上，了解市场状况、消费者状况及竞争对手的基本情况。以 2017 年上半年为例，我国智能手机的市场状况见资料链接。

【资料链接】

2017 年上半年中国智能手机的市场状况

智能手机市场格局发生大变动，苹果、三星销售量持续下滑，连新上市的 iPhone 8 也未能改变颓势，同时国产手机迎来新的春天，华为、OPPO、VIVO 等销售量开始领航。

2017 年上半年，中国手机市场出货量达 2.81 亿部，其中 4G 手机仍为国内主要出货手机，上半年出货量占全部手机的 90% 以上。随着 4G 和智能手机的普及，国内手机增量已成常态化，出货量基本趋于稳定，手机厂商未来市场竞争将主打换机潮，以及布局 5G 手机市场。智能手机国内普及率高，已成为出货手机主体。

2017 年上半年，中国智能手机出货量约 2.66 亿部，约占总体手机出货量的 94.7%。其中，7 月份智能手机出货 4082.5 万部，占同期国内手机出货量的 94.8%。国产手机如 OPPO、VIVO 等手机品牌近年发展迅速，已经抢占了高中低端智能手机市场，逐渐渗透至三四线城市及农村地区。

2017 年，中国手机网民达 7.47 亿人，其中智能手机用户规模达 6.55 亿人，第二季度增长率为 0.92%。从增长率来看，未来用户市场已经基本趋于稳定，不会有太大的增长。所以在未来的 5G 时代，提高产品品质、改善用户体验是手机厂商赢得竞争的关键。

2017 上半年，中国智能手机市场中销售量前四均为国内厂商。其中，华为以 21.6% 的销售额排名第一，OPPO、VIVO 位居第二、第三。小米的销售量也超越苹果，排名第四，三星手机份额仅占 3%。国内手机厂商如果能继续维持低端机型良好表现，提升中高端机型市场的竞争力，将继续成为中国智能手机市场的主要领跑者。

（资料来源：http://www.sohu.com/a/201863977_99954213）

2. 广告战略

广告战略是对广告活动开展方法的总体原则做出的决策。在广告计划中，广告战略是通过市场分析，对广告目标、广告重点、广告对象、广告地区等做出的战略性决策。

（1）广告目标。广告目标是指广告活动所要达到的具体目标或通过广告的传播所要获得的具体结果。一般的广告目标都是通过广告传播来扩大产品的销售量，树立企业的美好形象。但不同企业在不同时期所面临的广告任务不同。例如，在企业发展的初期，企业会侧重于单纯推销产品的目标，随着企业的发展和市场竞争的激烈，企业会更加侧重于树立企业形象的目标。因此，企业应针对不同的实际情况，制定出具体的广告目标。广告目标的确立一定要符合企业整体营销的要求，切实可行，符合实际，并可以被测量。

（2）广告重点。广告重点主要是根据产品策略和心理策略的策划，明确以怎样的方法突出广告宣传的重点，以达到广告计划所要求的目标。例如，在新产品推出的广告中是采用推出需求广告战略还是采用拖拉需求广告战略，即推销产品还是唤起消费者的需求。

（3）广告对象。广告计划中要确定广告的传播对象和诉求对象。广告战略中要决定广告是面向总体市场还是某个细分市场。面向总体市场的广告战略通常配合无差异营销战略，广告战略形式比较简单；而面对细分市场的广告战略则比较复杂，针对性强，现在很多广告主企业都采用这种广告战略。

（4）广告地区。广告地区是指广告信息传播的地理范围。广告传播的地理范围大致有三类：以全国范围为对象，以特定地区为对象，以海外市场为对象。在广告计划中要明确广告宣传的具体地区，并说明选择该地理区域的理由，为广告信息策略和媒体策略的决策提供依据。

3. 广告策略

广告策略是实现广告战略的具体措施和手段，主要包括广告媒体策略和创意策略。

（1）广告媒体策略。广告媒体策略主要是确定如何选择和使用媒体。广告媒体策略，首先，要根据广告战略及产品特点、市场、销售等来选择合适的媒体。例如，电视适合播放一些形象性强的产品广告，而报纸、杂志则适合药物、汽车等需要用文字来对产品功能进行详细介绍的广告。其次，要确定投放的广告量、使用什么媒体组合、媒体行程、各媒体的预算分配等问题。最后，要考虑媒体的覆盖率、互补性、效益性等问题。

（2）创意策略。创意策略是指广告信息的创意构想和广告传播内容的艺术表达。广告创意要符合广告目标，并根据市场、产品、消费者等情况把广告传播的内容借助于语言、构图、色彩、文字、音响、图像等表现要素创造性地表达主题。

4. 广告预算

广告预算是对广告活动所需费用的匡算。广告预算不仅制约着广告的制作，而且制约着广告媒体的选择和发布频率。广告预算主要有两个方面：一是在广告计划期内，企业将多少资金投入广告活动；二是在确定开展广告活动的资金总额后，进一步确定这些资金怎么使用，具体说明经费使用项目和相应数额，并详细列出媒体价格。如有必要，可以采用文字与表格相结合的方式，说明经费的具体开支、使用情况。广告预算在执行过程中允许有一定的偏差，这个偏差一般可控制在5%以内。

5. 广告效果评估

广告效果评估是对广告计划中规定的各项指标的完成情况和广告活动的效果进行评价和

测定。广告计划中要确定评估广告效果的标准和方法，对如何评估这一广告活动做出说明和安排，同时对评估所需的费用也要做出估计。例如，在传播效果评估方面，在广告计划中，通常要说明广告宣传所要达到的视听率、知名度、理解度、偏爱率等心理效益指标，并确定测定这些指标所采用的方法，如问卷法、座谈法等。在销售效果方面，通常要说明广告宣传所要达到的销售率、市场占有率等经济效益指标。

（二）广告计划书的写作

广告计划的内容确定以后，就可以撰写广告计划书了。广告计划书的写作要求语言简洁、精练。为避免页数过多，可以把图表和支持资料作为附录。另外，广告计划书的内容要表述具体准确，层次分明，把每一部分当成一个子系统，把握好整体与局部的关系。而且广告计划书要完整，广告活动的有关事项都可以在计划书中得到说明，使阅读的人能够从广告计划书中把握整个广告活动的全貌。一个完整的计划书一般包括以下几个部分：

1. 标题

标题是广告计划的名称。标题要高度概括广告计划的内容，通常要说明某产品或某企业的广告计划，如"高露洁20××年度北京地区广告计划书"，而且广告计划的标题还应说明其文体，通常要标明"计划书""策划书"等。如果未定稿，还应标明"初稿""草案"等字样。一般来说，广告计划的标题应该明确具体、规范准确、简明扼要。

2. 目录

目录是广告内容的索引。这部分并不是必需的，只有当广告计划篇幅较长时才使用，便于说明内容和查阅。广告计划的目录应该是说明广告计划各部分内容的小标题或提纲，是拟订计划提纲阶段的工作成果。

3. 正文

正文是广告计划的主要部分，一般由前言和内容两部分构成。前言是对全部计划的摘要或简明的概述，目的是使读者快速把握计划的大概内容。前言的写作要求是重点突出，简明扼要。内容是广告计划书的主体，主要说明广告活动中各项工作的安排。

4. 署名和日期

署名有三种形式：一是署计划部门的名称，如××公司；二是署法定代表的名字，如××广告公司××经理；三是署计划执笔人的姓名。日期则是广告计划制订的日期。

【本章思考题】

1. 简述广告战略的内容。
2. 请分析广告战略的类型，并在营销实践中举一个实例。
3. 简述制订广告计划的步骤。
4. 简述完整的广告计划书的内容。

【案例分析讨论】

"佳洁士-节约"牙膏广告计划书的主要内容

一、市场分析

（一）中国市场牙膏品牌的发展历程

（二）现有市场竞争格局
（三）消费者分析
（四）市场发展趋势分析
（五）未来产品发展趋势

二、产品分析
（一）"佳洁士-节约"牙膏分析
（二）竞争对手牙膏分析

三、销售与广告分析
（一）宝洁公司销售与广告现状
（二）宝洁公司的市场销售现状

四、主要品牌定位策略分析
（一）高露洁
（二）中华
（三）冷酸灵

五、企业营销战略
（一）营销目标
（二）市场策略

六、广告表现
（一）非媒介
（二）媒介

七、公关营销策略
（一）目的
（二）活动策划

八、效果预测、评估

附：电视广告脚本
　　消费者市场调查问卷

（资料来源：改编自中国公共关系网 www.17pr.com）

讨论题：

1. 根据所给的案例，分析此广告计划书的内容包括哪些。
2. 说明广告计划书撰写时的注意事项。
3. 根据案例的内容和格式并结合实习的企业，模仿撰写广告计划书。

【本章参考文献】

[1] 严学军，汪涛. 广告策划与管理 [M]. 北京：高等教育出版社，2006.
[2] 粟娟. 广告管理 [M]. 北京：电子工业出版社，2010.

第四章

广告定位与广告诉求点

本章首先对广告定位的概念、特征与作用进行了介绍，明确了广告定位理论发展的四个阶段；然后结合案例对产品定位、观念定位、竞争定位、形象定位等广告定位方法进行阐述；最后提出广告诉求对象、诉求重点和诉求方式，对理性诉求、感性诉求和混合诉求等广告诉求方式的特点与适用条件进行分析。

【本章要点】

1. 掌握广告定位的内涵与作用
2. 了解产品定位理论的演进过程
3. 掌握广告定位的基本方法与应用
4. 掌握广告诉求对象与诉求重点选择方法
5. 掌握广告诉求方式及应用策略

【导入案例】

"金六福"聚焦婚庆市场

广告主：华泽集团（金六福企业）

实施时间：2006年

实施范围：全国

核心策略：聚焦婚庆，强化"婚宴第一用酒"的形象

创新点：巧抓时机，影响人，感动人

"双春年"带来新需求。农历丙戌年（2006年），是一年有两个"立春"的"双春年"，加上这一年是闰七月，中国"七夕"节又恰逢七月，于是就有了两个"七夕"节。所以按中国传统民俗，这一年自然成了不少新人中意的"结婚年"。再加上丙戌年是狗年，狗年本身就有"旺"的寓意，因此不少新人选在"双春年"、狗年结婚，以求吉利幸福。2006年刚开春，婚庆市场就一片红火，全国到处都是一片喜气洋洋的景象，中国婚庆市场开始过"旺年"。

婚庆是中国最盛大、最热闹、最古老传统的庆贺风俗。新婚之日，新郎、新娘会广邀亲朋好友前来祝贺，民间传统称法叫喝喜酒。随着人们生活水平的提高，婚礼也办得越来越红火，喜庆酒的档次和品位也越来越高，喜酒市场的需求也越来越旺盛。据相关资料显示，喜

酒作为婚宴消费品之一，约占婚宴消费总额的 8% 左右。婚庆用酒这块市场份额大、口碑传播广泛、互动影响较强的"大蛋糕"，越来越受到众多白酒企业的重视。

强化"婚庆第一用酒"概念。金六福酒作为中国"福"文化的代表，其喜庆、吉祥的形象深入人心。2006 年这一婚庆高峰期，在婚庆细分市场越来越白热化的竞争下，金六福酒以一个又一个制胜之招，稳居婚庆市场的领军地位。2006 年 5 月，先以传唱度很高的广西民歌为创意的《对歌篇》，使得"有福酒更吉祥"的概念广为流传。2006 年 10 月，借金六福企业十周年的契机，《十周年婚礼篇》在全国最有影响力的各大媒体广泛传播，十年来，金六福见证了千万对新人的美好姻缘，使"中国人的福酒"的形象再次深刻地印记在消费者心目中。全年两轮大型电视媒体传播，同时配合"结婚喝福酒，一辈子福都有"和"六福呈祥贺新婚"等促销活动的执行，由浅及深，前呼后应，全方位强化了"婚庆第一用酒"概念，广泛传播"我有喜事，金六福酒"的广告语，为品牌创造出既关联又独立的细分形象，帮助金六福在 2006 年两个婚宴高峰期创下良好的增长佳绩。

促销活动，温情预热。金六福企业很早就预见到了 2006 年婚庆集中带来的巨大商机，"结婚年"正是金六福增加销售量、扩大市场份额、继续树立福酒品牌形象的绝佳时机。2006 年春节前后，金六福酒开展了主题为"六福呈祥贺新婚"的促销活动，活动时间为 2006 年 2 月 26 日至 6 月 25 日。只要消费者一次性购买金六福酒活动产品达到 1 999 元，就会赠送价值 999 元"老凤祥"黄金钻饰一对。"老凤祥"创始于 1848 年，距今有 158 年的历史，是我国首饰业最早的中国驰名商标。两家企业同时将新人作为目标消费者，结缘共舞，实现战略合作，成功预热婚庆市场，为五一婚庆高峰的到来创造了良好的产品口碑和旺销氛围。

4 月，为迎接五一结婚旺季，金六福酒再次推出主题"结婚喝福酒，一辈子福都有"的促销活动。4 月 25 日至 5 月 25 日，只要一次性购买金六福活动产品满 660 元，就会得到价值 128 元的"多喜爱双人舒适空调被"一件。这是金六福与"多喜爱"第二次合作，"多喜爱"已经成为中高档婚庆床上用品的第一品牌。在寝饰用品界"多喜爱"代表着卓越时尚设计与精湛工艺。在这次活动中，"多喜爱"与"金六福"都是赋有良好祝愿的载体，品牌名称表达了吉祥、美好的含义，给新人送去长久美满的祝福。

两次促销活动抓住了五一婚宴的黄金旺季，不仅让金六福酒在婚宴用酒市场上热销，实现销售量的大幅增长，而且为新人送去了吉祥的祝福，将"新婚俗"的概念成功地传达给了消费者。就在促销活动广泛进行的同时，金六福针对婚庆的新广告片也在制作之中。这个广告片延续了 2005 年关于喜庆的传播策略，即"我有喜事，金六福酒"，继续深化金六福酒在婚庆市场上的影响力。

我有喜事，金六福酒。金六福酒婚庆广告的创意来自传唱度很高的广西民歌《对歌篇》，以一种新颖独到的视角，传达出"有福酒更吉祥"的主张。整个画面在吉祥欢快的气氛中展开，喜庆的鞭炮声、此起彼伏的对歌声、脍炙人口的广西民歌，将"金六福"三个字的吉祥意味陆续呈现，形成金六福酒之 TVC《我有喜事——对歌篇》：

接新娘呦： 什么不怕火来炼？ 金！
什么当头事事顺？ 六！
什么过年贴门面？ 福！
什么有事更吉祥？ 金六福！

这个广告片在2006年5~9月集中在央视和各省级卫视播出，把喜庆、吉祥的品牌形象诠释得深入人心，"我有喜事，金六福酒"的概念也随着广告歌曲口口相传。在喜庆的时刻、幸福的时刻和需要祝福的时刻，人们都会不由自主地想到金六福酒，更加稳固了金六福婚宴市场的首选酒品牌地位。

企业十周年庆典，沸腾金秋。 2006年，金六福企业迎来十周年庆典。在这样一个值得纪念和庆祝的日子，金六福企业当然不能错过宣传企业，让消费者与企业同乐、同庆的机会。金六福酒专门制作了十周年庆典的广告片，与全国的消费者分享企业十周年的感受和感动。

在电视广告的创意上，契合2006年的婚庆高峰年，金六福酒将企业十周年庆典与"我有喜事"的传播概念相结合，继续从婚庆用酒这一细分市场入手，形成金六福企业之TVC《十周年婚礼篇》，以一种朴实的人文关怀感动受众，将十年来金六福酒见证了千万对新人的美好姻缘数字化地表现出来。

整个传播从2006年10月一直持续到2006年年底，强化金六福酒在婚宴市场上的领导地位和影响力，深化了消费者对"大品牌""婚宴第一用酒"的印象。

在2006婚庆高峰年，金六福酒利用大力度广告传播与婚宴促销活动相结合的方式，成功实现品牌提升，强化了"婚宴第一用酒"的领导品牌形象，抓住年度两个婚宴高峰期，继续扩大了金六福酒在婚宴市场的份额，2006年创造了20%的增长佳绩。

娃哈哈集团市场部部长杨秀玲认为，金六福酒的表现至少说明一点，就是广告定位要精准，并且持之以恒。舶来的威士忌、白兰地、伏特加，以及干红、干白等，以其强势的宣传，特别是利用国人对于洋酒的膜拜心理，获得了极大的市场成功。中国白酒如何守住自己的市场，金六福酒进行了尝试，成效也有目共睹。从某种意义上说，金六福酒的节日促销活动在白酒行业已经形成其个性化的促销方式，其广告表现采用浓郁的民族风格和始终如一的广告定位形成了心理定式。本案沿袭既定广告传播思路，以中国人的婚庆作为品牌故事的载体，成功地将福、喜、年这样被消费者津津乐道的传统文化内容进行了美好的诠释，从而在竞争激烈的白酒品牌中脱颖而出。

（资料来源：http：//www.adcase.org/html/case/pinpailei/2009/0311/1937.html）

第一节　广告定位概述

在信息大爆炸的当今社会，消费者每天都面对大量信息，而能记住的只有其中一小部分。心理分析结果显示，一个消费者最多可以记忆一种产品的七个品牌，并在心理上形成品牌阶梯。所以，企业想让目标受众在浩如烟海的产品中找到企业的产品，购买企业的产品，就必须要有所不同，定位就是想要达到这么一种效果。定位能使某个企业、产品或品牌在现实和潜在消费者心中留下根深蒂固的印象。无论是面对激烈的市场竞争，还是要扎根消费者心中，企业产品如果没有明确的定位，都不可能达成满意的营销传播效果与产品销售业绩。因此，企业广告策划的首要任务就是确定产品在市场上以及在消费者心中的位置。

一、广告定位的概念

广告是用来宣传产品的。在广告宣传中，产品将以什么地位出现，以什么形象出现，广告要突出宣传产品的何种特点，这是关系到产品将给人们留下什么印象的大问题，如果企业对这一点把握不准，再好的产品也难以为目标受众真正认识并接受。由于产品本身包含着许多复杂要素，因而要在广告中准确把握产品形象特色及其地位关系就是一件复杂的事情，需要一番精心策划，即对广告进行"定位"。

定位是现代营销体系的一个核心技术，它主要是解决如何帮助企业产品在目标受众心目中确立与众不同的地位，并且获得在同类产品中更大的竞争优势等问题的一种谋略。所谓定位，就是在对本产品和竞争产品进行深入分析，并对目标受众的需求进行准确判断的基础上，确立产品与众不同的优势及与此相联系的在目标受众心目中的独特地位。广告定位也是现代广告理论和实践中极为重要的观念，是广告主与广告公司根据社会既定群体对某种产品属性的重视程度，把自己的广告产品确定于某一市场位置，使其在特定的时间、地点，对某一阶层的目标消费者出售，以利于与其他厂家产品竞争。

二、广告定位的特征

广告定位的目的就是要在广告信息传播的过程中，为企业和产品创造、培养一定的特色，树立独特的市场形象，从而满足目标消费者的某种需要和偏爱，促使目标消费者选购该产品。企业在进行广告定位时，必须牢记：广告定位并非改变产品本身。若说到改变，确实在改变，只是改变的是名称、价格及包装，实际上对于产品则完全没有改变。所有改变基本上都起着修饰作用，就为在潜在目标受众心中占据有利的地位。成功的广告定位需具备以下特征：

1. 集中于特定目标

广告的目标是使某一品牌、企业或者产品在目标受众心目中获得一个据点，一个认定的区域位置或者占有一席之地。广告应将主要精力集中在一个狭窄的目标上，在目标受众心理上下功夫，在目标受众心目中创造一个心理的位置。

2. 符合消费者期望

人们只愿意看到他们所期望看到的事物，广告要创造消费者内心所期望的产品或服务，使消费者达到一种内在的满足。相反，如果广告宣传的产品或服务与人们的期望不相符，就会使其产生一种严重的失落感，广告宣传的产品可能会陷入困境。

3. 创造出独有位置

企业应当运用广告创造出独有的位置，特别是"第一说法、第一件事情，第一位置"。因为创造第一才能在目标受众心中产生难以忘怀的不易混淆的优势效果。如果问你世界第一峰是哪一个，你可能马上就会回答珠穆朗玛峰，但是若问你世界第二峰，你可能就不知道了。日常生活中就是这样，人们往往对第一记忆尤为深刻，而对第二似乎就不太敏感了。

4. 突出品牌差异性

广告表现出的差异性并不是指产品具体的特殊的功能利益，而是要显示和突出品牌之间的区别。这样的定位一旦建立，无论何时何地，只要目标受众产生了相关的需求，就会自动地想到广告中的这种品牌，该企业的产品或品牌即达到了"先入为主"的效果。

【案例链接】

百事可乐面世后从未停止过广告，但是一直杂乱无章，营销一团糟，直到它确立了"年轻人的可乐"定位，从此一切走上了正轨。可以看到，因为有了"年轻人的可乐"的定位，百事可乐的广告变得井井有条且富有实效。当时从流行天王迈克·杰克逊到瑞奇·马丁（在中国是郭富城和F4），从街头运动到校园音乐会，所有的传播都突出了"年轻人的可乐"的特性。

（资料来源：http：//www.mie168.com/manage/2003-05/78487.htm）

由案例可见，广告定位对于产品销售以及营销策略实施的决定性作用。一款新产品在推出之前，应确立品牌的定位，以使广告有一个明确的、最佳的诉求策略。这里的定位，实际上就是要在顾客心中建立一个能与竞争对手明确区分的差异化的位置，以显示品牌的特性。百事可乐有了明确的品牌定位后，不仅在广告上宣传"新一代的选择"，其他营销策略也配合性地强化广告效果。例如，百事可乐口味偏甜、包装容量较大、价格更便宜等，都适宜于年轻人饮用，全方位增强了广告效果，有利于建立"年轻人的可乐"的定位和整体形象。因此，品牌定位能够使企业所有的营销活动目标更为明确，全部营销投入和品牌推广有了一致方向，这些与广告表现统一起来将形成全面的综合效果，并在持续积累的基础上最终建立起强势品牌。

三、广告定位的作用

1. 正确的广告定位是广告宣传的基准

企业的产品宣传要借助于广告这种形式，但"广告什么"和"向什么人广告"，则是广告决策的首位问题。在现实的企业广告活动中，无论企业有无定位意识或是否愿意，都必须对拟开展的广告活动进行定位，广告定位决定了广告宣传的方向与基调。科学、准确的广告定位对于企业广告战略的实施，具有积极的指导意义，而失误的广告定位必然导致企业利益上的损失。

2. 正确的广告定位有利于巩固产品和企业形象

在企业产品设计开发生产过程中，企业就必须为其产品进行目标市场选择和产品定位，以确定企业生产经营的方向，企业形象定位又是企业根据自身客观实际开展的企业经营意识、企业行为表现和企业外观特征的综合，在客观上能够促进企业产品的销售。无论是产品定位还是企业形象定位，无疑都要借助于正确的广告定位加以巩固、促进和传播。

【案例链接】

中国有30%以上的成人患有不同程度的脚癣，且多数人采用药物治疗。针对这一市场需求，1990年西安杨森制药有限公司（以下简称"西安杨森"）推出"达克宁"抗真菌药膏，在不到一年的时间内，该药销售量和销售额都居全国首位。西安杨森以企业形象树立品牌的广告策略，使达克宁首战告捷。然而，1992年下半年市场出现变化，中草药制剂"脚癣一次净"以治疗脚气无效退款的承诺刺激购买，很快成为达克宁的强劲竞争对手。西安杨森自然不甘示弱，多方谋求对策。在广告策划中公司认识到，在进攻性市场竞争面前，达克宁应拿出自己鲜明的再定位策略来克敌制胜。市场调查结果表明：脚癣很难根除，脚癣一次净虽有明显疗效，但只能扼制脚癣，使其暂缓发作，一旦不备就有可能反复，而患者最需要的是一种可以根治脚癣的药。"达克宁"抗菌药能够治本，恰恰符合患者的需求。于是，诞生了一种既简单又奏效的再定位广告策略。电视广告创意以斩草除根的画面，结合广告语"杀菌治脚气，请用达克宁"，强烈的广告表现完成了整体诉求，进一步巩固达克宁的产品和企业形象。这条广告于1993年在10个省市电视台播放，1994年又连续播了30周。此间，脚癣一次净也同时持续登场，形成二虎争食的态势。经过一场广告大战，终于在四年的预定期内出现了戏剧性的转变，达克宁的再定位广告力挽狂澜，又将该药推上市场领导者的宝座。

（资料来源：范云峰，王珏. 营销广告策划［M］. 北京：中国经济出版社，2004）

3. 正确的广告定位以有效说服目标受众为前提

一个消费者需要的产品能否真正引起其购买行为的出现，首先就要看广告定位是否准确，否则，即使是符合消费者需求的商品，但由于广告定位不准，也会失去促销的作用，使许多真正的目标对象错过购买企业产品的机会。企业产品或品牌的广告定位中所体现出来的企业精神、品牌文化、服务水准等，也是消费者购买决策的主要考虑依据，优良的企业形象定位必然使消费者对产品产生"信得过"的购买信心与动力，促进产品销售。

【案例链接】

传说古时一条街巷上有三个饭店，为了吸引更多的消费者来店就餐，有一家饭店就扯出条幅广告说自己是"全国最好的饭店"，第二个饭店见状，也不甘示弱，打出"本地区最好的饭店"。第三个饭店看到两个同行先后打出争夺消费者的广告，决定也来凑个热闹。店主觉得两个同行的饭菜质量做得虽然还不错，并且都比较自信，但是广告宣传过于夸张，反而导致很多消费者很难相信。于是，店主推出自己的广告"本街最好的饭店"，以一个诚实、可信的印象定位于消费者心中，从而博得了消费者的信任与惠顾。

（资料来源：范云峰，纪然，等. 如何运用广告与客户沟通［J］. 中国质量与品牌，2005）

4. 正确的广告定位有利于产品识别

在现代营销市场中，生产和销售某类产品的企业很多，造成某类产品的品牌多种多样，广告主在广告定位中所突出的是自己品牌的与众不同，使消费者认牌选购。消费者购买行为产生之前，需要此类产品的信息，更需要不同品牌的同类产品信息，广告定位告诉消费者"同类产品的有用性"，更告诉消费者"本品牌产品的与众不同属性"，进而有利于实现产品识别。

【案例链接】

某洗衣粉在河南市场初上市时，召开了全省经销商会议，负责广告策划案审定的专家问该洗衣粉公司老总及其代理广告公司："此产品的特点是什么？"答曰："此产品无磷且其价格是无磷洗衣粉中较为便宜的。"然而据专家分析，该洗衣粉虽在无磷洗衣粉中价格相对低廉，但仍比正常洗衣粉昂贵。而且无磷洗衣粉的特点是不起沫，而我国消费者（尤其是县城、农村消费者）对于无磷问题并不十分关注，反而对起沫的洗衣粉感觉更好。因此，企业必须进一步挖掘其同类产品所没有或尚未宣传过的特点。经过反复的市场调查及对产品功能的研究，在产品功能定位于"洁白、去污"的基础上，突出该洗衣粉的"杀菌"功能，广告语为"杀去内衣上的细菌"。实际上，任何洗衣粉都有"杀菌"功能，但专家认为，最重要的是其他厂家从没有这样说过，因此可以抓住这个细节大力宣传，果然不同凡响。它给人一种其他品牌的洗衣粉达不到杀菌效果的错觉。

（资料来源：http：//www.chinacpx.com/zixun/46676.html）

5. 正确的广告定位是广告效果评价的基础

广告策划活动中，广告表现必须以广告定位为基础、目标与导向，进行广告视听觉展现，体现出广告表现服务于广告定位的思维逻辑。对广告进行评价，实际上是对广告表现及其产生的社会效果的评价，广告表现又是以广告定位为核心展开的。可见，对广告表现进行评价归根结底也是对广告定位的评价。评价广告，首先要依据广告是否表现出准确的广告定位思想，是否比较准确地表现出广告定位的主题，而不能单纯围绕广告表现形式大发议论。

第二节 广告定位理论

一、USP 阶段（20 世纪 50 年代左右）

USP，即独特的销售主张（Unique Selling Proposition，USP），是 20 世纪 50 年代由美国的特德·贝茨广告公司（Ted Bates Worldwide）的罗瑟·瑞夫斯提出来的。他主张广告要把注意力集中于商品的特点及消费者利益之上，强调在广告中要注意商品之间的差异，并选择好消费者最容易接受的特点作为广告主题。

由于第二次世界大战后西方资本主义国家经济的飞速发展，新商品层出不穷，品牌竞争日益激烈。随着市场格局从卖方市场转向买方市场，消费者在众多商品之间有了更多的选择权。此时，单靠一般化、模式化的广告创意和表现已不能引起受众的注意和兴趣，必须在商品中寻找并在广告中陈述商品的独特之处。罗瑟·瑞夫斯作为特德·贝茨广告公司的一名撰文员，他在《广告实效奥秘》一书中概述了该广告公司进行广告创意、发展广告信息的策略，并称其为"独特的销售主张"。他认为，只有当广告指出商品的独特之处时才能行之有效，即应在传达内容时发现和发展自己的独特销售主题，并通过足量的重复将其传递给受众。因此，这一新的广告创意策略一经问世便立即在广告界引起强烈响应，并在 20 世纪 50 ~ 60 年代得到普遍推广。

【案例链接】

1954 年，M&M 糖果公司总经理约翰·麦克纳马拉来到罗瑟·瑞夫斯的办公室，他认为自己的广告不成功，需要瑞夫斯为其提供一个能够为消费者接受的创意。双方经过 10 分钟的谈话后，瑞夫斯自认为已找出了客户需要的构想。麦式巧克力是当时美国唯一用糖衣包着的巧克力糖果，基于这一点，瑞夫斯说，剩下的难题就是广告创作人员如何利用这一构想并把它放入广告中。于是，就出现如下的创意：有两只手出现在银幕上，并且说"哪一只手里有麦式巧克力？不是这只脏手，而是这只手。因为麦式巧克力'只溶于口，不溶于手'。"这是罗瑟·瑞夫斯最著名的 USP 之一。

（资料来源：http://wenku.baidu.com/view/619fef0b76c66137ee061975.html）

罗瑟·瑞夫斯认为，广告活动的成功必须依靠商品的 USP，而且一旦 USP 确定，就应该不断地在各个广告中提到这一主张并贯穿于整个广告活动。这主要包含三部分内容：第一，每则广告都必须向消费者提出一个销售主张——产品效用，即每一则广告都要对消费者提出一个说辞，给予消费者一个明确的利益承诺；第二，该主张必须是独特的、唯一的，是其他同类竞争产品不具有或没有宣传过的说辞；第三，该主张必须具有很强的说服力，有利于促进销售,足以吸引广大消费者前去购买。

二、品牌形象阶段（20世纪50—60年代）

从20世纪50年代以来,西方经济发达国家的生产得到迅速发展,新产品不断涌现,同类产品的市场竞争十分激烈。许多广告人通过各种广告宣传和促销手段,不断为企业提高声誉,打造知名品牌,使消费者根据企业的名声与印象来选择商品。这一时期,涌现出一大批以树立品牌形象为核心的广告,在一定程度上推动了企业营销活动的开展。品牌形象理论即是在这一背景下产生的,由美国广告大师大卫·奥格威于20世纪60年代提出。他认为,任何产品的品牌形象都可以通过广告建立起来。品牌形象并不是产品固有的,而是消费者联系产品的质量、价格、历史等,在外在因素的诱导、辅助下综合形成的。

基于这种观点,奥格威提出,广告宣传的重点不再是产品的功效、性能等内容,而是通过体现消费者在使用产品时的气质、风度及强烈的生活氛围,给人以心理的震撼和冲击,从而打动消费者。其基本要点包括：一是塑造品牌服务是广告最主要的目标。广告就是要力图使品牌具有并且维持一个高知名度的品牌形象。二是任何一个广告都是对品牌的长期投资。从长远的观点来看,广告必须尽力维护一个好的品牌形象,而不惜牺牲追求短期效益的诉求重点。三是随着同类产品的差异性减小,品牌之间的同质性增大,消费者选择品牌时所运用的理性决策越少,因而塑造品牌形象比强调产品具体功能特征更加重要。四是消费者购买产品时追求的是"实质利益＋心理利益"的综合绩效。

对某些消费群来说,广告尤其应该重视运用品牌形象来满足其心理需求。奥格威曾说过：绝大部分厂商不接受他们的品牌形象有一定局限性的事实,他们希望其品牌对每个人都适用,最终反而失去了其应有的个性,成了一种不伦不类或者普通的东西。品牌是产品特性的无形集合,包括产品名称、包装、价格、历史、声誉以及方式。奥格威认为,要给每个广告一种与之相称的风格,创造出其正常的个性特色,这才是最伟大的广告成功的奥秘所在。

三、广告定位阶段（20世纪70—80年代）

20世纪70年代,随着竞争的加剧,产品同质化现象日益严重。此时整个市场的表现是,媒体过度宣传,传播的产品信息充斥各个角落,但是,消费者可以接收到的有用信息却越来越少。在这一背景下,1972年,美国著名营销专家艾尔·里斯与杰克·特劳特在《广告时代》杂志上发表了《定位新纪元》一文,提出了广告定位理论。1996年,他们整理25年来的工作经验,写出了《新定位》一书,虽然更加符合时代要求,但其核心思想仍源自于他们于1972年提出的定位论。

到底什么是定位呢？艾尔·里斯和杰克·特劳特认为,定位从产品开始,但定位并不是要企业对产品做什么事,而是企业对未来潜在顾客的心智所下的功夫,即要突破过多传播的屏障,使产品和品牌信息在受众的心中找到一个位置。广告已进入一个以定位策略为主的时代,发明或发现了不起的事物并不够,而要将进入潜在顾客的心智作为首要目标。广告定位理论的核心即为处于竞争中的产品和品牌树立便于记忆、新颖别致的标志,使产品在消费者心目中占据特定的位置。广告定位应遵循以下原则：

1. 有效沟通

切实有效的沟通对于准确把握消费者心理,进而实现成功的广告定位具有重要意义。研究发现，影响传播沟通的消费者心理可以概括为五大思考模式，即信息传播进入消费者心灵的五道屏障及突破方法：

（1）消费者只能接受有限的信息。突破方法：使传播的信息成为消费者的关心点。

（2）消费者喜简烦杂。突破方法：使用尽量简化的信息。

（3）消费者缺乏安全感而跟随。突破方法：利用市场调研和消费者资料，加强消费者安全感。

（4）消费者对品牌印象不会轻易改变。突破方法：用消费者的思考模式来进行启发和刺激。

（5）原有定位很有可能因品牌延伸而模糊。突破方法：制定有效的品牌延伸法则。

2. 产品分析

产品信息在广告宣传的过程中经历三个阶段：一是自然信息，指尚未经过广告化处理、处于自然状态的产品。它是广告策划的研究对象。二是广告信息，指经过广告策划后重新塑造出的产品形象。它不完全等同于自然状态下的产品，而是经过广告化处理和广告策划的结果。三是接受信息，指经过广告宣传后在社会消费者头脑中感知而存在的产品形象。它不一定是产品的自然形象或广告力图塑造的形象，而是消费者结合自身经验感受而形成的产品印象。广告定位就是寻找市场空隙，探索消费者头脑中未被其他品牌产品占据的产品利益点。因此，审慎地分析产品，掌握消费者心智，有助于进行准确的广告定位。一般来说，企业对产品的分析越具体、越透彻，就越容易找到产品的卖点，广告定位就越准确。

【案例链接】

江苏盖天力公司生产的"白加黑"在感冒药市场的激烈竞争中脱颖而出，就是在掌握了感冒药产品同质性强、容易引发困倦甚至影响白天正常工作等特征的基础上，以其黑、白分开，确定了干脆简练的广告口号"治疗感冒，黑白分明"，所有广告的核心信息是"白天服白片，不瞌睡；晚上服黑片，睡得香。"产品名称和广告都在清晰地传达定位概念。仅用了不到一年的时间，就赢得了15%的份额，究其原因，其成功之处就在于挖掘出一种新型的治疗感冒的产品概念，准确地选择了自己的定位，在国内属首创，在人们心中占据了第一的重要位置。

（资料来源：http://wenku.baidu.com/view/1b69112c7375a417866f8f64.html）

3. 明确一个利益点

从定位的角度来看，广告只有一个利益点在消费者心中最清晰、最有效。现实中许多产品的广告定位片面追求大而全，想在有限的空间内塞进所有的利益点，结果适得其反。广告之父大卫·奥格威一直强调广告要谨守单一诉求的原则。广告定位是一个点，而不是一个面，什么都要说就等于什么都没有说。成功的广告总是只向消费者承诺一个利益点，因为消费者从一个广告里只能记住一个强烈的概念。

通过定位将焦点集中在一个简单的名词或概念上，使自己的品牌在潜在顾客的头脑中拥有一个独特的概念以及无法被其他品牌取代的位置，这是市场营销中最强有力的战略之一。有时为了聚焦于某一点，甚至可以在其他方面做出一定的牺牲，即放弃某些利益或市场。例如，沃尔沃（Volvo）定位于安全、耐用，它就放弃了对外观、速度、性能等利益的诉求。可见，广告定位应将重点集中在一个狭窄的目标上，这样在传播中才可能不被其他信息所淹没。

4. 抢先占位

定位理论完全以消费者的心智为起点，从消费者出发，强调通过在消费者的心理上实现差异化，建立品牌的独特个性，使品牌、产品或企业在目标顾客的头脑中占据有利的位置。这样的定位一旦建立，无论何时何地，只要消费者产生了相关的需求，就会首先想到广告中的这一品牌、产品或企业，取得了"先入为主"的广告效果。例如，IBM 没有发明计算机，计算机是兰德公司发明的，然而 IBM 是第一个在消费者心目中建立计算机位置的公司。米克劳（Miche Lob）啤酒定位于美国最高价啤酒，宣称"第一等啤酒是米克劳"。它不是美国国内第一个高价位啤酒，但在喝啤酒人士心智中第一个占据了该位置。因而 IBM 和米克劳都取得了巨大成功。

利用"第一说法、第一事件、第一位置"等为广告创造出独有的位置。因为创造第一，才能在消费者心中形成难以忘怀的、不易混淆的优势效果。从心理学的角度来看，人们容易记住位居第一的事物。艾尔·里斯和杰克·特劳特指出，如果市场上已有一种强有力的头号品牌，创造"第一"的方法就是找出公司的品牌在其他方面可以成为"第一"的优势。也就是说，要在消费者头脑中探求一个还没有被其他人占领的空白领地。

四、系统形象广告定位阶段（20 世纪 80—90 年代）

系统形象广告定位，最初产生于美国 20 世纪 50 年代中期，发展于 20 世纪 60—70 年代，成熟于 20 世纪 80—90 年代。20 世纪 90 年代后，世界经济日益突破地区界限，发展成为全球化的经济体系。企业之间的竞争从局部的产品竞争、价格竞争、信息竞争、意识竞争等发展到企业的整体形象竞争，原来的广告定位思想，进而发展为系统形象广告定位。

系统形象广告定位思想，变革了产品形象和企业形象定位的局部性和主观性的特点，也改变了 20 世纪 70—80 年代广告定位的不统一性、零散性、随机性，更多地从完整性、本质性、优异性的角度明确广告定位。这种广告形态不但在欧美，而且在亚洲都产生了划时代的影响。当代世界上著名的企业，其经营管理过程中已经在系统形象广告领域做了大量工作，促进了企业经济效益和社会效益的大幅度提高。

【案例链接】

太阳神集团是我国最早进行系统形象广告定位的企业之一。太阳神集团原名广东省东莞黄江保健品厂，20 世纪 80 年代产值仅 520 万元。1988 年，在总经理怀汉新先生的倡导下，公司开展了系统形象广告定位，将企业名称更改为太阳神集团，并设计了公司的徽标；随后耗资 80 万元人民币在沙漠拍摄的企业形象广告，以"我们的爱天长地久"为主题，魁梧、壮硕的男人形象及雄浑、粗犷的男高音与天地浑然合一的画面，既给人一种心灵的震撼，又让人能接受太阳神集团的一片爱心。太阳神集团进行系统形象广告定位以后，经营业绩扶摇直上，1990 年产值上升到 4 000 万元，1991 年攀升到 8 亿元，1992 年达 12 亿元。太阳神集团的发展和扩张，是从系统形象广告定位开始的，也可以说成功的系统形象广告定位推动了太阳神集团的飞速发展。

太阳神集团作为系统形象广告定位的成功典范，其创意在于希望通过更理性的设计手法，形成企业、商标、产品形象三位一体的整体形象战略，强化企业文化意识与凝聚力，利于导向高层次、多功能、国际化、商品化、系列化、标准化、集团式的全方位发展战略，便于企业从内部管理到外部经营形成良性发展前提。太阳神的商标设计意念，将唤起企业高度的社会责任感，更要求企业以健康和较深的经营内涵为其增辉。

20世纪90年代初，我国一大批企业在太阳神集团成功进行系统形象广告定位的鼓舞下，先后实施了系统企业形象广告定位策略并取得了同样的成功。如健力宝集团、三九集团、好来西服装公司、娃哈哈集团、红豆集团、杉杉集团等一大批企业争先恐后地开展系统形象广告定位，使20世纪90年代的中华大地形成一道绚丽多彩的风景线。

（资料来源：http://www.nkan.com.cn/Info/View.Asp?id=7733）

第三节 广告定位方法

根据产品的特性、市场占有率、竞争激烈程度等因素的不同，广告定位情况也有所不同，而且由于现今市场上产品品种繁多，门类庞杂，因此企业在实施具体产品或品牌的广告定位时，可以从不同方向入手，以找到合适的切入点。按照不同标准和视角进行划分，将广告定位方法分为产品定位、观念定位、竞争定位、形象定位等类型。

一、产品定位

产品定位是广告定位的基础，也称为实体定位，就是在广告宣传中突出产品的新价值，强调本品牌产品与同类产品的不同之处以及能够给消费者带来的更大利益。产品定位主要强调其实体上的差异性，如高科技含量、先进的设备、精湛的工艺等，突出产品的品质、价值、功效、服务等方面的特点，可以强调其独一无二、不可为其他同类产品所替代的特性。产品定位要最大限度地挖掘产品自身的特点，把最能代表该产品的特性、性格、品质、内涵等个性作为广告宣传点，通过突出自身优势，树立品牌独特鲜明的形象，来赢得市场和企业发展。企业可以从产品的市场定位、品质定位、价格定位、功效定位、服务定位等方面入手。

1. 市场定位

市场定位是市场细分策略在广告策划中的具体运用，将产品定位在最有利的市场位置上，并把它作为广告宣传的主题。任何企业，无论其规模如何，它都不能同时满足所有消费者的所有需求，而只能为自己的产品销售选定一个或几个特定的目标市场，为自己的产品选择某个范围内的特定消费者，这就是市场定位。广告在进行市场定位时，要根据市场细分的结果，确定自己的定位对象区域。只有向市场细分后的产品所针对的特定目标对象进行广告宣传，才可能取得良好的广告效果。典型的市场定位广告如："大宝SOD蜜——天天见"针对大众消费阶层，"金利来——男人的世界"针对成功男士，"儿童用的百服宁"将目标瞄向了儿童，一曲"喝了娃哈哈，吃饭就是香"即定位于儿童营养液，这些都是市场定位策略的成功典范。

【案例链接】

"万宝路"这个品牌的成功也归功于其成功的市场定位。最初的广告市场定位是女性消费者，宣传主题是"像五月的天空一样温和"，但销售量不佳。其原因是定位过于狭窄，把广大男性烟民排除在外，不利于品牌发展壮大。后来其定位做出重大变化，定位在硬铮铮的男子汉，强调万宝路的男子气概，以吸引所有爱好追求这种气概的顾客，并用马车夫、潜水员、农夫等做具有男子汉气概的广告男主角，一跃成为全美第10大香烟品牌。可见，广告定位正确与否直接影响到产品的市场效应和未来发展，成功的定位策略对整个品牌有着起死回生的作用。

（资料来源：http：//www.4aad.com/Html/Article/study/Theory/071212_8.html）

2. 品质定位

品质定位也称质量定位，是指在广告宣传中，通过强调产品的性能（耐用性、可靠性、外观性、经济性等使用价值的指标）而对产品进行定位的广告策略。在现实生活中，广大消费者非常注重产品的内在品质，因此，产品品质是否卓越直接决定了产品能否拥有一个稳定的消费群体。这种策略在具体实施中应注意产品的品质要确实过硬，看得见摸得着，广告不能浮夸，不能空泛，要用生动形象化的语言，强调产品具有优于其他同类产品的优异品质。例如，雀巢咖啡的"味道好极了"，蒙牛高钙奶宣扬"好钙源自好奶"，创维彩电强调"专业制造，国际品质"，乐百氏纯净水的"二十七层净化"，麦斯威尔咖啡的"滴滴香浓，意犹未尽"等，都使用了产品品质定位策略，让消费者记忆深刻，取得了良好的广告效果。

【案例链接】

农夫山泉的水源地广告，用时三分十六秒，运用大量的数据资料阐明农夫山泉四个水源地——千岛湖、靖宇、丹江口和万绿湖的优良环境，来证明农夫山泉的定位就是高品质瓶装水，并将这一定位延续至今，成为国内最具竞争力的瓶装水品牌。

具体广告文案如下：优质水源是瓶装饮用水的生命，农夫山泉完全采取不同于其他为节约成本而在中心城市建厂与城市自来水相争的策略，寻找和占据的都是山林茂密的国家级珍贵水源。浙江千岛湖，面积580km²，森林覆盖率达94.7%，空气质量指数一级，这里水质天然清纯，属国家一级水资源保护区，千岛湖集雨期内无工业污染，是我国最好的天然饮用水资源之一；吉林靖宇，位于长白山腹地，周围10km²内无人居住，森林覆盖率达90%以上，是第四纪冰川地带，漫长的地质年代，独特的地质构造，丰沛的森林降雨，是中国最好的天然矿泉水水源之一，也是世界三大矿泉城之一；湖北丹江口，位于秦岭大巴山流域，有"中国水都"之称，丹江口水库是举世瞩目的南水北调中线工程调水源头，属国家一级水资源保护区，亚洲第一大人工淡水湖，水域面积745km²，具有立体生态系统特征；广东万绿湖，是华南地区最大的国家级森林公园，水域面积370km²，平均深度30m，绿化率达到98%，空气质量达到国家一级标准，建库40多年来，水质一直保持在国家地表水一类标准，可直接饮用，万绿湖的水通过东深供水工程供往香港。与优质水源相媲美的是农夫山泉采用国际先进的生产线，全部采用世界一流制造商KRONES、SIDEL、SIG、NETSTAL、HUSKY等全自动生产设备，充分保证每一瓶水的高质量，农夫山泉有点甜，好水喝出健康来。

（资料来源：https：//v.youku.com/v_show/id_XMjY2NjQ4OTE2.html？refer=seo_operation.liuxiao.liux_00003308_3000_YvmIba_19042900）

3. 价格定位

价格定位是指产品的品质、性能、造型等方面与同类产品相似，没有什么特殊的地方可以吸引消费者，出现了高度的"同质化"，在这种情况下，企业将产品价格定位于一个适当的范围或位置上，以使该品牌产品的价格与同类产品价格相比更具有竞争实力，吸引更多消费者，挖掘出更多的潜在顾客，从而有效地击败竞争对手，在市场上占领更多的市场份额。

一般而言，消费者最为敏感的就是价格，所以运用价格定位往往能迅速引起消费者的反应。目前市场上普遍采用的价格定位有四种：高质高价、高质低价、低质高价、低质低价。就消费者心理而言，性价比是消费者对商品选择的最基本评价方式，所以通常所谓物美价廉，即高质低价是最受欢迎的。实际中，这种定位往往表现宣传产品的价廉物美和物有所值。阿尔法计算机公司："除了价格，我们的计算机在各方面都是第一流的。"即是宣扬产品物美价廉的价格定位法。戴尔计算机采用直销模式，降低了成本，并将降低的成本让渡给顾客，因而它总是强调"物超所值，实惠之选"；雕牌用"只选对的，不买贵的"暗示雕牌的实惠价格；日本松下电器公司生产的 SL-30 录像机的广告语是"用购买玩具的钱买一台高级录像机"，通过对比强调其性价比高；奥克斯空调告诉消费者"让你付出更少，得到更多"，都是既考虑了质量又考虑了价格的定位策略。

【案例链接】

百事可乐针对可口可乐瓶形固定、容量少、几十年一贯制的弱点，改用比其容量大的瓶子，却以与可口可乐相同的价格出售。这样，百事可乐就成功夺走了可口可乐在美国劳动大众中的相当一部分市场。在这场价格大战中，百事可乐的广告旁白是："同样是5分钱，原来只可买 6.5oz① 一瓶的可口可乐，而现在却可买到 12oz 一瓶的百事可乐。"辅以"一样代价，双重享受"的广告语，这个价格定位策略运用电视广告予以表现。

（资料来源：http://www.doc88.com/p-584398230138.html）

4. 功效定位

功效定位是指在广告宣传中，突出产品的功效，使该产品在同类产品中有明显的区别以增强其竞争力。这种广告定位策略以同类产品定位为基点，选择有别于同类产品的优异性能为宣传重点。例如，飘柔的广告定位是"洗发护发，双效合一"；海飞丝的广告定位是"止头痒，去头皮屑"；潘婷的广告定位是"从发根到发梢营养头发"。药物牙膏，有的突出防治牙疼的功效，有的突出防治牙周炎，有的突出防治牙龈出血。不同的功效定位，满足了不同需求的消费者，因而赢得了消费市场。

【案例链接】

世界上有三大手表生产国家和地区，其中，我国香港地区生产的手表从原来落后于瑞士、日本到后来一跃而上成为三强之首，这其中的奥秘何在呢？原来，香港是一个以金融为中心的地区，它所生产的手表无论从质量、技术还是工艺方面都无法与瑞士的"劳力士""雷达"，日本的"西铁城""双狮"表相比。但香港的手表制造商经过仔细研究手表市场，发现瑞士、日本的手表虽好，功能却比较单一。香港的手表若想打入市场与瑞士、日本的手表分庭抗礼，非得另辟蹊径不可。针对瑞士、日本手表的单一功能定位，香港的手表制造商推出了多功能定位的手表。他们设计制作了时装表、运动表、笔表、链坠表、情侣表、儿童表、计算表、打火表、时差表、报警表、里程表等。香港表以其多功能畅销全世界，获得空前成功。

（资料来源：李景东. 现代广告学 [M]. 广州：中山大学出版社，2010）

---

① 1oz = 28.35g。

5. 服务定位

服务定位旨在强调企业及产品的服务措施和服务保证，以解除消费者的后顾之忧。服务定位有两种理解：第一种是对有形的实体产品而言，从产品性能与品质延伸到服务的领域，通过强调产品售前、售中、售后服务措施的完善，降低消费者购买风险，增强其购买信心的一种定位；第二种是对服务行业来讲，因为并无实体形态的产品，因此服务就是它们的无形"产品"，而服务定位就是服务行业的"产品定位"。

【案例链接】

上海大众广告采用了服务定位策略，整则广告展现的是一副象棋的棋盘，中间是"汉界"和"楚河"，两头两部汽车，中间还有一根直线上写着一行黑体字："上海大众乌鲁木齐维修站和上海大众的直线距离长达3 300km，但是服务水平丝毫没有差距。"上海大众把广告的诉求内容集中在热情、高效、优质的服务质量上，而不是在宣传产品名字与其他优点，不但进一步加深了消费者对上海大众产品质量的信赖，而且使企业产品及识别标志有了更丰富的内容，提高和扩大了企业的知名度和美誉度。

（资料来源：http://www.chinaadren.com/html/file/2005-3-4/2005342341543342.html）

二、观念定位

观念定位是指在广告中突出宣传品牌产品新的意义和新的价值取向，以此改变消费者的心理习惯，树立新的产品观念，引导市场消费的变化或发展趋向的一种广告定位策略。这种观念既要符合产品特性，同时又要迎合消费者的心理，这样才能突出自身优势，从而在更高层次上打败对手。这里融入更多的是一种思想、道德、情感和观念等。观念定位在具体应用上分为逆向定位和是非定位两种。

1. 逆向定位

逆向定位主要是针对现代人所持有的逆反心理思维而采用的一种广告定位策略。逆反心理是公众在外界信息刺激下，有意识地摆脱习惯思维的轨迹，而向相反的思维方式进行搜索的一种心理取向。在这种心理状况的支配下，禁止得越多，公众越是想冲破戒律，偷吃"禁果"。这就是所谓的"禁果效应"。在营销广告策划中，根据公众心理的禁果效应，可以策划正话反说的宣传作品，通过"禁止"来刺激公众的消费欲望，有时比正面宣传更加有效。

【案例链接】

香港有一家酒吧的主人，在酒吧门口放着一个巨型的酒桶，外面写着"不准偷看"四个醒目的大字，许多过往行人感到十分好奇，偏偏要看个究竟。人们一接近酒桶，便闻到了一股芳香清醇的酒味，还可以看到桶底酒中隐现的"本店美酒与众不同，请君品味享用"的广告字样。这个实例告诉我们，进行逆向广告定位的关键在于巧妙地引发公众的好奇心，并引导公众采取广告主所期待的购买行为。好奇心是广告逆反心理定位策划的契机。

（资料来源：http://mkt.icxo.com/htmlnews/2006/11/03/963694_2.htm）

产品不仅有正价值，而且还会产生一定的负价值，这会给消费者带来不利或者不便。例如，食物美味可口但可能会使人发胖，美酒好喝但可能会伤身体，高档商品气派有面子但却费钱，洗涤品可以洁物但可能对衣物或人体有害，化妆品助人俏美但也可能会导致皮肤受损。总之，产品的负价值会造成消费者的动机矛盾，影响消费者对产品的接受。广告可以利用或避开这些负价值，或恰如其分地给予解释，这也是逆向广告定位的一种具体应用策略。例如，美国雷布黑啤酒广告宣传"有好口味，但不会有大腰围"；绅士牌过滤嘴香烟广告声明"不戒香烟，只戒油烟"；厨房清洁剂广告宣传"除了脏物之外，它不会伤害任何东西"；洗涤剂广告声明"对油污毫不留情，对你的双手却爱护备至"。有时，产品的不足之处——产品的负价值，如果反过来利用，也可能是一个很好的逆向定位策略。

【案例链接】

杨格是美国新墨西哥州高原地区的一个苹果园的园主，他每年都将苹果装箱发往各地。他登的广告与众不同："如果你对收到的苹果有不满之处，请函告本人。苹果不必退还，货款照退不误。"他的广告每年都招来大批买主，而高原地区的苹果风味俱佳，顾客都很满意，所以从未有人提出退款的要求。可是有一年，一场特大的冰雹袭击了果园，把结满枝头的大红苹果打得遍体鳞伤。杨格看着斑痕累累的苹果，一筹莫展。他随手拿起一个苹果吃了起来，苹果清香扑鼻，汁浓爽口，就是样子实在不好看。一天夜里，一个绝妙的主意使他兴奋地从床上跳起来，他决定马上把苹果发运出去。当买主收到杨格发来的苹果时，开箱一看，里面有一张纸片，上面写着："这批货个个带伤，但请看好，这是冰雹打出的疤痕，是高原地区出产苹果的特有标记。这种苹果果紧肉实，具有真正果糖味道。"买主半信半疑地咬了一口这满是疤痕的苹果，果然味道鲜美。苹果疤痕，按一般的理解，是苹果的缺陷，会给人不完美、不舒服的感觉。但杨格却从另一个角度来认识这一问题，把它解释为"高原苹果的特有标记"，淡化了缺陷感，使得苹果更有特色。

（资料来源：方婕. 高原苹果 [J]. 合作经济与科技，2005（16））

2. 是非定位

是非定位是指当本产品在自己所属的某一类别中难以打开市场时，利用广告宣传使产品概念"跳出"这一类别的定位方法。打破既定思维模式下的观念体系，创立一种超乎传统理解的新观念，借以在竞争中占有新的位置。在开发或上市一种新产品时，如果告诉潜在顾客此产品"不是什么"，胜过告诉他"它是什么"。正如当第一辆汽车问世时，当时称之为"不用马的马车"，这一名称使社会公众把新观念的位置与当时存在的运输形式相联系，取得了良好的效果。此外，七喜饮料也是是非定位的典范。

【案例链接】

在美国清凉饮料市场中，可口可乐和百事可乐在人们心目中已占有重要位置，其他品牌无插足余地。在充分了解这一现状并敏锐地洞察到消费者心中对可乐中含有咖啡因而萌发微小不安时，七喜公司创造了出色的定位构思：七喜，非可乐，因为不含咖啡因。它在宣传中把饮料市场区分为可乐型和非可乐型两类，七喜汽水属于非可乐型饮料。七喜公司把七喜汽水与可乐进行反衬，树立自身的大反差位置，使七喜汽水成为可乐类以外的另一种选择，从而确定了七喜在饮料市场上的地位和形象，销售量逐渐上升为处于可口可乐和百事可乐之后的第三位，抢占了可乐类饮料的市场。

（资料来源：http://wenku.baidu.com/view/92d95b1efad6195f312ba634.html）

三、竞争定位

竞争定位是从企业所处的行业竞争地位视角出发对企业及其产品或品牌进行广告定位的方法。企业的竞争地位不同，适用的竞争定位方法也不同。例如，处于市场领导者地位的大企业，由于其实力强，占据先机和主动地位，适用于抢先定位或挑战定位方法；而实力较弱的中小企业或市场新进入者，则应以比附定位、补隙定位或集团定位方法为主。

1. 抢先定位

抢先定位是指企业在进行广告定位时，力争使自己的产品品牌第一个进入消费者的心目中，抢占市场第一的位置。经验证明，最先进入人们心目中的品牌，平均比第二的品牌在长期市场占有率方面要高很多，而且此种关系是不易改变的。一般来说，第一个进入消费者心中的品牌，都是难以被驱逐出去的。

典型例子如可口可乐的广告"只有可口可乐，才是真正的可乐"，仿佛可口可乐是衡量其他一切可乐的标准。相比之下，其他任何一种可乐类饮料都是模仿"真正的可乐"。又如，"皮尔卡丹"在法国名牌服装中只能排在中间的位置，但是它在中国大陆被认为是法国最有名的服装品牌之一，拥有广泛的品牌忠诚者。因为它是改革开放后第一个进入中国的法国服装品牌。还有国外很多知名品牌，如复印的施乐（Xerox）、租车行业的赫兹（Hertz）、可乐中的可口可乐（Cocacola）、电气中的通用电气（General Electric）、轮胎中的固特异（Goodyear）、打火机中的芝宝（Zippo）、快餐中的麦当劳（McDonald's）、计算机中的IBM等，都是抢先定位的成功案例。

国内企业如双汇强调"开创中国肉类第一品牌"；雅戈尔宣称是"衬衫专家"；九牧王宣称是"西裤专家"等。这些都是抢先定位广告策略的成功运用，致使其他竞争品牌不能采用相同定位。

企业进行抢先定位，还应不断地加强产品在消费者心目中的印象，以确保市场领导者的地位。因此，企业需采用以下策略：①不断加强最初宣传的产品概念，并保持长期的统一性、连贯性。②投入精力注重于每一种新产品的开发与发展。企业应紧密关注同行业的每一个创新与发现，并比其他企业更早采用它们，以防止其他企业提早采用而带来突然袭击。③打造优势产品。企业在市场上的竞争力源自产品和品牌，因此打造具有较高技术含量和竞争优势的产品，是企业保持和提升其优势地位的根本。④坚持多品牌策略。多数市场领导者都有多个品牌，这样做既能降低企业经营风险，又能有效压制竞争品牌，提高市场占有率，而多品牌策略的关键则在于各品牌定位的单一性。

【案例链接】

宝洁公司采用的是典型的多品牌策略。由于认识到移动或改变一个产品品牌在消费者心目中已经确立的位置是非常困难的事情，因此宝洁公司的每一个品牌都在其潜在顾客心智中安置了独自占据的一个特定处所，以独立品牌形式出现。当年宝洁公司的象牙牌肥皂在市场上居于领导地位，直到现在仍然在用。当耐用的洗衣粉上市后，给象牙牌的压力是要不要上市象牙牌洗衣粉。但这意味着改变象牙牌肥皂在潜在顾客心智中的位置。于是，汰渍品牌出现，汰渍成为上市洗衣粉的品牌称谓，获得了极大的成功。当宝洁公司上市洗洁精时，没有称之为"洗碗汰渍"而称之为"小瀑布"。宝洁公司的每一个著名品牌，都有其各自的身份。如：欢乐（Joy）洗碗精、佳洁士（Crest）牙膏、海飞丝（Head&Shoulders）洗发水、瑟尔（Sure）体香剂、邦蒂（Bounty）纸巾、魅力（Charmin）卫生纸、杜肯汉斯（Duncan Hines）蛋糕粉，而不用"加料"（Plus）、"特制"（Ultra）或"超级"（Super）来区分。

（资料来源：http：//wenku.baidu.com/view/c52a1d18a76e58fafab003dd.html）

2. 挑战定位

当一个新产品想快速进入市场时，如果以下情况成立：现有市场中存在一个可比较的对手，它对于企业的挑战会采用较理性的方式应对，而不至于两败俱伤；锁定的比较对手存在开放式的比较可能，或是产品品质，或是品牌形象；锁定的比较对手正处于推广的上升期，而非衰退期。那么，企业就可以考虑采用挑战定位。这种挑战式的广告定位能有效通过挑战的炒作，使双方在看似你死我活的比拼中皆大欢喜。远的例子如当年的百事可乐与可口可乐的口感之争，近的例子如农夫果园和娃哈哈果汁的市场之争。

【案例链接】

一向以敏锐的市场触觉著称的养生堂有限公司（以下简称"养生堂"）于2003年顺势推出以"三种水果在里面，喝前摇一摇"为诉求的农夫果园，进驻竞争相对不太激烈的高端果汁市场。农夫果园在这一市场中凭借其独特的饮用口感，"三种水果"同时佐加摇一摇的时尚元素动作切入市场后，便迅速以30%产品浓度拉开与现存的众多10%浓度的竞争对手的距离。

而作为国内最具竞争潜力的饮料大鳄——杭州娃哈哈集团有限公司（以下简称"娃哈哈"），自然也不会漠视果汁高端市场，更重要的是，在中低端市场，娃哈哈果汁越来越感到竞争的压力，如能适当地切入高端市场，不仅可以抢占新市场，更可以以此来辐射中低端市场，带动中低端市场的销售。弹药早已准备，可关键是靶子在哪里？打谁才最具炒作性，能一飞冲天？

农夫果园的出现，在某种程度上无疑是一种天意，三种水果的提法，首先就已给娃哈哈建立了一个目标巨大的靶心。当初养生堂在推广"农夫山泉"矿泉水时，就曾运用挑战定位广告，在其《水仙篇》的电视广告中直接对比纯净水和矿泉水的营养价值，直接向娃哈哈宣战。一时间，纯净水、矿泉水之争迅速成为媒体热点，结果"农夫山泉"在水市场中，异军突起成为水业新贵。

与农夫果园几乎是完全相同的场景，相似的任务和音乐，加上露骨的旁白"三种水果就想打发我？三种不够味，四种才甜蜜！四种水果还高钙！"并在媒介投放时，娃哈哈果汁的广告采用紧随农夫果园的投放策略。娃哈哈果汁的广告投放之后，正如意料之中，极大地吸引了消费者的关注，并形成大家交谈的热门话题，勾起大家的好奇，形成试用。这对一个新品上市来说，娃哈哈果汁用最少的投入即达到"形成关注、勾起试用欲望"的广告效果，这即是挑战定位策略的重要功效。

（资料来源：范云峰，王珏.营销广告策划[M].北京：中国经济出版社，2004）

3. 比附定位

比附定位是指在竞争品牌领先位置相当稳固、原有位序难以打破重组的情况下，或自己品牌缺乏成为领导品牌的实力和可能的情况下而采取的一种定位策略。它是利用有较高知名度的竞争对手的声誉来引起消费者对自己的关注、同情和支持，以达到在市场竞争中占有一席之地的广告定位策略。不含铅汽油、无糖汽水等都是新观念相对于老观念的比附定位。

【案例链接】

案 例 一

20世纪60年代之前，艾维斯租车公司（以下简称"艾维斯"）在租车业的业绩一直很不景气，甚至到了快破产的地步，直到1962年聘任了罗伯特·陶先德担任总裁后才有了转机。当时，在租车业，赫兹（Hertz）国际租车公司（以下简称"赫兹"）是第一位，资本是艾维斯的5倍，年营业额是艾维斯的3.5倍。一个弱势品牌要想对抗一个强势品牌，当然要有一套创新有效的营销策略和广告创意。

1963年，艾维斯打出广告标题"艾维斯在租车业只是第二位，那为何与我们同行？"内文是："我们更努力，我们不会提供肮脏的烟盒，或不满的油箱，或用坏的刮水器，或没有清洗的车子，或没气的车胎，或无法调整的座椅，或不热的暖气，或无法除雾的除雾气等。很明显，我们如此卖力就是力求最好，为了给你提供一部新车，像一部神气活现、马力十足的福特汽车和一个愉快的微笑。我们的柜台排队的人比较少（意味着不会让你久等）。"这则广告坦承自己在租车业中不是老大，因此，不能像老大一样凡事都不在乎。

另一则广告，标题是《老二主义：艾维斯的宣言》，内文是："我们在租车业，面对业界巨人只能做个老二。最重要的是，我们必须要学会如何生存。在挣扎中我们也学会在这个世界里做个老大和老二有什么基本不同。做老大的态度是：'不要做错事，不要犯错，那就对了。'做老二的态度却是：'做对事情，找寻新方法，比别人更努力。'"老二主义是艾维斯的信条，它很管用。艾维斯的顾客租到的车子都是干净的、崭新的。刮水器完好，烟盒干净，油箱加满，而且艾维斯各处的服务人员都是笑容可掬的。

这一定位利用了人们心理上认为第二位与第一位相差不多，同情弱者的倾向以及良好的服务许诺，赢得了消费者的同情和信任，使广告活动获得了成功。很多人开始租用艾维斯的车，其营业额迅速提高，几乎赶上了第一位的赫兹，从而打开了市场局面。

（资料来源：http：//www.chinaadren.com/html/file/2006-11-22/20061122202753.html）

案 例 二

在2000年前后，蒙牛提出了"创内蒙古乳业第二品牌"的创意。当时内蒙古乳品市场的第一品牌当然是伊利，蒙牛当时还名不见经传，连前五名也进不去。但是蒙牛的聪明也表现在这里。蒙牛通过把标杆定为伊利，使消费者通过伊利知道了蒙牛，而且留下的印象是：蒙牛在当时似乎是一家很大的企业。蒙牛首先把这个创意用在户外广告上，地点就选在呼和浩特。2000年，蒙牛用300万元的低价买下了当时在呼和浩特还很少有人重视的户外广告牌。一夜之间，呼和浩特市区道路两旁冒出一排排绿色路牌广告，上面写着："蒙牛乳业，创内蒙古乳业第二品牌。""向伊利学习，为民族工业争气，争创内蒙古乳业第二品牌！"这让很多人记住了蒙牛，记住了蒙牛是内蒙古乳业的第二品牌。蒙牛还在冰激凌的包装上打出"为民族工业争气，向伊利学习"的字样；后来，蒙牛的羽翼渐丰，在广告中再也不和伊利相提并论，2004年，蒙牛成功在香港上市，解决了资金问题，2005年，蒙牛又成功赞助了《超级女声》，短短几年之间，蒙牛就超过了伊利。当然，这并不是终点，蒙牛和伊利的竞争仍将继续下去。

（资料来源：http：//www.doc88.com/p-972197507493.html）

中国有两个成语——"狐假虎威""攀龙附凤"恰能说明比附定位的原理。比附跟随领导品牌策略，能够实现用较少的投入，共享领导品牌辛苦打造的市场效果。当行业存在绝对性的领导者，而且企业本身存在一定的品牌基础；或者产品与领导者属于同一个行业，但在产品功效上有一定的区分。企业处于上述两种情况时，就可以适时地运用比附广告定位，将受众对领导者的广告记忆度和品牌知名度移嫁到自身。但使用比附定位时需要特别注意的是，见好就收，以避免引起市场领导者的反感，最终得不偿失。

4. 补隙定位

在市场结构中，几乎每一个行业都有许多小型企业，它们在市场的生存策略即是寻求大企业忽略或放弃的细分市场，并全力满足与服务细分市场上的顾客需求，以期占据既安全又有较大获利空间的市场空缺。企业可以紧密围绕这一空隙市场进行广告定位，即广告补隙定位。空隙可以分为价格空隙、性别空隙、年龄空隙、时段空隙、区域和群体定位的空隙等。例如，九阳豆浆机通过发掘小家电市场的空隙，准确定位，成为消费者认可的豆浆机市场上的领导者。

5. 集团定位

集团定位是指企业强调自己是某个具有良好声誉的小集团的成员之一，借此提高自身的知名度，开拓市场的策略。例如，美国克莱斯勒公司就宣称自己是美国"三大汽车公司之一"，推出这么一个集团的概念，立刻使自己和"巨头"们坐在了一起，很容易在顾客心目中留下深刻的印象。蒙牛创业初期，也曾打出广告"千里草原腾起伊利、兴发、蒙牛乳业"，表面上似乎为伊利和兴发免费做了广告，实际上是为自己做广告，默默无闻的蒙牛正好借这两个内蒙古无人不知的大企业的"势"，出了自己的"名"。前两年，金星啤酒也适时抓住机遇，广告以"中国五强""年产量40万t""是真正的大企业""可绕地球四圈"等为切入点，非常形象，从而拉近了与消费者的距离。可见，集团定位也是一种事半功倍的广告定位策略。

四、形象定位

一般来说，企业形象广告就是企业向公众展示企业实力、社会责任感和使命感的广告，通过同消费者和广告受众进行深层的交流，增强企业的知名度和美誉度，使其产生对企业及其产品的信赖感。企业形象定位的策略有以下几种：

1. 企业文化定位

企业文化定位就是企业在广告宣传中突出、渲染出一种具有个性的、独特的文化气氛，其目的是使公众自然而然地为其所吸引，从而树立起企业在公众心目中的形象。企业文化定位是使广告的内容不仅显示商品本身的特点，更重要、更关键的是展示一种文化，标示一种期盼，表征一种精神，奉送一份温馨，提供一种满足。

例如，诺基亚的文化核心是"以人为本"，海尔的文化核心是"真诚"，飞利浦的文化核心是"追求更好"，但是他们并没有直接这么表述，而是用一种广告的语言，更能够引起顾客的共鸣，如诺基亚的"科技以人为本"，海尔的"真诚到永远"，飞利浦的"让我们做得更好"。联想集团标志中"科技创造自由"这句话,也反映了联想集团的企业文化,那就是以科技为基础,注重创造性,并且能为顾客创造更大的价值——"自由",这句话深刻地体现了联想集团的企业价值观,并且用一种生动且富有内涵的话加以表述,让人回味。

2. 品牌形象定位

品牌形象定位是指企业把定位的重点放在如何凸显品牌形象和树立一个什么样的品牌形象上,通过注入某种文化、某种感情、某种内涵于企业品牌形象之中,形成独特的品牌差异。这种定位方法是以突出企业的主要产品在同类产品中具有的优势和特质,而这种优势和特质与企业整体形象以及目标市场又具有某些方面的融合性,即具有企业整体形象的鲜明代表性。

例如,"麦当劳从不卖出炉后超过 10 分钟的汉堡包和停放 7 分钟以后的油炸薯条",充分体现出其严格的食品生产、销售的操作规范,其经营活动从一定程度上反映出麦当劳的经营风格。果汁品牌"酷儿"的"代言人"大头娃娃,右手叉腰,左手拿着果汁饮料,陶醉地说着"QOO……",这个有点笨手笨脚,却又不轻易气馁的蓝色酷儿形象正好符合儿童"快乐、喜好助人但又爱模仿大人"的心理,小朋友看到酷儿就像看到了自己,因而博得了他们的喜爱。此外,浪莎袜业锲而不舍地宣扬"动人、高雅、时尚"的品牌内涵,给消费者一种表现靓丽、妩媚、前卫的心理满足。夏蒙西服定位于"007 的选择",对渴望勇敢、智慧、酷美和英雄的消费者极具吸引力等。这些企业都采用了品牌形象定位策略。

3. 产品造型定位

产品造型定位就是企业在广告宣传中,利用消费者的视觉与知觉等心理特征,以产品外观、图案、橱窗商标等为广告诉求点,向消费者传递情感和意识信息的广告策略。该策略的目的是以美观、新颖、奇特、时髦的造型来诱发消费者的喜爱,进而激发他们对商品的购买欲望。造型可以成为"视觉的语言""抽象概念的形象化表达"。因此,产品造型具有生动、直观的特性,它与企业的形象定位紧密相关。

【案例链接】

乐百氏的"脉动"饮料在 2003 年夏天的销售异常火爆,甚至出现了供不应求的喜人景象。其原因除了良好的入市时机——借助于非典时期的特殊需要,还与其造型定位策略有关。首先在包装上独树一帜。"脉动"的瓶形呈圆润广口型,瓶标采用深蓝色,在夏季给人以凉爽、沉静的感觉。目前市场上流行的纯净水、矿泉水的瓶子都是以白色、红色为基调,瓶子很软,从色调、材质上都不能和"脉动"的包装相媲美。在超市陈列架上,深蓝色的"脉动"格外引人注目。其次是口味清淡爽口,"脉动"青柠口味的产品格外受到欢迎。总之,消费者非常喜欢"脉动",是因为它既解渴,拥有水饮料的特质,又比水更有味、更爽口。

(资料来源:http://app.3see.com/info/reportview.php?cid=3963)

第四节 广告诉求点

什么是诉求(Appeal)?诉求是制定某种道德、动机、认同或是说服受众应该去做某件事的理由。广告通过媒介向目标受众诉说,以求达到所期望的关注甚至购买行为,就形成了广告诉求。广告诉求是使目标受众理解并接受广告所宣传的企业、产品或服务的一种说服策略。广告诉求俗称"卖点",它体现了广告宣传中重点强调的内容,往往是广告成败的关键所在。倘若广告诉求选择恰当,而且所用语句具有感染力,将对消费者产生强烈的吸引力,激发其购买欲望,从而促使其产生购买行为。

以众所熟知的脑白金广告为例,其诉求理念是:使人们认可并接受"脑白金是可以作为礼品,适合年轻人送给老年人的保健品"这一概念。脑白金广告的诉求点是:脑白金是保健品;适合送礼;适合老年人使用;适合过年、过节送礼。

在广告策划过程中,广告要达到有效诉求的目的,必须同时具备三个条件:正确的诉求对象、诉求重点和诉求方式。

一、广告诉求对象

明确广告诉求对象的问题是要解决广告应"对谁说"的问题。广告传播的目的主要在于刺激目标受众,引导目标受众购买广告所宣传的商品。企业必须首先明确广告诉求对象,解决诉求的目标受众问题,即说服什么样的公众。企业只有确定了广告诉求的具体对象,才能进一步分析他们对企业和产品的了解程度、心理特性、接受能力、知识水平等状况,并据此确定广告诉求的信息重点及表达方式。

(一) 广告诉求对象与广告受众的关系

广告诉求对象并不是指所有接触到广告的受众。通常我们把通过各种媒介接触到某一广告的所有人称为广告受众,而将某一广告信息传播所针对的特定目标受众群体称之为广告的诉求对象。广告只有针对他们进行诉求,才能达到预期效果。广告受众与广告诉求对象之间存在以下三种关系:

1. 等同或包含关系

在媒介选择和组合得当的广告活动中,广告媒介所覆盖的受众与广告诉求对象应该完全重合,或者诉求对象完全包含在广告受众之中,受众数量稍大于诉求对象的数量,这些情况都属于成功的广告诉求对象策略,如图4-1所示。需要说明的是,如果广告受众数量远超过广告诉求对象数量,则意味着企业广告受众范围被无故扩大,可能严重浪费企业的广告费用。

图4-1 广告受众与广告诉求对象的等同或包含关系

2. 交叉关系

在媒介选择和组合发生了偏差的广告活动中,会出现以下几种情况:广告受众和广告诉求对象互相交叉,在受众中有一部分是诉求对象,而另一部分则不是诉求对象;诉求对象有一部分已经为广告受众所包含,而另外一部分则没有被包含在内,如图4-2所示。这种交叉关系属于常见的广告诉求对象策略,交叉部分广告受众构成了有效的广告诉求对象。

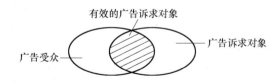

图4-2 广告受众与广告诉求对象的交叉关系

3. 分离关系

当广告诉求对象完全不在广告的实际受众之中，如图4-3所示，二者完全没有任何关系，处于分离状态，那么这个广告活动的媒介选择和组合就是完全失败的，广告收不到任何应有的传播和诉求效果。

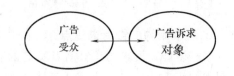

图4-3　广告受众与广告诉求对象的分离关系

（二）广告诉求对象选择的影响因素

1. 产品的目标消费群体和产品定位

在广告策划中，诉求对象应在目标市场策略和产品定位策略确定后进行，根据目标消费群体和产品定位而做出选择。因为目标市场战略已指明了广告要针对哪些细分市场和目标消费者展开，而产品定位策略中也再次明确了产品所指向的消费群体。

2. 产品的实际购买者

产品的实际购买者决定着广告的诉求对象。根据消费角色理论可知，不同消费者在不同产品的购买中起不同作用。在家庭购买与消费活动中，很多情况下产品或服务的购买者与使用者不完全是同一个人。例如，在购买家电等大件商品时，丈夫的作用要大于妻子，而在购买厨房用品、服装时，妻子的作用则大于丈夫。因此，家电类产品的广告应该主要针对男性进行诉求，而厨房用品、服装的广告则应该主要针对女性进行诉求。儿童是一个特殊的消费群体，他们是很多产品的实际使用者，但这些产品的购买决策一般由他们的父母做出，因此儿童用品的广告应该主要针对他们的父母来进行。

例如儿童所喝的饮料，其广告的诉求对象一般应该是孩子的母亲，因为她们才是产品的购买决策者及实际购买者。同样，在家庭里，母亲和妻子是大部分衣服的购买者，包括她们的丈夫和孩子的衣服。在有些购买活动中，大部分角色都由一个人来承担；而在有些购买活动中，则可能由多人分别承担不同的角色。一般说来，倡议者和使用者多为同一人，但倡议者所提供的信息与建议，却不一定总被采纳，这取决于他或她在家庭中的地位和影响力。影响者决定了家庭在一次购买活动中所接触到的信息，是其他人做出决定的重要依据。实际购买者有时也会承担信息搜集的任务，因为他们对这类产品比较熟悉。

由此可知，广告诉求对象应该是企业产品的目标消费群体，是产品定位所针对的消费者，而且是购买决策的实际做出者。了解不同家庭成员在购买和消费活动中扮演的角色，有助于广告策划者把握以下重要问题：第一，谁最可能对企业的产品产生兴趣；第二，谁将是产品的最终使用者；第三，谁最可能成为产品购买的最终决定者；第四，不同类型的商品通常是由谁实际购买的。

人寿保险的购买通常属丈夫主导型决策，度假、孩子上学、购买和装修住宅则多由夫妻共同做出决定，清洁用品、厨房用具和食品的购买基本上是妻子做主，而像饮料、花园用品等产品的购买一般是由夫妻各自自主做出决定。研究发现，越是进入购买决策的后期，家庭成员越倾向于联合做决定。换言之，家庭成员在具体产品购买上确有分工，某个家庭成员可能负责收集信息和进行评价、比较，而最终的选择则尽可能由大家一起做出。

(三) 广告诉求对象的影响效应

1. 影响制约广告诉求重点

每一个广告诉求对象都有其特定的需求心理，因此广告诉求应该以他们最为关心、最能引起他们兴趣的信息作为诉求重点。如果广告诉求对象是青少年，那么可优先选择明星形象；如果是针对中老年人，则宜选用大众化的人物形象。

2. 影响制约广告诉求方式

不同的广告诉求对象有不同的需求心理与行为习惯。针对不同的广告诉求对象，广告应该采用不同的诉求方法。若广告诉求对象的心理偏重于感性，就应主要使用感性诉求策略；若广告诉求对象偏重于理性，在广告中则应主要使用理性诉求策略。一般说来，男性比较偏重于理性，易受理性诉求的说服；而女性则比较偏重于感性，易受感性诉求的说服。

3. 影响制约广告表现策划

广告表现是指广告作品中传达广告信息的方法，一般指广告的主题和创意。为了达到更好的诉求效果，要求广告的主题和创意能够吸引广告诉求对象，并且能对他们的认知和态度改变发生作用。因此，广告策划者在进行广告表现策划时，应该根据广告诉求对象的特性进行决策。

4. 影响制约广告媒介选择

不同消费群体有不同的媒介接触习惯，他们常常接触和信任某些特定的媒介并容易受到它们的影响，而广告本身只有通过这些媒介传播，才能将广告信息真正传递给广告诉求对象。因此，广告策划者在进行广告媒介选择决策时，应首先了解广告诉求对象的媒介接触习惯，按照习惯进行媒介组合。

二、广告诉求重点

明确了广告诉求对象后，就要研究广告应该"说什么"，也就是要明确广告的诉求信息。

（一）选择广告诉求重点的必要性

关于企业和产品的信息非常丰富，但并非所有的信息都需要通过广告来传达，每一次广告活动都有其特定的目标，不可能通过一次广告就达到企业所有的宣传目的，这主要是因为：一是广告的传播时间和空间有限，决定了在有限的时间和空间内不能容纳过多的广告信息；二是受众对广告的注意时间和记忆程度有限，短短几十秒的时间很难对大量的信息形成正确的理解和深刻的印象；三是由于消费心理和需求特征的差异，产品的目标受众群体只关心他们所感兴趣的需求信息，而不是所有的广告信息。

鉴于此，广告策划者在策划广告诉求信息时，应突出诉求重点。企业应寻找最能打动目标消费者的针对性诉求、最能与对手形成差异的特色化诉求以及最能满足竞争对手所无法满足的目标受众需求的补缺性诉求，作为广告诉求的重点，创造出广告宣传上的"点射效应"，以少而精的信息内容给广告诉求对象留下深刻的印象。

(二) 选择广告诉求重点的影响因素

1. 广告目标

广告目标是影响广告诉求重点的首要决定性因素。如果广告的目的是为了扩大品牌知名度，那么广告的诉求重点就应该是向消费者传达关于品牌名称的信息；如果广告的目的是扩大产品的市场占有率，那么广告的诉求重点则应该是对消费者购买利益的承诺；如果广告的目的是短期促销，那么广告的诉求重点就应该是向消费者传达关于即时购买的特殊利益的相关信息。

2. 产品定位

广告的诉求重点应该紧紧围绕产品定位来进行，传达那些有助于消费者将本产品与竞争者的产品区别开来的信息，以实现在消费者心目中树立产品独有优势的目的。

3. 诉求对象的需求

广告的诉求重点不一定是关于企业或产品最重要的信息，而必须要针对广告诉求对象的需求，是消费者最关心并且最能够引起他们注意和兴趣的信息。

(三) 广告诉求重点的影响效应

1. 影响广告诉求方式

为了使广告诉求重点更好地为诉求对象所接受，达到更好的诉求效果，必须采用匹配的诉求方式和手段。如果广告诉求重点偏重于感性，则应该主要采用感性诉求方式；如果广告诉求重点偏重于理性，则应该主要采用理性诉求方式。

2. 影响广告表现策划

广告表现是广告信息及其诉求重点的载体，因此广告诉求重点直接决定了广告的表现策略。一般来说，生活化的信息需要生活化的广告表现；而观念性的信息则需要广告将所要传达的观念通过形象、具体、有说服力的方法表现出来。

三、广告诉求方式

广告诉求方式是指广告作品陈述信息的形式。广告作为一种特殊的大众化说服型的宣传模式，若其诉求方式具有科学性、逻辑性和鼓动性，将产生良好的说服效果，形成巨大的市场冲击力。在企业实践中，主要有理性诉求、感性诉求和情理结合诉求三种广告诉求方式。

(一) 理性诉求

广告的理性诉求就是通过对受众意识理性层面的劝服从而达到特定的广告传播目标。其基本特点就是"以理服人"，一般以真实、准确的企业、产品或服务的客观情况为主要内容，使受众经过认知、推理和判断等思维过程后，理性地做出购买决定。恰当地使用理性诉求方式可以起到良好的劝服效果。例如，高露洁牙膏广告中说明牙膏中的双氟能防止儿童龋齿；力士柔亮营养洗发水广告强调它含有全新去屑配方OCTO[⊖]，能有效去除头屑；娃哈哈

[⊖] 原名吡罗克酮乙醇胺盐，别名去屑剂OCTO。

AD钙奶广告则宣传"要补钙,维生素D不可少"等。这些广告都直接表明了产品的特点或优势,通过讲道理说服了大量消费者产生购买行为。相反,如果理性诉求使用不当,又常常会变成对消费者的一种说教,使消费者从本能上产生抵触情绪,从而导致广告失败。

1. 理性诉求的特点

理性诉求方式主要作用于公众讲究实用的理性思维,具有以下特点:

(1) 广告内容的表达方式多为说明式、论证式或叙述式文案,适合于传达复杂的广告信息,在人们需要做出理性的购买选择时,为他们提供实际帮助和资料支持。

(2) 广告内容往往侧重于商品的功能、价值等,能够给消费者带去具体、实在的利益,使消费者直接从语言中发现商品带来的实际利益。

(3) 语言特色在于逻辑性和条理性。理性诉求的广告主要用在对新产品、新服务等消费者掌握信息比较少的客体上,否则过于细致的信息和文字反而会招致厌烦。

(4) 有利于宣传新商品、新服务,对中老年消费者尤为有效。

(5) 行业购买者对理性诉求反应明显,他们拥有产品等级方面的相关知识,受过辨认价值的训练,而且他们的选择需对组织负责。同样,消费者在购买大额物品时,也会收集信息并仔细比较各种不同选择,他们将对产品质量、价值和性能的诉求做出理性反应。

【案例链接】

案例一:美菱冰箱锁住水分

留住营养与水分,食物的保鲜时间能延长50%。食物保持时间的长短是冰箱品质是否优异的重要标志。美菱保鲜,独创"生态保鲜"概念,具有冰温保鲜、湿冷保鲜、抗菌保鲜、透湿保鲜、除臭保鲜、速冻保鲜六大专利技术。不仅能有效消除有害病菌,保护食物营养成分,去除异味,更为食物提供仿生态保存环境,将食物保鲜时间延长50%,实现食物的长久新鲜,让你享受21世纪新鲜营养、健康文明的生活。

(资料来源:http://wenku.baidu.com/view/44cda442a8956bec0975e330.html)

案例二:"静音"与"省电"的伊莱克斯

20世纪90年代,伊莱克斯进入中国市场之时,中国冰箱市场上国产品牌有新飞、海尔等,合资品牌有西门子、夏普、三星等,中国冰箱市场已达到饱和状态。为了打开市场,伊莱克斯针对中国人居室普遍较小的情况,选择"静音"作为广告诉求重点,打出"比撕破一张纸的声音还低"的广告语。此后,在推出"省电奇冰"系列冰箱过程中,又将广告诉求重点定位于"省电",并告知消费者"付出不要太多——20W灯泡"。同样取得了良好的广告诉求效果。这两个广告实际上都是有效的理性诉求策略的运用。

(资料来源:http://www.doc88.com/p-950596586615.html)

2. 理性诉求的类型

(1) 说明诉求。这是最常用的理性诉求方式,其特点是平铺直叙,提供一种能给人带来利益的信息,其重点是表现产品内容的外观和优点,使人们通过广告对产品有一个大致的了解,在产品推向市场初期,运用这种诉求方法能取得较好的效果。

(2) 比较诉求。这是一种极为有效的理性广告诉求形式,它通过比较突出自己产品相对于其他产品的特色和优点。在比较手法中也有故事情节对比或气氛对比等处理，其目的是强化注意与认知。比较诉求中选择的对比客体应该是良好的，在比较中使受众感到自己产品更为先进和合理。需要强调的是，采取比较诉求必须注意把握合法性，对比中不能贬低竞争对手或无中生有地制造理由，以维护平等、合法竞争的原则，这样才能有效地达到广告诉求的效果。

【案例链接】

缺乏副作用的息斯敏

西安杨森公司出品的抗过敏性药物"息斯敏"广告片，并没有正面宣传"息斯敏"如何如何，而是通过述说过去那些抗过敏性药物会给人带来麻醉感，造成精神不佳的危害，然后强调新的抗过敏性药物"息斯敏"完全没有这类危险的副作用。

（资料来源：http://www.doc88.com/p-680307048827.html）

（3）故事诉求。故事诉求主要是通过关于产品故事的展现突出产品的品质和价值的诉求方法。

【案例链接】

风雨无惧的惠普打印机

惠普打印机与其他打印机肯定有一些相同点，但它的报纸广告却没有提到一句这些特点，而是通过一个"暴风雨摧毁了屋顶，而惠普激光打印机却能运行如初"的故事，强调了惠普打印机本身的制造质量（而不是打印质量）。

想象一下，如果一部打印机因突发事件而暴露在风雨中，任凭风吹、雨打、水浸……它还能继续工作么？1992年，OPEL飓风摧毁了AT&T公司卡兰·克瑞安女士的屋顶，使她的惠普激光打印机在风雨中听天由命……飓风过后，打印机已浸透雨水，聪明的克瑞安女士并没有把它扔到垃圾堆里去，而是给惠普公司打了个咨询电话。按照惠普公司售后的建议，克瑞安女士先用电吹风将打印机烘干，24h之后再开机。她试探着打印了一份文件，结果竟令人十分惊喜，一张精美的彩色文件被打印出来，而且毫无瑕疵！

读者无法辨明事件的真假，但却对惠普打印机的质量有了深刻的印象。这则以故事诉求为切入点的报纸广告巧妙地表明："从此，惠普激光打印机又多了一个风雨无惧的美名。"用一个"又"字，暗示惠普打印机的打印效果已经很不错了，无须再说。

（资料来源：http://www.enet.com.cn/article/2010/0804/A20100804703822.shtml）

（二）感性诉求

感性诉求广告直接诉诸消费者的情感、情绪，如喜悦、爱、恐惧、悲哀等，形成或者改变消费者对品牌的态度。它以消费者的情感或社会需要为基础，宣传广告品牌的附加价值。在感性诉求广告中，消费者首先得到的是一种情绪、情感的体验，是对产品的一种感性认识，有利于将产品形象植入消费者的意识中，潜移默化地改变消费者对产品或品牌的态度。

【案例链接】

"孔府家酒，叫人想家"

孔府家酒的广告"孔府家酒，叫人想家"是一则成功的电视广告。在1994年度花都杯首届电视广告大奖赛中，它一举夺得三项大奖：金塔大奖、公众大奖和最佳广告语奖。在中国人的思想中，"家"是一个无可替代的概念。孔府家酒这则广告就抓住了中国人"爱家、恋家"这一情感，始终贯穿着一个"家"字，深深地打动了消费者的心。广告借助当时的热播电视剧《北京人在纽约》的主题歌旋律，通过刘欢深情的语调唱出"千万里，千万里，我一定要回到我的家"，接着便是王姬转过头说出"孔府家酒，叫人想家"的广告语。此时此刻，消费者必然会受到感染，而感动之余自然会想起孔府家酒，想到温暖的家。在这一则广告的推动下，孔府家酒的销售量迅速提升，在消费者中的知名度也进一步提高。此前，孔府家酒的广告长期宣传的是"荣获布鲁塞尔金奖，出口量居全国第一"，效果很一般。通过前后对比明显看出，感性诉求广告更容易抓住消费者的心，激发消费者产生情感上的共鸣，促使其购买产品。

（资料来源：http://wiki.mbalib.com/wiki）

1. 感性诉求的特点

感性诉求广告的特点是"以境动人"，通过营造理想化、实体化的意境画面，刺激消费者的感官系统，引导消费者进入一种理想化的境界。其语言表达充满了刺激性和鼓动性，虽然没有逻辑性，但是能够影响消费者的联想心理和梦幻心理。感性诉求对青少年消费者颇具影响力。与理性诉求不同，感性诉求不是要告诉消费者关于产品的特性或好处，而是要通过激发他们的情感或情绪，使他们对产品产生好感。

【案例链接】

雕牌洗衣粉关爱亲情，关注社会

雕牌系列产品的广告策略就经历了一个从理性诉求向感性诉求的转变。初期，雕牌洗衣粉以质优价廉为吸引力，打出"只买对的，不买贵的"的口号，暗示其实惠的价格，以求在竞争激烈的洗涤用品市场中突围，结果这则广告效果一般。而其后的一系列的"关爱亲情，关注社会问题"的广告，深深地打动了消费者的心，取得了良好的效果，使消费者在感动之余对雕牌青睐有加，其相关产品连续四年全国销售量第一。

年轻妈妈下岗了，为找工作而四处奔波。懂事的小女儿心疼妈妈，帮妈妈洗衣服，天真可爱的童音说出："妈妈说，'雕牌'洗衣粉只要一点点就能洗好多多的衣服，可省钱了！"门帘轻动，妈妈无果而回，正想亲吻熟睡中的爱女，看见女儿的留言——"妈妈，我能帮你干活了！"年轻妈妈的眼泪不禁随之滚落……这份母女相依为命的亲情与产品融合，成就了一个感人至深的产品故事，声声童音在心头萦绕，拂之不去，"雕牌"形象则深入人心。

这是雕牌最初关注社会问题的广告。它通过关注下岗职工这一社会弱势群体，摆脱了日化用品强调功能效果等差异的品牌区分套路，只用这则简单朴实的故事在消费者心头轻轻一挠，就对消费者产生了深刻的感情震撼，建立起贴近人性的品牌形象，其细腻而不落俗套，平实中见其精彩，让人过目难忘。其后跟进的"我有新妈妈了，可我一点都不喜欢她"延续了这一思路，关注离异家庭，揭示了"真情付出，心灵交汇"的生活哲理，对人心灵的震撼无疑是非常强烈的。通过雕牌产品的广告策略，可以看出：要使广告深入人心，诉诸人的情感是一种有效的方式。

（资料来源：http://wenku.baidu.com/view/33d24537eefdc8d376ee32fc.html）

2. 感性诉求的心理基础

马斯洛需要层次理论（Maslow's Hierarchy of Needs）亦称基本需要层次理论，由美国心理学家亚伯拉罕·马斯洛于1943年在《人类激励理论》论文中提出。该理论将需要分为五种，并像阶梯一样从低到高，按层次逐级递升，分别为：生理需要，安全需要，情感和归属需要，尊重的需要，自我实现的需要。这五种层次需要是广告感性诉求策略的心理基础。

心理学研究表明，每个人都有非常强烈的情感性需要。我们需要安全，需要爱，需要幸福、愉快、骄傲和成就感，有时也很怀旧，或感到悲伤；每个人也都有强烈的社会性需要。我们需要有归属感，需要被接受、被赞扬、被尊重，希望自己能有很高的地位……因此，感性诉求广告应抓住并充分利用消费者的情感需要（美感、亲情、幽默感、恐惧感、怀旧感等），将产品与消费者的爱、乡情、亲情、同情、幸福、快乐、成就感、渴望、被赞赏、生活情趣、恐惧等需要联系起来，不断增加商品的心理附加值，以使消费者建立起对该产品的好感。

3. 感性诉求的主要类型

（1）情趣诉求。利用日常生活中大部分人都有切身感受的生活情趣来进行诉求，这是许多感性诉求广告常用的手段。饮料、食品广告通常采用生活情趣的诉求方式，快节奏的音乐烘托着热热闹闹的气氛，少男少女们在大海边、在高山上、在舞厅里、在豪华装饰的家庭里，尽情地挥洒着青春和热情。他们跳啊、唱啊，然后喝一口广告饮料，或将广告食品潇洒地扔给同伴，同伴会向观众露出一个迷人的微笑。

（2）幽默诉求。幽默是生活和艺术中一种特殊的喜剧因素，又是能在生活和艺术中表达或再现喜剧因素的一种能力。它通过比喻、夸张、象征、寓意、双关、谐音、谐意等手法，运用机智、风趣、凝练的语言对社会生活中不合理、自相矛盾的事物或现象做轻微含蓄的揭露、批评和嘲笑，使人在轻松的微笑中否定这些事物或现象。幽默诉求的广告通过幽默的情趣淡化了广告的直接功利性，使消费者在欢笑中自然而然、不知不觉地接受某种商业和文化信息，从而减少了人们对广告所持有的逆反心理，增强了广告的感染力。

总之，幽默的魅力是无穷的。广告运用幽默、语言和图像的歧义等，逗人发笑，让人产生兴奋、愉快的情绪体验。它的成功往往可以导致消费者的这些积极体验潜在地同特定的品牌发生联系，从而影响消费者对该品牌的态度，有助于收到良好的广告效果。

【案例链接】

国外一个著名的交通安全广告是："阁下驾驶汽车，时速不超过30km，可以欣赏到本市的美丽景色；超过60km，请到法庭做客；超过80km，请光临本市设备最新的医院；上了100km，祝您安息吧！"

又如中央电视台的一些广告："甲：咋地了哥们，让人给煮了！乙：感冒了，正发烧呢！甲：我有办法呀，整点易服芬吧！"——电视画面上两只螃蟹哼哼唧唧地说着人话。再如:"胃酸、胃胀、消化不良,请吗丁啉帮忙!"电视画面上出现一只青蛙,挺着大肚子痛苦地呻吟,这是吗丁啉的广告。

(资料来源:http://info.china.alibaba.com/detail/5579751.html)

(3) 悬念诉求。悬念诉求最大的特点就是在广告一开始就以一种似乎非理智的或不符合逻辑的方式吸引人们的眼球、揪住人们的心,而正当你想了解其真相的时候,诉求点便展现在你的眼前——于是你就记住它了。例如,"我要清嘴……要清嘴,不要亲嘴!"电视画面上以为青春少女嚷嚷着要"亲嘴",正当观众们为其惊诧之时,画外音解释道要清嘴而不是要亲嘴!再如,"你爸爸胃病又犯了,快去找'四大叔'……是斯达舒,不是你四大叔!"

(4) 歌唱诉求。歌唱诉求就是运用歌唱的形式将产品的利益点和产品优势表现出来的一种广告诉求形式。例如,"老张今天感冒了,头疼鼻塞咳嗽了,多亏准备了白加黑呀……"利用雪村的《东北人都是活雷锋》的滑稽曲调重新填词,很好地借助流行歌曲的大众传播性,尤其是那些年轻的目标人群被牢牢吸引过来,感冒的时候便哼着小曲到药店买药。该广告充分体现了广告创意的机智与幽默,是一则成功的广告。

(5) 恐惧诉求。恐惧诉求方法主要是利用消费者的恐惧心理,告知消费者目前存在的状况有多么危险,如果不尽早注意,将会带来什么样的后果,如使用广告中的产品将会给消费者带来什么样的益处等来提醒和暗示消费者,从而引起消费者对广告信息的特别关注,达到促销的目的。然而,恐惧诉求在一定限度内是有效的,如果它并非很强烈的话往往最有效。一个调研报告指出,既不极端强烈也非极弱的重型恐惧性诉求比较受人欢迎。这份报告进一步说,在来源可靠性高的情况下,恐惧性诉求效果会更好,且当传播的恐惧在可信和有效地被逐渐释放时,恐惧性诉求将被唤醒。

【案例链接】

海飞丝"恐惧诉求"创造细分市场

广州宝洁公司生产的海飞丝洗发水之所以能在中国洗发水市场上成功立足,恐惧诉求方法起了很大作用,海飞丝通过这一方法形成了对消费者观念的诱导和对消费需求的引导。头发里面有头皮屑,中国人原先对此是不屑一顾的,总觉得没有什么了不起。可是在海飞丝洗发水的一场广告心理大战的暗示下,广大消费者都普遍恐慌起来,大家强烈意识到,有头屑是使用劣质洗发水的结果,并由此产生这样的联想:使用劣质洗发水者是档次不高的人,低档次者才会有头屑,有头屑难以进入白领阶层的社交圈,甚至还会影响恋人、朋友间的感情,进而得出这样的结论:要去掉头屑,就必须使用海飞丝洗发水。于是,通过这场广告战,一个新的消费需求就被诱导出来了,一个新的细分市场也被创造出来了,而海飞丝也成了这个新的细分市场的第一品牌,从而使该产品很快在市场上畅销。

(资料来源:http://info.china.alibaba.com/detail/5579755.html)

4. 感性诉求的注意事项

(1) 感性诉求既要有真情实感,也要把握感情限度。感性诉求广告依靠的是以情动人,如果广告中没有真情实感,只有冠冕堂皇的空话或者虚情假意,那么这样的广告不做也罢。同时,感性诉求广告也要把握广告的感情限度,避免广告中出现不道德的内容。

（2）避免文化冲突，重视本土化改进。不同民族有不同的传统文化和信仰。例如，中国人传统的感情都是比较含蓄和内敛的，西方很多创意很好的广告，在中国市场上却不一定适用。广告创意人员在策划感性诉求广告时，一定要了解当地的风土人情，避免与当地文化产生冲突，可以有效借鉴西方的广告创意与思维，但切忌全盘照搬其广告内容。

（3）注重了解人性，挖掘产品与情感的关联。感性诉求广告的策划者，一定要了解人性，了解不同年龄、不同身份、不同地域以及不同性别消费群体的不同心理，另外，还要细致入微地观察生活，以便创造出一个感人至深的情感故事来，最重要的是要善于发现产品与情感之间的关联点。

理性诉求和感性诉求的比较见表4-1。

表4-1 理性诉求和感性诉求的比较

种　类	优　点	缺　点
理性诉求	对完整、准确地传达广告信息非常有利	由于注重事实传达和道理阐述，往往使广告显得生硬、枯燥，影响消费者对广告信息的兴趣
感性诉求	贴近消费者的切身感受，容易引起消费者的兴趣	过于注重对情绪和情感的描述，往往会影响广告信息的传达

（三）情理结合诉求

理性诉求广告向消费者推介产品，诉诸目标受众的理性思维，使消费者能够对产品的特质、功能等有一个清楚的了解，从而决定是否购买。感性诉求广告主要诉诸消费者的感性思维，"以情动人"，使消费者在感动之余认同该产品。而在营销广告策划中，会时常将两种诉求方式结合起来，既采用理性诉求传达产品信息，又采用感性诉求引发消费者的情感，通过对人的意识层面中情感与理性的共同作用，达到特定的广告传播目标。这类广告对语言的要求也介于理性诉求和情感诉求的要求之间。

【本章思考题】

1. 广告定位的概念与内容是什么？
2. 简述USP理论的产生背景与基本要点。
3. 简述广告定位理论的演进过程。
4. 简述广告定位的主要方法。
5. 举例说明广告诉求点主要有哪几种。

【案例分析讨论】

黄金酒品牌定位："礼品市场，送给长辈保健的白酒"

作为一个刚刚推出的新品牌，黄金酒从一面世就获得了业内和媒体的超高关注度，这不仅因为2008年年底各大电视媒体铺天盖地的"送长辈，黄金酒"的广告，还源于五粮液集团和史玉柱巨人投资的双重推介。

黄金酒全名黄金牌万圣酒，为保健食字号产品。该酒由五粮液集团和上海巨人投资有限公司（以下简称"巨人投资"）共同打造，根据双方签署的一份长达30年的战略合作协议，五粮液集团负责黄金酒产品的研发和生产，销售策略和团队执行则由位于上海的巨人投资来完成，巨人投资作为大股东，占收益分配的大头。应该说黄金酒很好地集合了五粮液集团和巨人投资在品牌、技术、资金和营销网络等方面的优势。

从产品层面来看，黄金酒的酿造者是掌握五粮液绝密配方的中国酿酒大师陈林。黄金酒以五粮液公司生产的浓香型白酒为酒基，从而确保了黄金酒在酒的色、香、味上更适合大多数消费者对酒的偏好；同时精选老龟甲、天山鹿茸、美国西洋参、宁夏枸杞子、汉中杜仲、关中蜂蜜六味传统药材，来确保其具有滋补保健功能。巨人投资计划将黄金酒在2007年年底上市以争夺2008年春节礼品酒市场。选择进军酒业，则是源于他们对礼品市场进行的多年研究——中国消费者在礼品选择上主要是烟、酒和保健品。

1. 作为礼品酒，黄金酒送给谁

首先，黄金酒已经明确是在礼品酒市场进行竞争。

从消费者行为学角度来看，消费者赠送礼物，他们赠送的不仅仅是产品实体，而且还包含重要的象征信息，他们要确保通过礼物的种类、价格和品牌这些形式，向接受礼物的对象发送正确的信息。由于赠送礼物的这种特性，不同受礼对象会导致消费者选择不同的礼品预算，并影响礼物品种、品牌的选择。因此成美营销顾问有限公司（以下简称"成美"）首先需要确定黄金酒可能会被送给谁，并以此界定黄金酒需要研究的目标礼品市场范围。

在礼品市场中，送领导、求人办事等功利型送礼市场较为特殊，此类礼品一般价值高、注重品牌，因为品牌能保证礼品的高价格广为人知，而新品牌难以在短期内企及。因此黄金酒作为新品牌，主攻亲朋好友间的送礼市场。

消费者在选择礼品时，首先会有一个整体的礼品预算。而决定亲朋好友间送礼预算的关键因素是：受礼者与送礼者关系的亲疏。我们从巨人投资了解到，黄金酒由于用五粮液集团的优质白酒为基酒，又加入了老龟甲、天山鹿茸、美国西洋参、宁夏枸杞子、汉中杜仲、关中蜂蜜六味传统药材，产品成本已经较高，而中国人送酒的习惯是要送两瓶酒，然后还会搭配一些其他礼品，这意味着送礼的预算相对较高。消费者调查显示，如亲朋好友间礼品预算超过200元，主要是送给和自己关系亲近的长辈，包含夫妻双方的父母、叔伯等。因此黄金酒更多会送给和消费者关系亲近的长辈。而作为送礼人一般都是已经有工作的成年人，其长辈的年龄相对处在老年阶段。

同时，黄金酒加入六味中药材有一定的保健功能，根据消费者的观念，这种加入中药材的酒更适合送给老年人，如送青年人存在忌讳，等于暗示对方身体不好。因此，黄金酒与送给作为长辈的老年人是匹配的。

2. 作为礼品酒，黄金酒进入哪个市场

项目组研究发现，保健酒存在官方和民间两种不同的定义。

目前国家标准中并没有保健酒这个产品类别，保健酒具有露酒和保健（功能）食品双重身份，其中露酒属于饮料酒的范畴，官方定义是以发酵酒、蒸馏酒或食用酒精为酒基，加入可食用的辅料或食品添加剂，进行调配、混合或再加工制成的，已改变了其原酒基风格的饮料酒。保健（功能）食品的官方定义是：保健（功能）食品是食品的一个种类，具有一般食品的共性，能调节人体机能，适于特定人群食用，但不以治疗疾病为目的。

无论从保健食品还是从露酒的定义来看，保健酒都首先是食品，应该具有酒的一般共性，能调节人体机能或具有营养补益的功能，而不以治疗疾病为目的。而在民间，消费者将保健酒基本等同于药酒，这是因为过去数千年中，二者统称为"药酒"，前者为"治疗型药酒"，后者为"滋补型药酒"。但按照国家相关规定，药酒属于药品范畴，以治疗疾病为目的。

这两种不同定义，其实蕴含了作为礼品酒——黄金酒有两种截然不同的推广方向可供选择。

一种是将黄金酒定义为饮料酒。黄金酒应该具备酒的一般共性，消费者选择这种产品是基于酒的基本属性"好喝"，是种享受，而保健功能是增加的一个新利益。这就对黄金酒的色、香、味要求更高，而对其功能的期望相对较低。

另一种是将黄金酒定义为民间理解的保健酒（药酒）。由于传统药酒在消费者头脑中的认知主要是针对疾病的，加之过去不少保健酒宣传过度夸大疗效，将保健酒包装成壮阳补肾、祛风湿甚至包治百病的神药，导致中国消费者将保健酒和药酒混为一谈，消费者选择保健酒主要是基于药品的基本属性——药效，而酒只是产品的一个剂型。这就对黄金酒的配方及所含药材要求更高，而对其是否好喝的期望相对较低，甚至在"良药苦口"的传统观念下，其药味应该更浓。

像广东凉茶品牌黄振龙的癍痧凉茶，其颜色、口感、销售渠道和包装形式、推广内容都更贴近传统中药茶，消费者只会在解决上火等症状时才会选择黄振龙癍痧凉茶，而不会在想喝饮料时选择苦口的黄振龙癍痧凉茶。

这两种不同方向的选择其实是选择进入不同的目标市场，它不仅影响黄金酒的产品、包装、推广、价格，更是影响黄金酒的市场规模。因此，成美分别对礼品白酒和礼品保健食品进行了研究。

中国人通过泡药酒、饮药酒，形成了对传统药酒的固有观念并影响了对保健酒的观念，主要包含几个方面。

保健酒更多被消费者看成是药，而非酒。消费者最看重的是药效，他们心目中好的保健酒（药酒）应该是传统中药企业如同仁堂生产的，用的是地道药材，对泡药材的酒则只关注酒精度是否够高（他们认为只有高酒精度的酒才能将药材中的有效成分泡出来），闻着要有明显的药味，颜色应该是红色、茶色或金黄色，口感有一点点甜。由于将保健酒看成是药，因此不适宜拿来招待客人和在饭店等公开场合饮用，更多的是在家自酌自饮。

保健酒（药酒）的功效主要有治疗风湿、肾虚、怕冷、易疲劳、睡眠障碍，由于这些问题主要出现在老年人身上，因此保健酒更多被认为只适合老年人喝，送礼也只适合送老年人。

保健酒（药酒）不能多喝，每次1两左右，但可以天天喝，讲究药效细水长流；由于中国人传统的秋冬进补习惯，自家浸泡药酒的酒精度高又有令身体发热的中药材，因此往往在冬季饮用为多，夏季很少有人饮用保健酒。

消费者对保健酒的既有观念，对于研究定位非常关键。因为心理学中"选择性记忆"的原则——如果推广内容出现与消费者既有观念冲突就会导致信息被大脑排斥，这也是定位理论强调消费者观念难以改变的基石。而通过对消费者观念的研究，成美认为，如果将黄金酒定位在保健食品市场中，面临下面几个问题：

首先强调药效的保健酒更类似于药品，其市场规模相对较小。这一方面是因为对于药品消费者需求为负面需求，存在忌讳能不买就不买。例如，在消费者调查中，部分消费者就认为自己长辈身体比较健康或者认为自己长辈的年纪五六十岁，还不够年长而不选择送保健酒。

另一方面，根据良药苦口的传统观念，要强调药效好，在突出药味时就难免要牺牲酒的口感。消费者无论是送保健酒还是白酒，都是送给平时饮酒的人，而且送了保健酒一般就不再送白酒。这对于喜欢饮酒的长辈来说就很矛盾，如果强调药效必然导致口感较差，缺失饮酒的快感，此时，长辈难免会产生抵触心理。从消费者调查情况来看，相当部分的消费者不选择保健酒送长辈就是因为担心长辈不喜欢其口味，或曾经送过但被长辈明确告知不希望再送保健酒。

消费者在选择礼品送给父母等长辈时，主要根据其生活需要和喜好去选择礼品，送礼主要是图父母等长辈高兴，如果送保健酒无法实现这个目的，那么这种送礼行为也是难以持续的。

再者，作为保健食字号产品的黄金酒如果强调药效，按照传统保健酒营销思路操作，还面临一个保健品行业信任度缺失的现实障碍。尤其是国家目前尚未出台"保健酒"的明确标准。保健酒具有露酒（属于饮料酒范畴）、保健食品双重身份，但露酒行业标准对保健酒来说并不适用（保健酒的原辅料比露酒多出了"可用于保健食品的物品"）。保健食品的行业标准对保健酒也不完全适用（保健食品的标准缺乏酒的相关规范）。这致使保健酒处于无标准的空白局面。由于缺乏统一的生产标准，保健酒行业监管呈现出真空状态。正是这种局面，造成过去众多保健酒厂商纷纷夸大产品的功效，将保健酒混淆成能够医治百病的药酒，从而影响了其健康发展。

整体而言，将黄金酒定位在传统保健酒（药酒），并按照保健品的方式去运作，从椰岛鹿龟酒的营销过程来看，其市场规模是可观的。但成美认为，这与巨人投资选择进入礼品酒市场的初衷在一定程度上相违背——礼品酒市场绝大部分是白酒，其次是红酒，而保健酒在其中所占比例很小（数据支持）。所谓礼品市场中酒排名第二，准确说应该是白酒排名第二，只有细分礼品白酒市场才是其初衷。因此，成美的项目组决定继续对白酒礼品市场进行研究。

3. 按黄金酒进入饮料酒（白酒）市场后的细分

巨人投资的初衷是希望细分礼品酒市场，其实是指细分礼品白酒市场。

要细分礼品白酒市场，黄金酒首先应该具备白酒的一般共性，即应该满足消费者对白酒的基本需求——好喝，在这个基础上增加保健的新利益从而实现差异化。若黄金酒仅仅强调保健功能，而忽视酒的色、香、味，是永远无法细分白酒市场的，因为保健和好喝是两种不同的基本需求。

幸运的是，系出名门的黄金酒在"酒"方面的产品力表现非常好，国家品酒大师沈怡方在品尝了"黄金酒"后给予了高度评价，入口柔和，饮后口留余香，将保健酒以清香型白酒为酒基的传统改变为以五粮液特有的浓香型白酒为酒基，这在很大程度上适应了消费者的口感度。消费者调查结果也显示，消费者对"黄金酒看上去呈浅浅的琥珀色，清澈透明无明显混浊，闻上去是典型的浓香型白酒中夹着淡淡的西洋参味，喝着酒香浓郁及其接近于浓香型白酒"都表示了高度认同。

同时项目组的研究发现，在消费者的观念中白酒分高度酒和低度酒，超过38°的白酒称为高度酒，其中真正喝酒的人都是喝高度酒，并认为好酒都是高度酒，高度酒更上档次。

高度白酒虽然好喝，但消费者普遍认为白酒伤身，对肝、肾等不利，尤其是高度白酒对身体伤害更大，高度酒并不适合老年人饮用。成美前期判断，在选择礼品白酒时，消费者可能会在保证一定口感的前提下，更倾向于选择一些酒精度低一点的白酒送长辈。但调查显示，实际上更多消费者会根据老人平时的饮酒喜好（包含香型和酒精度）来选择白酒，因此送长辈高度的白酒更为普遍。

黄金酒的酒精度为35°，然而因为药材的缘故，消费者的口味测试时均认为酒精度在42°左右。这就在一定程度上解决了消费者对于酒口味偏好和健康冲突的问题，也满足了消费者送长辈时希望既健康又好喝的心愿（2010年秋季糖酒会上，黄金酒为迎合市场需求，推出45°和52°两款新品）。同时五粮液集团在白酒行业中的地位高，其品牌和研发能力可以给予黄金酒最大的信心保证。

经过上述研究，成美认为，黄金酒凭借良好的色香味表现，完全可以进入到礼品白酒市场进行细分。

对于保健功能的诉求，项目组认为，首先必须明确保健功能的信息不能脱离"白酒"好喝的属性。其次，明确诉求保健功能的目的是要区隔普通白酒。因此，在整体上体现白酒的享受下，黄金酒应该利用消费者观念中滋补酒适应人群广的认知，现阶段诉求具有适应人群最广的笼统的滋补功能即可，而无需强调有何具体保健功能。这一方面可避免进一步将市场局限在某一个具体保健功能市场上；另一方面还可以弱化消费者对保健酒固有的"药酒"认知，尽量避免治疗药酒针对疾病的联想，从而弱化消费者对黄金酒口感和每次饮用量的担心，并符合消费者对于功能期望相对较弱的现实。

如何让消费者接受黄金酒具有保健功能呢？显然，只需要宣传推广酒中含有滋补药材的信息，就能令消费者感知到其保健功能，从而实现与普通白酒的区隔（巨人投资在后来的新闻发布会上直接提出功能白酒的概念）。

至此，成美对于黄金酒的定位研究有了更清晰的结论：在礼品市场，送给长辈保健的白酒。这包含三个层面的意思：首先，目标是细分白酒市场；其次，黄金酒与其他白酒的差异在于其具有保健功能；最后，这是在礼品市场专门送给长辈的酒。

4. 竞争对手是否占据了该定位

在礼品市场，送给长辈保健的酒，这个定位机会可行与否，必须验证其是否已经被竞争对手所占据。因为定位具有唯一性，必须是竞争对手没有占据该定位，即消费者的心智资源未被竞品占据时，该定位才能成立。

目前，国内有一定影响力的保健酒主要是劲酒和椰岛鹿龟酒，项目组研究这两个主要竞争对手后认为，"送给长辈保健的白酒"的定位并没有被占据。

劲酒是目前公认的保健酒领头羊，2007年销售达到17亿元，其现阶段的营销更多是体现了细分餐饮渠道白酒的战略，不仅较少强调药效或保健功能，而且产品的药味较弱，酒色为淡淡的琥珀色，主渠道在餐饮。劲酒正是通过保健这个差异成功抢夺了部分餐饮渠道中低档白酒的市场，可以说，劲酒同样是在细分白酒市场。

调查显示，劲酒的主流消费者并非传统保健酒的目标人群老年人，而是30多岁的青年男性，其饮用场合也并非保健酒传统的家中自饮，而是以餐饮渠道朋友聚会为主。虽然劲酒后来推出了礼品装，但劲酒70%的销售额源自125mL的中国劲酒小方瓶装，即其市场并非在礼品市场，因此与黄金酒并未构成直接竞争，也未占据到"送给长辈保健的白酒"这一定位。

椰岛鹿龟酒将目标市场精准地定义在礼品市场，而且同样是"送长辈"，在高峰期达到6亿元的销售额。但是椰岛鹿龟酒更多强调的是"保健功效"，广告中诉求内容主要是"腿脚利索多了，晚上不起夜，冬天不怕冷，就是不感冒，睡觉睡得香，气色有多好"，而且大量采用报纸软文宣传功效和产品配方龟鹿二仙膏、真鹿茸、真龟板的中药材信息。而产品更是体现了"药酒"特色，酒色偏酱色，药味浓郁，完全忽视了产品酒的属性。

更为可惜的是，椰岛鹿龟酒的推广并没有进行很好的追击，海南椰岛集团就匆匆走上了多元化发展的道路，至今椰岛鹿龟酒仍是一个区域性品牌。显然，购买椰岛鹿龟酒的消费者是把它当成"药酒"，送椰岛鹿龟酒更多是在送健康，椰岛鹿龟酒同样未与黄金酒构成直接竞争，也未占据到"送给长辈保健的白酒"这一定位。

竞争对手并未占据"送给长辈保健的白酒"定位，而黄金酒集合了五粮液集团和巨人投资两大行业巨头的优势，产品力很好地平衡了酒的享受和滋补保健功能。因此，成美形成研究结论：黄金酒的品牌定位是"礼品市场，送给长辈保健的白酒"。

5. 定位下的营销整合

黄金酒的定位"在礼品市场，送给长辈保健的白酒"，这要求黄金酒将普通礼品白酒作为直接竞争对手，因此黄金酒必须在除了保健功能这个独特价值外，尽量贴近礼品白酒，包含产品、价格、渠道和推广各个营销方面。

在产品方面，成美建议黄金酒的包装应该以白酒包装为参考，并体现高档礼品的属性，通过在包装背面体现中药材和突出五粮液集团保健酒有限责任公司的企业名来体现滋补功能。

在价格方面，同样参考送亲近长辈白酒的主流价格，由于是五粮液集团出品并添加了地道中药材，成美建议黄金酒价格应该覆盖尽可能大的市场，因此建议黄金酒的零售价可以略高于送长辈的白酒主流价，而不应高得太多而形成明显的价格障碍。

在渠道方面，由于黄金酒细分的是礼品白酒市场，自然铺货应该主要在白酒货架上。

在推广方面，黄金酒需要突出的是一个送长辈的礼品酒，同时体现出酒的享受，还要能清晰地让消费者理解这是一个不同于普通白酒的保健酒，其保健体现在具有滋补作用。显然在一条广告片中要诉求的信息相对较多。因此，巨人投资根据其经验决定拍摄两条广告片：一条内容以告知定位为主；一条内容强调送礼。

在定位传达广告片中，对保健功能的诉求特别需要把握尺度。如前所述，黄金酒需要区隔的是普通白酒，而且国家对于保健食品的广告推广有明确的规范，因此只要告知消费者"黄金酒具有滋补功能，因此更健康"即可。成美建议，黄金酒通过所含六味中药材来体现其具备滋补功能。

同时，五粮液集团的强大品牌力能够给予黄金酒事半功倍的帮助，自然在宣传上应该体现这一事实，从而给消费者信心。

为了试探市场的反应，黄金酒精心挑选了两个区域进行试销。

2008年4月，黄金酒开始在山东青岛、河南新乡进行试销。青岛4月25日开始投放广告，至10月中旬累计投入广告费人民币300多万元，回款1 600万元；新乡5月铺货，5个多月中投入广告46万元，回款近350万元。在这两个市场中，青岛的主要出货终端是大卖场，而新乡则由烟酒店控制着市场，两者都属于国内典型的白酒市场。

试销成功后，巨人投资决定从 2008 年 11 月开始，启动全国市场。

2009 年，巨人投资在央视广告招标中投入 1.2 亿元用于黄金酒的广告投放。是年，黄金酒完成销售额 10 亿元的业绩。

2010 年，巨人投资在央视广告招标中投入 2 亿元，其中 1 亿元用于黄金酒的广告投放。是年，黄金酒完成销售额 13 亿元的业绩。

讨论题：
1. 黄金酒广告定位过程中考虑了哪些因素？
2. 黄金酒广告应用了哪种广告定位方法？效果如何？
3. 黄金酒广告采用了哪种广告诉求方式？诉求重点是什么？

【本章参考文献】

[1] 吴柏林. 广告策划与策略 [M]. 2 版. 广州：广东经济出版社，2009.
[2] 范云峰，王珏. 营销广告策划 [M]. 北京：中国经济出版社，2004.
[3] 丁俊杰，康瑾. 现代广告通论 [M]. 2 版. 北京：中国传媒大学出版社，2007.
[4] 严学军，汪涛. 广告策划与管理 [M]. 2 版. 北京：高等教育出版社，2006.
[5] 余明阳，陈先红. 广告策划创意学 [M]. 上海：复旦大学出版社，2003.
[6] 李景东. 现代广告学 [M]. 广州：中山大学出版社，2010.

第五章

广告预算

广告预算对于企业的广告活动所起的作用是毋庸置疑的。合理的广告预算,不仅可以确保企业实现广告目标,提高广告宣传效果,还可以尽可能地为企业节省资金。合理地运用广告预算方法,科学地进行广告预算分配,是促使企业广告活动得以顺利进行的保证。

【本章要点】

1. 广告预算的意义和制定程序
2. 影响广告预算的因素
3. 广告预算确定的方法
4. 广告预算分配的方法

【导入案例】

腾讯财经讯:北京时间2012年1月27日晚间消息,在完成了多桩并购交易之后,美国软饮料巨头百事可乐公司将把重点转向自主品牌的建设,而其营销投入也将大幅增长。

根据彭博社的调查,分析师预计百事可乐公司在2月9日发布最新财报时,将宣布将其用于同名可乐及其他饮料产品的营销预算提高多达6亿~17亿美元,增幅达到50%。

目前,百事可乐公司正致力于从最大竞争对手可口可乐公司手中夺回部分市场份额并且恢复投资者对其软饮料业务的信心。在过去一段时间内,百事可乐公司的股价远远低于可口可乐公司,在百事可乐公司现任首席执行官英德拉·努伊五年的任期内,百事可乐公司股价涨幅仅仅为2%,而可口可乐公司股价的同期涨幅超过了50%。

富国银行分析师伯尼·赫茨佐格在接受彭博社电话采访时表示:"百事可乐公司需要加大对于品牌的投入。如果从过去10年的情况来看,百事可乐公司在品牌建设上的投入显然落后于可口可乐公司。"

以上新闻是关于百事可乐公司2012年广告预算的新闻报道,却代表了各公司对广告投入的重视程度。不只是百事可乐公司,每一年各公司花费在广告方面的投入都是相当可观的,广告成为企业塑造品牌形象最为重要的手段之一。因此,能否制定出低成本、高效率的广告预算,是企业最为关注的决策性问题。

第一节 广告预算概述

广告预算是指企业投入广告活动的费用计划,它规定了在广告计划期间开展广告活动所需要的经费总额、使用范围和使用方法。广告预算编制额度过大，就会造成资金的浪费；编制额度过小，又无法实现广告宣传的预期效果。

一、广告预算的目的

1. 控制广告规模

广告费用的支出往往是一个无底洞，企业无法判断其投入的广告费用究竟有多少发挥了效力，而且并不是广告费用投入得越多，获得的广告效果就越好。因此，企业进行合理的广告预算，可以避免在竞争过程中的头脑发热现象，将广告费用支出控制在企业可以承受的范围之内。

2. 评价广告效果

评价广告效果的主要标准，就是看广告活动在多大程度上实现了广告目标。广告预算对广告经费的使用提出了明确的目标，可以进一步使广告活动的每一具体步骤尽可能达到较为理想的效果。

3. 规划经费使用

科学、合理地进行广告预算的目的是为了使广告费用的投入保持适度，避免盲目投入造成浪费，使投入的经费有计划地在媒体、区域、产品和时间上进行合理分配，以便让有限的广告费满足多方面的需求。

4. 提高广告效率

通过广告预算，可以使广告经费的每一项开支都有合理安排，并发挥更大、更有效的作用，为企业带来更大的经济效益。广告投入如果不能为企业带来效益或不能达到预期目的，就意味着该广告投入是企业的无效投入。

二、广告预算的内容

目前，国际上公认的广告费用开支表，是由美国最权威的广告刊物之一《印刷者墨汁》于1960年刊出的，1981年美国的查尔斯·帕蒂和文森特·布拉斯特通过对100家著名广告公司的调查，验证了该表。该杂志把广告费用的支出划为三大类：可以作为广告费用的支出；可以作为广告费用的支出，也可以不作为广告费用的支出；不能作为广告费用的支出。具体内容见表5-1。

表5-1 广告费用分类表

分类			主要费用
白表	可以作为广告费用的支出	媒体费	报纸、杂志、电视、电台、电影、户外、购物点广告（POP）、宣传品、直邮广告（DM）、幻灯、招贴、展示等
		制作费	美术、印刷、制版、照相、电台与电视设计、与广告有关的制作费
		管理费	广告部门薪金、广告部门事务费、顾问费、推销员费、房租费，以及广告部门人员的差旅费
		杂费	广告材料运费、邮费、橱窗展示安装费、其他
灰表	可以作为也可以不作为广告费用的支出		样本费、示范费、客户访问费、宣传卡用纸费、赠品、办公费、报刊费、研究调查费
黑表	不能作为广告费用的支出		社会慈善费、旅游费、包装费、广告部门以外消耗品费、潜在顾客招待费、从业人员福利费等

在我国,广告预算主要包括:广告调研费、设计制作费、广告媒介费、组织管理费和其他费用等几部分。

1. 广告调研费

广告调研费包括:市场调查,消费者调查,产品调查,调查策划,咨询费用,广告效果检测,购买统计部门和调研机构的资料所支付的费用等。这一部分经费约占广告费用总额的5%。

2. 设计制作费

根据不同的媒体需要,设计制作费的标准也有所不同。电视广告的设计制作费远远高于广播广告和印刷广告的设计制作费,而同一媒体的广告设计制作费也往往差异较大。设计制作费主要包括:广告设计人员的报酬,广告设计制作的材料费用、工艺费用、运输费用等,约占广告费用总额的5%~15%。

3. 广告媒介费

广告媒介费主要是指购买媒体的时间和空间的费用,这部分费用是广告预算中份额最大的一笔支出,约占广告费用总额的80%~85%。

4. 组织管理费

组织管理费包括广告人员的工资费、办公费,广告活动的业务费、公关费,与其他营销活动的协调费用等,约占广告费用总额的2%~7%。

5. 其他费用

不能计入上述费用中的支出往往算作其他费用。

三、影响广告预算的因素

(一)产品生命周期

产品生命周期理论是美国哈佛大学教授费农于1966年在其《产品周期中的国际投资与国际贸易》一文中首次提出的。费农认为:产品生命是指市场上的营销生命。产品和人的生命一样,要经历形成、成长、成熟、衰退这样的周期。而这个周期在不同技术水平的国家里,发生的时间和过程是不一样的,其间存在一个较大的差距和时差,正是这一时差,表现为不同国家在技术上的差距。它反映了同一产品在不同国家市场上的竞争地位的差异,从而决定了国际贸易和国际投资的变化。为了便于区分,费农把这些国家依次分成创新国(一般为最发达国家)、一般发达国家、发展中国家。产品生命周期一般分为介绍期、成长期、成熟期、衰退期四个阶段。产品生命周期与广告费用支出的关系如图5-1所示。

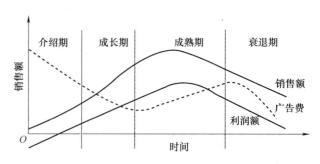

图5-1 产品生命周期与广告费用支出的关系

1. 介绍期

介绍期是产品进入市场的第一个阶段。此时,目标市场上的消费者还不了解产品的功能,产品的品牌还没有给大家留下任何印象。产品的销售量增长缓慢,加上前期投入(如产品的研制费用、开发费用、材料成本以及销售网络的建设费用等）较大，企业基本上处于无利经营状态。企业经营者为了提高产品品牌的知名度，树立品牌形象，必须投入大量的广告费用，充分利用各种媒体进行广告宣传，以增加产品的暴露度，使广告受众对产品产生初步的印象。因此，这一阶段的广告宣传是一种典型的"信息型广告"。它主要是针对产品的基本情况向目标市场"广而告之"。例如，将产品的价格、功能、品牌、产地、售后承诺等情况告诉媒体受众。

2. 成长期

成长期是指产品在目标市场上已有一定的知名度，一些消费者对产品已建立了初步的品牌认知的时期。产品的销售网络已基本建成，销售利润逐步增加，市场上出现了竞争对手，一部分顾客由于产品的质量而成了企业的回头客，他们已形成了一定的品牌忠诚感。企业在这一阶段的广告宣传，已由信息型转向"个性诉求型"。广告规模较介绍期有所缩小，广告内容侧重于突出产品的特征，增加了广告的艺术含量，以求通过良好的视听形式来促使受众产生固定的品牌联想。

3. 成熟期

成熟期是指市场上观望类消费者也已购买了产品，企业的利润达到最大化的时期。由于利润的诱惑，市场上涌现出大量替代产品或类似产品，竞争达到白热化的程度。由于竞争的加剧，企业的广告费用又开始增加，企业利用多种媒体进行广告宣传，以突出"人无我有，人有我新，人新我全，人全我精"的特征。在这一阶段，企业进行广告宣传的目的主要有两个：一是维持产品的市场份额，通过各种形式的促销活动使受众购买本品牌产品；二是扩大产品的市场占有率，通过开发产品的新用途和增加产品的使用量，以增加产品的销售量。

4. 衰退期

衰退期是指产品销售额大幅度下降，企业利润大幅度减少的时期。许多竞争对手纷纷转产，即使增加产品的广告投入，企业产品的销售额也不会得到明显改善。针对以上情况，企业应该开发新产品，或者进行品牌延伸，将成功的品牌引用到新产品上，使受众将对原有品牌的认知自然过渡到新产品上，从而为新产品打开市场奠定基础。可口可乐公司就是利用这种策略，成功地开发了健怡可乐、樱桃可乐等新产品，确保了企业的市场领导地位。企业在这一阶段的广告宣传只是提醒媒体受众注意该产品的存在，某品牌产品依然是消费者忠实的朋友。提醒性广告主要突出产品的品牌，以唤起媒体受众对产品的回忆，同时也使对本品牌产品持有忠诚感的顾客感到欣慰。

（二）竞争状况

一个竞争激烈的市场，往往是一个耗费大量广告费用的竞技场。因为，在一个竞争者众多但彼此都做大规模广告的市场，企业仅仅使自己品牌的信息被消费者知晓，就需要投入比正常时候多得多的费用，同时还要考虑竞争对手的因素，根据对方的市场占有率、品牌知名度、广告费用等因素来确定自己的广告费用预算。可以这样说，市场竞争状况是影响广告费用开支的一个主要因素，也是最为重要的因素。

首先，同类产品竞争者的数量与实力影响着企业的广告预算，如果竞争对手进行大规模的广告宣传，本企业必然要扩大广告宣传的规模，广告预算也会随之增加，否则本企业的广告活动就收效甚微，达不到预期的目标。

其次，目标市场上的广告拥挤度的大小也影响企业的广告预算规模。广告拥挤度是指单位时间内，某一特定媒体刊播的广告数量。消费者的注意力是有限的，如果广告拥挤度非常大，注意力被铺天盖地的广告所分散，那么，广告宣传的效果就会大打折扣，此时，较小的广告预算根本无法与竞争企业相抗衡。

最后，广告主题与广告效果也是增强企业广告竞争的重中之重。只有企业的广告是众多广告中最响亮的一则的情况下，才有可能引起媒体受众的注意，促使他们产生购买欲望。比如，在一间有30多名同学的教室里，每一个人都向老师（只有一位老师）诉说，在这种吵闹的无秩序的环境里，作为学生的你如果想让老师听清你的话，你的声音只有比其他人的响亮，才会达到你的目的。而"响亮的声音"需要花费更多精力，这个道理在"广告爆炸"的年代里同样适用。

（三）营销目标

企业的销售目标主要包括销售量、销售额、利润率等直观数值，还包括品牌价值这一无形资产。一般来说，销售量大的产品的广告投入较多；利润率高的产品的广告投入较高。但是，品牌价值与广告投入之间的关系要复杂得多，大致可从两个角度来分析：产品品牌的市场地位和产品的替代品牌。

通常情况下，保持现有的市场占有率的广告费用远远低于扩大市场占有率的广告费用。如果品牌属于领导型品牌，由于它有成熟的销售网络，有较高的品牌知名度和美誉度，老顾客对产品品牌的忠诚是领导型产品独具的一份经营优势，其广告宣传活动的目的只是为了维持老顾客的重复购买，这就决定企业没有必要进行大规模的广告推广。如果品牌处于挑战型的市场地位，不太高的知名度与不太成熟的销售网络都迫使企业进行大规模的广告宣传，以提高目标市场上媒体受众对产品品牌的认同意识。据研究，如果维持一名老顾客需要花费1元钱，那么吸引一名新顾客则需要花费6元钱。因此，对于挑战型品牌的经营者来说，进行广告宣传是企业将挑战型品牌发展成为领导型品牌的主要手段之一，在这一发展过程中，较大规模的广告预算是不可避免的。

同样，产品的替代品牌越多，就需要进行较多的广告宣传来突出产品的个性，树立品牌形象。有些产品，如香烟、化妆品等，产品之间的同质性使消费者很难将它们区分开来，广告策划者必须通过艺术化的广告促销，将品牌中的文化附加值突出出来，显得该品牌与其他品牌不同，为媒体受众识别产品创造条件。这一形象塑造过程，企业需要大量的广告投入，以使得自己的品牌严格区分于竞争对手。

（四）企业财力

显而易见，如果企业实力强大、资金雄厚，其广告投入的数量自然可观；如果企业资金匮乏，广告投入自然难如人愿。单纯从媒体费用来说，广告投放量充足，用于媒体投放的部分就会游刃有余。因为广告媒体费用占广告费的80%以上，广告主在编制预算时，对媒体费用格外关注。而不同媒体，因其覆盖面、接收率、接收效果的不同以及广告制作过程的不同，使得广告的发布价格也不一样。加上媒体播放频次与广告效果之间的关系也很复杂，企业自然要力求在一段时间内、在特定媒体上增加某一广告出现的次数，以强化受众的记忆力，这必然要花费更多费用。

当然，影响广告投入的因素不止这些，还有消费者、社会环境、经济发展状况等，为了使广告预算减少盲目性、主观性，必须充分考虑各种因素。

第二节 广告预算的方法

广告预算方法是企业进行量化管理、科学管理的重要手段，也是确保广告活动能够顺利进行，并发挥应有效率的工具。常用的广告预算方法主要有：营销比率法、竞争对抗法、目标达成法、量力而行法和投资预算法。

一、营销比率法

1. 销售百分比法

销售百分比法是以销售额的百分比确定广告费数量的方法。常用的方法有上年度销售额百分比法和计划销售额百分比法。

上年度销售额百分比法是指根据企业上一年度产品的销售额情况来确定本年度广告费用的一种方法。它以上一年度的销售额为基数，抽取其中的百分之几作为次年广告投入的费用。例如，去年某产品销售额为 100 万元，抽取其中的 10% 作为今年的广告开支，则今年广告费用为 10 万元。这种方法的优点是确定的基础实际、客观，广告预算的总额与分配情况都有据可依，不会出现大的失误。

计划销售额百分比法又称下年销售额百分比法，是以下一年度预计的产品销售额的百分比作为应投入广告费的预算方法。下年销售额百分比法有一定的预测性，经营者在预测下一年度销售额情况的基础上来确定企业的广告费用。这种方法适合企业的发展要求，但也有一定的风险。在市场上，有许多因素都是未知的，这些因素对企业经营活动的影响有可能是突发性的，常常具有破坏性，它们改变事物的发展规律，使市场处于无序状态。例如，当经济不景气时，再多的广告宣传也无法阻止产品销售额下降的趋势，此时执行的预测计划就是一种"非理性"的经营行为。

此外，有的企业采用平均销售额百分比法和计划增加销售额百分比法。平均销售额百分比法，即以若干年（如近三年）销售额的平均数为基数，或者取上一年的销售额与本年度销售额的平均数作为基数，抽取其中的百分之几作为次年广告投入的费用；计划增加销售额百分比法则以本年度与上一年度销售额增加的百分比为基数，抽取其中的百分之几作为次年广告投入的费用。

例如：某企业去年的销售额为 100 万元，今年计划增加到 150 万元，增长比率为：

$$\frac{150 \text{ 万元} - 100 \text{ 万元}}{100 \text{ 万元}} \times 100\% = 50\%$$

则广告费应为：150 万元 × 10% × (1 + 50%) = 22.5 万元

综合以上各种方法可得出销售比例法的特点，其优点在于计算简单、方便，能直接反映产品的销售情况，保持广告投入与营销状况的平衡。其缺点是比较死板、缺乏弹性、不能适应市场环境的变化，使广告费用分配与实际需求相反，造成短缺或浪费。

2. 销售单位法

销售单位法是以每单位产品的广告费用来确定计划期的广告预算的一种方法。商品销售量的基本单位，既可以是一件商品，也可以是一个零售经销店。销售单位法是以每件商品或每个零售经销店的广告分摊费来计算广告费用，计算式如下：

$$广告费用 = 每个销售单位的广告费 \times 销售单位数量$$

例如：某一汽车企业在每辆汽车上的广告费投入为30美元，并预测将销售10万辆汽车，那么广告费总额为

$$广告费总额 = 30\, 美元/辆 \times 10\, 万辆 = 300\, 万美元$$

再如：某方便面企业本年度要在20座城市做广告，每座城市投入100万元的广告费，那么，广告费总额为

$$广告费总额 = 100\, 万元/座 \times 20\, 座 = 2\,000\, 万元$$

这种方法的优点是操作起来非常简便，可以随时掌握企业广告活动的效果，适用于那些薄利产品确定广告费用。其缺点是对于经营多种产品的企业，这种方法相对比较烦琐，而且不实用，灵活性较差，没有考虑市场上的变化因素。

二、竞争对抗法

竞争对抗法是指广告主根据竞争对手的广告费开支来确定自己的广告预算的一种方法，希望通过针锋相对的广告大战来增强竞争优势。竞争对抗法是由 D. A. 艾肯和 J. G. 迈尔提出的，有时也称为"竞争对手均等法"。运用竞争对抗法的关键是要了解主要竞争对手的市场地位与广告费用金额，计算出竞争对手每个市场占有率的广告投入，再依此来确定企业的广告预算。如果企业想保持与竞争对手相同的市场地位，则可以根据竞争对手的广告费率来确定自己的广告规模；如果企业想扩大市场地位，则可根据比竞争对手高的广告费率来匡算自己的广告费用总额。

1. 市场占有率法

市场占有率法是先计算出竞争对手单位市场占有率的广告费，以此为基数乘以本企业预计市场占有率。计算式如下：

$$广告预算 = \frac{竞争对手广告费用总额}{竞争对手市场占有率} \times 本企业希望的市场占有率$$

例如：竞争对手某产品的年度广告费为50万元，市场占有率为50%，本企业期望的市场占有率为45%，那么，本企业的广告费为

$$广告预算 = \frac{50\, 万元}{50\%} \times 45\% = 45\, 万元$$

2. 增减百分比法

增减百分比法是以竞争对手今年的广告费的增减百分比数作为本企业广告费增减的百分比参数。计算式如下：

$$广告费用 = (1 \pm 竞争对手广告费增减率) \times 上年广告费$$

竞争对抗法的优点是编制的广告预算具有针对性，适用于竞争激烈的产品和企业，尤其是当同类产品市场上有三个以上的竞争对手时，有利于企业在竞争中赢得主动权。其缺点是这种方法要冒一定的风险，适用于资金雄厚的大企业；而且广告预算属于企业经营秘密，大多数企业都不愿将它公布于众，竞争对手的广告预算的具体资料取得不易，这就给本企业编制广告预算带来一定困难。如果有些企业为了竞争的需要故意散布一些假情报，那么据此确

定的广告费用就会导致决策失误。

三、目标达成法

(一) 目标达成法的含义

目标达成法是1961年瑞瑟·科利在为美国全国广告主协会所做的研究并出版的《制定广告目标以测定广告效果》(*Defining Advertising Goals for Measure Advertising Results*) 中提出的。目标达成法也叫目标任务法 (Objective-task budget)，是指根据企业的营销目标，确定企业的广告目标，根据广告目标编制广告计划，如广告媒体的选择、广告表现形式、广告发布时间和频率等逐项估算出所需费用，最后累加起来，就是广告费用总额。

目标达成法的广告预算的计算公式如下：

广告预算 = 目标人数 × 平均每人每次到达费 × 广告次数

目标达成法的具体操作过程如图5-2所示。

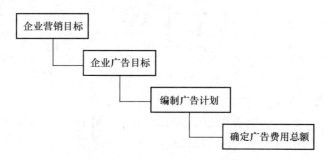

图5-2 目标达成法的具体操作过程

(二) 目标达成法的步骤

美国市场营销专家阿尔伯特·费雷将目标达成法的操作程序归纳为七个步骤：

第一步：确定广告主在特定时间内所要达到的营销目标。

第二步：确定企业的潜在市场并勾画出市场的基本特征。具体包括：值得企业去争取的消费者对广告产品的知晓程度以及他们对产品所持有的态度；现有消费者购买产品的情况。

第三步：计算潜在消费者对广告产品的知晓程度和态度变化情况，以及广告产品销售增长状况。

第四步：选择恰当形式的广告媒体，以提高产品的知名度，改变消费者对产品所持有的不利于产品销售的态度。

第五步：确定广告暴露频次，制定恰当的广告媒体策略。

第六步：计算为达到既定广告目标所需的广告暴露频次。

第七步：计算实现上述暴露频次所需的最低广告费用。这一费用就是广告主的广告预算总额。

目标达成法的优点是：系统性和逻辑性较强，能够适应市场营销变化；每种广告支出目标明确、效果明显，既不会造成浪费，也不会产生短缺。其缺点是：比较烦琐，难以确定达成这些目标到底需要多少钱；在计算过程中，如果有一步计算不准确，最后得出的广告预算总额就会有较大的偏差。广告目标的四个阶段为：知晓—了解—确信—行为。随着各阶段的发展，广告目标实现的难度在逐渐加大。而目标达成法的缺点还包括：即使确定出广告目标，仍无法确定媒体到达率和暴露频次。

四、量力而行法

量力而行法又称支出可能法，或量体裁衣法，是指企业根据自己的经济实力，即财务承受能力来确定广告费用总额。具体来讲就是，企业将所有不可避免的投资和开支除去之后，再根据剩余资金来确定广告费用总额。以下例子可充分说明量力而行法的具体运用。假设的资料见表5-2。

表5-2　某企业成立后第 n 年的经营状况损益表

项　　目	金额（万元）
销售收入	100
销售成本	60
销售毛利	40
销售费用	20
广告费用	10
纯利润	10

假如该企业 $(n+1)$ 年的销售额预测为125万元，并且企业的销售成本按比例同步增加，如果 $(n+1)$ 年的销售成本为 X，那么 $(n+1)$ 年的销售成本为：

$$\frac{100\text{ 万元}}{60\text{ 万元}}=\frac{125\text{ 万元}}{X} \rightarrow X=75\text{ 万元}$$

如果该企业的纯利润水平仍为10%，则 $(n+1)$ 年的纯利润额应为12.5万元。在销售总额扣除销售成本后，企业财务部门核算得出企业正常水平的奖金和其他管理费用总额应该是27万元，那么：

企业在 $(n+1)$ 年度的广告总费用 $=(125-75-27-12.5)$ 万元 $=10.5$ 万元

量力而行法的优点是：它是一种最简单的预算方法，适用于新产品上市、非牟利企业或一般小型企业。其缺点是：很难确定所花费用是否有效，而且不易反映出广告支出与销售量变化的关系。

五、投资预算法

投资预算法是为了对企业的有关产品做长期广告预算而使用的方法，是指在全部产品生命周期的长期计划期限内，计算该产品的盈亏，最终达到所规定的利益水平，并且发挥期望的销售效果的长期广告预算的决定方法。这个方法是销售人员经常使用的方法。但是，由于广告费对销售额的效果估计往往缺乏客观、合理的论据，而且还没有制定出相对客观的决定模式，加上广告费产生的最终效果往往被忽视，从而使销售额受到影响，因此把包括本企业广告费的销售混合的各变数、竞争对手销售混合的各变数、本公司不能控制（调整）的各变数等所产生的销售额作为确定的数值，并对它们进行预测是不客观的，如果它的实际数值比预想的要低，那么就会使企业遭受很大损失。

第三节 广告预算的分配

尽管广告预算总量的多少往往是影响广告宣传效果最重要的因素，但是，广告预算运用得是否得当、是否有效，也是确保广告效果的重要手段。广告预算分配就是广告主有效利用广告资源，实现广告宣传效果的基本保证。广告预算分配方法主要包括时间分配法、区域分配法、产品（品牌）分配法和媒体分配法。

一、时间分配法

时间分配法是指广告策划者根据广告刊播的不同时段，来具体分配广告费用。根据时间来分配广告费用是为了取得理想的广告效果。因为在不同的时段里，媒体受众的人数以及生活习惯是不同的。广告费用的时间分配策略包含五层含义：广告费用的季节时间分配、集中时间分配、均衡时间分配、节假日时间分配和广告费用在一天内的时段性安排。

广告费用的季节时间分配是指在不同的季节里，由于市场需求情况的变化，要求广告活动的规模有所侧重。以店面广告为例，在我国，每年的12月到次年的2月是零售业的销售旺季，这时的店面广告可以营造一种节日的气氛，调动媒体受众的购买欲望，其广告效果非常好，一份广告投入可能取得数倍的广告收益。在这一段时间内，广告策划者应该扩大店面广告的规模，提高店面广告的艺术品位，要多投入。每年的6~8月是销售淡季，再多的广告投入也难以改变商品销售不旺的规律。在这一段时间内，广告策划者应理智地缩小广告规模，否则就是一种非理性的经营行为。

集中时间分配是指在短时间内对目标市场进行突击性的广告攻势，迅速扩大广告影响，提高企业或商品的知名度和美誉度。这种方法适用于新企业开张前后和新产品投入市场前后，或者广告竞争激烈之时，以及商品处于衰退期、销售量急剧下降之际。

均衡时间分配是指企业有计划地、反复地对目标市场进行广告宣传的策略，以提醒或保持消费者对企业或商品的印象。这种方法适用于企业保牌广告目标的实施。在广告的表现形式上要特别强调变化，不断给人以新鲜感和刺激感，而不要长期地、机械地重复同一广告内容。

节假日时间分配是指服务业或零售企业在节假日之前推出广告，而在节假日之后便停止推出，如"春节大放送""买一赠一，迎六一"等。这种方法基于中国人的消费习惯，在近些年兴起的假日经济浪潮等因素影响下不断地发展和壮大。

广告费用在一天内的时段性安排是指在一天的时间内，大多数消费者都表现出一个明显的生活规律：白天工作，晚上休息。广告策划者在选用电视媒体进行广告宣传时，应该侧重于18:00~23:00这一时段。因为大多数媒体受众在入睡以前，常常对电视流连忘返，这一时段的电视广告具有较高的注目率，因此广告主的广告费用分配也应适当侧重在这一时段。

二、区域分配法

区域分配法是指广告策划者根据消费者的某一特征将目标市场分割成若干个地理区域，然后再将广告费用在各个区域市场上进行分配。广告策划者可以根据不同区域市场的销售额指标，来制定有效的视听众暴露度，最终确定所要投入的广告预算金额。假如N企业在全国销售 M 品牌产品，根据产品销售情况可以将全国市场划分为 A、B、C 三个区域市场，N 企业计划投入的电视广告费用为 3 500 万元，N 企业电视广告费用的区域分配情况见表 5-3。

表 5-3 N 企业电视广告费用的区域分配情况

市场名称	占销售总额的比例（%）	视听众暴露度（千次）	每千人成本（元）	广告费用（万元）	费用比例（%）
A 区域	50	32 000	500	1 600	45.70
B 区域	30	28 000	500	1 400	40.00
C 区域	20	10 000	500	500	14.30
总计	100	70 000	500	3 500	100

表 5-3 就是 N 企业根据产品在不同区域市场上的销售比例，制定了有效的视听众暴露次数标准，再据此分配不同数额的广告费用。其中 A 市场的产品销售份额为 50%，其广告投入为 1 600 万元，占总投入的 45.70%；在 B 市场上，M 品牌产品的销售份额为 30%，计划投入广告费用为 1 400 万元，占广告预算总额的 40%；C 市场上 M 品牌产品的销售额占总销售额的比例最小，所以计划只投入 500 万元的资金进行广告宣传。

按地理区域分配广告投入，看起来简便易行，但操作起来很难兼顾各个市场的实际情况，通常的做法是：广告主将几个区域市场的广告费用拨付给某个选定的广告代理商，再由广告代理商根据各个市场的特点进行重新分配，以确保广告投资的效果。通常情况下，按照地理单元进行的分配可以从以下几方面考虑：电视覆盖区域、电视市场、广播市场、都会统计区、报纸区域、尼尔森县城规模区和地理人口统计区。

三、产品（品牌）分配法

产品（品牌）分配法是指广告策划者根据不同产品在企业经营中的地位，有所侧重地分配广告费用。这种分配策略使产品的广告投入与销售额密切联系在一起，贯彻了重点产品投入的经营方针。分配广告费用的依据可以是产品的销售比例、产品处在不同的生命周期的阶段、产品的潜在购买力等。广告费的品牌分配法也属于产品分配法。

以美国宝洁公司为例，该公司的洗涤类产品有汰渍、快乐、Gain、Dash、Bold、象牙、洁拂、奥克多、Exa、Solo 等品牌，其中象牙品牌是一个成熟品牌，其广告投入可以相应少一点。Exa、Solo 等品牌是新品牌，需要大量的广告推广，以提高品牌的知名度，其广告费用就需要多一些。当然，这是在考虑不同品牌对企业的重要程度不同，带来的经济利益不同的基础上，结合某品牌的产品生命周期阶段而进行的广告分配策略。

如果企业采用的是同一品牌策略，即所有的产品只有一个名字，如索尼电器公司，企业在进行媒体分配时就不能采用按产品（品牌）进行分配的方法。

四、媒体分配法

（一）单一广告媒体选择的依据

企业在选择广告媒体时，要考虑广告商品的自身特点、使用价值、所处的产品生命周期，以及产品的质量、价格、包装等因素。

由于不同的商品类别具有不同的特点，所以任何一种商品的广告媒体选择是与其产品的特性相吻合的，并不是所有的商品都适合做广告，也不是所有的商品可以在相同的媒体上做广告。商品的性能是指商品的性质和作用；商品的使用范围则包括地域范围和使用者的阶层范围。一般来说，消费品要比生产资料适合进行大众广告宣传。而在消费品中，化妆品往往要展示商品的包装、外观及化妆效果，因此适合在印制精美的杂志和声情并茂的电视上做广告，而不宜在报纸和广播上做广告。

如果某一商品市场状况良好，竞争力强，现实的购买率高，那么就比较适合选择简洁、快速的媒体，如广播、电视、报纸、网络等，以最快的速度将广告信息传递到受众中去，并尽快树立自己的品牌地位。如果某一商品是专利产品，或独家生产，消费者对它的性能尚不了解，短期内也不会形成竞争威胁，那么此时可选用报纸、直邮、杂志等低成本媒体，较详细地宣传产品，开发市场。

企业在选择广告媒体时，还要充分考虑目标市场上广告受众的生活习惯、职业年龄、文化程度、收入水平、宗教信仰等。因为上述各因素的不同与变化，会使受众经常接触的媒体发生变化。例如，农村居民文化程度较低，不适合使用报纸、杂志等广告媒体形式，而应该采用与他们生活联系紧密的广播、电视等媒体；再如，女性消费者爱漂亮、喜欢亮丽的颜色和美好的画面，在进行女性用品的宣传过程中，最好选择物象色彩逼真、鲜艳的媒体，如电视、印制精美的杂志。目前，各国网民数量不断增多，他们在网上消磨的时间也越来越多，于是许多企业开始把宣传重点放在网络这一宣传媒体上。

此外，广告的制作和成本费用也是必须考虑的因素。广告的制作程序和广告的发布速度与广告的成本费用有关，制作程序简单的媒体（如报纸、网络），广告发布较快，成本较低，适合中小企业；制作程序复杂的媒体（如电视、路牌等），广告发布较慢，成本较高，适合实力雄厚的企业。衡量广告费用的高低，既要看广告费用和广告所创造的经济效益的比值，又要看广告媒体的每千人成本。如果一种媒体的广告费用是100元，但它只能传播给100人；而另一种媒体费用是10 000元，但它能传播给20 000人，那么相比之下第二种方案的宣传效果更好。

（二）媒体组合策略

目前，经常采用的广告媒体主要有报纸、杂志、广播、电视、路牌、海报、旗帜等，经常采用的广告形式有售点广告、交通运输广告、电影广告、包装广告、礼品广告等，每种媒体及广告形式都有其特定的优点和缺点，企业可以根据自己的产品特性、经济实力、广告受众心理以及企业的广告战略目标等，来选择广告媒体及媒体组合形式。

企业选择广告媒体组合策略应考虑的因素主要有：在哪种或哪几种广告媒体上做广告，在每种广告媒体做广告的次数及在该种媒体上做一次广告的成本费用等因素，而这些因素又可以归结为商品特性和媒体特性，其中媒体特性还会受到受众的习惯和文化程度以及该种广告媒体的制作成本费用等的影响。

媒体组合的方式主要有同类型媒体组合和不同类型媒体组合两种。

同类型媒体组合就是把同一类型的两种以上媒体组合起来使用，如既做广播广告又做电视广告，或者既做全国性报纸广告，又做地方性报纸广告。此时，企业要综合考虑媒体的级别、性质、传播内容、出版周期、发行量、视听率、不同频道不同节目的区别，各取所长，以产生点面互补的效应。不过，这种组合运用的情况很少。

不同类型媒体组合就是把属于不同类型的两种以上媒体组合起来使用，使广告信息的传播更全面、更完整。例如，既做电视广告，又做报纸广告，还做路牌广告，充分调动广告受众的感官，扩大接触范围，增强广告效果。

企业广告在媒体投放上，不能选准一个媒体后就坚持到底，是企业经常出现的问题。企业在媒体投放上，要注重在适当的时候做适当的事。如果时机把握不准，就会花大钱办小事。可以说，对于媒体投放的时机把握，很多企业不够重视。大部分企业不知道如何根据不同的时期，对广告的发布采取不同的媒体运作策略。我们很难分得出其媒体投入的引导期、调整期、深入期与维持期。通常的做法是将电视、广播、报纸、杂志、POP和促销等不同广告媒体同时投放，强行向消费者灌输信息，认为这样就会产生效应。殊不知，不同的媒体，具有不同的作用，虽然不分青红皂白的广告轰炸多少也能带动产品销售，但这其中浪费的广告费用难以估算。

通常来讲，电视媒体传播的广泛性与其广告价格是成正比的。也就是说，传播广泛的电视广告价格就高，相对于地方台，同等资金的广告投入，广告主对于传播的广泛性所要付出的代价是减少频次。覆盖面小的电视台，虽然传播广泛受限，但其广告费低，广告主要达到一定的播出频次，仍为首选。有相当实力的企业可以在全国性的电视媒体做广告，保证播出频次的大投入，以求大回报。如果不是这样的企业，就要量体裁衣，考虑地方媒体及有线电视媒体，以保证播出频率及频次。

在欧、美、日等发达国家，广告媒体的选择组合都是委托广告公司进行的，而且有一个关于广告媒体的新提法，叫作"优化媒介计划"，是指在给定的预算水平上，使得媒介效果最大化。也就是说，在给定了广告投入数量以后，要对媒介载体进行优化组合，使广告的媒介效果最大化。目前的国外广告市场上，一些规模较大、运作较为规范的广告公司，它们在制订媒介计划时采用了优化媒介计划的技术，包括使用数据供应商提供的通用工具和广告公司内部研发的专用工具，这些在本土的广告公司还尚未普及。而优化媒介计划所要解决的就是在怎样的花费水平上投资回报率最高，从而制定最佳的媒介组合效率。在我国，目前大多数企业都是自己选择媒体，带有一定的盲目性。随着广告代理制的逐步实行，广告媒体的选择与组合也将逐步科学化、规范化。

【本章思考题】

1. 如何确定广告预算总额？
2. 广告预算经费怎样进行分配？
3. 广告预算的目的是什么？
4. 影响广告预算的因素有哪些？
5. 广告预算包括哪些内容？

【案例分析讨论】

佳品网2012年全年广告预算过亿元

2011年，电商行业集体陷入盲目竞争的怪圈，大多数电商企业采用粗放式营销，投入产出不成正比，而且资本市场对电商的热情开始消退。在此情况下，很多企业因资金链断裂而导致裁员、撤站、倒闭等。于是，进入2012年以来，几乎所有的电商公司都开始削减广告投放，降低营销成本。但是这种方式只能是治标不治本。虽然，毛利率和盈利预期成为了风险投资商考核电商的标准，但并不代表停止广告投放就能达到这一要求。

有业内人士表示，实现盈利和广告投放并不冲突，甚至广告能帮助企业提升盈利水平。只是企业要把握住度，广告投放要精准，并且要建立在公司雄厚的资金基础上。当然，这些资金不能仅仅依赖投资，而是要依靠公司自身的造血能力，这就要求电商企业实施精细化运营，控制好投入产出比。

2012年第二季度，在别的电商还在营销方式的改变上绞尽脑汁之时，国内首家时尚名品特卖俱乐部佳品网（www.vipstore.com）即将打响电商企业龙年营销第一枪，届时将会线下线上齐上阵。值得一提的是，此次线下广告投放规模之大堪称网站成立以来的首次，而且投放目标非常精准。据佳品网内部人士透露，这也只是佳品网龙年营销的第一步，接下来，还会持续发力，采取各种各样的营销措施。佳品网2012年全年广告预算预计超亿元，此举将进一步巩固佳品网在奢侈品电商行业的领导地位，并将全面提升其品牌知名度和影响力。

佳品网之所以能够逆势而为，推出如此大胆的营销推广方式，源于其紧抓电商的本质，一直实行稳健的运营策略，不仅自身造血能力极强，同时还吸引了众多资本的青睐与投资，所以其资金实力非常雄厚，再基于公司的产品和服务已经得到用户的认可，盈利指日可待。佳品网没有像同行一样在公司发展初期就积极冒进，而是十年磨一剑，等待所有时机成熟之后才发力打造品牌，厚积薄发，不可小觑。值得注意的是，佳品网之所以选在同行纷纷收缩之时拔出宝剑还有别的原因，即佳品网要将广告费用压至最低，不做冤大头，控制公司投入成本。同时，少了广告拥挤的现象，此时投放的广告效果会非常明显、事半功倍。

据悉，佳品网此前一直将精力放在完善产品、服务和供应链体系上。如今，佳品网已获得全球500多家国际奢侈品品牌商直销授权，产品品质绝对纯正，并均由中华联合财产保险公司进行承保。同时，佳品网所售商品全场无限额免运费，支持货到付款、七天无障碍退换货等。佳品网的努力换来了消费者的信任，其在消费者中间的口碑非常好。目前，佳品网注册会员已超过600万，每月新增会员15万人，每日访客10万人次，订单月增长率为20%，每季度二次购买率达35%。可见，佳品网大规模投放广告靠的是自信，卖的是实力。

讨论题：
1. 佳品网广告预算决策的独到之处体现在哪些方面？
2. 结合实例分析广告预算的分配。
3. 广告预算是不是越多越好？
4. 佳品网广告预算投入量是否有浪费的地方？如何理解？

【本章参考文献】

[1] 邵培仁. 媒介管理学［M］. 北京：高等教育出版社，2002.
[2] 小林太三郎. 新型广告［M］. 谭琦，译. 北京：中国电影出版社，1996.
[3] 桑德斯. 20世纪广告［M］. 何盼，等译. 北京：中国青年出版社，2002.
[4] 李景东. 现代广告学［M］. 广州：中山大学出版社，2010.

第六章

广告媒体

广告媒体是连通广告主和广告受众间信息传播的纽带,与广告公司和广告客户一起被称为广告的三大支柱,是国家重要的产业部门。广告媒体的发展水平是衡量一个国家广告业发展水平的重要指标,也是评价企业的经济实力和国家总体经济发展水平的重要指标,因此,广告媒体日益引起理论界和实体产业界的关注。

【本章要点】

1. 广告媒体的概念和分类
2. 主要广告媒体的优缺点
3. 新型广告媒体的特点与应用
4. 广告媒体组合策略

【导入案例】

"博客广告"收获真金白银:面临商业化契机

2005年,丽莎·苏格开始利用业余时间撰写名人八卦方面的博客,现在她和丈夫布莱恩成立了一家名为苏格(Sugar)的媒体公司,运营着12家博客网站,每月访问者达1 100万,并且吸引了香奈儿和索尼等广告主。

对于大多数博客作者而言,辞职并完全依靠撰写博客获取收入仍是一个遥不可及的梦想,但也有像苏格一样的创业者,通过博客网络收获了成功。此类博客网络往往有一个中心定位,但却有着不同的主题,就像数字时代的康泰纳仕集团(Conde Nast)一样(注:全球最大的杂志出版集团之一)。尽管就广告价格而言,博客广告无法与传统媒体的广告相比,但在杂志广告收入日渐下滑的同时,博客广告却在广告方面收获了真金白银。

Sugar的CEO苏格称,该公司2009年上半年广告营业收入增长20%,年底有望收入同比翻番并扭亏为盈。作为最早、同时也是最大的博客网站之一,高克传媒(Gawker Media)2009年上半年的广告营业收入也同比增长了45%。这两家公司都是私营公司,因此没有披露更多的详细数字,但据推算,高克传媒2009年的营业收入可能达数百万美元。与此同时,美国出版商信息局(Publishers Information Bureau)的数据却显示,美国杂志2009年上半年广告营业收入同比下滑了21%,销售的广告页数同比减少了28%。

博客网络在广告衰退环境下得以生存,且在海量网络内容的竞争中获得成功的原因在于，对于小众群体所关注的主题的深度报道更为吸引用户。苏格表示："为受众创造富有吸引力的内容相当困难。"

利用业余时间撰写博客的作者们首次发现写博客是有利可图的事情起源于《金融时报》原记者尼克·丹顿，他于2002年创办高克传媒，该博客网络成长迅猛，目前运营着8家博客网站，每月访问用户数超过200万，有150多名全职和兼职员工。2005年，当詹森·卡拉坎尼斯以报道中宣称的2 500万美元将其博客网络（Weblogs）销售给美国在线（AOL）之后，博客可以商业化运营的观念愈发根深蒂固。

目前的博客网络范围广泛，包括较大的 Gawker 和 Sugar，以及小规模的、主题更为集中的博客。例如，商业内幕（The Business Insider）、企业脉搏（Venture Beat）以及十亿勋章网络（Giga Om Network）等涵盖商业和科技内容的博客，也有类似她博客（Blog Her）和魅力媒体（Glam Media）等大型博客网络，此类网络互相共享广告，但内容独立。Sugar 的博客网络包括：报道名人八卦的流行苏格（Pop Sugar）、侧重于美女的贝拉苏格（Bella Sugar）以及育儿类的利尔苏格（Lil Sugar），这些博客的文章大都短小精悍，带有大幅图片和吸引人的标题。

其他博客网络也都仅关注小众化的内容。Gawker Media 原执行主编洛克哈特·斯蒂尔称，该公司的编辑方针是"极度沉迷"（Unhealthily Obsessed），在后来创办的科比德（Curbed）博客网络中，斯蒂尔仍旧遵循这样的原则。Curbed 的博客网络内容涵盖房地产、餐饮、购物以及在纽约、洛杉矶和旧金山的旅行指南。斯蒂尔称："我们完全沉迷于我们所报道领域的每个细节，这是一种经典的博客模式，即给用户他们可能希望知道的、某一主题下的所有内容。"对于 Curbed 网站而言，有时这意味着每天要发表二三十条关于纽约房地产的文章。

这种无所不包的报道，意味着可以让读者一天之内多次访问网站，从而吸引广告主的注意。创业邦（Morpheus Media）创始人什南·瑞德称，虽然博客网站内容难以预料，包括有时出现较为尖锐的内容，常常让广告主感到担心，但博客网络却风险较小。瑞德指出："当与一家公司进行合作，而这家公司有着同样的编辑标准和内容控制时，我们认为该公司的内容存在一致性。这也是我们对 Sugar、Gawker 以及 Curbed 感兴趣的原因。"Morpheus Media 是一家数字营销广告公司，其客户包括路易·威登和欧莱雅等品牌。

由于广告主没有时间在网络上的数百万个博客中进行筛选，博客网络也为广告主投放广告以覆盖大量的博客读者提供了便利。例如，Morpheus 为精品百货零售公司内曼·马库斯（Neiman Marcus）在 Sugar 博客网络上所策划的广告活动中，代表 Sugar 旗下各博客网站的卡通人物都穿上了内曼的衣服，用户可以点击这些衣服并购买。

但对于 Sugar 而言，单纯依靠广告成为大型且有利可图的媒体的梦想并未成真。《博客的起源、演变以及重要性》一书作者斯科特·罗森伯格认为："除了少数几个例子，我认为人们高估了博客的广告营业收入规模。"2007年，由于获红杉资本（Sequoia Capital）注资，这家拥有105名雇员的 Sugar 媒体公司收购了电子商务网站购物时尚（Shop Style），通过 Shop Style，用户可以看到网络零售商的商品，当用户点击访问该零售商或产生购买行为后，Sugar 就可以获得不同程度的佣金。

苏格承认，如果没有广告营业收入和上述佣金收入，Sugar 将不可能成长。该公司计划最终通过销售类似游戏道具一样的虚拟物品营利，而这一切归根结底与 Sugar 拥有大量受众的影响力分不开。

博客网络还需要改变所发布的内容类型。尽管许多博客网站在起步阶段都是链接并针对其他网站的内容发表评论，但如果没有自己的原创内容，就很难脱颖而出。

Curbed 的每个网站都有全职编辑和少量自由撰稿人，并开始与当地的报纸就独家报道进行竞争。Curbed 经常利用读者的线索，并可能根据读者的反馈，针对一篇文章进行 10 次更新。当 Gawker 的博客获得泄漏的视频等独家内容时，网站流量往往是平常的 100 倍。丹顿指出："这都是独家消息的功劳。"

Sugar 最近开始制作与购物和名人相关的视频，并开发了一个名为"OnSugar"的博客软件。当博客作者利用该软件展示衣服且读者点击购买之后，博客作者和 Sugar 可以获得分成。Sugar 计划最终在这些博客上销售广告。

曾投资谷歌、雅虎和 Sugar 的红杉资本投资人迈克尔·莫里茨称："在网络上生存并获得发展的不二法门就是持续创新，如果网络媒体和娱乐公司无法做到每天都有进步，他们将会像《读者文摘》一样走向破产。"

尽管博客网络的广告价格无法与传统媒体的广告相比，但在杂志广告收入日渐下滑的同时，博客网络（Blog Network）却在广告方面收获了真金白银。

(资料来源：http://tech.sina.com.cn/i/2009-09-14/17593436879.shtml)

第一节 广告媒体概述

一、广告媒体的含义和特性

(一) 广告媒体的含义

广告媒体是指传播广告信息的物质，凡是能够在广告主与广告对象之间起到媒介和载体作用的物质，都可以称为广告媒体。广告媒体的基本功能是传递信息，促成企业或个人实现其推销和宣传的目的。

广告媒体的含义可以从以下两方面来剖析：

第一，广告信息是广告主所要传达的主要内容，包括商品信息、劳务信息、观念信息等内容。全面理解广告所传递的信息内容，有助于广告主更好地进行媒体选择，从而能够更充分地发挥广告的作用。

商品信息是商品广告中所要传达的主要内容，是广告内容中最容易传达的部分。商品信息传播的目的是使消费者能够及时了解某种商品的性能、质量、产地、用途、购买时间、地点和价格等内容，以及能够给消费者带来的利益等信息，增加消费者对所宣传商品的了解程度，促使宣传商品能在更大的范围内销售。

劳务信息包括各种非商品形式或半商品形式的服务性活动信息的传达，是第三产业的各种服务行业所要传达的内容。例如，旅游公司对其提供各种旅游服务的信息，餐饮业对其特色饮食项目的介绍，信息咨询服务机构对其提供的咨询服务业务条款的讲解等。

观念信息是广告主通过广告活动倡导某种消费意识或消费行为，目的是使消费者在态度上信任某品牌，在感情上偏爱某品牌，在行动上忠于某品牌，通过观念信息的传播，使得消费者树立起一种有利于广告主的消费观念。

第二，广告媒体作为信息传递与交流的工具和手段，在广告信息传播过程中起着极为重要的作用，而广告媒体正随着科学技术的进步而日益丰富和多样，朝着电子化、现代化和空间化的方向发展。广告主只有充分了解每一种媒体形式的特点、传递信息的能力以及对受众的影响力，才能够更好地进行广告媒体的选择，实施合理的媒体组合策略，真正实现以最少的投入获得最佳的广告效果。

（二）广告媒体的特性

广告媒体的形式众多，每一种广告媒体都有其自身的特点。但是，所有的广告媒体又具有一定的共性，即传播性、适应性、发展性和服务性。

1. 传播性

无论是哪一种媒体形式，存在的目的都是进行信息的传播，广告媒体将广告主与广告受众、广告主与广告公司、广告信息与广告受众通过广告信息紧密地联系在一起。广告主、广告公司、广告受众的不同利益也通过广告信息的传播得到一种平衡。广告媒体的传播范围与传播对象具有广泛性，尤其是大众传播媒体，如报纸、广播、电视、杂志等，可以将广告信息跨越时间和空间的限制，广泛、深入、及时地传播和渗透到各个角落。

2. 适应性

广告媒体的存在与运用会受到外界的政治、经济、文化、技术等环境因素的影响，但是，依据当地的具体环境，总会有与之相适应的广告媒体形式。例如，在经济发达的国家，网络和电视媒体在广告信息的传播中占有主导地位，而在经济和文化落后的非洲国家，广播与报纸媒体则有更大的适应空间。

3. 发展性

每一种广告媒体都会随着科学技术水平和当地的经济发展水平的发展而不断发展和创新，不会因为时间的流逝而退出历史舞台。例如，传统的悬物广告逐渐发展成牌匾、橱窗等POP广告；户外广告从最初的路牌广告、霓虹灯广告演化出LED看板和各种柔性灯箱广告；声响广告则发展成现在的广告音乐与广告歌曲等，随着社会经济和广告事业的发展，广告媒体的利用在不同国家和地区都朝着综合利用的方向发展。

4. 服务性

各种广告媒体都有其特有的服务对象，为广大媒体受众提供各种满足消费者需求的服务信息。广告媒体提供的有用信息，可以为消费者进行购买决策提供参考，大大节省了消费者商品和服务的购买时间，缩短了购买过程。消费者通过降低购买成本支出，获得了更高的让渡价值。

二、广告媒体的功能和类型

（一）广告媒体的功能

在理论界，公认的广告媒体的功能主要表现在以下两个方面：

1. 信息传播功能

正如上文提到的，广告媒体不仅传播商品、服务等消费信息，还会传播价值观念和流行时尚等社会文化信息。新技术、新材料在生产环节的广泛应用，促使新产品大量涌现，也使得人们的生活和工作节奏越来越快，信息已经成为人们不可或缺的一部分。人们通过各种媒体获取自己所需要的信息，以便用最短的时间达到自己了解世界的目的。而作为媒体传播信息的重要组成部分的广告信息，可以帮助消费者在众多的商品与服务中进行选择，也因为在广告信息中渗透的消费观念、流行时尚等信息，促使消费者选择满足自己个性与特点的品牌产品。

2. 连接沟通功能

各种媒体将社会新闻、财经商贸、教育科技、餐饮娱乐、体育休闲、美容健身、旅游度假、气象地理、征婚交友、出国留学、会议展览等信息传递给受众的同时，也将广告主通过广告公司设计的商品服务信息传递给消费者。消费者则通过购买行为传递出对所接受信息的见解和主张，从而实现广告主与广告受众、广告主与广告公司、广告主和广告公司与广告媒体各方的交流与沟通，与媒体相联系的各方都会因为这种连接与沟通获取利益，广告因此成为人们生产生活中不可或缺的一部分。

（二）广告媒体的类型

广告媒体的分类不是严格区分和一成不变的，有些媒体可能同时存在于不同的分类标准中。例如，霓虹灯广告既可以属于POP广告，也可以属于户外广告；现在全国性的报纸也常有地方版，而地方电视台卫星频道具有全国范围的影响力。所以，从不同的角度划分可以形成不同的媒体类型，而不同类型的媒体又由于产生的作用不同，使用的范围差别也很大。

1. 按媒体的接受感官分类

按广告媒体的接受感官进行分类，广告媒体可分为视觉媒体、听觉媒体和视听媒体。视觉媒体是指通过受众的眼睛产生的视觉来实现的信息传播媒体形式，包括报纸、杂志、邮件、海报、传单、招贴、日历、户外广告牌、橱窗布置等媒体形式。听觉媒体是指通过受众的耳朵产生的听觉来实现的信息传播媒体形式，包括无线电广播、有线广播、宣传车、录音和电话等媒体形式。视听媒体是指同时通过受众眼睛产生的视觉和耳朵产生的听觉来实现的信息传播媒体形式，主要包括电视、电影、网络、现场演示等媒体形式。

2. 按媒体表现形式分类

按广告媒体的表现形式进行分类，广告媒体可分为印刷媒体、电子媒体、POP以及户外媒体等。印刷媒体包括报纸、杂志、说明书、挂历、传单等。电子媒体包括电视、网络、广播、电动广告牌、计算机、电话等。POP包括橱窗展示、货柜陈列、现场演示等。户外广告媒体包括路牌、霓虹灯、交通运输工具等。

3. 按媒体的影响范围分类

按广告媒体影响范围的大小进行分类，广告媒体可分为国际性广告媒体、全国性广告媒体和地方性广告媒体。国际性广告媒体包括：国际互联网，国际电视频道，面向全球发行的报纸、杂志等。全国性广告媒体包括国家电视台、全国范围发行的报纸和杂志等。地方性广告媒体包括各省、市、自治区电视台，以及地方性的报纸和杂志等。

4. 按媒体的受众面分类

按广告媒体的受众不同，广告媒体可分为大众媒体、中众媒体和小众媒体。大众媒体受众广泛，其受众没有明显的性别、年龄、文化和职业的限制，主要包括全国性的广播、电视、网络、杂志和报纸等。中众媒体是指具有性别、年龄和职业的明确指向的媒体，在有限的范围内传播的媒体形式，如《女友》《青年报》《大学生》等。小众媒体是指针对很少的目标受众进行传播的特定媒体，DM、POP等。其中，中众媒体和小众媒体有时也称为专业性媒体。

5. 按媒体传播信息的时效分类

按媒体传播信息时间的长短划分，广告媒体可分为短期媒体和长期媒体。短期媒体包括广播、电视等媒体，适用于新产品或具有新闻性的商品选用。长期媒体包括海报、橱窗、广告牌、报纸、杂志等媒体，适用于维持现有商品销售和进行企业形象塑造。

6. 按媒体效果能否有效计量分类

按媒体效果能否有效计量分类，广告媒体可分为计量媒体和非计量媒体。计量媒体是指其广告发布数量、广告传播效果和广告收费标准能够按照一定的标准和技术手段进行统计的媒体，如报纸、杂志、广播、电视等。非计量媒体则是指其广告发布数量、广告传播效果无法统计的媒体，如橱窗陈列、现场演示等。

7. 按媒体传播内容分类

按媒体传播内容分类，广告媒体可分为综合性媒体和单一性媒体。

综合性媒体是指能够同时传播多种广告信息内容的媒体，如报纸、杂志、广播、电视等。单一性媒体是指只能传播某一种或某一方面的广告信息内容的媒体，如包装物、橱窗展示、霓虹灯等。

8. 按媒体与广告主的关系分类

按媒体与广告主的关系分类，广告媒体可分为间接媒体（或租用媒体）和专用媒体（或自用媒体）。间接媒体（或租用媒体）是指广告主通过租赁、购买等方式间接利用的媒体，如报纸、杂志、广播、电视、公共设施等。专用媒体（或自用媒体）是指属广告主所有，并能为广告主直接使用的媒体，如产品包装、邮寄、传单、橱窗、霓虹灯、挂历、展销会、宣传车等。

了解媒体的分类，一方面可以使广告主在选择广告媒体时，更准确地把握媒体特点；另一方面可以根据所要宣传的商品特点、要宣传的广告内容及表现手法，对不同的媒体进行比较，以选出最佳的广告媒体和媒体组合形式。

三、主要广告媒体特征分析

（一）报纸媒体

报纸是最古老也是最主要的广告媒体之一，它与杂志、广播、电视一起被称为四大媒体，是公认的传播广告信息的最佳媒体。虽然报纸广告的收入早已低于电视广告，但因其自身具备着许多难以取代的优秀属性，目前报纸仍是世界上公认的最主要的广告媒体。

1. 报纸媒体的分类

（1）以办报方针分类，报纸可分为政治性报纸、商业性报纸和企业性政治报纸。

政治性报纸基本的编辑方针始终以维护政党或政府利益为宗旨，坚持舆论导向，具有较强的思想政治影响力。例如，列宁创办的《火星报》，朝鲜的《劳动新闻》，意大利的《团结报》等。

商业性报纸以追求利润为最终目的，内容上注重商业信息，讲究趣味性、知识性和人情味。例如，英国的《太阳报》《每日镜报》，美国的《纽约每日新闻》等。

企业性政治报纸既追求政治利益又追求商业利润，如《纽约时报》《华盛顿邮报》《泰晤士报》《费加罗报》《读卖新闻》《朝日新闻》等。

（2）以报纸内容分类，报纸可分为综合性报纸和专业性报纸。

综合性报纸报道内容综合全面，读者范围广，涉及政治、经济、法律、科技、文体、社会等各个领域的内容，如《人民日报》。

专业性报纸以某个专业领域为主要报道内容，为与这一专业有关的群体或个人服务的报纸，如《中国教育报》《中国法制报》《农业日报》《汽车时尚报》。

（3）以影响范围分类，报纸可分为国际性报纸、全国性报纸和地方性报纸。

国际性报纸在全世界各地驻派记者，对世界重大事件有自己的报道，面向世界发行并在世界范围内有一定影响力。例如，美国的《纽约时报》、英国的《泰晤士报》等。

全国性报纸以全国的新闻为报道范围，向全国各地发行，如我国的《人民日报》《光明日报》《中国青年报》等。

地方性报纸以报道某一地区新闻为主，并主要向该地区发行，如《贵州都市报》《遵义晚报》等。

（4）以出版时间分类，报纸可分为日报、周报，或早报、午报、晚报等。

2. 报纸媒体广告的类型

（1）按照版面容量的大小，可将报纸广告分为跨版广告、整版广告、1/2版广告、1/4版广告、广告专栏和中缝广告等。

（2）根据内容可将报纸广告分为产品广告、促销广告、形象广告、分类广告和政府机关通告等。

（3）按表现形式可将报纸广告分为纯文字广告、黑白广告和套色彩色广告。

3. 报纸作为广告媒体的优点

（1）传播面广，传播迅速。报纸发行量大，触及面广，遍及城市和乡村、企业和家庭，同时，由于报纸可以互相传阅，因此看报的人数大大超过报纸发行数。报纸一般是日报，这就带动了广告信息的传播速度，保证了广告宣传的时间性。

（2）版面容量大，篇幅多。现在的报纸版面从十几版到几十版不等，广告主有充分的空间进行广告宣传，尤其是跨版广告和整版广告，可造成相当大的声势，而且可以向消费者做详细介绍的广告宣传，包含价格和电话号码或优惠券等细节，达到很好的宣传效果。

（3）内容广泛，选择性强。报纸往往涵盖新闻、体育、漫画、分类广告等内容，广告主可以将广告编排在阅读不同内容的受众多关注的版面，达到很好的宣传效果。而且有很大一部分人购买报纸的目的就是阅读就业、房屋租赁、餐饮服务等分类广告信息，以及超市和百货公司的促销信息等内容。

（4）报纸广告费用低廉。首先是报纸广告的制作成本低；其次是报纸本身售价低，人人都买得起；最后是报纸广告费用相对较低。报纸广告费用主要取决于发行量，发行量越大的报纸，分摊在每张报纸上的广告费用就越低。

（5）报纸广告的编排、制作和截稿日期比较灵活，所以对广告的改稿、换稿和投稿都比较方便。广告主可以根据实际需要，对广告进行修改，如果有必要，也可以在发表简短声明的时候插入广告。

4. 报纸作为广告媒体的缺点

(1) 有效期短。报纸的新闻性极强,因而隔日的报纸容易被人弃置一旁,所登广告的寿命也会因此而被大打折扣。

(2) 注目率低,易被读者忽略。报纸广告强制性小,读者经常随意挑读感兴趣的内容,造成挑读现象;加上现代人的生活节奏快,无时间详细阅读。此外,大多数报纸广告众多,使得广大受众无心主动地接受广告诉求。

(3) 受受众文化程度的限制,无法对文盲产生广告效果。在一些经济落后的国家和地区,居民平均受教育程度比较低,文盲和半文盲所占比例比较大,就不适合运用报纸广告形式。

(4) 受印制条件限制,缺乏动态感、立体感和色泽感。尽管现在的印刷技术和手段不断更新,出现了套红和彩色的广告形式,但是报纸媒体因纸质和印刷技术的关系,大多数版面颜色单调,套红和彩色的广告效果也不如杂志精美。

(二) 杂志媒体

1. 杂志媒体的种类

(1) 按照杂志的幅面分类,杂志可分为大16开、16开、32开、大32开及8开等。

(2) 按照杂志出版频率分类,杂志可分为周刊、半月刊、旬刊、月刊、双月刊、季刊、半年刊和年刊等。

(3) 按照杂志的受众类型分类,杂志可分为消费者杂志、商业杂志、学术性杂志、信息文摘期刊、消遣性杂志和专业杂志等。

(4) 按照杂志的表现形式分类,杂志可分为纯文字型、图文并茂型和图片型等。

2. 杂志媒体的广告类型

(1) 常规广告。根据杂志广告版面的位置和大小,常规的杂志广告分为封面、封底、内页整版、内页半版等。

(2) 赠品广告。它是指利用包装手段,在杂志内夹带产品的试用装,送给订户。这种形式在国外颇为流行,在国内近年来也开始出现。

3. 杂志作为广告媒体的优点

(1) 装帧精美,表现力好。当今的杂志基本都是彩页印刷,可以真实反映广告商品的外观,甚至可以起到美化商品和强化表现效果的作用,能够刺激消费者产生购买欲望。

(2) 保存性好。一般的杂志都具有一定的保存价值,尤其是深受目标受众喜爱的杂志可能保存的时间会更长,加上杂志也具有一定的借阅空间,这样就会产生更多的重复宣传效果。

(3) 针对性强。一般的杂志都具有相对比较固定的受众群体,这样有利于广告主根据受众特点进行广告宣传,因此说服力强。

4. 杂志作为广告媒体的缺点

(1) 时效性差。杂志的出版周期大都在一个月以上,最短也要十天左右,因此,不适用于企业的短期促销活动的宣传。况且杂志媒体的定稿和截稿期限比较严格,也不便于根据多变的市场行情调整广告策略。

(2) 受众范围小。尽管杂志针对固有受众的宣传效果好，但是，大量的没有接触过该杂志的消费者就会被排除在外，因此，杂志的宣传效果无法与报纸和电视相提并论。

(3) 灵活性小，成本费高。杂志的印刷工艺相对复杂，制作成本要高于报纸，此外，杂志广告的更改和撤换都极不方便，加上杂志版面有限，对广告商品的介绍也不够充分。

(三) 广播媒体

广播媒体是一种声音媒体，它是传播广告信息速度最快的媒体之一，是广告主企业经常选用的一种传播媒体。它通过无线电系统，把广告信息变成各种声音，如语言、音乐、音响、实况等，传送给听众。

1. 广播媒体的分类

作为人们日常收听的广播，通常分为两大类，即 AM（调幅）和 FM（调频），调幅广播又分为中波和短波。

其中，短波收听率很低，声音效果也较差；中波的覆盖范围广，但是没有立体声效果；调频广播是目前收听率最高的广播媒体类型，但是，尽管它的音效逼真，有立体声等优点，但其覆盖范围有限，往往只局限在我国的省级、市级行政区划范围内。

2. 广播作为广告媒体的分类

(1) 按照播出时间分类，广播广告可分为 10s 广告、30s 广告和 60s 广告。

(2) 按照费率分类，广播广告可分为甲级费率广告、乙级费率广告、丙级费率广告和特级费率广告。

(3) 按照播出方式分类，广播广告可分为口播广告和录播广告。

(4) 按照制作内容分类，广播广告可分为广告节目和一般广告。

3. 广播作为广告媒体的优点

(1) 时效性极强。广播广告利用电波传播信息，每秒钟行程 30 万 km，从收到信息到传播出去，即写即播，完成速度最快；另外，如果利用口播的形式，可以使信息和传播程序简化。

(2) 传播范围广泛。首先是在空间上，不论是城市或农村，不论在陆地、海洋或空中，室内或室外，电波所及之处，都能收到信息；其次是在时间上，早、中、晚几乎全天候式地播出，能适应听众的各种作息时间；再次是听众范围广泛，广播广告通俗易懂，不受文化程度限制，因而听众几乎是全民性的，不同年龄、职业和性格、身份的人都能听懂。

(3) 费用低，制作简便。广播广告制作简便，投入的人力少，耗费低，无须场景和道具，能节省大量的资金，极适合中、小企业及个体户等无庞大广告开支的客户进行广告宣传。

(4) 诉诸听觉、刺激想象。由于受众的差别，对事物的看法、评价标准和审美观点也不同，因此，最美丽的景象和人物都是用语言描述出来的，听众可以依据自我喜好进行想象。

(5) 亲切感人。较之其他媒体，广播媒体更具人情味，是一种名副其实的"劝说"艺术，特别是由广大听众所熟悉和喜爱的播音员和形象代言人广播广告，更有一种说不清的感情色彩夹杂其中，仿佛是面对面的交流，让人感觉到她（他）就在与你说话。在冷酷的商品社会里，人情味是金钱所不易买到的。活生生的语言较之文字和图画更容易表达感情。

4. 广播作为广告媒体的缺点

（1）有声无形，形象性差。广播广告没有视觉形象，言之无物，易让人觉得空洞，特别是外观极为重要的商品，如服装、家具等，不易使消费者产生立即购买的冲动。

（2）转瞬即逝。大部分的广播广告都时间较短，吐字较快，未等听众听清或者领会便很快过去。

（3）选择性差。广播广告要按照节目编排的顺序播出，不像报纸广告和杂志广告那样可以随便选择。

（四）电视媒体

在四大传统媒体中，电视的发展历史最短。1936年，英国出现了世界上最早的电视台。然而几十年间，电视事业发展迅速，如今已在世界上大多数国家普及，成为当代最有影响的传播媒体。电视媒体是一种特殊的传播媒体，它能充分利用语言、文字、音乐、舞蹈、绘画、图像、雕刻、建筑、戏剧、电影等各种艺术表现手法，集时间艺术、空间艺术和综合艺术形式于一身，声形兼备，视听结合，是具有极强的感染力的广告宣传手段。

1. 电视作为广告媒体的分类

（1）按照播放类型分类，电视广告可分为常规广告、插播广告和节目广告等。

（2）按照制作方式分类，电视广告可分为胶片广告、录像带广告、动画广告和幻灯广告等。

（3）按照播出时间分类，电视广告可分为5s广告、10s广告、15s广告、30s广告、45s广告、60s广告和90s广告等。

2. 电视作为广告媒体的优点

（1）声形兼备，表现力强。电视广告既能听又能看，可以让观众看到表情和动作变化的动态画面，生动活泼，别开生面。电视广告可以进行文字说明，也可以展示实物，介绍使用方法，宣传使用效果，加之利用各种艺术手段做辅助，有利于人们对产品的了解，尤其在突出商品诉求重点方面，是任何其他媒体都难以匹敌的。

（2）诉求面广，受众广泛。一般的家庭大都是阖家看一台电视，这种状况有利于全家一起讨论广告商品，发表见解，容易做出购买决定。特别是有购买决定权的大都是家庭主妇，她们在家里看电视时间比看报刊的时间相对多一些。

（3）影响巨大，极受重视。电视媒体上发布的广告信息所受到的关注度高，尤其是在权威的电视媒体上发布的广告，给受众的印象是具有可信度，如中央电视台在人民群众中享有很高的声望，它所传播的广告信息总是会得到大多数人的信任。此外，人们对电视广告的评论远远高于其他广告媒体，每年都会有一些人们耳熟能详的广告语在老百姓的口中流传。

3. 电视作为广告媒体的缺点

（1）费用昂贵。无论是制作费用还是媒体播放费用，电视广告都是最贵的一种广告媒体形式。租用电视媒体做广告，主要以租用时间的长短和次数来收取租金，所以每秒钟的时间都价值千金，这使得电视广告在播放次数和广告内容的详细解释上都有了限制。另外，电视广告的制作费用也让人望而却步，演员、编导、道具、场景安排等都要大笔花销，所以中小型企业一般都无力负担。

（2）即逝性。同广播广告一样，电视广告也具有转瞬即逝的特点，难以一次性地在观众中留下清晰深刻的印象,而且无法查存。

(3) 单位时间信息含量少。由于广告费用昂贵,为了节省费用,电视广告的时间一般都比较短,所能传递的信息容量就比较少,容易被转换频道。随着电视频道的不断增加,如果广告做得不精彩,观众就会转换频道,因而看电视广告的收视率要大大小于看电视节目的收视率。

(五) 户外广告媒体

户外广告媒体简称 OD (Out Door),就是指露天陈放的,能被阳光照射到的各种用于传递广告信息的物体。户外广告媒体是历史上最为悠久的广告媒体形式之一。

1. 户外广告媒体的分类

户外广告媒体根据媒体的表现形式分为电子类户外广告媒体和非电子类户外广告媒体。

(1) 电子类户外广告媒体包括霓虹灯、Q 板、LED 计算机看板、Search Vision、双面电视车等。

(2) 非电子类户外广告媒体包括路牌、招贴、跨街布条、空中悬物、电动多面广告牌、柔性灯箱等。

2. 户外广告媒体的优点

(1) 都市的门面。一个城市的经济发达与否,最初也是最外在、最直接的特征之一,就是户外广告的繁盛与否。因此,都市夜与昼的交替,也可以说是霓虹灯与路牌的交替。各广告主都想通过户外广告媒体将产品信息与企业理念展现在消费者的眼前。

(2) 位置优越,巨大醒目。户外广告媒体一般都摆放在城市的繁华闹市,日夜不停地向行人传播广告信息,均以鲜明强烈的色彩和独特的形式给人以视觉刺激。户外广告集中于商业网点的特点,使其宣传易与购买行为结合。

(3) 保存时间久,效率高。尽管户外广告媒体每天的观者数量远远不如报纸,但因其存留时间长久,所以按每天在户外广告媒体前经过的人流量来计算,一天 2 000 人,半年就有 36 万人次,因而在某种程度上,户外广告传播效果又超过了报纸广告。

3. 户外广告媒体的缺点

(1) 内容简单,无法描述复杂产品。户外广告所处的特殊环境和自身的条件限制,使它们不易为观者提供仔细浏览的机会,因此户外广告尽管巨大醒目,但都是力求简单,有时甚至是仅有品牌名称或商标符号。如果没有其他广告媒体在另外时间和另种场合补充其内容,其效率便会因此大打折扣。

(2) 广告对象不能选择,宣传范围有限。户外广告由于无法选择广告对象,会使得广告内容缺乏针对性,增加了广告设计的难度。而且由于户外广告是固定在某一位置上的,只有经常经过的人才会接触到该广告。

此外,由于处于室外,户外广告容易出现破损、色彩剥落等问题,而且档次不高,不适合做高档商品的广告宣传。

(六) 直邮广告媒体

直邮广告媒体简称 DM 广告媒体,是指广告主按照事先制订的计划,利用消费者资料库,通过信件、彩页、杂志等媒体形式将推销信息直接传播给选定受众的新型媒体。

DM 是英文 Direct Mail 的缩写，是直接邮寄的意思。在西方发达国家，各阶层的居民总是不时地收到从邮局送来的印刷精美的折页、样本、贺卡、购物优惠卡等，大都是关于旅游、餐馆、饭店、航空、超市等方面的广告信息。在我国，邮寄广告的发展较为迅速，形式也已经不局限于初级邮寄函件了。

直邮广告分为一次性邮寄和数次性邮寄两类，主要是根据邮寄的目的和产品（或服务）的性质而定。

1. 直邮广告媒体的分类

直邮广告媒体包括：广告信函、明信片、说明书、产品目录和企业刊物。

2. 直邮广告媒体的优点

（1）明确的选择性。直邮广告可根据预算选择诉求对象，进行广告设计，体现了很强的针对性。

（2）较强的灵活性。企业可根据广告预算的多少，媒体受众的特点等灵活选择直邮广告的形式，而且广告一般不受篇幅限制，内容可自由掌握。

（3）效果的可测性。由于直邮广告的送达率高，反馈信息快而准确，极易掌握成交情况，有利于产品广告策略的制定和修改。

3. 直邮广告媒体的缺点

（1）传播范围小。直邮广告往往只在一定区域范围内进行广告传播，很难跨越地理界线进行媒体传播。例如，某一个城市的某家超市通过直邮广告进行短时促销活动，超市不可能把直邮广告发送到另一个城市，即便发送到另一个城市，也不会有顾客到那么远的地方去采购。

（2）易引起受众反感。在国外直邮广告占普通用户信件总量的 80%～90%，因此，有时受众会觉得铺天盖地的直邮广告是一种负担，是一种信息泛滥，会迫使消费者增加媒体阅读的时间，引起某些消费者的不满情绪。

（七）网络媒体

网络就是用物理链路将各个孤立的工作站或主机连在一起，组成数据链路，从而达到资源共享和通信的目的。凡将地理位置不同，并具有独立功能的多个计算机系统通过通信设备和线路而连接起来，且以功能完善的网络软件（网络协议、信息交换方式及网络操作系统等）实现网络资源共享的系统，可称为计算机网络。当今的网络媒体泛指互联网。

最开始，互联网是由政府部门投资建设的，所以它最初只是限于研究部门、学校和政府部门使用。除了以直接服务于研究部门和学校的商业应用之外，其他的商业行为是不允许使用的。20 世纪 90 年代初，独立的商业网络开始发展起来，网络已经发展成为当今世界第五大媒体，广泛应用于各个领域。由于互联网的普及，使得网民的数量剧增，网络成为人们获取信息的主要途径，网络媒体逐渐成为商家发布广告信息、提高企业知名度的重要途径。

所谓网络广告，就是指在因特网站点上发布的以数字代码为载体的经营性广告。近年来，数字技术、计算机、互联网和多媒体等信息传播技术的出现和推广，使得广告媒介以越来越快的速度实现更新换代，引发了一次意义深远的信息传播革命，对传统媒体形成巨大冲击，成为仅次于电视之后的最重要的一种大众传媒形式。

1. 网络广告的分类

网络广告基本上可以按照三种方法进行分类；一是按照网络广告形式分类；二是按照网站功能分类；三是按照网络广告受众分类。

（1）按照网络广告的形式分类。按照网络广告的形式分类，网络广告可以分为传统形式的网络广告、富媒体广告。传统形式的网络广告形式主要有：静态的或动画式的旗帜广告、漂移广告、画中画广告、全屏广告、按钮广告。

富媒体广告是指由 2D 及 3D 的 Video、Audio、HTML、Flash、DHTML、JAVA 等组成效果，这种广告技术与形式在网络上的应用需要相对较多的频宽。富媒体能够提高广告的互动性，提供更广泛的创意空间。最新的网络媒体技术，甚至允许用户在广告界面上直接留下数据，实现了用户与广告的交互。

富媒体广告的形式主要有：以矢量为基础的技术、以编程为基础的技术、以流媒体为基础的技术、富媒体邮件广告等形式。以矢量为基础的技术，是指利用一些矢量技术制作的广告，如 Flash、VRML、Hotmedia、Onflow 等。以编程为基础的技术，是指运用一些程序语言实现或者控制的广告形式，如 JavaScript、HTML、CGI、DHTML、Java 小程序。以流媒体为基础的技术，是指利用一些流媒体技术制作的广告，客户端观看流媒体可以采用两种形式：插件和 Java，如 Realplayer、WMP、QuickTime。富媒体邮件广告，主要有网页正文式和附件式两种。此外还有其他一些广告形式，如微型站点、插播广告、鼠标指针广告。

（2）按照网站功能分类。按照网站的功能分类，网络广告主要有三种：一是网络服务门户站点的广告，是指在网络服务提供者（ISP）、网络内容提供者（ICP）的门户网站上做广告；二是企业自己网站上的广告；三是专业网络广告站点的广告。

（3）按照网络广告受众的分类。按照网络广告受众分类，网络广告主要有窄告广告、定向广告和分类广告三种。窄告广告是指通过运用高端因特网应用技术和特有的窄告发布系统，使该客户的广告内容与网络媒体上的文章内容、浏览者偏好、使用习性、浏览者地理位置、访问历史等信息自动进行匹配，并最终发布到与之相匹配的文章周围的广告发布模式。定向广告是指将广告传送给最有可能购买相应产品的网民。分类广告是指版面位置相对固定的一组短小广告的集合，它把广告按性质分门别类进行有规则的排列，以便读者查找。

2. 网络媒体的优点

（1）传播范围最广。网络广告的传播不受时间和空间的限制，它通过国际互联网络把广告信息 24h 不间断地传播到世界各地。只要具备上网条件，任何人，在任何地点都可以阅读。这是传统媒体无法达到的。

（2）交互性强。交互性是互联网络媒体的最大优势，它不同于传统媒体的信息单向传播，而是信息互动传播，用户可以方便地在线提交申请表，向厂商请求咨询或服务，可以随时通过文字、图像、声音等方式向服务商提出自己的意见和要求，服务商也能够在很短的时间里收到反馈信息，并根据访问者的要求和建议及时回应。

（3）针对性强。根据分析结果显示，网络广告的受众是最年轻、最具活力、受教育程度最高、购买力最强的群体，网络广告可以帮广告主直接命中最有可能的潜在用户。

（4）受众数量可准确统计。利用传统媒体做广告，很难准确地知道有多少人接收到广告信息，而在互联网上可通过权威公正的访客流量统计系统精确地统计出每个广告被多少个用户看过，以及这些用户查阅的时间分布和地域分布，从而有助于广告主正确评估广告效果,审定广告投放策略。

(5)实时、灵活、成本低。在传统媒体上做广告发版后,广告内容很难更改,即使可改动,往往也需付出很大的经济代价。而在互联网上做广告能按照需要及时变更广告内容。这样,广告主经营决策的变化也能及时实施和推广。

与其他媒体广告相比,网络广告成本极低。在产品的生命周期日益缩短、技术日益复杂、市场多变的今天,这一特点有着重要的意义。目前,世界上大型的计算机公司和软件厂商大都建立了在线的 FAQS(经常问到的问题),用来解决客户的售后服务问题。例如,微软(Microsoft)、IBM、SUN 等均建立了网站来进行广告宣传和售后服务。

(6)强烈的感官性。网络广告的载体基本上是多媒体、超文本格式文件,受众可以对其感兴趣的产品了解更为详细的信息,使消费者能亲身体验产品、服务与品牌。这种以图、文、声、像的形式传送多感官的信息,让顾客如身临其境般感受商品或服务,并能在网上预订、交易与结算,将大大增强网络广告的实效。

3. 网络媒体的缺点

(1)接触率低。由于世界各地的教育普及程度不同,因特网技术开发应用的水平差距很大,网络广告还不能够在特定的地理区域内有很高的接触率。目前因特网的用户主要集中在欧美发达国家,在经济落后的非洲等第三世界国家,网民数量很少,确切点说是网民占总人口的比重还很低,网络广告的接触率自然相应较低。这种低接触率意味着因特网还不能作为企业最基本的广告媒体形式,如果企业要面向大众市场进行宣传,只用因特网这一种媒体是很不够的。

(2)测量手段尚不可靠。企业如何在因特网上测量广告的效果,是亟待解决的一个问题。目前,企业主要通过自己站点的计算机服务器测量站点被点击的次数。但这只能相对测量网民接触率,因为对网络服务器的任何一次请求(包括站点上的按钮、图画被用户点击),都在站点上被记录为"击中"。因此,击中并不能反映访客人数或网页被看的真正次数。许多人击中图标只是出于好奇,也可能是操作错误,这并不表明他们真正看了企业的站点,他们可能只是匆匆而过,根本就不在站点花费任何时间。

(八)售点广告媒体

1. 售点广告媒体的定义

售点广告媒体是指在零售点或销售现场做广告,将广告信息传递给受众的各种物体和设施,具有明确的诱导动机,旨在吸引消费者,唤起消费者的购买欲,具有无声却又十分直观的推销效力。它可直接影响销售业绩,是促使消费者完成购买行为的主要推销工具。

售点的英文是 POP(Point of Purchase),因此,售点广告有时又称作 POP 广告,围绕销售点现场内外的各种设施都是售点广告媒体。

2. 售点广告媒体的分类

(1)按广告形式及内容分类,售点广告媒体可分为室外 POP 和室内 POP。室外 POP 主要有广告牌、霓虹灯、招贴画和橱窗等;室内 POP 主要有柜台、壁面和模特等。

(2)按设置场所分类,售点广告媒体可分为高悬吊挂式、橱窗式、柜台式和立式陈列等。

(3)按媒体类型分类,售点广告媒体可分为电子类、印刷类和实物类。电子类主要有电视幕墙、闭路电视、广播广告等。印刷类主要有产品样本、商品包装、导购牌等。实物类主要有用于现场演示的产品、模特等。

（4）按制作者不同分类，售点广告媒体可分为商店自选设置的POP、厂家直接提供的POP、新产品发售用作促销的POP和常规促销活动使用的POP。

（5）按使用目的分类，售点广告媒体可分为现场展示活动POP、大众传播媒体陈列POP、户外活动POP和庆典活动POP。

3. 售点广告媒体的优点

（1）替商店招徕顾客。富有艺术性的橱窗陈列、规模巨大的招牌等可以提升售点的品位，显示售点的经营能力和经营水平，吸引追求时尚和高档消费的顾客；而店面小、陈列拥挤的商店意味着商品价格低廉的经济型消费，这些都是吸引不同消费者走入商店进行消费的诱因。

（2）美化城市和社区。评价一个城市的经济发展水平的一个重要的指标就是霓虹灯的数量和质量，拥有众多商场的区域，由于霓虹灯的色彩和闪烁而变得美丽富有生气。

（3）创造购物气氛。售点播放的悠扬乐曲，敞开式的货柜陈列，使得人们的购物环境更舒适，购物的心情更放松；而在节假日播放的节奏快、强度高的音乐，各种打折促销的悬挂式POP，以及商场广播的促销信息，都可以创造打折促销时消费者抢购的紧张气氛。

（4）体现企业整体形象。POP广告的水平是衡量企业实力和经营水平的重要标志，舒适整洁的购物环境、设计精美和信息传递迅速的POP广告，可以提升企业的品位和消费者对产品质量的信任度，从而塑造良好的企业形象。

4. 售点广告媒体的缺点

（1）受时间限制。有些售点广告只能在节假日或厂庆、店庆等特殊的日子运用，这就使得售点广告的宣传效果受到一定影响。

（2）往往不能单独使用。由于售点是固定在一个位置上，除非受众亲身来到该售点，否则不会达到广告宣传效果。因此，无论是卖场自身，还是选择在卖场进行促销的厂商，很少单独使用售点广告，往往要与报纸广告、电视广告等广告形式配合使用，以便达到促销的目的。

（九）礼品广告媒体

1. 礼品广告媒体的概念

礼品广告媒体是指销售人员送给潜在用户和现有顾客的一些有用的、低成本的商品（如日历），该商品上含有公司的名称和地址以及一些广告信息。

礼品广告是经营或商务活动中为了提高或扩大其知名度，提高产品的市场占有率（份额），获取更高销售业绩和利润而特别采取的广告策略。

2. 礼品广告媒体的类型

（1）广告礼品。广告礼品是在一个促销之中用来加强印象的物品，正因其目的在于加强印象，企业必须注意其独特性，最好是市面上买不到的产品，而且最好与企业的产品相关。

（2）广告日历。广告日历是指广告主将本企业有特色的产品印刷成一年或两年的日历或台历，由于其占有空间小，对消费者又能带来实际利益，而且其影响的时间很长，成为很好的礼品广告形式。

（3）商业礼品。商业礼品是指在附赠式销售中，购买者购买了主商品后，经营者附带提供给购买者的物品。

3. 礼品广告媒体的优点

（1）亲和性。任何一个消费者都不会拒绝免费提供的各种礼品，而且不论礼品的价格高低都会给消费者一种意外收获的满足感，增强消费者对所购商品品牌的好感，容易培养品牌忠诚者。

（2）媒体生命周期长。各种礼品的生命周期最少在其被使用完为止，像一些使用价值高的礼品，如买高清晰电视赠送的 DVD 播放机，其保留时间就更长一些。相对于其他的媒体形式，它对消费者的影响时间最长。

（3）灵活性好。礼品广告的类型多种多样，没有一个固定的模式，因此，企业可以配合其他的促销活动，灵活选择新奇而独特的礼品，以吸引消费者购买，也可以根据当期的广告预算，适时调整广告礼品。

4. 礼品广告媒体的缺点

（1）成本居高不下。由于消费者对于礼品的偏爱，使得很多消费者因竞争对手的促销礼品而流失，迫使广告主在选择广告礼品时，必须参照竞争对手的广告礼品的价格，要么与之持平，要么高于对方，这就使得礼品广告的成本居高不下。

（2）广告信息容量有限。由于广告礼品的大小差异，以及消费者对于使用带有明显广告宣传意味的广告礼品的态度，使得广告主无法将大量的广告信息印制在广告商品上。

（3）广告礼品发放控制难度大。有些品牌在卖场进行促销时，提供的礼品数量与发放到消费者手中的数量有很大差距。如果广告主提供的广告礼品价值过高，或者非常精美，可能会促使卖场销售员占为己有，或者仅向他所熟悉的亲人、朋友提供礼品，这就使得广告促销的效果大打折扣。

（4）只适合短期促销。如果长期提供广告礼品，消费者会认为该礼品为产品的附属部分，是理所应当的部分，从而失去对广告礼品提供的额外收益的兴奋点，失去购买欲望。

（十）包装广告媒体

1. 包装广告媒体的概念

有人把包装广告称之为是"无声的推销员"。商品的包装是企业宣传产品、推销产品的重要策略之一。精明的厂商在包装上印上简单的产品介绍，就成了包装广告。利用包装商品的纸、盒、罐子，介绍商品的内容，具有亲切感，它随着商品深入到消费者的家庭，而且广告费用可以计入包装费用之中，对企业来说，既方便又省钱。近几年，许多厂商干脆在商品的外包装（如塑料提袋等）上加印自己生产或经营的主要商品，从而扩大了包装广告的作用。这种广告形式主客两宜，获得了普遍欢迎。

2. 包装广告媒体的分类

包装广告媒体的分类实际上就是依据包装的分类进行的。包装的分类方法很多，通常人们习惯把包装分为两大类，即运输包装和销售包装。专业包装分类有以下几种方法：

（1）以包装容器形状分类，包装可分为箱、桶、袋、包、筐、捆、坛、罐、缸、瓶等。

（2）以包装材料分类，包装可分为木制品、纸制品、金属制品、玻璃制品、陶瓷制品和塑料制品包装等。

（3）以包装货物种类分类，包装可分为食品、医药、轻工产品、针棉织品、家用电器、机电产品和果菜类包装等。

(4) 以安全为目的进行分类，包装可分为一般货物包装和危险货物包装等。

3. 包装广告媒体的优点

(1) 它是商品的必要附加物，传播面广。由于包装是商品的一部分，只要有商品的地方就会有包装广告进行广告宣传，最易使顾客下定决心进行购买，因此，包装广告具有极强的验证性。此外，包装广告往往较其他媒体广告更令人放心，广告宣传理所当然，因而极少给人以"广告味道"。

(2) 设计制作取材灵活。包装广告的设计制作可以依据商品的价格和品质差别、企业广告经费多少、购买对象的不同，而选择不同的包装材料，设计不同的包装尺寸，来吸引不同购物动机和不同购物需求的消费者，达到更好的促销目的。

(3) 包装广告具有"无声推销"的优点。包装广告具有促销的功能，尤其是十分精美包装，可能直接刺激到潜在购买者。另外，"无声推销"的属性还使某些特殊的商品如治疗"难言之隐"的药物、男士化妆品等商品的推销变得简单、迅速。

(4) 有些商品的包装具有重复使用的价值。在我国，精美而结实的包装纸和购物袋很少被人丢弃，大都被重复使用，因而其广告宣传效果便会以更高的频度和更长的时间来影响人们，其影响也不只扩展到其家人和同事，还会扩展到更多的陌生人。

4. 包装广告媒体的缺点

(1) 促使成本增加。有些企业过于重视包装造成了产品成本的增加，从而促使产品价格提高，最终将这部分成本转嫁到消费者身上，造成不必要的浪费。

(2) 增加了环境负担。由于企业的包装材料采用塑料成分较多，而且往往是层层包装，产生的大量垃圾会对环境产生污染。

（十一）交通运输广告媒体

交通运输广告媒体就是利用各种交通工具（如公共汽车、地铁、出租车、船舶、火车、飞机等）箱体内外或交通要道，以及车站、码头、候机厅内等场所设置或张贴广告，以便达到广告信息传播的媒体形式。

1. 交通运输广告媒体类型

通常情况下，交通运输广告媒体主要有三大类，即车内广告媒体、车体广告媒体和站牌广告媒体。

(1) 车内广告媒体。车内广告媒体是指设置在公共汽车、地铁、出租车、船舶、火车、飞机等交通工具内部的广告媒体形式，具体包括：海报、广告牌、悬挂广告、小型灯箱、电子显示屏、闭路电视、广播、拉手、座椅套、司机背板等任何可以传播信息的空间都被开发成车内广告媒体。

(2) 车体广告媒体。车体广告媒体是指将公共汽车、地铁、出租车、船舶、火车、飞机等交通工具外部作为广告投放的载体，具体的广告形式有绘制和计算机喷绘两种形式，可以直接绘制在车身上，也可以绘制在广告牌上，然后钉在车身上。

(3) 站牌广告媒体。站牌广告媒体是指设置在公共汽车站、地铁站、火车站的站台或候车室以及机场候机大厅等地点的广告媒体，因为这些地方的客流量非常大，广告效果比较明显。

2. 交通运输广告媒体的优点

(1) 易引起受众注意，接触率高。对于一般的交通工具而言，人们平均乘坐的时间是

30～40min，在此期间，受众会有意无意地被交通广告所吸引，交通广告就有了充足的展示时间，加上每天都有数以万计的人选择乘坐公共交通工具，每天往返于固定交通线路的受众会重复接触到某一广告，因此，交通运输广告媒体的接触率非常高，传播的效果也非常好，是广告主十分关注的媒体形式。

(2) 成本低廉。从绝对数量上来说，交通广告制作要求的技术含量不高，工艺也不复杂，因此，交通广告的设计制作费用是各种广告媒体中成本较低的一种；从相对数上来说，交通广告的传播范围广泛，每千人成本和分摊到每件商品上的成本费用也是较低的。

3. 交通运输广告媒体的缺点

(1) 受众范围有限。尽管交通广告的接触率较高，但是它们主要是针对那些选择公共交通工具的那部分受众。随着人们生活条件的不断改善，拥有私家车的消费者越来越多，无形中缩小了交通广告的受众范围。

(2) 信息容量小。交通广告属于平面广告的一种，在有限的空间范围内很难将所有需要传达的信息表现出来，因此，交通广告往往不能成为企业唯一选择的广告媒体形式，经常作为广告主的媒体组合策略中的一部分。

第二节 广告媒体的评价和选择

广告媒体的评价指标是广告主进行广告策划、选择广告媒体形式的主要依据，也是确保企业能够通过定量分析进行科学经营决策的必要条件。广告媒体的选择除了要考虑不同广告媒体的特点以外，还要关注产品的性能、特点，消费者接触媒体的状况，广告的目的，媒体传播的数量和质量，广告的费用，以及企业特征等因素。

一、广告媒体的评价标准

1. 权威性

权威性是指媒体对广告的宣传能力及对受众的影响力。广告能够对消费者产生影响，主要有两个方面的原因：一是广告设计创作产生的作用；二是广告在推出的媒体上产生的作用。从广告媒体的策划角度来看，广告主当然希望所选用的媒体权威性越高越好，以便于给广告的投放效果起到促进作用。但是，一般说来，权威性越高的媒体，收费标准也越高。

此外，权威性的衡量是相对的，对某一类广告主来讲是权威性高的媒体，对另一类广告主来讲其权威性可能并不高。衡量的标准主要看媒体的受众情况，如果媒体的主要受众同广告主所要针对的目标消费者不一致，对媒体主要受众来说它是具有相对权威性的，但对目标消费者来讲则可能就不那么权威了。

2. 覆盖面

覆盖面是指媒体对广告的传播范围。任何一种广告媒体都将在一定的范围内发挥影响，超出这一空间范围，这一广告媒体的影响将明显地减少甚至消失。我们将广告媒体主要发生影响的空间范围叫作这一媒体的覆盖域。

广告主或广告公司在选择媒体时，首先要考虑的就是这一媒体的覆盖域有多大、在什么位置。之所以如此，主要是看所用的广告媒体是否能够影响营销计划所针对的目标市场。目标市场的消费者虽然散布于社会的各个角落，但是在地域空间分布上还是相对集中的，这是广告主产品销售的地理范围。广告主及代理广告公司期望所做的广告活动可以有效地影响这一区域中的消费者,尽可能让其中的产品销售对象接收到广告信息,促成其购买行动。

从媒体策划的角度来看,媒体的覆盖域与目标市场消费者分布范围之间的关系可能有下述几种情况:

(1) 二者正好吻合。这是最为理想的情况。
(2) 二者完全不吻合。这样的媒体是根本不适用的。
(3) 覆盖域中包括了目标市场消费者分布范围,但是大于其分布范围很多。这样该媒体虽然可以起到影响目标消费者的作用,但却会造成浪费,所以在选用该媒体时还应考虑更多的问题。
(4) 覆盖域只包括了目标市场消费者分布范围的一部分。这样的媒体只能影响目标消费者的一部分,因此还需要其他媒体的配合。

后两种情况由于覆盖域与目标市场消费者分布不能完全重合,需要引进一个新的评价指标——重复率。重复率是指实际接收到媒介信息的人数占覆盖域总人数的百分比。其计算公式为:

$$重复率 = \frac{毛感点}{触及率} \times 100\%$$

毛感点是指一则广告经多次推出后触及的人数和总人数的比例之和。这个总和既可以是同一媒体多次接收比例之和,也可以是多种媒体接收比例之和。

例如,某则广告在电视台播出 5 次,分别获得 25% 的触及率,在电台播出 10 次,分别获得 5% 的触及率,在报纸上刊发 2 次,分别获得 15% 的触及率,那么这则广告的毛感点是 $25\% \times 5 + 5\% \times 10 + 15\% \times 2 = 2.05$。

$$触及率 = \frac{接收广告信息的人数}{覆盖区域中总人数} \times 100\%$$

如果某一媒体触及率是 20%,多次推出后的毛感点是 100%,那么它的重复率是 5 次。选择重复率来衡量广告媒体有两个考虑:一是细分媒体效果,研究广告产生影响的可能性;二是借此研究媒体的使用方法,制定广告推出时间安排,可以令一系列广告获得最佳综合效果。

3. 针对性

针对性是指媒体对目标市场的影响力,这是表示媒体的主要受众群体的构成指标。以上各项指标没有对媒体受众情况进行评价,涉及的受众被看成是同一性的。在实际情况中,媒体受众的多少,并非是广告主及其代理广告公司考虑的唯一指标。一个媒体的受众可能很多,但是其中只有一部分是广告主的目标消费者,这一媒体对此特定的广告来说也是不适宜的,因此,广告主及代理广告公司要用针对性这一指标,评价分析媒体所针对的受众是否为广告主的目标消费者,这些消费者的构成也会影响媒体的可用程度。针对性指标应包括两项内容:一是媒体受众的组成情况;二是媒体受众的消费水平和购买力的情况。

二、广告媒体的评价指标

1. 到达率(Reach)

到达率是指接触广告至少一次的人数与媒体覆盖总人数的比率。到达率适用于各种媒体形式。当媒体提供者"散发"他们的媒体时,每个人都有机会接收到这种媒体。例如,当一个电视节目正在播放时,每个人都有机会调到播放这个节目的频道;当报纸每日出版发行时,每个人都有机会购买到一份。但并不是每个人都收看一个特定的电视节目或阅读报纸的某一期。到达率仅仅是对预期暴露于某种媒体,因而有机会听到或看到广告的受众百分比的一种估计。英国媒介计划者使用"收看机遇"(OTS)代替到达率。

到达率有三个特点:一是接触某一则广告的人数不可重复计数;二是到达率是对传播范围内的总人数而言;三是到达率所表现的时间长短,依媒体不同而不同。一般来说,广播、电视以四周时间表示,报纸、杂志以某一特定发行期经过全部读者阅读的寿命期间作为计算标准。例如,美国《读者文摘》杂志的每期平均阅读寿命为11~12周。

2. 暴露频次

暴露频次(Frequency)是指受众接触广告的平均次数。强调两个平均:一是平均暴露频次(Average Frequency),它通常是指一个月内一则广告信息到达受众的次数。二是暴露频次分配(Frequency Distribution),它是指为不同类别的人群,在同一广告排期下暴露于每种媒体,但暴露频次有所不同的一种现象。

假设在一周内,某广告在2个电视节目中插播,总计1万户家庭收看这两个电视节目1次或1次以上,其中3 000户只看1个节目,7 000户看2个节目,则这1万户家庭所看节目总数为:

$$节目总数 = 3\,000 \times 1 个 + 7\,000 \times 2 个 = 17\,000 个$$

平均每户家庭看到1.7次,即该广告一周的暴露频次为1.7。

3. 毛评点(Gross Rating Point,GRP)

毛评点是反映受众对广告接触率总和的指标。毛评点是指特定个别广告媒体所送达的收视率总和,是一种测量媒体计划总压力和总强度的方法。毛评点只侧重说明送达的总视众或总听众,而不关心重叠和重复暴露于个别广告媒体之下的视(听)众。

毛评点的计算方法是用每一插播播出次数乘以每次插播的收视(听)率。它与收视(听)率相同,用百分数表示。

如果企业选择在三个电视节目插播广告,其中,三个电视节目的收视率以及插播次数见表6-1,则该企业的毛评点为130%。

表6-1 毛评点推算表

	收视率(%)	插播次数(次)	毛评点(%)
节目Ⅰ	20	2	40
节目Ⅱ	10	3	30
节目Ⅲ	15	4	60
总计	—	9	130

如果某企业选择在电视、广播和报纸三种媒体上进行广告信息传播,已知在电视上播出6次,分别获得40%、35%、30%、25%、20%、40%的收视率,在广播电台播出4次,每次都获得15%的收听率,在报纸上登载4期,每期的阅读率是16%、16%、20%、24%,那么这则广告的毛评点应该是:

电视毛评点 = 40% + 35% + 30% + 25% + 20% + 40% = 190%

广播毛评点 = 15% × 4 = 60%
报纸毛评点 = 16% + 18% + 20% + 22% = 76%
总毛评点 = 190% + 60% + 76% = 326%

毛评点是可以重复计数的，它既可以综合反映每则广告的总效果，又可以反映同一广告在不同媒体的推出效果及该媒体的使用价值。

4. 千人成本（Cost-Per-Thousand，CPT）

千人成本是指广告主对每一千个受众平均所开支的广告费。

媒体成本就属于此指标范畴内，它是事先可以做出估计和比较的。但需特别指出的是，广告成本不应单纯看其媒体费用的绝对值大小，而是看支出的费用与覆盖率及听众、观众数量之间的比例关系。比如，若在印刷媒体报纸上发布广告，首先应考虑报纸的发行量，发行量大，覆盖域大，平均到目标消费者身上所花费的广告费相对就少。营销人员按照成本原则选择媒体形式，通常最简捷的办法是千人成本法，其公式为：

$$千人成本 = \frac{广告费}{到达人数} \times 1\,000$$

例：A、B 两份性质相近的杂志，刊登同一则广告，收费分别为 8 万元和 5 万元，前者发行量为 100 万份，后者为 50 万份。则该广告在 A、B 杂志上的千人成本为

$$A：千人成本 = \frac{80\,000\,元}{1\,000\,000} \times 1000 = 80\,元$$

$$B：千人成本 = \frac{50\,000\,元}{500\,000} \times 1000 = 100\,元$$

可得结论：A、B 杂志的千人成本分别为 80 元和 100 元。显然，成本绝对值小的 A 可作为优先选择对象。

显然，运用千人成本法能较好地反映媒体费用与受众间的比例关系。利用此法可比较四大媒体对于广告活动的适用情况，也可以比较出四大媒体中广播广告是最经济的一种媒体。

例：某广播电台的某一套节目 1min 插播广告费为 150 元，按一天播四次计，总支出为 600 元，全国约有 3 亿台收音机和收录机，按每 4 台收音机中只有 1 人在四次播出中听到一次计，即按 1/16 的可能性计，收听广告宣传的受众人数为 7 500 万人，把上述数据套入公式，得出广播广告的千人成本为：

$$千人成本 = \frac{广告费}{到达人数} \times 1\,000 = \frac{600\,元}{75\,000\,000} \times 1\,000 = 0.008\,元$$

可见，该广播广告的千人成本仅为 0.008 元。

三、广告媒体的选择依据

1. 产品的性能特点

每种商品及劳务的性能、特点、使用价值、使用范围和广告宣传要求都各不相同。例如，有的属生产资料，有的属生活资料；有的是高技术产品，有的是手工产品；有的是日用百货，有的是五金交电；有的是名牌产品，有的是一般产品，等等，这就要求广告人根据工商企业及服务行业所推销的产品或劳务的性质特征及广告的信息表现形式，选择一种或几种广告媒体，以求得最佳的促销效果。例如，对技术性能比较高的产品，可以采用产品样品及提供服务项目书的形式，也可采用示范性表演的形式等进行宣传和推销。对日用消费品及日

常劳务，可采用便于突出其式样、价格、颜色、质感的那些接触简便、普及率高的画报、杂志封面与插页、电视、展销会等媒体，给消费者留下深刻、真实的印象，从而影响其消费行为。

2. 消费者接触媒体的状况

针对不同的消费者和用户选择不同的媒体，是增强广告促销效果的有效措施。例如，广告对象是城市女性，则应利用女性杂志、畅销刊物、家用挂历、商店橱窗等媒体做广告，有利于增强广告效果。如果广告推销的是儿童用品，则电视是最佳广告媒体，特别是在儿童最喜欢的动画片节目前后插播这类广告，收效最好。此外，还可以在商场、商店等服务场所，直接利用商品的内外包装做广告，既便于消费者选购商品，也有利于宣传商品，扩大影响。

3. 广告的目的

广告目的是广义的广告目标。广告目标则是广告活动在一定时期内要达成的、可以事后测定的、用数字表示的终点，即广告主通过广告活动所要达到的目的。广告最基本的目标是促进销售。广告目标是指在广告计划期间内，为达到一定的广告目的和要求而制定的，针对具体广告活动的计划完成指标。广告目标按目标的不同层次可分为总体目标和分目标；按目标涉及的内容可分为外部目标和内部目标；按目标的重要程度，可分为主要目标和次要目标。无论何种目标，一经确立，必须制定出实现目标的指标、计量标准和实施方法，使广告目标可量化。

如果企业的广告目标是让消费者知晓该品牌，属于创牌阶段，就应该选择覆盖面大、有影响力的媒体集中进行广告宣传，增加品牌曝光率；而如果企业是为了保持其在消费者心目中的认知，就应该长期在某种媒体进行渗透性的广告宣传，使消费者知道该品牌始终如一地保持着良好的经营状态，并受到消费者的喜爱。

4. 媒体传播的数量和质量

所谓广告媒体的传播数量，主要是指这种媒体所能传播到的读者（观众、听众）的大概数字。例如，报纸、杂志的发行量；广播的收听率、电视的收看率，播放次数和信息的覆盖面；霓虹灯的光谱的穿透数值；橱窗、招贴、路牌等，则应以每分钟视野能见范围内的顾客流量、观看人数来衡量。所谓广告媒体的传播质量，主要是指某种媒体已建立起来的影响和声誉，以及这种媒体在表现上的特长。例如，《人民日报》、中央电视台和中央人民广播电台的影响和声誉是很高的，每个地区、每个行业又有其自身影响和声誉的宣传媒体。广告主选择广告投放媒体时就应从媒体的数量和质量各方面权衡，择其最适合者来用。

企业选择广告媒体时，要考虑目标市场的范围和媒体信息传播的广度。由于产品和劳务市场受多种因素影响，其供求状况经常变动不定，故企业选择广告媒体必须对市场情况周密地进行调查研究和科学预测，真正了解市场供求变化和变动趋势。一般来说，面向全国市场销售的产品适宜选择在全国发行的报纸、杂志和信息覆盖面广的全国性广播、电视等作为广告媒体；在局部地区销售或有特定购买对象的，则应选择地区性广播、电视、报刊或路牌、招贴、营业现场等广告媒体。同时，企业还要根据市场状况的变化，如产品寿命周期、淡旺季和季节性需要等选择不同的最有效的媒体。

5. 广告的费用

广告费用即广告主的预算和支付能力。一般说来，信息覆盖面广、影响大的广告媒体，费用较高；相反，信息覆盖面窄、影响小的广告媒体，费用低廉。例如，全国性的大报、电视和广播电台的广告费用要比地方性电视、报纸、广播电台的广告费用高得多。但是，若从一定宣传面，如以读者或受众的广告费用平均值计算，还是覆盖面广的媒体费用相对低廉。总之，就是要以最小的广告投入，选择最适宜的广告媒体，以期收到最佳的促销效果。

6. 企业特征

不同的生产经营活动方式适合于不同的广告媒体。从广告的发展过程来看，小规模的生产经营方式，一般采用原始的广告媒体，其中以实物、口头叫卖居多。手工作坊和专业店铺所从事的工商活动，广告媒体形式增多，如旗帜、灯笼、画匾、音响、商号、招牌等。近现代企业的出现，使得商品生产和商品交换的范围与规模扩大，生产和销售日益社会化，客观上要求信息传播在时间、空间、速度、效果等方面能适应现代化社会大生产的需要，于是出现了招贴、报纸、杂志、广播、电影、霓虹灯、电视以及路牌、灯箱、车船、气球、卫星等各种现代化信息传播媒体，成为当代企业开拓市场、组织生产和流通、满足消费需求的产品信息载体。可见，企业的经济活动组织形式是决定选用哪种广告媒体的一个重要因素。不同的经济组织形式及其经营规模与产品的商品率、供应范围等因素，是决定其选择哪种媒体做广告的重要影响因素，这是由不同经济组织的财力与经济活动范围的大小决定的。

第三节 广告媒体的组合与频率发布

广告媒体组合与频率发布是广告主在综合分析不同媒体特点的基础上，结合自身的产品特色和品牌优势，在经济能力允许的范围内，寻求最大广告投资收益率（Rate of Return on Investment，ROI）的策略。

一、广告媒体的组合

（一）媒体组合及其作用

1. 媒体组合的概念

媒体组合是指在广告发布计划中，在一定的时间段里应用两种以上不同媒体，或是同一媒体应用两种以上不同的发布形式、不同的发布时间的一种组合状态。

2. 媒体组合的方式

（1）视觉媒体与听觉媒体的组合。视觉媒体是指借助于视觉要素表现的媒体，如报纸、杂志、户外广告牌、招贴、公共汽车等。听觉媒体主要是指借用听觉要素表现的媒体，如广播、音响，电视可以说是视听觉完美结合的媒体。视觉媒体更直观，给人以一种真实感；听觉媒体更抽象，可以使人产生丰富的想象。

（2）瞬间媒体与长效媒体的组合。瞬间媒体是指广告信息瞬时消失的媒体，如广播、电视等电波电子媒体，由于广告一闪而过，信息不易保留，因而要与能长期保留信息、可供反复查阅的长效媒体配合使用。长效媒体一般是指那些可以较长时间传播同一广告的印刷品、路牌、霓虹灯、公共汽车等媒体。

（3）大众媒体与促销媒体的组合。大众媒体是指报纸、电视、广播、杂志等传播面广，声势大的广告媒体，其传播优势在于"面"。但这些媒体与销售现场相脱离，只能起到间接促销的作用。促销媒体主要是指邮寄、招贴、展销、户外广告牌等传播面小、传播范围固定，具有直接促销作用的广告媒体，它的优势在于"点"，若在采用大众媒体的同时又配合使用促销媒体能使点、面结合，起到直接促销的作用。

同时，媒体组合可以使企业在竞争环境较为复杂的状况下，按照自己的广告策略一步步地进行，以便取得最明显的广告效果。

3. 媒体组合的作用

媒体组合的作用主要表现在可以恰到好处地使广告的影响力最大、冲击力最强、功效更持久。

（1）媒体组合可以增强广告效果。一方面，由于各种媒体覆盖的对象有时是重复的，因此媒体组合的使用将使部分广告受众接触广告的次数增加，也就增加了广告的传播深度。消费者接触广告的次数越多，对产品的注意度、记忆度、理解度就越高，购买的冲动就越强。另一方面，媒体组合可以更全面地发挥不同媒体的功效，使其使用的媒体成为一个相对完整、立体的信息网络，将商品或服务信息更全面地传递给受众，补充单一媒体的缺陷，从而形成较强的广告效果；媒体组合也可以通过媒体的交叉使用，充分发挥不同媒体的优势，提高媒体在一定时期内的作用，以达到最佳的影响效果。

（2）媒体组合可以扩大媒体的影响范围。各种媒体都有各自覆盖范围的局限性，假若将媒体组合运用，则可以增加广告传播的广度，延伸广告的覆盖范围，使得媒体组合产生1+1>2的放大效应，使更多潜在消费群对广告产品产生认知，加强其对品牌及产品的印象，有效抑制及抗击竞争品牌的广告效果，提高产品品牌的普及率，保证在相对较短的时间内更快速、更直接地影响目标消费群，提高产品的占有率和使用率，以期占领更有利的市场机会。也就是说，广告覆盖面越大，产品知名度越高。

（3）媒体组合可以节省广告费用以实现长期传播。媒体组合可以使企业有效利用媒体资源，通过主要媒体获得最佳到达率后，再用较便宜的次要媒体得到重复暴露，避免长期使用费用高的媒体，从而达到节省广告费用支出的目的；媒体组合利用短期媒体的不断积累，作用于相对长期的媒体，使品牌及产品的影响及冲击力得到保持及发展，不至呈现信息的遗忘及信息曲线下降，能够在一定时期内维持消费者的忠诚度，获得长期传播的功效。

（二）媒体组合的原则

广告主或广告公司在进行媒体组合选取时不是盲目的，而是要依照以下原则进行：

1. 互补性原则

互补性原则是指企业在进行媒体组合选取时，应注重发挥各种广告媒体的优点，使媒体缺点产生的负面影响降到最低，通过不同媒体间的优势互补，实现媒体运用的"加乘效应"。媒体之间的互补可以是覆盖面上的互补，可以是媒体特性上的互补，也可以是传播时效上的互补。

2. 有效性原则

有效性原则是指企业所选择的广告媒体及其组合，能有效地展现产品和服务的特点和优势，具有较强的说服力和感染力；同时利用媒体组合产生的影响力，扩大广告的覆盖范围，促使广告受众对广告所宣传的产品或服务由知晓到熟悉，由熟悉到喜爱，有效地建立起良好的产品或服务的品牌形象和广告主的企业形象。

3. 经济性原则

经济性原则是指企业选择广告媒体时还应当充分考虑各种现实影响因素，如媒体预算是否足够，是否能买到期待的发布时间，当地的政治、经济、法律、文化、自然、交通等条件能否保证所选择的媒体有效地传播广告主的广告信息，以便实现以最少的广告投入获得最大的广告宣传效果。

4. 目的性原则

目的性原则是指企业在选择广告媒体组合方式时，必须遵循企业的营销目标，根据创牌、保牌、塑造企业形象、增加市场占有率等不同营销目标制定每次广告活动所要达到的具体目标，选择那些最有利于实现营销目标的广告媒体组合形式。

（三）媒体组合的策略

媒体组合策略可以分为两种形式：集中的媒体组合策略（Concentrated Media Mix）和多样的媒体组合策略（Assorted Media Mix）。

1. 集中的媒体组合策略

集中的媒体组合策略是指广告主集中在一种媒体上发布广告。它主要集中影响被进行特别细分的受众。集中的媒体组合策略能创造出品牌易于被大众接受的氛围，尤其对于那些接触媒体有限的受众。

其优点在于：集中购买媒体可以获得较大的折扣，节省广告费用；使广告主在一种媒体中相对于竞争对手占主要地位；使消费者尤其是接触媒体范围狭窄的受众更加熟悉品牌；激发消费者对产品或品牌的忠诚度。

在高视觉性媒体上采用集中性策略，如在电视的黄金时间购买较长的广告时段，或者在高档杂志中购买大的版面，能激发消费者对产品或品牌的忠诚度。

2. 多样的媒体组合策略

多样的媒体组合策略是指选择多种媒体发布广告。这种策略对那些有着多样市场细分的商品或服务更加有效，可以通过不同的媒体对不同的目标受众传达不同的信息。

其优点在于：能向不同的目标受众传达关于品类或品牌的各种独特利益；不同媒体的不同信息到达同一目标受众可以加强其对信息理解的效果；运用多样的媒体策略，可以增加广告信息的到达率。受众可以暴露于多种媒体，因而信息到达受众的可能性较大。

但是，多样的媒体组合策略也有自己的缺点：不同的媒体需要不同的创意和制作效果，可能导致成本增加，增大制作费用比例，有可能影响其他重要目标的实现，如毛评点（GRP）和总利用人数（Gross Impressions，GI = GRP × 媒体可利用者总数/100）。

二、广告媒体的频率发布

（一）广告频率的发布方式

广告频率是指在一段特定的时间内某位被选定的观众接触到某一个广告的次数。在受欢迎的杂志上刊登广告，会因为受众不断地重复阅读和浏览而享有很高的接触频率。电视广告或是电台广告依照播出的时段以及与其相关节目的市场份额（Market Share）可能只需要出现一两次就可以接触到很多的观众。当一家公司面临很严峻的竞争，抑或当有需要向它的客户提醒产品价值的时候（特别是当这项产品是属于经常会被购买的类别，如肥皂或纸张），推出视听性质的商业广告，通常会是一个很有效用的策略。要是品牌的忠诚度很低或是消费者在品牌的采用上有迟疑的时候，让广告经常性地出现，可以驱使消费者去购买这项产品或服务。

（二）频率发布的运用

媒体专家衡量一个广告出现次数的方法，是将该广告可以接触到的人数（R）乘上平均接触频率（科特勒，1994）。其公式为：

广告出现次数 = 广告可以接触到的人数 × 平均接触频率

如果，在某一个月当中，美国商业周刊有 100 万名读者。一个出现在该期杂志中的广告，有 20 万名读者会接触到一次，有 40 万名读者会接触到两次，其余的 40 万名读者接触到三次。以此计算其广告频率。

$$广告频率 = \frac{200\,000 \times 1 + 400\,000 \times 2 + 400\,000 \times 3}{1\,000\,000} = 2.2$$

广告频率在决定一个广告活动的效果上，是相当有用的，不过衡量两个或多个广告活动时，这种衡量方式会显得较不可靠。在前面的例子中，如果全部的读者估计有 1 万名，而且所有其他的数字都依比例调整的话，广告频率仍然会维持为 2.2。

第四节　新型广告媒体研究

新型广告媒体形式的出现，使媒体市场朝着不断细分化的方向发展。对于企业来说，越精准的广告定位，越有创意的广告模式，越能占有更多的市场份额。而细分后的市场，将会越来越有优势。广告主的选择会更加多样化，广告投放分流的趋势会越来越明显。因此，对新型广告媒体的研究，是企业通过有效的媒体策略获得竞争优势的有效手段。

一、新型广告媒体的含义及类型

（一）新型广告媒体的含义

对于新媒体的界定，学者们可谓众说纷纭，至今也没有定论。一些传播学期刊上设有"新媒体"专栏，但所刊载文章的研究对象也不尽相同，有数字电视、移动电视、手机媒体、IPTV 等，还有一些刊物把博客、播客等也列入新媒体专栏。

美国《连线》杂志对新媒体的定义是："所有人对所有人的传播。"

清华大学新闻与传播学院熊澄宇教授认为："新媒体是在计算机信息处理技术基础之上出现和影响的媒体形态。"

新传媒产业联盟秘书长王斌认为："新媒体是以数字信息技术为基础，以互动传播为特点，具有创新形态的媒体。"

阳光文化集团首席执行官吴征认为："相对于旧媒体，新媒体的第一个特点是它的消解力量——消解传统媒体（电视、广播、报纸、通信）之间的边界，消解国家与国家之间、社群之间、产业之间的边界，消解信息发送者与接收者之间的边界，等等。"

中国传媒大学黄升民认为："构成新媒体的基本要素是基于网络和数字技术所构筑的三个无限，即需求无限、传输无限和生产无限。"这是从社会关系层面的理解。

综合上述观点，新型广告媒体的概念可以从两个方面界定：一是指伴随着新技术、新材料的使用而出现的传统媒体的创新；二是指以前从未使用过的广告媒体形式，也称为媒体形式创新。新型广告媒体区别于传统媒体的最明显的地方在于：受众的针对性加强了，广告效率提高了。新型广告媒体形态主要表现为数字杂志、数字报纸、数字广播、手机短信、移动电视、网络、桌面视窗、数字电视、数字电影、触摸媒体等，区别于传统意义上的四大广告媒体，被统称为"第五媒体"。

可以肯定的是，新传媒是建立在数字技术和网络技术的基础之上而延伸出来的各种媒体形式。"新"最根本体现在技术上，同时也体现在形式上，有些新媒体是崭新的，如互联网；而有些是在旧媒体的基础上引进新技术后，新旧结合的媒体形式，如电子报纸和电子杂志。最为重要的是新媒体能对大众同时提供个性化的内容，是传播者和接收者对等、交互、同时进行个性化交流的媒体。

（二）新型广告媒体的类型

新型广告模式越来越多，其创意手法也越来越新颖，对市场份额的占有率也不断加大。新型广告媒体的类型众多，而且有时没有统一的模式。因为，企业每一次促销的创新尝试都有可能是一种新型广告媒体的出现。目前，对于新型广告媒体类型的划分主要有四大类：一是以数字技术为核心的媒体，如数字电视、移动电视、网络媒体等；二是以文化传播为主要目的的媒体形式，如植入式广告媒体，游戏媒体等；三是以精确传播广告信息给目标顾客的分众传媒，如电梯广告媒体、手机广告媒体、楼宇广告媒体等；四是以媒体创新为标志的新型媒体，如自行车广告媒体、投影广告媒体、车库广告媒体等。

二、主要新型广告媒体及其特点

由于每一种新型广告媒体的传播载体不同，表现出来的传播特性也有很大的差异。下面针对当前使用比较广泛的媒体形式进行媒体特征的介绍和分析。

（一）楼宇电梯广告媒体

1. 楼宇电梯广告媒体的概念

随着城市化进程的加快，我国各城市高楼林立，为发展电梯广告提供了载体。电梯广告是指在写字楼及住宅小区的电梯内外设置的广告。由于现代都市人乘坐电梯的次数越来越多，无论是在等待电梯的时候还是乘坐电梯的时候，都会出现无聊的感受，这就为"注意力经济"提供了发展空间，产生了电梯内部广告，使得在电梯内进行广告宣传的注目率和重复宣传的效果大大提高，电梯广告媒体也逐渐发展成为一种备受瞩目的新型媒体形式。

乘电梯上下楼对于大多数人来说是一件单调而乏味的事情，通常人们在等电梯、电梯上下运行时，也是最无聊的时候，有强烈的、下意识的视觉需求，广告画面的出现自然成为视觉的中心。所以，如果电梯广告制作精美，有很好的装饰性效果的话，人们多次阅读也不会产生拒绝的心理。

由于电梯箱体的广告一般都做得比较精美，尤其是框架式广告，这样在协助物业部门管理工作的同时,也给人以赏心悦目的美感。对于在电梯间张贴广告,物业部门认为对于业主有益无害,广告的收益主要作为楼宇的物业维修资金,相对减轻了业主的经济负担。据统计,在深圳、广州、佛山、东莞等地,电梯广告的年市场容量可达到 3.6 亿元,仅仅在华南地区,电梯广告的发展空间就十分惊人。

2. 楼宇电梯广告媒体的分类

通常情况下,楼宇电梯广告媒体主要有:电梯旁的液晶电视、电梯轿厢里的平面广告框架、一楼大厅的展板、感应灯箱、电梯门贴、感应 LED 等。其中,电梯旁的液晶电视媒体又独立出去,形成商务楼宇广告联播网,有的称之为分众传媒(Focus Media),其有关内容在本章还有详细介绍。

3. 楼宇电梯广告媒体的特点

(1) 受众相对固定。电梯广告媒体的受众往往是出入商务楼宇和高档住宅的人,他们通常都是中高档消费阶层,普遍属于文化层次较高、收入较高、消费能力较强的群体,在阅读广告后的潜在购买欲远远高于其他阶层,广告效果自然能达到最佳。

(2) 信息传递量大,展示时间长。这一特点正好可以满足新产品、新品牌传播的需要,满足传递新产品上市信息、产品促销信息的需要,可以很自然地强化消费者对新产品、新品牌的认同感,以及提升新产品、新品牌的知名度、忠诚度和联想度。

(3) 受众到达率高。与受众的视线几乎等高的电梯广告,在相当程度上能产生强制性阅读的效果,广告资源流失率几乎为零。受众乘坐电梯的等待时间较长,电梯内部空间狭小,受众会反复乘坐等特点,决定了广告阅读的不可避免和反复性,目标客户阅读广告内容的主动性。电梯广告的到达率更高达 100%。据测算,居住在高层住宅楼内的住户,每人每天平均至少乘坐电梯上下 3.7 次,电梯广告每天不可避免地闯入人们的视线至少四次,产生了广告阅读的反复性。

(4) 抗干扰性。人们每天接触到大量的广告信息,真正记住的仅 10 条左右。其原因之一,是各种传播信息互相干扰,广告影响力自然大大下降。而电梯广告发布于相对封闭的空间内,这里容纳的信息有限而且单纯,整个环境干扰程度低,受众有可能把相对多一些的注意力集中在广告上,这就避免了广告资源的大量浪费。

(5) 贴近性好。电梯广告与受众在一定时间内有着相对静止的关系,电梯广告媒体直接面对目标受众的特点,成为广告传播渗透性极佳的媒介,可以强烈地刺激消费者的购买欲望。电梯广告媒体作为新兴媒体,其部分受众是传统的媒体难以到达的,是现有媒体的重要补充,是进行市场推广的传播途径。例如,乘坐电梯时,电梯广告与乘客处于相对静止的状态,乘客会因为无聊而寻找视觉支撑点,在不经意间仔细读完广告内容,如果广告刊登了详细的产品介绍、公关活动日程安排、优惠折扣等信息,就能达到很好的传播效果。在这个意义上,电梯广告媒体具备了报纸、杂志等媒体的优点。

(6) 媒体费用低。电梯广告媒体的广告投放价格只相当于在报纸或电视上投放广告价格的 1/3 或 1/4,人们一天至少上下两次电梯,所以电梯内广告的反复阅读率远远高于其他媒体,在同等广告支出情况下可以得到事半功倍的效果。除了发布费用比较低以外,电梯广告由于尺寸较小,所以制作、投放都简单易行,能够以周、日作为发布时间单位。企业可以根据广告目的要求制定更加灵活、合理的投放策略,而无须为材料、施工费用的浪费而感到惋惜。

此外，电梯是个相对独立的空间，把广告投放在电梯内，不会影响社区的总体环境和面貌，且人为破坏自然的程度较低。

【案例链接】

宜家家居（IKEA）和尚扬媒介对北京工薪家庭进行调研后发现，目标顾客的家庭一般都居住在20世纪80年代末、90年代初修建的比较老式的居民楼公寓中，他们目前使用的都是10多年前的笨拙的老式家具，有家具更新换代的需求，但是，之前他们从来没有购买过宜家家居的产品。这些工薪家庭普遍认为，要改变自己的居住环境比较困难。此外，宜家家居是年轻、时尚、昂贵的西方品牌，离他们的生活太远了。要找到一个合适的渠道来和这些消费者沟通，既要改变他们对宜家家居昂贵的老看法，又不损害品牌的时尚形象，在这种背景下，"改变很简单"的主题营销活动被正式提出来了，目的是建立宜家家居与这些主流工薪家庭的沟通和联系，教育和鼓励他们尝试宜家家居的产品。除了运用报纸夹带广告、海报和定点发放目录册等比较常规的手段来引起目标顾客的注意外，宜家家居和尚扬媒介在中国创造性地选择了北京老式居民楼中的20栋进行旧电梯翻新改造。这20栋居民楼位于工薪家庭居住非常密集的地区，宜家家居和尚扬媒介将这些居民楼的旧电梯的箱体改头换面，布置得让受众如同置身于宜家家居的展示厅之中。

根据第三方的跟踪调查，这次广告活动的回想度达到了100%，受众对于广告的喜好度达到了60%，对宜家家居的品牌亲密感提升了14%，购买意向提升了20%。怪不得戛纳广告节将2004年度"用较少的预算达到最佳的营销目的"的称号给了这次广告活动。

（二）数字电视广告媒体

1. 数字电视的概念

数字电视是指从演播室到发射、传输、接收的所有环节都是使用数字电视信号或对该系统所有的信号传播都是通过由0、1数字串所构成的数字流来传播的电视类型。数字信号的传播速率是19.39MB/s。如此大的数据流的传递，保证了数字电视的高清晰度，克服了模拟电视的先天不足。同时还由于数字电视可以允许几种制式信号的同时存在，每个数字频道下又可分为几个子频道，从而既可以用一个大数据流——19.39MB/s，也可将其分为几个分流，例如4个，每个分流的速度就是4.85MB/s，这样虽然图像的清晰度要大打折扣，却可以大大增加信息的种类，满足不同的需求。

电视传媒的快速发展，让人应接不暇。虽然在其文化层面当前面临着其他新媒体（如互联网等）的挑战，影响力有所下降，但是，这些新媒体的标志性特征，如数字化、分众化（个性化）和互动性，在数字电视这一电视新技术平台中都得到了很好的融合与发展。随着高清晰电视、移动电视等一大批新技术、新平台的推广，成为提升一个国家文化软实力的理想工具。20世纪90年代末期，英国广播公司（BBC）率先在全球建立起了"哥伦布"系统。这个系统使得BBC的电视节目储存、编辑、播出全面实现数字化，从而极大地提高了BBC的工作效率，节省了制作成本。现在的电视机构正在逐渐淘汰传统的模拟摄像机和录像带，取而代之的是数字摄像机和各种新兴的记录载体。

2. 数字电视的分类

按信号传输方式分类，数字电视可分为地面无线传输（地面数字电视）、卫星传输（卫星数字电视）和有线传输（有线数字电视）三类。

按清晰度保真方式分类，数字电视可分为数字高清晰度电视（HDTV）、数字标准清晰度电视（SDTV）和数字低清晰度电视（LDTV），这三种形式的主要区别在于图像质量和信号传输时所占信道带宽不同。

按照产品类型分类，数字电视可分为数字电视显示器、数字电视机顶盒和一体化数字电视接收机。

按显示屏幕幅型比分类，数字电视可分为4:3幅型比和16:9幅型比两种类型。

按服务方式分类，数字电视可分为广播数字电视、交互式数字电视和流媒体数字电视等。

3. 数字电视广告的分类

数字电视广告的形式有开机画面广告和切换频道广告。

开机画面广告是指消费者打开机顶盒及电视机电源后出现的整屏广告画面，是机顶盒植入式广告中版面最大的广告方式，理论到达率100%。

切换频道广告是指当数字电视消费者收看电视频道，按遥控器【p+】和【p-】键进行换台操作时，伴随节目内容信息条出现的挂角广告，一般位于信息条的右侧。

4. 数字电视广告媒体的特点

（1）开机必达，超高到达率。只要媒体的受众打开数字电视，数字电视广告就会出现，而且是无法跳转的，因此，数字电视广告的到达率可以认定为100%。

（2）广告画面醒目，冲击力强。数字电视要比模拟信号传播的电视内容更清晰，视觉冲击力更强，在数字电视上播放的广告对受众的劝说和诱导的效果远远超过传统的电视媒体。

（3）可反复收看。因为数字电视吸收了计算机的存储功能的优点，使得受众可以将喜爱的节目进行反复播放，但不能更改节目内容，因此，那些随片的电视广告也会重复播放，起到多次传播的广告效果。

（4）高覆盖。数字电视具有传统电视媒体相同的特点，即高覆盖率。只要能够接收数字电视信号，就会受到数字电视广告的影响。

（三）移动电视广告媒体

1. 移动电视的概念

移动电视主要是指公共交通工具（如公交、地铁等）上播放的电视。作为一种新兴媒体形式，移动电视的迅速发展是人们始料未及的。这是因为，移动电视除了具有传统媒体的宣传和欣赏功能外，还具备城市应急信息发布的功能。

2. 移动电视广告媒体的特点

具体来说，移动电视特点主要表现在以下几个方面：

（1）技术数字化。数字移动电视采用的数字技术，科技含量高，技术创新强，能够确保交通工具在时速120km的状态下，节目接收的画面清晰和音响效果好，达到吸引乘客注意的目的。

（2）即时传播。数字移动电视的出现，让移动人流随时随地可以看到电视，获得更多、更新的资讯，也包括大量的广告信息，这极大地满足了快节奏社会中人们对于信息的需求，确保信息的时效性。

(3) 强迫收视。移动电视传播环境下的受众处于相对被动地位，剥夺了观众手中的"遥控器"和随时更换频道的权利。但另一方面，"传播内容的强制性有利于拓展'无聊经济'巨大利润空间"，移动电视正是抓住了受众在乘车过程中的无聊空间进行强制性传播，使得消费者在别无选择时被它俘获，使得广告传播效果更佳。

(4) 内容的易获性。数字移动电视系统是由传媒公司和交通系统协作统一投资建设的，受众无须增加个人投资和消费成本，只需付出"注意力资源"，易为受众接受。从这一点来说，数字移动电视的普及完全是一种既能获利又具有社会公益性质的事业。

(5) 资讯利用最大化。如何让已有的资讯为最广大的人群服务并产生最大的经济效益和社会效益，一直是传媒人所关注和思考的问题。移动电视的开展，投资建设者可以是传统电视媒体，一方面它可以充分利用本身已有的人力和节目资源创造出更大的效益，这将节省一大笔成本；另一方面，还可以成立专门的移动电视频道，整合各台的新闻、信息资源，通过移动电视系统为更广大的受众服务，达到资讯利用最大化、利润创收最大化目的。

(四) 地下车库广告媒体

1. 地下车库广告媒体的概念

地下车库广告媒体是新型的广告媒体。它是指在城市大厦、楼宇的负层地下车库内壁及柱面上制作的广告载体。在深圳、上海、广州、北京等地一经推出，即受到包括汽车制造、售卖、石油、石化、橡胶、轮胎、汽车相关服务等众多广告客户的青睐和追捧。阿凡提集成媒体集团所推出的"都市宝藏——GAN地下车库广告媒体网络"可谓是世界首创。该集团将广告灯箱做到了从来没有人想到过的地下车库，并以迅雷不及掩耳之势攻城略地，在短短几个月的时间里，网络覆盖了从国贸大厦到摩托罗拉大厦、恒基中心等北京地区100多栋标志性大楼的地下车库。这一新兴媒体在广告界引起了众多广告从业人员的关注，也成为众多品牌争相购买的媒体形式之一。

地下车库媒体受众细分也是传播业不可逆转的发展趋势，而户外广告要达到细分的目的，必须在内容、发布方式、地点等方面进行突破，由原来的粗放型向集约型发展。与传统户外广告相比，地下车库广告发布于地下车库内，简单、精致、整齐、美观。这种新式广告媒体促销造势，覆盖面广，受众率高，形式多为发布方便的小型海报和招贴。

2. 地下车库广告媒体的特点

(1) 直接锁定高消费群体的新媒体。直接投放在高级生活社区、商业社区、CBD社区所在公共地下停车场内，媒体投放地点独特，具有其他户外广告媒体所不具有的独有的特性。由于相对锁定具有高消费能力和时尚引导力的目标受众群体，地下车库广告媒体能够直接、快速、准确和高效地送达广告信息。

(2) 半强制性媒体。地下车库广告媒体能够直接面对最终用户，这种针对性强的特征，可以与用户直接沟通、交流，在很大程度上避免了广告传播中经常存在的媒介到达率、有效率、用户选读率等种种难以预计或需量化的媒体测试数据。同时也最大限度地避免了目前其他户外媒体最易发生的品牌干扰性强的现象，成为最佳的强力渗透性新媒体之一。

(3) 最有效地培养高档品牌的品牌忠诚度的媒体。高档品牌往往象征着一种追求休闲、时尚的生活方式，这些品牌也往往蕴含较高的技术含量，能够彰显出使用该品牌的消费者的与众不同的品位与地位，容易使消费者产生品牌忠诚感。地下车库广告投放地点准确，受众群体目标准确，针对性强，重复率高，回忆率高，广告品牌干扰负面极小。投放目标群体的年龄、生活经历、受教育程度、收入和消费水平，对工作、生活质量的高标准要求，以及对各种资讯的极大需求，都极易培养消费者的品牌忠实感，影响着他们的购买决策和购买行为。

此外，地下车库广告媒体还具有购买成本低、传播效果好、网络性强、覆盖面广、到达率高、注目率高等特点。

（五）投影广告媒体

1. 投影广告媒体的概念

投影广告媒体是最近几年才出现的一种很具革命性的户外广告媒体形式。它利用"巨型户外投影专用设备"，将制作于胶片上的画面投射到建筑物墙面，从而形成巨大影像（$1\,000\sim10\,000\text{m}^2$）。投影技术可以应用于户外环境，如楼宇外墙、公共建筑、体育场（夜晚），也可以应用于室内环境，如大型展览厅、博物馆、剧院、帐篷、仓库等（夜晚和白天）。最近以北京为代表的大都市地铁车厢内，出现了投影广告，将需要宣传的品牌广告在地铁车厢内出现瞬间黑暗的时候进行投影宣传，一方面把握住城市轨道交通人数众多的特点，另一方面也把最新的投影技术运用到相对传统的媒介上，这是符合跨界媒体平台的建立趋势的。

投影广告媒体根据光学成像原理，利用一种强力的投影系统，将广告主的广告内容投放到户外大型建筑物、天空、云幕、烟幕、水幕等表面上。

1996年起，投影技术就被运用于各类大型庆典、体育盛会和商业推广活动中。

2. 投影广告媒体的特点

与普通户外广告媒体相比，投影广告媒体具有如下明显特点：

（1）环保、安全。投影广告媒体能克服普通户外广告牌及灯箱等媒体形式的耗电量大，日久易褪色，易被人为破坏、涂抹污染等局限，充分利用光学成像原理，耗电少，重量轻，不破坏楼面、地面，不影响场地环境及总体规划，没有任何污染，抗风性强。

（2）新颖、时尚。用灯光演绎广告内容在国际、国内都是引领时尚的重大决策，北京王府井步行街、重庆三峡广场、重庆解放碑商业步行街等都是非常成功的案例。

（3）费用低廉，具有极佳的性价比。传统的广告牌、灯箱的制作费用相对比较昂贵，且审批手续非常繁杂，而动态投影广告的制作费用非常低廉，神奇的投影光束，采用五画面转换功能，在廉价的墙面或地面上投放五幅巨型广告图案可令一切廉价的受体（墙面、路面、地面等）变成一幅幅精美的广告，既鲜活动感又使利润倍增，更可轻松实现利润最大化的商业目的。

（4）动态及其他新奇的效果。动态是最吸引人的视觉元素，投影广告通过一些特殊技术的应用，可产生许多新奇的效果，如环转、钟表、风动、四分等，能更有效吸引人群的视线。

（5）更换灵活便捷。传统的灯箱安装起来既费时又费力，消耗不小的人力、物力，又不能长时间地吸引消费者的视线；一般广告一旦制作完成便很难修改，即使出现地址、电话号码更改这样小小的变动，整个广告也必须彻底推翻，重新制作，造成人力、财力、物力的巨大浪费，而且往往不能很快地迎合瞬息万变的市场变化，无法迅速地把企业的新观念、新产品传达给消费者。动态投影广告媒体能够改变上述的所有不便，可在几分钟时间内发布广告画面或更换广告内容，设备一次投入，多次使用，非常适合进行季节性推广。

投影广告媒体也具有一定的局限性。例如，投影广告媒体的技术不够完善；投影广告媒体的市场前景不确定，仍然需要不断创新开拓；投影广告媒体的传播对象不够明确；投影广告媒体播放的环境选择要求也比较高。

（六）植入式广告

植入式广告（Product Placement）是指把产品及其服务具有代表性的视听品牌符号融入影视或舞台作品中的一种广告方式，给观众留下相当的印象，以达到营销目的。植入式广告是随着电影、电视、游戏等的发展而兴起的一种广告形式，它是指在影视剧情、游戏中刻意插入商家的产品或服务，以达到潜移默化宣传的效果。由于受众对广告有天生的抵触心理，把商品融入这些娱乐方式的做法往往比硬性推销的效果好得多。

植入式广告的表现空间十分广阔，在影视剧和娱乐节目中可以找到诸多适合的植入物和植入方式，常见的广告植入物有：商品、标识、VI、CI、包装、品牌名称以及企业吉祥物等。

植入式广告运用最普遍的是植入式影视广告，此外，还有网络文章植入、网络游戏植入和图书植入等植入形式。网络文章植入影响力较大的是博客和微博，具体内容在后面有详细介绍，网络游戏植入因为影响力越来越大，本书也会进行单独介绍。

1. 植入式影视广告媒体

（1）植入式影视广告媒体的概念。植入式影视广告是指将产品或品牌及其代表性的视觉符号甚至服务内容策略性地融入电影、电视剧或电视节目内容中，通过场景的再现，让观众留下对产品及品牌的印象，继而达到营销的目的。以影视为载体的产品植入广告作为一种广告形式在全球范围内被广泛采用，它可以将广告产品及品牌带入真正的生活场景，对于消费者来说也是最直接、最自然的交流形式。

广告从来都是直面消费者的。而电影、电视剧中的植入式广告则是借影视剧情需要，巧妙地展示品牌形象，以达到形象传播或品牌促销的目的。在国外，电影植入式广告直接带动起整个电影文化产业，使得广告主与电影制片方最大限度地实现双赢。有据可查的最早的植入式影视广告出现在1951年凯瑟琳·赫本主演的电影《非洲皇后号》中，其明显标志为戈登杜松子酒的商标镜头。而最天衣无缝的植入式影视广告则出现在著名导演斯皮尔伯格的作品《E.T》中：小主人公用好时公司生产的里斯巧克力豆把外星人吸引到屋子里来。影片首映的第一周，里斯巧克力的销售量增长两倍，几个月之后，全美有超过800家电影院的小卖部开始大量购进里斯巧克力，这是好时公司食品首次进驻电影院。电影《007》系列，尽管每集的剧情不同，但神通广大的"007"总是特别钟情于宝马车，喜欢欧米茄手表，宝马汽车在影片中的展现方式不断推陈出新，迎合观众求新求异的欣赏品位，让高端跑车的运动和安全性与职业特工生涯的多变和冒险性完美结合，相得益彰，品牌特质与主角个性浑然一体。

在国内，20世纪90年代的电视剧《编辑部的故事》首次采用了类似植入式影视广告的表现形式，播出了百龙矿泉壶的随片广告。而植入式影视广告在民族电影业界全面开花，则要归功于冯小刚执导的《天下无贼》，片中共出现了惠普、中国移动、佳能等10余家全程赞助商，广告投入2 000多万元，加上荣誉赞助等其他项目，广告收入达4 000万元。

（2）植入式影视广告的类型。常见的植入式影视广告类型有以下几种情况：

1）特写镜头的产品化。在主人公与赞助产品同时现身时，均会伴随数秒的特写。例如，《手机》中严守一的摩托罗拉商务手机的登场以及《天下无贼》中警察使用的惠普笔记本电脑的亮相。

2）产品名称的台词化。《天下无贼》中学英语的老板在被迫状况下大声说出："宝马汽车。"瞬间就实现了宝马公司的一次绝佳宣传。

3）产品运用的道具化。《天下无贼》中急驰而过的大卡车上"长城润滑油"五个大字，让观众在惊心动魄之余记忆犹新。由于品牌或产品在影片中出现频率极高，更可以为品牌导入新的联想。此外，影视植入还涉及场景提供的植入性传播，如《魔戒3》的上映再度在全球影迷心中掀起一股新西兰旅游热，冯小刚的《非诚勿扰》带火了杭州西溪湿地的旅游和三亚亚龙湾人间天堂鸟巢度假村。

4）音效植入真实化。通过旋律和歌词以及画外音、电视广告等的暗示，引导受众联想到特定的品牌。例如，各大品牌的手机都有其特定的几种铃声和短信提示音，那么在影片中，观众即使不能清楚地看到手机上的品牌标志，也可以通过熟悉的铃声或是短信提示音联想到手机的品牌。例如《短信一月追》中，安排了一段剧中人物跟着电视里周杰伦的歌曲MV学习舞蹈的情节，而这首《我的地盘》正是"中国移动"2004年的主题曲；还有，在影视剧画面中，安排角色观看植入品牌的电视广告，比如《王贵与安娜》中，王贵在看电视的过程中欣赏中国平安的电视广告。

5）品牌和文化植入的倡导性。品牌植入是指为某一品牌专门拍摄影视剧，着重介绍品牌的发展历史、文化理念等，用来提升品牌知名度。如电视剧《天下第一楼》讲述了全聚德烤鸭店的成长历程，《大宅门》和《大清药王》讲述的是同仁堂的故事。它们通过一个完整的故事情节，让观众在品味文化大餐的同时，也全面了解了产品及企业，这种植入方式更容易被观众所接受。

文化植入是植入营销的最高境界，它植入的不是产品和品牌，而是一种文化，通过文化的渗透，宣扬在其文化背景下的产品。韩国电视剧《大长今》就是一个典型的例子。该剧用大量篇幅介绍韩国料理的制作和针灸方法，还有韩国服饰、建筑、伦理道德，这些韩国文化被深植入观众心中。前几年，大量的韩国电视剧、电影涌入中国市场，这种文化植入的经济效果是非常明显的，如韩国商品（服饰和化妆品）热销，大批韩国艺人进军中国文化市场，甚至学韩语的人也多了起来。

（3）植入式影视广告的特点。植入式影视广告被广泛使用源于其无法替代的优点，具体包括：

1）不可分割性。广告产品通过植入的形式，与植入对象成为不可分割的一体，成为媒介产品中图像、道具、场景、角色和情节的一部分。人们再也不能通过数字技术手段把广告与媒介产品分割开来。如果你要欣赏节目，你就不得不同时欣赏广告。这种强制性带来的好处是显而易见的：它更能吸引人们的注意力。尽管是强制性的，但是，多数消费者在"与媒介内容风格风马牛不相及的打断式广告"和"与媒介内容风格密切相关联的植入式广告"之间，更倾向于选择后者。

2）真实性。广告产品都是来源于现实，应该真实地反映现实。比如，《天下无贼》故事的素材本身就来源于现实生活，是现实生活真实而艺术的再现。而现实中我们的确有可能使用诺基亚手机，通过中国移动发短信。把这种广告植入电影，其实也是反映社会事实，不但没有破坏电影的艺术性，反而增添了故事的真实性。一项调查结果显示：90.91%的被访者认为优秀的植入式影视广告既能阐述清楚产品的功能，又能使产品增加情感元素。

3）多赢性。在广告有机植入到影视产品的过程中，广告主、消费者和媒介三方是共赢的。受众免费欣赏了节目，又没有花多余的时间；媒介得到了资助，可以依靠节目本身赚钱；而广告主则达到了宣传产品、提升品牌形象的目的。可以这样说，广告主通过植入式影视广告媒体，可以把以前不知道浪费到哪里去的广告费派上用场，更重要的是，在这种广告媒体上进行广告宣传可以更少地引起人们的反感。

4）灵活性。广电总局的第17号令，限定了电视台的广告播出时间，而电视台如果想通过媒体播放费用的涨价来增加收入，又会导致大量广告主望而却步，因此，在电视节目中的植入式广告是在非常规广告时段进行广告的最佳选择。

当然，植入式影视广告也存在着不容忽视的缺点：

1）品牌的适用性范围较小，多数情况下只适用于知名品牌。这是因为受众需要在相当短暂的时间内准确识别出产品包装、品牌或产品外形。因此，品牌有较高的知名度和认知度是投入植入式影视广告的第一道门槛。植入式广告不适用于深度说服，特别不适合做直接的理性诉求或功能诉求。

2）品牌诉求一般停留在简单告知与提高特性认知度方面。一些前卫产品的功能性诉求甚至可能被受众当作影片的虚构。基于上述原因，广告主可以考虑在同一档期发布硬性广告配合植入式广告，及时将潜在消费者的"兴趣"转化为"欲望"。

3）在影视剧或节目中，可供植入广告的容量有限，过度使用会引起受众反感。在现实情况下，受众倾向于把所有说服性信息都理解为"广告"，他们对于"广告"高度敏感，一旦感觉到这是"广告"，就会条件反射性地把心灵之门关闭，最终影响到对影视剧或节目的态度。

4）商业效益的过分追求，必然导致植入广告的泛滥。植入广告容易对作品造成的最大伤害是使作品本身主题涣散，又因为这些品牌多与人们日常生活息息相关，很容易唤醒观众感官刺激而带来兴奋点，作品中过多互不相关兴奋点的突兀存在，必然对作品主线原本思路造成影响，降低作品的艺术价值，甚至会喧宾夺主，使主题不再明显，正因如此，植入广告常常会引起观众的反感和抱怨。

2. 综艺节目植入

综艺节目植入是指在收视率比较高的、影响力比较大的综艺节目中，将产品、品牌、企业等信息进行植入的一种信息传播手段。相对于影视广告植入而言，综艺类节目更有可能利用植入式广告提高某些导入期产品或新进入品牌的知名度。综艺节目广告植入的形式更为丰富，也更为直接。主要形式有：

（1）奖品提供。综艺节目中嘉宾与现场观众、场外观众常常有获奖的机会。收视率很高的电视节目如《快乐大本营》《中国好声音》《王牌对王牌》等节目的主持人都会反复介绍本节目所提供奖品和奖品的赞助商，这种情形下很少有人会对广告提出异议，因为奖品正是节目的一个重要元素，更是场内外观众的关注焦点。

(2) 节目道具。这是把产品深度嵌入到综艺类节目中，提高与受众的接触率的上佳方式。典型的例子是央视的《幸运52》，选手的成绩干脆用商标来代替，其中《幸运挑战》环节中的商品竞猜，以及在节目最后邀请观众参与的幸运商标竞猜都将植入式广告的功能发挥到极致。

3. 图书植入式广告

图书植入式广告是具有隐蔽性的植入式广告形式，主要包括：

(1) 在科普教材类图书中，往往需要很多案例，在案例部分，可以将企业及相关信息进行详细的分析，并巧妙地向读者表达企业所要展示的信息。由于这类图书的读者往往抱着学习的目的在看书，因此他们处于最佳的信息接收状态，通过这种形式进行广告植入，其最好的案例就是企业或企业家传记。前提是，案例的选择一定是符合观点的，否则，强行植入效果会适得其反。《联想风云》《走出混沌》等书是其典型代表。

(2) 小说等娱乐类图书中的广告植入。这类图书主要是给人以精神上的娱乐，因此，其植入方式方法与电影中的植入式方法大体上差不多，不过由于图书没有电影的时间限制，因此在许多方面植入式广告可以做得更加深刻。代表作有《奋斗乌托邦》《藏地密码6》等。

(3) 由企业赞助出版。这种赞助出版业包括企业家署名联合出版和为企业量身定制出版两种，当然并不适合所有企业。代表作有《中国式众包》《威客力》等。

依托于智能手机的广泛普及，各种App下载和使用都有大量的广告植入，也取得了不错的广告传播效果。

（七）游戏媒体

1. 游戏媒体的概念

游戏媒体作为一个新的网络媒体形式，在面对特定族群的定向传播上，有着传统媒体无可比拟的优势。网络游戏虚拟广告的受众相对集中在16~35岁，虽然这部分受众中的大部分人尚处于零收入或是低收入的阶段，但在数码产品、快速消费品、服装等方面却具有相当的消费能力。根据AC尼尔森的统计数据，年轻男性平均每周会花费12.5h来玩游戏，却只看9.8h电视。在以18~34岁男性为抢夺目标的市场上，作为新媒体平台的游戏，正在逐步取代电视而成为广告商关注的新焦点。

2. 游戏媒体的分类

游戏内置广告模式类似电影中的无缝嵌入广告，玩家对广告的接收属互动形式。网络游戏虚拟广告通常有两种形式：

第一种是把产品或与此相关的信息作为游戏必不可少的道具。例如，盛大网络公司在《疯狂赛车》中让用户免费领取游戏用的POLO赛车。这是游戏玩家在游戏过程中不可缺少的道具，对用户是一种"馈赠"，同时又不知不觉为汽车做了广告。这个活动推出一个月，用户就领走了200万辆"POLO"。

第二种是把产品或品牌信息嵌入到游戏场景中。例如，美国艺电（Electronic Arts）公司与英特尔公司和麦当劳公司的网上广告合同。这种方式不会像前一种方式那样引起玩家强烈的互动，但是，每周玩近10h游戏的玩家也肯定不会对宣传画上的产品感到陌生。

游戏广告媒体凭借其针对性、有效性和灵活性的优势正在成为汽车、快速消费品等行业广告主的新宠。

3. 游戏媒体的特点

(1) 受众集中度高，针对性强。网络游戏的玩家主要是 16~30 岁的年轻人，集中度极高。针对该年龄段玩家的消费心理和特点，进行合适的广告制作和广告策划，广告主就可以将这类人群热衷消费的产品广告在网络游戏中发布，如电子数码产品、体育用品、速食产品等，取得在其他媒体上难以达到的精准传播效果。

(2) 地域性强，便于灵活、高效地投放广告。网络游戏一般通过在各地架设服务器进行运营。例如，由盛大网络公司运营的网络游戏《热血传奇》，服务器遍及全国多个城市。玩家对服务器的选择，受多种因素影响，如网速、服务器架设时间等。但最新的调查表明，玩家最喜欢选择离自己所处地方最近的服务器，此类玩家占据了 46%。因此，通过服务器的选择，游戏玩家被细分，有助于有地域针对性销售计划的广告主在特定的服务器内发布广告，命中率极高，减少无效宣传，节省广告成本。

(3) 到达率高，传播效果较为理想。网络游戏媒体的特殊形式使广告的传播也具有多种形式，玩家在从启动游戏到关闭游戏的整个过程中，有多次机会接触到广告信息，并且受到的干扰小。通过反复传播，广告信息将有效地到达受众，加深受众对产品和品牌的印象，甚至会激发受众，由被动地接受，转为主动接受，并产生购买行为。

(4) 便于互动推广营销。玩家对网络游戏的喜爱，会显著增加其对所玩游戏的关注度，包括游戏与其他行业产品的合作。第六届中国网络游戏市场调查报告结果显示，有近 50% 的网络游戏玩家接受网络游戏与其他产业产品合作推广活动，并希望在今后能加强此方面的合作。通过网络游戏媒体，商家不仅可以直接将广告传递到受众，而且可以通过线上线下的互动营销活动，达到最充分的广告宣传效果，促进产品的销售与品牌知名度的提高。

游戏媒体互动推广最具代表性的案例当属 2005 年《魔兽世界》游戏与可口可乐的营销合作。《魔兽世界》在中国大陆的付费玩家数量超过 150 万人，通过线上的广告宣传和线下的捆绑营销活动，可口可乐的人气一路飙升，直接促进了可口可乐的销售量大幅上升。据可口可乐发布的 2005 年第二季度业绩显示：可口可乐（中国）净利润比 2004 年同期增长 15%，达到 12.9 亿美元，第二季度收入也增长了 15%，此案例因此入选"2005 年十大营销事件"。

（八）商务楼宇联播网广告媒体

1. 商务楼宇联播网广告媒体的概念

2003 年年底，日本软银集团注资 4 000 万美元，投资分众传媒（中国）控股公司，覆盖了上海 150 幢商业楼宇，50 个知名商厦，40 个四、五星级酒店及高级公寓会所的电梯液晶电视联播网，并陆续在全国 52 个城市的写字楼建立起电视联播网，网络覆盖面从最初的 50 多栋发展到 2 万多栋楼宇；液晶信息终端从 300 多个发展至 3.7 万多个；收益从最初每月 100 多万元营业额到现在每月 5 000 万元营业额，并拥有 75% 以上的市场占有率。2005 年 7 月，分众传媒在美国纳斯达克上市，成为中国第一个在美国上市的纯广告传媒股，按当时发行价 17 美元计算，分众市值达 6.8 亿美元。

在北京发行量达到 100 万份以上的报纸上做一个彩色通栏大约是 5 万元/天，大概相当于商务楼宇广告网一条 5s 广告的价格。而一般一天在同一报纸上会有 70~80 条通栏，每天通栏的阅读率与一条 5s 广告在联播网滚动播出的 6min15s 广告总内容中的收视机会是基本相同的。一份 100 万发行量的大报，其购买者月收入真正超过 5 000 元的不足 15%，而商务楼宇的受众平均月收入超过了 7 000 元，有效人群要多得多。更重要的是，在商务楼宇联播网中同样的价格可以持续 15 天，平均每天播放 102 次，其成本优势是显而易见的。

2. 商务楼宇联播网广告媒体的特点

（1）针对性。接受此类广告信息人群的消费层次较高，消费能力较强，收入较为稳定，平均家庭年收入均在 10 万元以上，是广告产品最终的消费人群。消费需求与消费力是最终把广告信息转化为消费行为的关键，公共楼宇电视联播网打破传统的广而告之的广告理念，提出一种全新的广告理念，那就是"分众传媒"。

（2）强迫性。凡居住在高层楼宇的用户，每人每天平均四次乘坐电梯上下，等候电梯时的无聊使得电视广告不可避免地闯入他们的视线，这就决定了广告欣赏的不可避免性，因此一旦出现这种声色俱全的电视广告，其视觉冲击力和强迫欣赏性无疑会相当大。

（3）反复性。由于电梯是乘梯者必经之路，其广告欣赏的有效频次非常之高，到达率更能达到 100%。加上商务楼宇联播网的广告资源流失几乎为零，直接面对最终用户的特点，使其成为广告传播渗透性极佳媒介的经典。

（4）装饰性。采用的液晶电视时尚超薄，无须布线，内置 DVD 及音响系统，超强定时功能，同步发射功能，多台机器可同步循环播放，不仅可与高档建筑本身的装潢融为一体，更增加其视觉冲击力和装饰亮点，因此，广告的视觉吸引力非一般媒体可比。

（5）公益性。作为区域互动的信息，它除展示播报城市中包罗衣食住行的各方面商业动态外，还编排了大量娱乐、旅游、政府信息等内容，体现了媒体的公益性，起到了树立起商业楼宇联播广告公益形象的作用。

（九）手机广告媒体

1. 手机媒体的概念

手机作为第五媒体，其定义是以手机为视听终端、手机上网为平台的个性化即时信息传播载体，它是以分众为传播目标，以定向为传播目的，以即时为传播效果，以互动为传播应用的大众传播媒介，又称为手机媒体或移动网络媒体。手机承载业务内容的方式，仍是对其他媒体的延伸，从这个角度，将手机媒体业务划分为"手机报""手机音频广播""手机视频/电影""手机电视""手机小说"五种常用业务。

2. 手机媒体的分类

（1）手机报。手机报是将传统媒体的新闻内容通过无线技术平台发送到手机上，从而在手机上实现阅读短信新闻、彩信新闻等功能。手机报已经成为传统报业开发新媒体的一种方式。2004 年 7 月 1 日，《中国妇女报》推出全国第一家手机报——《中国妇女报—彩信版》，实现手机用户与报纸的互动。此后的一年中，河北、浙江、江西、广东等地报业集团纷纷试水手机报纸。手机报纸相对于传统报纸有着传播速度快、随时随地接收、传播功能全面（文字、图像、声音、动画等）、互动性强等多方面独具的优势。

（2）手机音频广播。目前通过手机收听广播有三种形式，即通过手机内置 FM 接收模块，实现和普通收音机同样的功能，可以接收任何开放的广播内容；通过手机拨打特定的服务电话；通过手机安装收音机软件，在线收听广播节目。

（3）手机视频/电影。手机视频/电影是一种技术上的创新，将视频短片或电影经过压缩，在手机上实现随时随地欣赏，消除手机用户在空闲时间的疲劳感。目前，手机视频/电影主要有两种应用模式，即将网络上的视频/电影等节目内容，通过数据线传输的方式下载到手机中随时观看；通过 GPRS/CDMA 网络进行在线直接观看。

（4）手机电视。手机电视目前的应用方式，根据传输方式划分，主要有两大模式：数字广播方式和移动网络传输模式。DAB、CMMB 等是通过数字广播方式实现手机电视技术的分类，利用广播电视塔直接发射电视以及广播频道等多媒体信号，由内置了信号接收模块的终端设备直接收看，就和家庭使用电视机一样。数字广播方式，除了画面传输速度可以达到移动电话网络的 2~10 倍外，也无须支付使用手机上网的费用。移动网络传输模式，是通过移动运营商的 GPRS/CDMA 网络，将电视节目即时传输给用户的手机。只要用户开通手机上网服务，即可通过访问移动运营商的门户、手机电视节目提供商的 WAP 网站或者直接下载手机电视软件三种方式观看手机电视节目。

（5）手机小说。手机小说简言之，就是将小说内容推送或存储在手机之中。与手机报的应用形式相同，用户可以随时订阅和阅读手机小说的内容。目前，国内提供手机小说服务的网站比比皆是，2003 年，中国进入移动互联网时代，传统互联网小说发展路线开始倾斜，手机服务成为其必不可少的应用模式。

3. 手机媒体广告的分类

（1）定点广告模式。这是分众无线的模式，也是未来手机广告的标准。定点广告是借助技术手段对用户属性进行充分挖掘之后，通过对用户身份的识别自动匹配符合用户属性、迎合用户喜好的广告投放到用户所看到的网页上。简而言之就是给不同的人看不同的广告的精准定点营销。而且这是在整合中国最好的几十家 WAP 站点的资源基础上进行的分众性定点投放。广告是建立在用户许可和定制的前提下，仍然通过对用户的细分把广告定点直接投递到用户手机上。我们认为，分众无线定点广告模式不但拥有业界最高的技术含量，而且拥有巨大的用户属性资源库，这也是能够精确投放广告的定点广告模式。

（2）手机搜索广告模式。手机搜索广告模式基本上还是有线互联网的搜索关键词购买或者竞价排名模式。谷歌在日本推出的 CLICK TO CALL 的手机广告，充分利用手机媒体的特点，用户通过手机搜索直接可以拨打电话。目前手机搜索还在初期，因此相应的广告模式也不成熟。

（3）终端嵌入模式。广告商将广告主的产品广告以图片、屏保、铃声和游戏等形式植入某品牌部分新出产的手机里，并将部分广告收入分给手机厂商。这种模式的特点是强制性观看广告。而最大的问题是广告更新频率十分低，且能嵌入的手机数量和品牌都有限。

当然还有些其他的模式，如彩信/彩 E 模式、语音的彩铃、炫铃 IVR 插入广告、非许可的各种群发模式等。

4. 手机媒体广告的特点

（1）终端普及率高且传播效果强大。有数据显示，截至 2019 年年初，全球手机用户已经达到 51.1 亿户，远远超过固定电话用户。截至 2019 年 4 月，中国手机用户数量已达到 15.9 亿户，手机已经成为主要的通信工具，这为广告主通过手机媒体，进行广告传播提供了最为广阔的媒体平台。手机是"带着体温的媒体"，具有私密性和随身携带的特点，人们对手机的依赖程度非常高，这就为手机广告媒体随时随地地进行信息传递提供了便利，以促使手机媒体产生更为直接而强大的广告效果。

（2）有效接触率高。有效接触率高主要体现在两个方面，即手机广告媒体的分众性和定向性。分众性是指通过对手机用户资料的分析，可将用户按不同的标准划分为不同的用户群，这是手机广告的核心竞争力之一；定向性是指通过手机可向不同的分众用户发送不同的广告内容。手机广告的这个特性是基于手机广告的分众性特征基础之上的，可以说，手机广告的定向性与分众性之间存在着正比关系，即手机广告的分众性做得越好，手机广告的定向性也会体现得越好。

（3）信息直达与及时反馈。信息直达也可称为手机广告的随时性，是指手机信号的广泛性以及手机的贴身性，使用户在有手机信号的地方，都有可能在第一时间接收到手机广告，这是传统媒体所无法达到的。及时反馈也可称为手机广告的交互性，是指手机广告可以充分利用手机媒体信息互动传播的优势，使用户不仅可以获取对其有用的信息，而且广告主也可以随时得到用户的反馈信息。

（4）可测量性。可测量性是指手机媒体广告受众数量可以准确统计，广告主可以借助于精确统计出来的数据评价广告效果，并根据统计出来的评价数据对广告的形式和内容进行适时调整，以达到最好的传播效果。

（5）形式多样性。形式多样性又可称为多媒体融合性，是指手机广告的表现形式，包括文字、图像、视频、音频、动画等，它们可以根据广告创意需要进行任意的组合创作，从而有助于最大限度地调动各种艺术表现手段，制作出形式多样、生动活泼，能够激发消费者购买欲望的广告。同时，手机媒体的传播方式也融合了大众传播和人际传播、单向传播和双向传播、一对一和一对多、多对多等多种形式，形成一张相对复杂的传播网。与此同时，手机还可以配合报纸、电视、广播、网络等媒体进行互动，实现"全媒体"传播的新局面。

（十）其他新型媒体

1. 脚踏车

欧托兹（Altoids）品牌受到母公司菲利普·莫利斯公司旗下的主打产品万宝路香烟的影响，在广告宣传方面受到各种法规的限制，几乎不能进行任何大众广告和公关赞助活动，这就使得欧托兹公司成了一个经验丰富的游击营销公司。欧托兹公司的游击营销计划由星传媒体（Starcom）广告公司负责。星传媒体广告公司认为大手笔、规模豪华的广告活动有时候不仅在目标消费者中毫无必要，甚至有可能对品牌起到反作用，因为越来越多的消费者开始讨厌"强行推销"（Hard Sell）的手段，星传媒体广告公司为欧托兹制定了各种出奇制胜的游击营销策略。其中，最为经典的就是在纽约组织了一支三轮脚踏车团队，他们穿梭在纽约的小街道和一些著名风景区，路人可以搭乘这种三轮脚踏车游览纽约街景，车夫还会充当顾客的导游，告诉他们最新的景点和最好的餐厅。每辆三轮脚踏车上都装饰了欧托兹品牌的广告和标志，车尾还悬挂了巨幅广告看板，车夫也身着欧托兹品牌服装。创意负责人杰夫·格瑞斯在解释为何选用三轮脚踏车作为品牌媒体时说："他们（指车夫）新鲜又友善，甚至连最疲惫不堪的纽约客坐上车后都会心情为之轻松。而这些车夫也正是力量、健康和新奇的代表。"难怪大部分消费者在邂逅了一位有趣的欧托兹三轮车夫后，都对欧托兹赞不绝口，更多的游客还将这段非凡的邂逅传播到了世界各个地区。

2. 博客

"博客"（Blog 或 Weblog）一词源于"Web Log（网络日志）"的缩写，是一种十分简易的傻瓜化个人信息发布方式，让任何人都可以像免费电子邮件的注册、写作和发送一样，完成个人网页的创建、发布和更新。如果把论坛（BBS）比喻为开放的广场，那么，博客就是每一位博主的开放的私人房间，博主可以充分利用超文本链接、网络互动、动态更新的特点，精选并链接全球互联网中最有价值的信息、知识与资源，也可以将个人工作过程、生活故事、思想历程、闪现的灵感等及时记录和发布，发挥个人无限的表达力，更可以以文会友，结识和汇聚朋友，进行深度交流沟通。

随着近些年博客在全球范围的迅速发展，某些博主的博客的点击率不断攀升，这也同时为在博客中进行广告宣传提供了可能。博客在网络上已经取代了口口相传的地位，人们阅读某个人的博客，似乎也相信他博客上的广告。据调查，人们对各种媒体广告的信任度分别是：博客24%，电视17%，邮件推销14%，不过，这些媒体都还低于报纸的信任度30%。拥有数量众多的用户，也有足够的被信任感，使博客日益成为广告商的猎奇目标。

在国外，某些博主通过高点击率的博客吸引广告主的广告投放，走上了职业化广告盈利的道路。法国《论坛报》报道，2006年，全世界有影响力的博客大约有5万多个，他们大多集中在美国，他们当年实现广告收入5亿美元。但这笔财富的90%，只集中在15%的博主手中。

但是，博主与网站之间如何进行利益分配成为当今的热点话题。2009年6月19日，雅虎日本在网站上正式发布通知："从今年9月开始，雅虎日本的博客用户在自己的博客上发布雅虎提供的广告，将可能得到现金报酬。"这表明，博客用户可以选择雅虎日本上各家网上商店的一部分，将其广告放到自己的博客上，雅虎日本方面会提供各个广告的HTML代码。如果读者通过这个博客的链接，进入某家网上商店，并成功购物的话，该博客作者将得到一定的现金报酬。广告费将通过银行转账方式，每个月支付一次，比起原先向用户赠送网站积分，这是BSP服务的一大进步。

我国的博客从2002年兴起，传播学界对它的研究就没有中断过。从2005年以后，对博客的研究较之于以前的研究更加深入，而且考量的角度更加多样化。2005年11月，和讯网首开在个人博客上投放广告的先河，但是我国在相关领域的法律缺失，使得这一新生事物的发展必然受到来自多方面的挤压。但是，博客作为网络媒体的一种新型的广告模式，其发展前景还是非常乐观的。

3. 播客

"播客"是2005年新闻传播学术期刊上的又一个让人们耳目一新的词汇。"同21世纪初低调诞生的博客相比，播客似乎一问世就受到了人们的特别关注。""通常，把那些自我录制广播节目并通过网络发布的人称为播客。"播客在本质上，就是将视频和音频的发布技术门槛降低到零，让无线迷和DV爱好者们走出自娱自乐，站在充满无限可能性的互联网大舞台上。

播客（Podcast）一词，源于苹果公司的音乐播放器（iPod）和广播（Broadcast）。美国著名互联网评论者杰克·勒丁顿对其定义是：这种技术简便易行，使你订阅音频和视频节目，自动下载到你的计算机，以便你的便携式播放器可以随时播放。

播客的发展潜力还远不止于此。2004年11月，喜力啤酒赞助了著名DJ的"播客"节目，来进行全球酒吧推广活动。2005年4月，避孕套品牌杜蕾斯也和"播客"站点播客巷（PodcastAlley.com）签署了产品植入广告的协议。播客站点正在成为广告商的新宠儿。作为美国最大播客公司之一的一周科技（Twit）公司，已经跻身于美国播客网站的前10名，一年之内取得了200万美元的收入。

不过，播客比电台广告更诱人的是，无线与视频的结合。从事P2P软件生产的美国开发商米勒德奥（Melodeo）宣布为手机用户推出音乐服务。该公司副总裁唐·戴维基（Don Davidge）称："手机是查询和收听播客的一种完美工具。"

甲骨文公司从2005年5月起就在公司的网站上提供播客服务，它通过互联网将数字音频广播发布到苹果公司（Apple）的iPod和戴尔公司（Dell）的Jukebox等MP3播放器中，一些播客的制作者们开始在内容里加入付费广告。2005年8月16日，曾经联手投资了谷歌（Google）的两家美国顶级风险投资商凯鹏华盈公司（Kleiner Perkins Caufield & Byers, KPCB）和红杉资本（Sequoia Capital）再次联手，向美国先锋播客网站（PodShow）首轮投资885万美元，由先锋播客公司建立的音乐特区（PodSafe）音乐网站，将站点上的播客广告位卖给了绝对伏特加公司等。目前，在这些尝试当中还未形成标准模式，但是扬基集团（Yankee Group）预测，播客插入式广告可能会采取按次付费的模式，广告业的统计方法是，基于每1 000人看一次或者听一次广告作为统计基数，他们建议每个播客可按照每1 000次点击或下载次数，收取广告主15美元。

有人认为，"如果说博客是新一代的报纸，那么播客就是新一代的广播。"从广告商的角度来讲，播客给广告产品提供了大面积接触目标群体的机会。比如，用广播的价格，甚至更低一些的价格购买播客广告，但是却能够在更长的时间和更广泛的空间传遍全球。与传统广播的即时传送特性相比，这是一场技术性和影响力的革新。从3G时代起，视频点播成为移动增值服务的增长爆发点，播客经济具备一条完整的产业带：其一是"内容为王"。丰富多彩的播客节目将为电信提供广泛的增值服务。其二是"技术优先"。制作播客和使用播客都为软件业、硬件业提供了广阔的舞台。其三是"裙带关系"。播客节目播放器已经为苹果公司以外的其他公司催生了赚钱之道。流行而富有创新性的苹果产品配件包括附加录音器、起居室遥控器和各种与汽车搭配使用的配件等。

美国的最新研究表明，尽管该业务曙光无限，但下面一组数据值得业内人士思考：一是网民中有28%的用户知道播客，但只有2%的人订阅；二是播客用户平均每周下载6.6个节目，每周大约花费4.1h来阅读这些节目；三是网民对RSS技术的认识率偏低，只有12%的用户知道RSS，且只有4%的用户使用它；四是从用户群的分布来看，大约有7 500万的RSS用户在美国和英国；五是在使用播客RSS的网民中，大部分是科技意识强的男性，他们年轻、受过高等教育并且有钱，其中61%的人认为自己是网络专家。

在互联网迅速发展的今天，中国的博客网站以及在播客上进行广告活动都会得到进一步的普及和完善。

4. 超市购物袋

新的超市购物袋广告媒体不同于以前简单的在购物袋上印制广告图案，而是在现有超市购物袋的外表面上，粘贴印制有广告内容的不干胶等介质，形成广告发布。它既有杂志媒体和宣传海报的优点，表现力强，又有车体广告媒体的优点，流动性强，广告接触范围广；还有其自身的优点，超市购物袋的发放率非常高，且超市消费群的社会阶层稳定，购物有很强的规律性。

以山东省省会济南为例，每个超市购物袋以1个超市消费者影响10人计算（流动阅读率),济南市区人口260万,若达到覆盖市区人口总数的广告认知程度,需投放购物袋数量为26万个。以粘贴不干胶介质为例,每个超市购物袋报价是0.4元,所以撬动260万人口的济南市场仅需10万元左右,约等于一个报纸整版广告的投放额。

5. 会议广告媒体

贴会传媒由广告公司、各会议承办方、厂商三方合作,在会前参会者精神高度集中时段,利用会场前方大投影屏幕播放广告。贴会广告媒体同其他视听媒体相比,有许多独特的优点,主要表现在:受众层次高(均为中高层决策者或主要执行者,而且他们是其他形式广告影响的盲区);广告投放直击目标(是迄今为止投放广告最精准的媒体,可根据广告主的要求,任意选择播放时间、地区、行业、专业及特定的受众群);高渗透率(在受众注意力高度集中的时间段播放这种唯一的广告"频道",干扰率小,信息接收效果好);这是唯一的能评估广告效果的视听媒体。

6. 机票票袋

机票票袋是指用来包装机票的纸质封套。为避免机票在配送过程中破损或泄漏客户个人资料,全部机票均采用固定规格的票袋封装,由专门配送人员负责配送。所有的机票票袋,必须由订票人开启,因此其宣传作用无可取代,是针对用户中高端用户群体媒体宣传的最优选择,是一种新形式的分众媒体。作为登机的票据凭证包装,在购买机票时、登机、旅行结束整个过程中,机票票袋必然成为搭机旅客反复注意的焦点,这是一种主动性的视觉关注,使票袋上的广告拥有了唯一性和排他性。

7. ATM 取款机

ATM 机是一个得天独厚的广告平台。受众在 ATM 机上进行查询时,等待时间为5~10s,运用提款功能时,根据各个银行网络的情况,等待时间为15~20s,这是一个非常标准的广告时间段。而且,很多被调查者都反映,这短短的15~20s有时会让他们感觉到不耐烦,但这时他们的注意力又高度集中,不能够转移视线,没有别的事情可干。如果在这段时间内ATM 机上出现一个广告信息,受众不仅不会排斥,相反会觉得很有意思,很乐意收看。

8. 微博

微博(Weibo)即微型博客(Microblog)的简称,也是博客的一种,是一种通过关注机制分享简短实时信息的广播式的社交网络平台。微博是一个基于用户关系信息分享、传播以及获取的平台。用户可以通过 WEB、WAP 等各种客户端组建个人社区,以140字(包括标点符号)的文字更新信息,并实现即时分享。微博的关注机制分为可单向、可双向两种。微博作为一种分享和交流平台,其更注重时效性和随意性。微博更能表达出每时每刻的思想和最新动态,而博客则更偏重于梳理自己在一段时间内的所见、所闻、所感。

最早也是最著名的微博是美国 Twitter,在 2006 年 3 月由埃文·威廉姆斯(Evan Williams)创建的新兴公司 Obvious 推出。在最初阶段,这项服务只是用于向好友的手机发送文本信息。我国的微博包括新浪微博、腾讯微博、网易微博、搜狐微博等,若没有特别说明,微博就是指新浪微博。截至2018年底,新浪微博月活跃用户数达到4.62亿,得益于抢占了先机,而且在整体的战略执行上也比较彻底到位,所以新浪微博获得了如今难以被撼动的地位。

微博平台的特点有:

(1)便捷性。微博提供了这样一个平台,你既可以作为观众,在微博上浏览你感兴趣的信息,也可以作为发布者,在微博上发布内容供别人浏览。发布的内容一般较短,有140

字的限制，也可以发布图片、分享视频等。微博最大的特点就是：发布信息快速，信息传播的速度快。例如，如果你有200万观众（粉丝），你发布的信息会在瞬间传播给200万人。类例于一些大的突发事件或引起全球关注的大事，如果有微博客在场，利用各种手段在微博上发表出来，其实时性、现场感以及快捷性，甚至超过所有媒体。

（2）背对脸。与博客上面对面的表演不同，微博上是背对脸的交流，就好比你在电脑前打游戏，路过的人从你背后看着你怎么玩，而你并不需要主动和背后的人交流。可以一点对多点，也可以点对点。当你持续关注一个自己感兴趣的人时，两三天就会上瘾。移动终端提供的便利性和多媒体化，使得微博用户体验的黏性越来越强。

（3）原创性。在微博上，140字的限制将平民和莎士比亚拉到了同一水平线上，这一点导致大量原创内容爆发性地被生产出来。博客的出现，已经将互联网上的社会化媒体推进了一大步，公众人物纷纷开始建立自己的网上形象。

（4）草根性。微博草根性更强，且广泛分布在桌面、浏览器和移动终端等多个平台上，有多种商业模式并存，或形成多个垂直细分领域的可能。但无论哪种商业模式，都离不开用户体验的特性和基本功能。

（5）信息获取具有很强的自主性、选择性，用户可以根据自己的兴趣偏好，依据对方发布内容的类别与质量，来选择是否"关注"某用户，并可以对所有"关注"的用户群进行分类。微博宣传的影响力具有很大弹性，与内容质量高度相关。微博的影响力基于用户现有的被"关注"的数量。用户发布信息的吸引力、新闻性越强，对该用户感兴趣、关注该用户的人数也就越多，影响力就越大。只有拥有更多高质量的粉丝，才能让你的微博被更多人关注。在当今的"注意力经济"背景下，微博的影响力越大，意味着传播新内容的到达率越高。

"微博营销"是当今很多企业和个人官方使用的销售手段，通过"微博快跑""微博直播"，"微博客"等方式进行营销，更重要的是通过使用微博实名认证增强品牌的可信度，博主用真实姓名来做自己账号的头像，可以介绍产品和产品线、宣传品牌个性、塑造品牌形象，也可以通过提供优惠券和发送红包等促销手段与粉丝即时互动，建立更牢固的顾客数据库。不仅各个企业和个人，各级政府也通过微博进行政府形象的塑造和即时信息的传播。

此外，微博与博客一样，影响力越大的微博代表更大的经济利益，企业可以通过流量明星的影响力实现更有效的广告传播。例如，影视明星可以通过微博为自己代言的产品进行各种广告宣传，基于粉丝对明星的喜爱，其代言的产品的宣传效果要远远好于传统广告媒体的传播效果。

9. 微信

微信（Wechat）是腾讯公司于2011年1月21日推出的一个为智能终端提供即时通信服务的免费应用程序。"微信"支持跨通信运营商、跨操作系统平台使用，通过网络快速发送免费（需消耗少量网络流量）语音短信、视频、图片和文字，同时，也可以使用通过共享流媒体内容的资料和基于位置的社交插件"摇一摇""漂流瓶""朋友圈""公众平台""语音记事本"等功能实现互动和信息交流。此外，随着微信提供的便利服务越来越多，如微信支付、生活缴费、第三方服务等，微信已经成为中国消费者生活中离不开的重要工具之一。微信在iPhone、Android、Windows Phone、Symbian、Blackberry、Series 上都可以使用，并提供多种语言界面，截至2018年2月，微信全球用户月活跃数首次突破10亿大关。

微信的广泛使用与它提供的功能性服务有不可分割的联系，微信的功能分为基本功能和其他功能两部分，而且会随着技术的提高提供更新的功能性服务。

微信的基本功能包括：

（1）聊天。支持发送语音短信、视频、图片（包括表情）和文字，是一种聊天软件，支持多人群聊；用户可以通过查找微信号、查看QQ好友、查看手机通讯录和分享微信号、摇一摇、二维码查找和漂流瓶等7种方式添加好友，根据需要建立各种关系群，使得人与人之间的联系变得越来越紧密和便利。微信的实时对讲机功能的推出，解决了很多文盲和老年人无法通过发送文字信息才能实现沟通和交流的困难，这也是微信用户使用数量激增的一个主要原因。

（2）微信支付。微信支付是集成在微信客户端的支付功能，用户可以通过手机完成快速的支付流程。微信支付向用户提供安全、快捷、高效的支付服务，以绑定银行卡的快捷支付为基础。用户只需在微信中关联一张银行卡，并完成身份认证，即可将装有微信App的智能手机变成一个全能钱包，之后即可购买合作商户的商品及服务，用户在支付时只需在自己的智能手机上输入密码，无须任何刷卡步骤即可完成支付，整个过程简便流畅。

微信的其他功能包括：

（1）朋友圈。用户可以通过朋友圈发表文字和图片，同时可通过其他软件将文章或者音乐分享到朋友圈，用户可以对好友新发的照片进行"评论"或点"赞"，但是用户只能看共同好友的评论或赞。

（2）语音提醒。用户可以通过语音告诉Ta打电话或是查看邮件。

（3）通讯录安全助手。开启后可上传手机通讯录至服务器，也可将之前上传的通讯录下载至手机。

（4）QQ邮箱提醒。开启后可接收来自QQ邮箱的邮件，收到邮件后可直接回复或转发。

（5）私信助手。开启后可接收来自QQ微博的私信，收到私信后可直接回复。

（6）漂流瓶。通过扔瓶子和捞瓶子来匿名交友。

（7）查看附近的人。微信将会根据用户的地理位置找到在用户附近同样开启本功能的人（LBS功能）。

（8）语音记事本。可以进行语音速记，还支持视频、图片、文字记事。

（9）微信摇一摇。摇一摇是微信推出的一个随机交友应用，通过摇手机或点击按钮模拟摇一摇，可以匹配到同一时段触发该功能的微信用户，从而增加用户间的互动和微信黏度。

（10）群发助手。通过群发助手把消息发给多个人。

（11）微博阅读。可以通过微信来浏览腾讯微博的内容。

（12）流量查询。微信自身带有流量统计的功能，可以在设置里随时查看微信的流量动态。

（13）游戏中心。可以进入微信"发现"寻找"游戏"一项，打开即可下载心仪的腾讯游戏。

（14）微信公众平台。通过这一平台，个人和企业都可以打造一个微信公众号，可以群发文字、图片、语音三个类别的内容，目前已有超过200万公众账号，而且还在继续增加。

企业通过微信进行广告宣传的主要途径是微信公众平台和微信公众号，微信公众平台主要有实时交流、消息发送和素材管理。用户可以对公众账户的粉丝分组管理、实时交流，同时也可以使用高级功能——编辑模式和开发模式对用户信息进行自动回复。当微信公众平台关注数超过500，就可以去申请认证的公众账号，用户可以通过查找公众平台账户或者扫二维码关注公共平台。微信公众号相当于"浓缩的"网络上的企业网站，可以通过官方商城介绍主要产品，并依托微信支付实现网络营销，可以通过建立会员专区，未关注本企业公众号的用户提供优惠券或折扣等促销手段，也可以通过用户点评、企业或品牌介绍和联系我们等模块与用户实现实时互动。

此外，伴随着微信的普及，"微商"成为一个新的职业群体，他们通过自己的朋友圈，建立起广泛的营销网络，每天在朋友圈更新产品信息，以低于普通电商的价格或提供优质售后服务等进行产品的宣传与销售，还可以时不时地"发红包"，增加顾客黏度的红包可以是现金，也可以是折扣券或实体产品。

10. 网络直播

网络直播是可以同一时间通过网络系统在不同的交流平台观看影片和短视频的一种新兴网络社交方式，网络直播平台也成了一种崭新的社交媒体。2017年，中国网络直播用户规模达到4.22亿，年增长率达到22.6%。

网络直播的特点是吸取和延续了互联网的优势，利用视讯方式进行网上现场直播，可以将产品展示、相关会议、背景介绍、方案测评、网上调查、对话访谈、在线培训等内容现场发布到互联网上，利用互联网的直观、快速、表现形式好、内容丰富、交互性强、地域不受限制、受众可划分等特点，加强活动现场的推广效果。现场直播完成后，还可以随时为读者继续提供重播、点播，有效延长了直播的时间和空间，发挥了直播内容的最大价值。

国内网络直播大致分两类，一类是在网上提供电视信号的观看，例如各类体育比赛和文艺活动的直播，这类直播原理是将电视（模拟）信号通过采集，转换为数字信号输入计算机，实时上传网站供人观看，相当于"网络电视"；另一类则是真正意义上的"网络直播"，在现场架设独立的信号采集设备（音频+视频）导入导播端（导播设备或平台），再通过网络上传至服务器，发布至网址供人观看。后者较前者的最大区别在于直播的自主性——独立可控的音视频采集，完全不同于转播电视信号的单一（况且观看效果不如电视观看流畅）收看。

尽管VR已经在一些品牌的网络营销中广泛使用，但是由于需要买眼镜等设备，而且在虚拟的状态下，产品的实际效果并不能完美展现。因此，当前很多品牌都开设网络直播平台，由真人模特现场演示服装、化妆品、鞋靴等产品的实际效果，与互动的用户进行细致沟通，包括尺码、色彩等信息，当然也可以提供一定的价格优惠，这种"亲民"的营销手段受到了广大用户的追捧。此外，各品牌也可以通过上传短视频介绍产品的特点和使用方法等信息，往往比产品说明书更清楚明了，企业与用户间的互动沟通也变得越来越普遍。

当然，很多人通过网络直播成为"网红"，其影响力与微博的"流量明星"是异曲同工的，品牌可以通过有营销力的"网红"进行品牌推广和广告宣传，取得的广告效果也被很多企业所认同。

三、新型广告媒体的发展趋势

1. 广告媒介的数字化与网络化

随着以计算机技术和互联网技术为标志的数字技术的发展，人们的社会生活发生了巨大的变化。广告媒体的发展也必然是依存于现在的高科技：传统的电视媒体发展成现在的数字电视、移动电视；传统的杂志也出现了电子杂志；网络已经成为诉诸视觉和听觉符号，能够传播文字、声音、图片、运动图像的一种新的传播媒介；互联网具有互动性强、成本低、无区域限制、表现形式丰富等特点，成为近年来增长飞速的新型广告媒体。与互联网广告的阅读率低、浏览性强不同的是，手机广告能做到非常高的阅读性。而且，手机广告非常容易通过点击来判断广告实际的到达率；而由于手机终端与个人联系紧密，企业可以通过对个人特性、偏好的判断来传递一些有针对性的广告，因此传播的精准性也特别高。

2. 媒介受众更加细分化

随着消费者需求多样性和个性化的发展趋势，产品市场进一步细分和定制化生产的趋势会更明显。为了顺应时代发展的要求，媒体也会依据媒体受众的分层来经营，传统媒体逐渐分裂，产生更多的新媒体，以顺应"分众化"的潮流，更加细分化地适应社会多样化的需求，丰富人们的选择，最终实现广告行业自身的提升、完善，增强广告主的信息传播效率。大众媒体的概念也会逐渐消失，少数电视台和广播网、几家主要杂志和报纸满足大多数受众的时代已不存在，数量极大的媒体向细分得更小的受众提供服务。小众媒体及分众媒体是未来的趋势，因此针对各种专业市场、各具特色的专业媒体会成为广告主的新宠。

3. 创新媒体形式多元化

企业促销过程中会因为追求吸引力和促销效果推出更多新奇的媒体形式，从媒体发生和发展的过程中，我们可以看到新媒体伴随着媒体的历史演进在不断变化。媒体革命是一个动态的过程。在此过程中，媒体逐渐呈现出新的面貌，特征也被完全改变。最有可能给媒体带来变革的就是新媒体的涌现和成长。大量的新媒体正在出现，虽然它们不可能在一夜之间成为主流媒体，但有一些确实有这种潜质。随着经济的发展和社会的进步，以及广告主对媒介需求的扩张，会出现更多的新兴媒介。互联网、电子游戏、手机短信等毫无疑问已经成为新媒介，企业对新媒介的认识大多持观望的态度。而事实上，新媒介的传播力已经呈现出来，和传统主流媒介互通有无、取长补短，以实现信息传播的最大效率。

【本章思考题】

1. 试比较各种广告媒介的传播特性。
2. 评价广告媒介的标准有哪些？
3. 如何提高广告媒介策略的宣传效用？
4. 如何运用媒体组合策略？
5. 新型媒体传播广告信息有哪些优势？
6. 如何选择合理的广告发布频率？

【案例分析讨论】

植入式广告年产值 10 亿元为何不在企业广告预算之列

中国电视综艺节目植入式广告的年产值早已高达 10 亿元，但为何企业很少把这种宣传手段列入自己的广告预算？

2008 年的贺岁片《非诚勿扰》上映后，打算买车的年轻人不约而同地将目光转向了过去他们很少关注的斯巴鲁。于是，我们不能不惊叹于娱乐内容为品牌带来的价值。

这种价值恰恰是品牌与媒体内容相遇，以电影、电视等娱乐节目内容为载体，策略性地植入产品名称、视觉符号甚至服务内容，进行品牌传播所带来的。

早在2006年，上海电视节目组委会和央视-索福瑞调查公司发布了第一份《中国电视综艺娱乐节目市场报告（2006—2007）》。报告指出，中国电视综艺娱乐节目广告市场植入式广告的产值仅一年多的时间就高达10亿元，植入式广告已成为电视媒体新的收入增长点。

除了电视媒体，近年来国内外电影中出现的植入式广告也越来越多。据悉，电影《天下无贼》中植入了中国移动、佳能、惠普、宝马、淘宝网等12个品牌，为这部影片贡献了4 000万元的广告收入；好莱坞大片《少数派报告》中的15个品牌为其节省了2 500万美元的投入；2007年真人版《变形金刚》中的植入式广告则为影片带来了4 000多万美元的收入。由此可见，目前植入式营销已成为许多企业重要的宣传手段。

而今，媒体碎片化和网络及视频游戏的发展使人们越来越关注形式多样的内容市场，这也让植入式营销作为一种寄生于媒体内容的营销方式有了更加多样化的面孔。

中国传媒大学BBI商务品牌战略研究所研究员董妍指出，植入式广告通常在电视剧、电影或者电视节目中使用，但是植入式营销的平台还可以是舞台剧、体育赛事、音乐/MTV、电子地图、网络视频、博客、印刷出版物、印刷品图片、桌面壁纸等，只要是消费者能够接触到的具有娱乐或新闻价值的内容平台，都有可能被用作品牌传播的载体，传达给消费者全新的品牌体验。

业界关于植入式营销方式有着不同的分类。董妍指出："植入式营销的方式有从声音和视觉上来界定的，有从情节、背景、道具等操作手段上来界定的，还有的是按照媒介的不同渠道来界定的。"而安徽电视台广告中心主任查道存认为："从植入模式渐进过程来看，大致有三个层次：简单植入、整合植入和焦点植入。简单植入类似于目前较为普通的软广告形式，它将产品的标志、品牌名称孤立地呈现在节目中，品牌或产品特征几乎没有与节目内容发生关联，常使用冠名、赞助、标版形式，如大红鹰剧场、伊利佳片有约等。"

"对于简单植入来说，品牌可以更换，如果没有品牌照样不影响内容的传达，那么这种植入广告的效果也是有限的。"董妍指出了其中的局限性。对此，红牛维他命饮料有限公司总经理助理陈朝晖表示认同："红牛也采用了这种宣传手段。例如，在电影方面，近年上映的多部好莱坞大片中都有红牛饮料、红牛广告车或其他品牌物；而在国内，如《没完没了》和《老爸往前冲》等电影中也出现过红牛饮料，不过在国内的几部片子中，红牛作为饮料主要是简单的道具植入，并没有完全和剧情以及角色性格相融合，没有充分发挥植入的作用。"

"整合植入是指通过各种植入方式，将品牌植入到节目、电视剧中，在不影响节目质量的同时，宣传品牌，从而达到吸引观众注意力、传播品牌效果的作用。这种将品牌与广告整合植入的方式，是植入式广告的中级层次，也是一种比较含蓄、潜在的广告方式。而焦点植入较整合植入更进了一步，品牌产品不仅在气质上契合了节目的风格，同时也通过节目情节的展开把品牌产品的诉求展现出来，甚至让观众深刻地感知到产品的使用特点以及品牌的精神内涵。虽然，植入式营销的三种表现层次所能达到的传播效果不同，但是考虑到不同产品和品牌在传播过程中的需求不同以及运作能力的限制，因此三种层次的植入方式同时在市场上并驾齐驱。但对于那些实力雄厚的大品牌来说，它们更愿意选择焦点植入的方式，以体现它们引领潮流的态度。"查道存如是说。

无论简单植入、整合植入还是焦点植入，与传统广告的运营模式比都有很大的不同。

"传统广告的制作环节和流程比较单一,广告代理公司易于控制工作周期,通常制作周期能按照广告主的营销计划完成。植入式营销却因为被植入内容的制作周期而不得不延长。比如,若是植入一部电视剧,那么其周期可能要达到几年之久,这一点是广告代理公司无法控制的。"中国传媒大学BBI商务品牌战略研究所研究员孔清溪如是说。

作为内容制造商,唐德国际文化传媒集团执行副总裁刘朝晨颇有心得:"品牌进入到我们的内容中,首先是剧本创作由影视制作公司,尤其是编剧的单向行为演变成了剧本创作方、广告主及企业在剧本定稿、电视剧投拍前深层次的双向互动沟通;由原来更多偏重于剧本和剧情本身而转化为在充分考虑剧情合理化的前提下,将企业产品的展示最大化;剧本创作的周期延长,需要提前做好准备;除此以外,要让植入式广告在剧情中出现的频次具有合理性,以避免观众视觉疲劳甚至逆反排斥。"

但是,植入过程只要有一处考虑不周都会适得其反。据悉,《天下无贼》中的宝马汽车付出了广告费用,但是却因剧中一句台词"开好车的不一定是好人"而对宝马汽车产生了负面作用。所以,植入式营销需要精心应对。

植入式营销对于某些品牌来说是有成效的,对于另外一些品牌而言,它只是昂贵的"产品包装视频",在促使观众向消费者转化的过程中,植入式营销面临一定的挑战。

TCL集团股份有限公司品牌总监左迪认为:"总体来讲,植入式营销是一种补充手段,所以其优势还是在于对品牌理念的深度挖掘,以及对品牌内涵的高层次元素的体现和展示。因为品牌体现了一种文化和理念,以及对应了特定的用户群,植入式营销在这一方面的确有优势。而且将植入式营销与普通的广告和公关结合起来做,可以做成一种深度而有效的整合营销。"

但是,植入式广告相比传统广告而言也有其先天不足之处。"首先,从纵向上看,品牌植入的时间运用没有传统广告灵活。因为拍一部电影和电视剧的运作时间和周期很长,新产品发布与植入式广告就很难紧密结合。其次,从横向上来说,电视剧和电影的覆盖率是有限的,而电视广告则可以同时在很多频道播出,同时传达产品的消息。"左迪如是表示。

这就导致企业对植入式营销的投入存在随机性。左迪表示:"目前企业对植入式营销的投放是临时性和随机性的。一般情况下,不可能在半年前、一年前就计划好。如果当时的经费比较充裕,恰好遇到了合适的项目,才可能去做。整体来说,由于植入式营销缺乏系统的计划性,随机性比较强,目前还没有成为企业年度营销计划中的一个组成部分。"

其中的原因,左迪分析指出:"可能是因为操作上的难度,以及效果难以测定。目前企业的广告投放已经形成了一种比较稳定、透明和固定的方式,广告预算是企业宣传必不可少的一部分。因为广告的历史比较长,效果相对而言能够衡量,已经形成了一种成熟的模式。而电影、电视剧的品牌植入是一个新生的事物,而且不同的内容导致营销效果的差异非常大,很容易起到反作用。"

在这一点上,左迪谈到了电视剧、电影植入式广告的风险控制问题。"TCL的产品比较多,正处在由制造向创造过渡的阶段,所以TCL希望改变人们心中价廉物美的形象,更愿意提升消费者对品牌的美誉度。如果有很好的素材资源,还是很契合TCL需求的。当然,大企业会从导演、影星、剧情几个方面看,以保证投资的安全性。大企业拒绝灾难性的后果,拒绝副作用。对于一些处于上升阶段的企业来说,它们可能更愿意尝试这种方式,因为它们处在一个急于打开知名度的阶段,通过这种方式,可以把塑造知名度和美誉度一次性完成。"

对此，左迪给出了建议："对于上游的制片方，要规范化制作，要有透明度。希望有专业的中间团队，既了解企业，又了解制作方。至于企业，对植入式营销的需求是绝对存在的，由于营销同质化，企业渴望出现一些新颖的、层次高一些的营销方式。此外，企业还要判断剧本的目标消费群与品牌的目标消费群是否吻合，这是最重要的。子弹要打在靶子上，内容和品牌的目标消费群高度重合，营销的效果才会好。"

植入式营销的效果涉及媒体内容、产品、品牌、观众、环境等诸多因素，其中最大的不确定性在于如何衡量其对受众的影响。ANA的调查结果表明，超过20%的广告主甚至没有尝试过寻找一个衡量指标。而在尝试过寻找衡量指标的广告主中，56%的广告主发现要衡量品牌的娱乐行为并非易事。

据了解，一些企业通过植入式广告刺激更多的人参加自己组织的竞赛或者访问自己的网站，然后试图以参赛、网站访问人数作为衡量品牌娱乐行为的指标。在20世纪福克斯公司出品的节目《美国偶像》（*American Idol*）中，对公司的宣传非常突出。这可以通过其系统对文本信息投票数字进行追踪，但它无法追踪植入式广告是否直接产生了网站访问量。

业内人士认为，电视节目中一个8s植入式广告的效果可能等同于一个30s的广告，甚至可能更好。但是要确定其中起关键作用的因素到底是什么，却是彻头彻尾的主观判断了。

CTR市场研究副总裁田涛说："目前我们只有建立起完整的价值评估体系，对植入式广告的价值予以量化，才能对广告主更加科学、精确地使用这种新型的营销手段提供基础依据。从我们使用CTR PVI-Model（Product Placement Value Index-Model）对《莱卡我型我秀》《海飞丝中国超级模特大赛》等节目中植入式广告价值评估获得的经验来看，由于植入式广告的渗入性特点，致使广告信息不能像传统广告一样通过常规的监测手段获得，除了要结合常规的节目基础数据、收视数据之外，还必须通过对植入式广告视觉、听觉、情景效果等方面的评定指标来反映广告的植入情况与植入效果，这样才能有效地解释植入式广告的'广告投资回报'和'品牌影响力回报'。同时，大量的实验以及案例评估经验告诉我们，还存在一些问题需要我们在日后的研究中加以改善。在多元信息时代，植入式广告无疑是广告运作的一项重大突破。但只有建立一套完善的评估体系，才能够为进一步准确观察、衡量植入式广告的效果及其产业链提供基础，促使植入式营销进入良性循环，健康发展。"

（资料来源：http：//finance.QQ.com）

讨论题：
1. 植入式广告适合何种产品？
2. 选择运用植入式广告需要注意哪些问题？
3. 如何消除植入式广告在受众心目中产生的不利影响？
4. 如何理解题目所说的"植入式广告年产值10亿元为何不在企业广告预算之列"？

【本章参考文献】

[1] 崔晓文. 广告学概论［M］. 北京：清华大学出版社，2009.
[2] 邵培仁. 媒介管理学［M］. 北京：高等教育出版社，2004.
[3] 丁俊杰，康瑾. 现代广告通论［M］. 2版. 北京：中国传媒大学出版社，2007.
[4] 严学军，汪涛. 广告策划与管理［M］. 2版. 北京：高等教育出版社，2006.

第七章

广告创意

广告创意是在广告战略制定之后,进行广告设计的前奏,是决定广告成功与否的关键。只有掌握广告创意的产生过程、广告创意应遵循的原则,学会运用广告心理理论进行广告创意,通过对广告创意动机、广告创意的能力培养的相关理论学习来提高自身素质,才能更好地运用广告创意技巧和广告创意的思维方法进行广告创作。

【本章要点】

1. 广告创意的概念与内涵
2. 广告心理
3. 广告文化
4. 广告创意的思维方法
5. 广告创意的培养

【导入案例】

可口可乐:"我的可乐哪里去了?"

广告情节:沙滩上,烈日炎炎下,一只憨态可掬的企鹅躲在躺椅后面,偷偷地喝着男主人公的可口可乐,而男主人公显得很困惑:"噫,我刚才放在这里的可乐被谁拿走了?"

该广告的诉求点是"可口可乐具有冰凉的感觉"。生活在寒冷地带的企鹅乐呵呵地在沙滩上偷偷喝着别人的可乐,可见可口可乐能带给它身处南极般的感受。用人格化的企鹅,戏剧性的场景,突出可口可乐"冰凉"的特点,赋予了可口可乐亲近的形象。

可见,好的广告创意就是用最简洁、生动、幽默的表现形式将广告产品的诉求重点传递给受众,受众在会心一笑的同时,爱上了这一品牌。

第一节 广告创意的概念、内涵及产生过程

一、创意的概念、内涵及基本特征

(一)创意的概念

在中文中,创意是一个新词汇,以字释义,"创"是创造前所未有的事物;"意"即意

想、意识，即思维。创意即创造性思维。

在英文中，"创意"一词有三种表达方式：其一，Creative。其英文原意是创意性的、有创意力的，现在常常被人们引申为"创意"。例如"Creative Strategy"一词常被译为"创意策略"。其二，Creativity。其英文原意为创作道理，有时译为"创意"。其三，Idea。其英文原意是思想、概念、主意、念头、计划、打算等，这是创意最普遍、最有代表性的英文词汇，出自著名广告大师詹姆斯·韦伯·扬的广告名著《产生创意的方法》（*A Technique for Producing Ideas*），自此，"Idea"作为创意一词便被普遍认同并被广泛使用开来。

广义的创意是指头脑中的一种思维和无形的创作，狭义的创意是指有形的创作。静态的创意是指创意性的意念、巧妙的构思，即通常所说的"好点子、好主意"；动态的创意是指创意性的思维活动，是"从无到有的"这一逻辑思想的产生过程。

创意是一个人的创造力，来自灵感，也来自对生活的悉心观察。因此，创意本质上是一种思维能力。但是，并不是所有的思维活动都是创意。创意是一种感性的生产过程，是对理性生产本身的一个扬弃。创意的目的是为了满足人们自我实现的需求，而自我实现的需求更多的是一种内心感受。但正是为了满足人们自我实现的需求，才会有源源不断的创新。

曾任国际文化经济学会主席的澳大利亚学者戴维·思罗斯比最早提出了创意经济学（Economics of Creativity）概念，并将创意行为模型化，他认为创意的主要构成有三个层次：一是想象力，即接纳现有思路、创造新思路或者将各种思路有机结合的能力；二是判断力，即规范和掌控想象力，规整其产出的各种思路的能力；三是品位，即艺术家的内在敏感性，这种敏感性被用于区别高尚与卑劣、美与丑、庄重与滑稽。

（二）创意的内涵

创意的关键在于创造。而创造既是一个过程，也是一种成果。创造可分为三种，即发现、发明、发展。

第一，发现。发现是指在特定的时间、空间范围内，发现了他人尚未知道的现象、事物、规律、原理、物品、问题等。例如，在生物学领域，发现了一个新物种；在物理学领域，发现了一种新粒子性；在社会学领域，发现一种新文化；在经济生活中，发现了一种新材料等。发现作为一种创造性活动的特点在于，被发现的对象本身是一种客观存在，只不过尚未被人们认识，人们通过创意思维将对象揭示出来。

第二，发明。发明是指运用已知道或新发现的规律、原理等，局部或整体性地改进、分解、组合、提升已存在的事物、物品、理论及其他物质、精神成果，创造出新的技术、新的产品，以及新的制度等。当然，发明是分层次的，有局部性创新和整体性创新。作为发明，如果只是局部性对既有产品进行改进，那么这种发明便只能提供改进型产品；如果对既有产品进行整体性改进，那么这种发明就能提供全新型产品。

第三，发展。发展是指对既存物质及精神文明的成果进行较为系统化的创新。发展型创意通常有两种情况：一是对既存物质与精神文明成果的空当、缺陷、弊端等加以弥补、纠正、改进；二是根据时空条件的变化，对原有成果予以丰富、完善和扬弃。发展作为具有系统性特征的创意，本身可能包含了一系列的发现或发明的成果。

发现、发明、发展的含义及其价值具有相对性的特点，因而创意思维也具有不同层次。例如，同样是发现，第一个发现"看不见的手"即市场规律对于经济运行作用的亚当·斯密,他的发现就是在整个人类尚未认识这一经济运行原理时提出的;通过学习和实践,他认为在社会主义生产关系下,经济运行也同样受"看不见的手"的制约,同样受价值规律的支配。这一发现就仅仅只对于某一局部的、特定的社会单位而言才有意义。当然,在人类社会中的某一局部范围内,第一个发现某一原理、某一现象或某一问题的也是一种发现,但这种发现的层次,显然不能与在整个人类社会范围内的首次发现相媲美。尤其在信息时代,在世界各国、各地区的交往越来越密切的条件下,人们的创造性能力更应该向高标准、高层次看齐,力争使发现、发明和发展具有世界先进水平。只有这样做,才能减少重复性劳动,提高创意思维的经济社会效果。

(三) 创意的基本特征

创意有三个方面的基本特征:关联性(Relevance)、原创性(Originality)和震撼性(Impact)。

1. 关联性

关联性要求创意要与商品、消费者、竞争者相关,创意没有关联性就失去了意义。创意来自实践,没有人能凭空想出毫无根据的东西。创意不可能是毫无基础的,人的创造力总是有现实的基础,要吸收现有世界的要素,如文化、艺术、科技、观念、法律、资本等,结合自身的思维能力,或灵光乍现,或深思熟虑,迸发出让人耳目一新的创意。创意必须是有意义的东西,即使你的创意再有现实基础,但如果没有实际意义,则必然如同垃圾一样毫无价值,经不起市场的检验。

2. 原创性

原创性要求创意要突破常规,与众不同。创意没有原创性,就缺乏吸引力和生命力,也就不能称之为"创"了。

3. 震撼性

震撼性要求创意深入到人性深处,冲击消费者的心灵。广告没有震撼力,就不会给消费者留下深刻的印象。

好的创意表现不仅要兼顾关联性、原创性、震撼性,更关键的是要把握好三者之间的平衡关系。简单地讲,关联性就是要把创意做对,震撼性就是要把创意做好,原创性则是要把创意做得不同。一般情况下,震撼性与原创性是"正相关"的关系,二者往往相辅相成;而关联性与震撼性或原创性则是"负相关"的关系。

二、广告创意的概念与原则

(一) 广告创意的概念

对于广告创意的概念,不同的学者有不同的看法。芝加哥一家广告公司的创意总监认为创意是这样一个过程:"策划人员收集所有能够帮助解决问题的材料,如产品信息、商品定位、媒介状况、市场调查数据、广告费用等,然后对这些材料进行分类、整理,归纳出所需传达的信息,最后将其转化为极富戏剧色彩的传播作品。"

美国最权威的广告专业杂志《广告时代》在总结多方面意见的基础上说:"广告创意是一种控制工作,广告创意是为别人陪嫁,而非自己出嫁,优秀的创意人深知此道,他们在熟识商品、市场销售计划等多种信息的基础上，发展并赢得广告运动，这就是广告创意的真正内涵。"

广告创意就是广告人员对广告活动进行创造性的活动，是为了达到广告目的，对未来的广告主题、内容和表现形式所提出的创造性的"主意"，其核心是提出"理由"，说服受众。简单来说，广告创意就是通过大胆新奇的手法制造与众不同的视听效果，最大限度地吸引消费者，从而达到品牌声誉传播与产品营销的目的。

（二）广告创意的原则

在广告创意过程中必须运用创新思维。创新思维或称创造性思维，是指人们在思维过程中能够不断提出新问题和想出解决问题方式的独特思维。可以说，凡是能想出新点子、创造出新事物、发现新路子的思维都属于创新思维。广告创意应把握以下原则：

1. 冲击性原则

在令人眼花缭乱的众多广告中，要想迅速吸引人们的眼球，广告创意人员在进行广告创意时就必须把广告创意提升视觉张力放在首位。摄影艺术与计算机后期制作的充分结合，拓展了广告创意的视野与表现手法，产生了强烈的视觉冲击力，给观众留下了深刻的印象。据统计，在美国、欧洲、日本等经济发达国家，平面视觉广告中95%是采用摄影手段。2006年11月在昆明举行的第13届中国广告节，获得平面类（企业形象项）金、银、铜奖的16个广告作品中，有14个作品运用了摄影手段。

2. 新奇性原则

新奇是广告作品引人注目的奥秘所在，也是一条不可忽视的广告创意规律。有了新奇，才能使广告作品波澜起伏，奇峰突起，引人入胜；有了新奇，才能使广告主题得到深化、升华；有了新奇，才能使广告创意远离自然主义向更高的境界飞翔。

在广告创作中，由于思维惯性和惰性形成的思维定式，使得不少创作者在复杂的思维领域里爬着一条滑梯，看似"轻车熟路"，却只能推动思维的轮子做惯性运动，"穿新鞋走老路"。这样的广告作品往往会造成读者视觉上的麻木，弱化了广告的传播效果。

3. 包蕴性原则

吸引人们眼球的是形式，打动人心的是内容。独特醒目的形式必须蕴涵耐人思索的深邃内容，才拥有吸引人一看再看的魅力。这就要求广告创意不能停留在表层，而要使"本质"通过"表象"显现出来，这样才能有效地挖掘读者内心深处的渴望。

好的广告创意是将熟悉的事物进行巧妙组合而达到新奇的传播效果。广告创意的确立，围绕创意的选材、材料的加工、计算机的后期制作，都伴随着形象思维的推敲过程。推敲的目的，是为了使广告作品精确、聚焦、闪光。

4. 渗透性原则

人最美好的感觉就是感动。广告创意感人心者，莫过于情，而情感的渗透性是在潜移默化中实现的，受众情感的变化必定会引起其态度的变化。

出色的广告创意往往把"以情动人"作为追求的目标。例如，一个半版公益广告"你是否考虑过他们？"画面以两个农村孩子渴望读书的眼神和教室一角破烂不堪的课桌椅为背景，已审核报销的上万元招待费发票紧压其上，引发读者强烈的心理共鸣。农民挣一分钱是那么不容易，而有的人却大手大脚用公款招待。如果我们每人省下一元钱，就可以让更多的贫困孩子实现读书的梦想。由于这个公益广告情感表达落点准确，诉求恰当，因而获得了2004年度某省新闻奖一等奖。

5. 简单性原则

一些揭示自然界普遍规律的表达方式都是异乎寻常的简单。近年来，国际上流行的创意风格越来越简单、明快。

一个好的广告创意表现方法包括三个方面：清晰、简练和结构得当。简单的本质是精炼化。广告创意的简单，除了从思想上提炼，还可以从形式上提纯。简单明了绝不等于无须构思的粗制滥造，构思精巧也绝不意味着高深莫测。平中见奇，意料之外，情理之中，往往是传媒广告人在创意时渴求的目标。

总之，一个带有冲击性、包蕴深邃内容、能够感动人心、新奇而又简单的广告创意，首先需要想象和思考。也就是说，创意人员只有运用创新思维方式，获得超常的创意来打破受众视觉上的"恒常性"，寓情于景，情景交融，才能创造出广告作品的新意，取得超乎寻常的传播效果。

三、广告创意的产生过程

大多数广告人认同詹姆斯·韦伯·扬的创意五步骤法，他将广告创意的产生过程分为五个部分：创意准备阶段、分析资料阶段、酝酿创意阶段、产生创意阶段、发展创意阶段。

1. 创意准备阶段

创意准备阶段实际上就是搜集资料和占有资料的过程。收集的资料又分为特定资料和一般资料。特定资料是指与广告产品或与服务直接有关的信息，包括市场分析、商品特性、竞争分析、商品以前的广告分析等。一般资料是指令人感兴趣的日常信息，是创意人员个人必须具备的知识信息，如与目标消费对象（广告对象）有关的生活、事物或能令其感兴趣的任何话题，如他们的难题是什么，他们的特征、消费观念怎样，他们对以前广告的看法，他们对广告商品的态度、消费动机等。在此阶段收集到的资料越多，就越有机会产生创意。

2. 分析资料阶段

分析资料阶段又称消化资料阶段，是指创意人员要用心去仔细检查，反复咀嚼这些资料，通过对这些原始材料进行不断地拆分与组合，寻找出合适的广告诉求点。换句话说，这一阶段的任务是找出商品或服务最有特点的、最能吸引消费者的利益点，并以此作为商品的广告诉求点。这一阶段是一项艰苦的心智劳动，要求创意人员不厌其烦地在资料中寻求突破口，勇于面对不停的自我否定，找寻创新点。这一阶段也可以认为是顿悟前的停滞和积蓄力量的阶段。

3. 酝酿创意阶段

酝酿创意阶段是指当各种尝试都无法解决问题，进入停滞状态时，创意人员可以将问题暂时搁置一边而从事其他活动，让思维进入放松、"休眠"状态，表面看来他对这一问题的思考活动已经中断，但思考却仍然可以在潜意识中断断续续地进行，有时甚至会在睡梦中出现结果，使问题得到解决。酝酿创意阶段实际上就是要求创意人员走出自己的领域，将自己先入为主的想法放在一边，打破程式化的思考，让大脑中成千上万种不相关的信息交错汇集，产生灵感。

灵感出现的时机不是在体力和脑力劳动相当疲劳、心情烦躁或高度紧张焦虑之时，而是在思维活动长期紧张以后的暂时放松状态。因为当大脑处于紧张状态时，是难以接收新信息并进行有效思考的，只有当大脑处于较松弛状态时，外界的有关信息才有可能与脑中原有信息重新组合沟通，使问题得到顺利解决。因此，利用音乐或自然放松，参观艺术走廊，或是散步，都会有助于思考，也就是说，创意人员此时可进行一些能让大脑开始新的组合的活动。

4. 产生创意阶段

创意的产生阶段即顿悟和灵感产生的阶段，也称为创意的豁然开朗阶段。顿悟阶段是发现具体解决方法的明朗期，即发现了解决问题的途径与方法，形成了解决问题的初步假设，找到了问题的答案或得出了结论。顿悟是经过长时间的酝酿之后，创意思维火花的猛烈爆发，新的观念在极为短暂的时间里豁然开朗，脱颖而出。在此阶段，直觉、灵感等非逻辑思维往往起着决定性作用。顿悟和突破虽然是在极短时间里出现的，但它们是整个创意过程中的转折点。

这一时期为灵感来临时期，经过潜伏期的酝酿阶段，创造性的新观念会随着头脑中事物各部分的某种关联性而突然被连接起来，正如阿基米德为了测定王冠含金的纯度，废寝忘食，苦无所得，未料却在洗澡时不经意间发现了浮力定理。再如，我们白天苦思冥想却不得要领的题目，有时候会在睡梦中得出相应的答案。从心理状态上来看，这一阶段是高度兴奋的阶段，灵感与创意常常是突如其来的，有时连创意人自己也会感到惊讶。但我们也必须意识到，这一阶段获得的观念可能是正确的，也可能是错误的，因此，这时产生的创意还有待进一步的验证。

5. 发展创意阶段

发展创意阶段是对模糊、粗糙的创意进一步加工完善的过程，是最后形成并完善此创意的阶段。在此阶段，一定要把新生创意导入现实世界中，这样有时会导致新生创意并不像初生时那样的奇妙，此时，需要创意人员付出更多的耐心和努力，不断地论证它，力求使之符合实际状况，容易被大众所接受。当然，在这一阶段，也可能由于创意人员没有足够的耐心或不够实际，而使创意失去原有的光彩。

【知识链接】

格林提出的创意程序包括以下五个步骤：

第一，资讯。这一阶段是根据已有信息提出问题，是对旧因式的怀疑和否定，是创意生成的原点。爱因斯坦说："提出问题往往比解决问题更重要，因为解决问题也许仅仅是一个数学上的或实验上的技能而已，而提出新问题和新的可能性，以及从新的角度去看旧的问题，都需要有创造性的想象力，而且标志着科学的真正进步。"

第二，酝酿。创意酝酿阶段是破坏旧因式、产生新因式的阶段。这一阶段是个艰难的过程，需要创意者积聚大量的材料并做好知识准备工作。这些材料和知识既要能够满足解决当前问题的需要，又要能够为未来的创新奠定基础。

第三，启发。在创意启发阶段，需要创意者集中精力，围绕问题进行综合思考，在否定旧因式的基础上建立新因式，并使新因式以"鲜活的结合和全新的关系"的形式出现。在这一过程中，需要创意者运用创造性的思维，尤其不应该忽视直觉的作用。创意的启发阶段也是创意的潜伏阶段，当创意者苦思冥想而不可得时，可以通过各种形式进行放松，以等待灵感的来临。

第四，生成。在创意生成阶段，一般创意者会出现突发灵感的现象，表现为新因式的轮廓在意想不到的瞬间突然在脑海里闪过。灵感是创造性思维过程中认识发生飞跃的心理现象，其外在形态是对问题突如其来的顿悟，具有非预期性和转瞬即逝性。杜威说："灵感是现实中长时间慢慢培养成的东西，当旧的东西与新的东西碰撞时，在潜意识中开始进行再整理，那简直就像天空的星星闪烁一样敏捷，没有预期地突然得到了调和。"创意离不开灵感，灵感突现是创意产生的必经阶段，也是关键的一环。创意会在艰苦的思索过程中产生，当问题百思不得其解时，最好把苦苦思索的难题放在一边，放松精神，做一些可以激发想象力的其他事情。环境的转换对灵感和创意的生成往往有着奇特的效果。现实中的大量案例也证明如此。场景的转换往往带来思维的转换，从而促使灵感产生。这一过程实际上是创意从量变到质变的过程。

第五，推销。这一阶段是创意阐明、推销阶段。一个新创意出现后，往往不能一下子被市场所理解并接受，需要通过阐明、推销使之推广开来，并实现其价值。用王国维的话来总结，创意的过程就是从"昨夜西风凋碧树，独上高楼，望尽天涯路"到"衣带渐宽终不悔，为伊消得人憔悴"，再到"众里寻他千百度，蓦然回首，那人却在灯火阑珊处"的过程。

第二节 广告心理

广告创意要根据消费者的兴趣和爱好进行设计，因此，了解和掌握目标受众的心理状态就显得尤为重要。

一、感觉、知觉与错觉

（一）感觉

感觉是指人脑对直接作用于感觉器官的客观事物个别属性的反应，是客观事物在人脑中的反应。感觉不仅反映客观事物的个别属性，而且也反映身体各部分的运动和状态。例如，我们可以感觉到双手在举起，感觉到身体的倾斜，以及感觉到肠胃的剧烈收缩等。

感觉可以分为两大类：一是外部感觉，即由人的感觉器官所获得的反应，包括视觉、味觉、听觉、触觉、嗅觉；二是反映机体本身各部分运动或内部器官发生的变化，这类感觉的感觉器官位于各有关组织的深处（如肌肉）或内部器官的表面（如胃壁、呼吸道），这类感觉有运动觉、平衡觉和机体觉。

（二）知觉

知觉是指人脑对直接作用于感觉器官的客观事物的整体属性的反应，是人类通过对客观事物的各种感觉认识到事物的各种属性。例如，我们给苹果下个定义，不仅要通过视觉感知到它的颜色和形状，还要通过味觉感知到它的味道，还要通过嗅觉感知到它的气味，以及通过触觉感知到它的光滑的表皮，当各种感觉综合到一起时，就能确定圆而光滑、气味清香、红色或黄色的味道酸甜而多汁的水果是苹果。

知觉的特性主要表现为知觉的相对性、知觉的选择性、知觉的整体性、知觉的恒常性、知觉的组织性和知觉的理解性。

1. 知觉的相对性

知觉是个体以其已有经验为基础，对感觉所获得的资料做出的主观解释，因此，知觉也常被称为知觉经验。知觉经验是相对的。我们看见一个物体存在，在一般情形下，我们不能以该物体孤立地作为引起知觉的刺激，而必须同时也看到物体周围所存在的其他刺激，这样，物体周围其他刺激的性质与两者之间的关系，势必影响我们对该物体所获得的知觉经验。形象与背景是知觉相对性最明显的例子：在一般情境之下，形象与背景是主副的关系，形象是主题，背景是衬托。图7-1的形象与背景图中，黑白相对两部分均有可能被视为形象或背景，如将白色部分视为形象，黑色为背景，该形象可解释为烛台或花瓶；相反，则可解释为两个人脸侧面的投影像。

图7-1　知觉的相对性举例——形象与背景

知觉对比是知觉相对性的另一个例子，是指两种具有相对性质的刺激同时出现或相继出现时，由于两者的彼此影响，致使两种刺激所引起的知觉上的差异特别明显的现象。例如，大胖子和小瘦子两人相伴出现，会使人产生胖者益胖、瘦者益瘦的知觉。在图7-2的知觉对比图中，A、B两圆半径完全相等，但由于周围环境中其他刺激物的不同，因而产生对比作用，致使观察者在心理上形成A圆小于B圆的知觉经验。

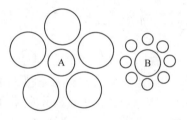

图7-2　知觉的相对性举例——知觉对比

2. 知觉的选择性

客观事物是多种多样的，在特定时间内，人只能感受到少量或少数刺激，而对其他事物只做模糊的反映。被选为知觉内容的事物称为对象，其他衬托对象的事物称为背景。某事物一旦被选为知觉对象，就好像立即从背景中突现出来，被认识得更鲜明、更清晰。一般情况下，面积小的比面积大的、被包围的比包围的、垂直或水平的比倾斜的、暖色的比冷色的，以及同周围明晰度差别大的东西都较容易被选为知觉对象。即使是对同一知觉刺激，如观察者采取的角度或选取的焦点不同，也可产生截然不同的知觉经验。影响知觉选择性的因素有：刺激的变化、对比、位置、运动、大小程度、强度、反复等，还受经验、情绪、动机、兴趣、需要等主观因素的影响。

图7-3的图形为一立方体，如果你仔细观察，就会发现，这个立方体与你最接近的一面随时都在改变。此种可以引起截然不同知觉经验的图形，称为可逆图形。事实上，图形本身并未改变，只是由于观察者着眼点的不同而产生了不同的知觉经验。

另一个知觉的选择性例子是木雕艺术家艾契尔在1938年的一幅著名木刻画——黎明与黄昏，如图7-4所示。假如读者先从图面的左侧看起，你会觉得那是一群黑鸟离巢的黎明景象；假如先从图面的右侧看起，就会觉得那是一群白鸟归林的黄昏；假如从图面中间看起，你就会获得既是黑鸟又是白鸟，也可能获得忽而黑鸟忽而白鸟的知觉经验。

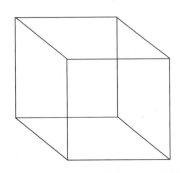

图 7-3 知觉的选择性举例——可逆图形　　图 7-4 知觉的选择性举例——黎明与黄昏

3. 知觉的整体性

知觉的对象都是由不同属性的许多部分组成的，人们在知觉它时却能依据以往经验组成一个整体。知觉的这一特性就是知觉的整体性（或完整性）。例如，图 7-5 所示的知觉的整体性图形，从客观的物理现象来看，这个图形不是完整的，是由一些不规则的线和面所堆积而成的。可是，谁都会看出，图形能明确显示其整体意义：是由两个三角形重叠，而后又覆盖在三个黑色方块上所形成。我们会发现，居于图中间第一层的三角形虽然在实际上都没有边缘，没有轮廓，可是，在知觉经验上却都是边缘最清楚、轮廓最明确的图形。像此种刺激本身无轮廓，而在知觉经验上却显示的轮廓，称为主观轮廓（Subjective Contour）。知觉并非感觉信息的机械相加，而是源于感觉又高于感觉的一种认识活动。当人感知一个熟悉的对象时，只要感觉了它的个别属性或主要特征，就可以根据经验而知道它的其他属性或特征，从而在整体上知觉它。如果感觉的对象是不熟悉的，知觉会更多地依赖于感觉，并以感知对象的特点为转移，而把它知觉为具有一定结构的整体。

图 7-5 知觉的整体性举例

4. 知觉的恒常性

在不同的角度、不同的距离、不同明暗度的情境之下，观察某一熟知物体时，虽然该物体的物理特征（大小、形状、亮度、颜色等）因受环境影响而有所改变，但我们对物体特征所获得的知觉经验，却倾向于保持其原样不变的心理作用，像这种外在刺激因环境影响使其特征改变，但在知觉经验上却维持不变的心理倾向，即为知觉恒常性。

在视觉知觉中，知觉的恒常性表现得非常明显。例如，从不同距离看同一个人，由于距离的改变，投射到视网膜上的视像大小有差别，但我们总是认为大小没有改变，仍然依其实际大小来知觉他。又如，一张红纸，一半有阳光照射，一半没有阳光照射，颜色的明度、饱和度大不相同，但我们仍知觉它为一张红纸。正由于知觉具有恒常性，才使我们能客观地、稳定地认识事物，从而更好地适应环境。

另外，我们都有这样的经验：雷声或火车的鸣笛声，如只按生理的听觉资料判断，远处的雷声或火车的鸣笛声，其音强未必高于近处的敲门声，可我们总觉得雷声或火车的鸣笛声较大。这就是声音的恒常性。又如身体的部位随时改变，有时将头倾斜，有时弯腰，有时伏卧，甚至有时倒立。身体部位改变时，与身体部位相对的外在环境中上下左右的关系也随时改变，但我们都有经验，身体部位的改变一般不会影响我们对方位的判断。此种现象就称为方向的恒常性。

5. 知觉的组织性

在感觉资料转化为心理性的知觉经验过程中，显然要对这些资料经过一番主观的选择处理，这种主观的选择处理过程是有组织性的、系统的、合于逻辑的，而不是紊乱的。因此，在心理学中，称此种由感觉转化到知觉的选择处理历程为知觉组织（Perceptual Organization）。心理学的格式塔理论（Gestalt Theory）认为，知觉组织法则主要有如下四种：相似法则、接近法则、闭合法则和连续法则。

（1）相似法则（Law of Similarity）。在知觉场地中有多种刺激物同时存在时，各刺激物之间在某方面的特征（如大小、形状、颜色等）如有相似之处，在知觉上即倾向于将之归属于一类。此种按照刺激物相似特征组成知觉经验的心理倾向称为相似法则。如图7-6所示，在方阵中，圆点与叉号各自相似，很明显地被看成是由叉号组成的大方阵当中另有一个由圆点组成的方阵。

（2）接近法则（Law of Proximity）。有时候，知觉场地中刺激物的特征并不十分清楚，甚至在各刺激物之间也找不出足以辨别的特征。在此种情境之下，我们常根据以往经验，主观地寻找刺激物之间的关系，借以增加其特征，从而获得有意义的或合于逻辑的知觉经验。

如图7-7所示，A图与B图同样是由20个圆点组成的方阵，如单就各个圆点去看，它们之间不容易找出可供分类组织的特征。但如仔细观察，会发现两图中点与点之间的间隔距离不尽相等；A图中两点之间的上下距离较其左右间隔为接近，故而看起来，20个点自动组成四个纵列。B图中两点之间的左右间隔较其上下距离为接近，故而看起来是20个点自动组成四行。

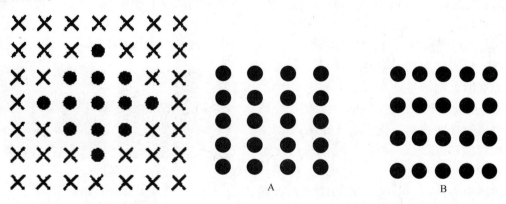

图7-6 相似法则举例　　　　　图7-7 接近法则举例

（3）闭合法则（Law of Closure）。如果知觉场地的刺激物表面看起来虽各有其可供辨别的特征，但如仅凭此等特征，仍不能确定刺激物之间的关系。此时，观察者常运用自己的经验，主动地为之补充（或减少）刺激物之间的关系，从而增加它们的特征，以便有助于获得有意义的或合于逻辑的知觉经验。假如你的知觉经验确是如此，那你的知觉心理倾向就符合闭合法则。如图7-8所示，乍看之下，图中只是有些不规则的黑色碎片和一些只有部分连接的白色线条。但如仔细观察，就会觉得，那是一个白色立方体和一些黑色圆盘；也可能觉得，那是白色立方体的每一拐角上都有一个黑色圆盘。

（4）连续法则（Law of Continuity）。知觉上的连续法则所指的"连续"，未必是指事实上的连续，而是指心理上的连续。知觉上的连续法则在绘画艺术、建筑艺术以及服装设计上早已被广泛应用。以实物形象上的不连续使观察者产生心理上的连续知觉，从而形成更多的线条或色彩的变化，借以增加美的表达。如图7-9所示，一般人总是将它看成是一条直线与一条曲线多次相交而成，没有人会看成是多个不连接的弧形与一横线构成的。由此可知，知觉上的连续法则所指的"连续"，未必是指事实上的连续，而是指心理上的连续。

图7-8 闭合法则举例

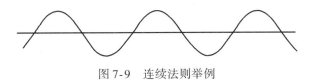

图7-9 连续法则举例

6. 知觉的理解性

人在感知某一事物时，总是依据既往经验力图解释它究竟是什么，这就是知觉的理解性。人的知觉是一个积极主动的过程，知觉的理解性正是这种积极主动的表现。人们的知识经验不同，需要不同、期望不同，对同一知觉对象的理解也不同。一张检验报告，病人除了知觉一系列的符号和数字之外，却不知道什么意思；而医生看到它，不仅了解这些符号和数字的意义，而且可以做出准确的判断。因此，知觉与记忆和经验有着深刻的联系。知觉对事物的理解是通过知觉过程中的思维活动达到的，而思维与语言有密切关系，因此语言的指导能使人对知觉对象的理解更迅速、更完整。

知觉的理解性的一个重要体现就是似动现象。似动现象（Apparent Motion）是指引起运动知觉经验的刺激物本身并未移动，但观察者在主观意识上则清楚地觉得它是在移动中，如图7-10a所示。严格地说，似动现象的产生既非由于物体的真实移动，也非由于个人与物体之间的相对移动，而是一种假的移动，由此也被视为错觉现象。再如图7-10b所示，如果，眼睛盯住图中心的圆点，然后头部逐渐靠近或离开屏幕，就会发觉两个轮子在互为反方向转动。

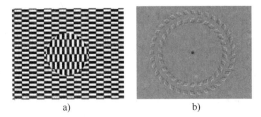

图7-10 知觉似动现象举例

（三）错觉

知觉经验虽是因环境中刺激物所引起的，但知觉经验中对客观性刺激物所做的主观性解释，就真实性标准来看，显然有很大距离。单以知觉对比的知觉现象为例，凭知觉经验所做的解释显然是失真的，甚至是错误的。对此种完全不符合刺激本身特征的失真的或扭曲事实的知觉经验，称为错觉（Illusion）。

错觉是比较普遍的，由视觉、听觉、味觉、嗅觉等所构成的知觉经验，都会有错觉。在我们的日常生活中，随时会感受到错觉现象。例如，在火车未开动之前，常因邻近车厢的移动，觉得自己车厢已经开动。这种现象称为移动错觉。再如，在火车尾部窗口俯视铁轨时，若火车是开动的，就会觉得铁轨好像是从车底下向后迅速伸出；若火车遽然停止，就会觉得铁轨好像是向车底迅速缩进。当注视电风扇转动时，会觉得忽而正转，忽而倒转，甚至有时会有暂时停止不转的感觉。下面介绍一些常见的错觉现象。

1. 横竖错觉

横竖错觉（Horizontal-vertical Illusion）属视错觉现象之一。如图7-11所示的横竖两等长直线，竖者垂直立于横者中点时，看起来竖者较长。

2. 缪勒-莱尔错觉

缪勒-莱尔错觉（Müller-Lyer Illusion）属视错觉现象之一。如图7-12所示的两条横线等长，只是两端所附箭头方向不同，看起来下边的横线较长。

图7-11 横竖错觉　　　　　　　　　　图7-12 缪勒-莱尔错觉

3. 奥尔比逊错觉

奥尔比逊错觉（Orbison Illusion）属视错觉现象之一。如图7-13所示，圆形看来并非正圆，方形看来并非正方。其实圆者为正圆，方者为正方。

4. 德勃夫错觉

德勃夫错觉（Delboeuf Illusion）属视错觉现象之一。如图7-14所示，左侧大圆内的小圆与右图的圆相等，但两者看似不等，居右者看来较小。

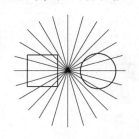　　　　　　　　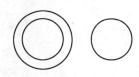

图7-13 奥尔比逊错觉　　　　　　　　图7-14 德勃夫错觉

5. 海林错觉

海林错觉（Hering Illusion）属视错觉现象之一。如图7-15所示，两平行线被多方向的直线所截时，看起来失去了原来平行线的特征。

6. 楼梯错觉

楼梯错觉（Staircase Illusion）属视错觉现象之一。注视图7-16所示的图形数秒钟，将可能发现有两种透视感：有时看似正放的楼梯，有时看似倒放的楼梯。

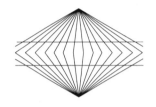

图 7-15　海林错觉

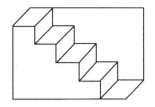

图 7-16　楼梯错觉

7. 松奈错觉

松奈错觉（Zillner Illusion）属视错觉现象之一。如图 7-17 所示，当数条平行线各自被不同方向斜线所截时，看起来即产生两种错觉：一是平行线失去了原来的平行；二是不同方向截线的黑色深度似不相同。

8. 桑德错觉

桑德错觉（Sander Illusion）属视错觉现象之一。如图 7-18 所示，左边较大平行四边形的对角线看起来明显比右边小平行四边形的对角线长，但实际上两者等长。

9. 编索错觉

编索错觉（Twisted Cord Illusion）属视错觉现象之一。如图 7-19 所示，该图像盘起来的编索，呈螺旋状。实则是由多个同心圆所组成，读者可选任一圆上一点循其线路检验。

图 7-17　松奈错觉

图 7-18　桑德错觉

图 7-19　编索错觉

二、注意

(一) 注意的概念

注意是心理学的一个重要概念,是指人的生理活动对外界一定事物的指向与集中。注意的指向性是指人的认知心理具有选择性,即在某一瞬间人的心理活动有选择地指向某一特定事物上,同时离开其他事物。注意的集中性是指人的心理活动只集中在某特定事物上,用全部注意力关注这一事物,而离开一切与注意力无关的事物,并对局外干扰进行抑制,以保证注意对象得到鲜明、清晰的反映。

在现实社会中,人处于由各种信息构成的环境中,不可能对所有的信息都进行加工,只能根据自己的需要或兴趣,选择符合自己需要或引起兴趣的信息。如果说广告受众注意的选择性是将心理活动指向某一广告,那么集中性就是受众心理活动在这个广告上的强度或紧张度。引起人们对广告的注意,是任何一则广告成功的基础,若广告不能引起受众的注意,则该广告肯定要失败,因为注意是人们接触广告的开端。

(二) 注意的特性

注意的特性包括以下几部分:注意的广度、注意的分配、注意的转移、注意的稳定性和注意的紧张性。

1. 注意的广度

注意的广度也称注意的范围,是指在同一时间内能清楚把握对象的数量。用速示器进行实验,证明在0.1s时间内,正常成人一般能注意到8个左右的黑色圆点,或4~6个没有联系的外文字母。因为在0.1s内呈现刺激,眼球还来不及转动,在这种情况下,把握落入视野的全部对象几乎是不可能的。

注意的广度并不是一成不变的,它与人的主观因素有关,也与注意对象的客观特点有关。刺激物排列越集中,越有规则,越能相互联系,则注意的范围就越大。因而在广告中,广告信息呈现的方式对广告受众的注意范围有一定影响。例如,受教育程度高的人比受教育程度低的人读书的速度要快很多,也就是说他们的注意的范围差异性很大;如果书的字体适中,排版比较规范,也会提高人的阅读速度,也就是说注意的对象越有规律,注意的范围相对就越大。

假如广告主想让广告受众注意更多的信息,就要十分重视信息排列的方式和相互之间的关联度,而且还要使传播的广告信息与受众已有的知识有一定的关联,而且所呈现的广告信息还要限定在一个范围之内,不可无限增多。

心理学家R.E.陶布曼通过计时器连续呈现出1~10次短促的闪光或声音,让参加实验的被试对象报告看到或听到的次数。实验结果表明,刺激的数目越大,呈现的速度越快,被试对象报告的错误就越多。这种倾向对视觉刺激更为明显。受此研究启发,在广告中,如果在一定时间内出现的信息量过多,呈现信息的速度过快,则广告受众反而不能清晰地注意到广告信息的内容是什么。

2. 注意的分配

注意的分配就是在同一时间内从事几种不同活动,注意指向不同的对象或活动,并且注意分配在不同的感知器官上。例如，边读书边听音乐。但是，注意的分配是具有条件的，即同时进行的活动必须有一种是熟练的，并且不会出现冲突的问题，影响主要的活动或工作。

3. 注意的转移

注意的转移就是有意识地把注意从一个对象转移到另一对象上，使整个注意范围中的内容发生了变化。注意转移的快慢和难易取决于原来注意的强度和新注意事物的特点。如果原来注意的对象强度大，那么注意的转移就困难；如果新注意对象新奇独特，能吸引受众的兴趣，那么注意的转移就容易。

4. 注意的稳定性

注意的稳定性是指注意力长时间保持在某对象上，注意的稳定性越好，意味着活动的效率越高。注意的稳定性受人的受教育程度、性格、年龄和性别等多个因素的影响。例如，儿童的注意稳定性较成人短，个性敏感的人注意的稳定性一般较差。

5. 注意的紧张性

注意的紧张性是指心理活动对某些事物的高度集中而同时离开其他事物。注意的紧张性越强，注意的范围越小，越容易疲劳，最终导致注意的分散。同声翻译就是明显的注意紧张状态，翻译人员无论从听觉到视觉再到大脑，始终处于高度紧张状态中，工作强度远远高于其他类型的工作，这也是其酬劳按小时计算，并且超高的原因。

（三）注意的种类

注意有两种不同的形式，即有意注意和无意注意。

1. 有意注意

有意注意是一种自觉的、有预定目的的，必要时会付出一定意志努力的注意。有意注意是由人的主观因素引起的，受人的主观意识支配，表现了人对事物的需求与兴趣，对事物的理解与认知程度。例如，学生上课注意听讲就属于有意注意。

2. 无意注意

无意注意是指由客观原因引起的注意，事先没有预定的目的，也无须做任何意志努力的注意。例如，在上课的过程中突然有电话铃声响起，没有人会事先有准备要去听电话铃声，但是，它却会吸引了大家的注意。广告就是旨在吸引受众的无意注意。

（四）吸引注意的方式

1. 增大刺激物强度

刺激达到一定的强度，会引起人们的注意。刺激物在一定限度内的强度越大，人对这种刺激物的注意就越强烈。不仅刺激物的绝对强度有这种作用，而且刺激物的相对强度也有这种作用。因此，在广告设计中，广告设计人员可以有意识地增大广告对消费者的刺激效果和明晰的识别性，使消费者在无意中引起强烈的注意。例如，广播广告中常用与平常说话不同的音频来播报广告语或用混声等造成与日常或平常播音效果不同的声音，以引起注意。同一广告在不同强度的背景中，会引起不同的注意效果。例如，在声音嘈杂的背景环境和安静的环境下，消费者对同一则广播广告的注意肯定不会相同。

2. 加大刺激物对比关系

刺激物中各元素的显著对比，往往也容易引起人们的注意。在一定限度内，这种对比度越大，人对这种刺激所形成的条件反射也越显著。刺激物的对比表现在刺激物在形状、大小、颜色、持续时间，以及活动和静止等方面。因此，在广告设计中，广告设计人员可以有意识地处置广告中各种刺激物之间的对比关系和差别，增大消费者对广告的注意程度。同时，除了强化在广告本身各元素之间的对比外，还可以强化广告与环境因素的对比。这些对比能增强广告的易读性、易视性和易记性，保证消费者的视觉、听觉和知觉的畅通和顺利，从而引起消费者的兴趣。

广告中颜色的对比用得最多。例如，日本制造的山水牌音响组合系统在我国香港《文汇报》上的一则报纸广告，以气势磅礴的大瀑布的摄影照片充满整个广告，把底色印为深蓝色，而把瀑布印成黄色，蓝、黄两种颜色的鲜明对比，使其在整版报纸中更显突出，在画面的右下角出现山水音响的实物照，广告语是"磅礴气势迸发非凡感受"。此广告以色彩鲜明的山水风景照突出了音响的品牌与品质。

广告设计人员还可以利用空间的对比来突出产品，增强广告受众的注意效果。中国香港的一家报纸，一连几天它的某一版面几乎是空白，只在版面中央印着一个红点和"HRC"的字母，这样，大大吸引了读者的注意力，也引起了人们的兴趣，迫切想知道"HRC"究竟是什么。

再如《今日管理》杂志的一则印刷广告，画面是一位老板式男性坐在一个椅背燃起熊熊烈焰的椅子上，悠闲自得。椅子放在高山上，背景是蓝天、白云，由于主人公从容自信地坐在椅背燃烧的椅子上这一反常情境，吸引了消费者去注意它，在主人公的椅子下面和他的头脑旁边写着广告语："下次即使身坐热锅，也会头脑冷静。"

3. 利用刺激物的动态变化

运动着的物体的引人注意程度要比静止的物体大得多。霓虹灯之所以引人注目，就在于它的闪烁。另外，利用设计，使广告牵动观察者眼睛向设计者所期待的方向移动，增强广告的吸引力，也属于此类。

当新异刺激出现时，人就会产生一种相应的运动，将感受器转向新异刺激，以便感知这一刺激。从感知觉的角度来讲，广告受众如果长期接受类似的刺激，对其差别的分辨能力将随之下降。因为，习以为常的刺激，不易引起较高的兴奋度。就像中央电视台的春节联欢晚会，在1983年第一次播出的时候，是中国老百姓大年三十的年夜大餐，但是随着时间的推移，人们对它的兴趣已经越来越淡了，可以理解为是习以为常了。如果广告受众对某类广告习以为常时，就意味着熟视无睹，对广告宣传的内容"一无所知"，那么广告主就浪费了大量的广告投入。为了避免受众的这种淡漠反应，广告策划人一直试图用新奇的刺激引起他们的关注。

4. 增强刺激物的艺术感染力

刺激物的强度和对比度固然可以引起人们的注意，但倘若它反映的信息毫无意义，缺乏引起人们兴趣的感染力，其引起的注意也将是短暂的。在广告设计中，有意识地增大广告各组成部分的感染力，激发受众对广告的各种信息的兴趣，是维持受众长时间注意的一根支柱。在广告中，新奇的构思、艺术性的加工、诱人关心的题材，都能增强广告的感染力。

通常情况下，美的东西会首先被人们所注意。对美的追求是人类的一种本性，它始终存在着。而艺术可以给人们带来美的享受，可以满足人们追求美的需要，因而增强广告的艺术性，使广告受众产生美感，满足其对美的追求，自然可以吸引其注意。广告受众注意某个广告，其实质一定是广告符合并满足了广告受众的某种需求。

增加广告的艺术性要保持两点：第一，要使广告对象看得懂；第二，要让广告对象喜欢看。因此，广告的艺术不仅仅是其表现形式的艺术性，更重要的是如何让广告对象在被这种艺术表现吸引的同时，接受其传播的内容。

5. 符合广告对象的兴趣

广告受众的注意具有选择功能，而这种选择常常是依据自己的兴趣爱好而定的。广告受众在众多的广告面前，为什么注意了甲广告，而未注意乙广告呢？原因多半是因为甲广告引起了他们的兴趣。现代广告不是把所有的消费者都设定成广告对象，而是每一个广告都有一群特定的广告目标群，即它的广告对象。每个广告应明确要对谁说，这样才能更好地找出广告对象的兴趣点。

6. 运用幽默增加广告的趣味性

增强广告趣味性的途径有很多，其中幽默是一种十分有效的方法。近年来，幽默型广告日益增多，它常以漫画、卡通、拟人、夸张、变形、一语双关等手法传递广告信息。

7. 利用悬念吸引注意力

悬念型广告是指广告信息不是一次性传播，而是通过系列广告，逐渐完善与充实的。由于这种信息的不完善，刺激了广告受众的探究欲，并为他们留下了充分的想象空间，广告受众由此可能更加关注并寻找信息的线索。例如，陆毅拍摄的《好丽友派》的广告，讲述了两个从小一起长大的朋友，成年后，一个成为警察，而另一个成了案件的犯罪嫌疑人，当这个警察朋友为是否抓好友而苦恼时，车窗外扔进一盒好丽友，广告语"好丽友，好朋友！"广告并没有告诉受众究竟是什么样的结局，却给人很大的想象空间，为以后拍摄系列广告埋下了伏笔。

悬念广告在刺激了广告受众参与并发挥想象力的同时，使广告受众在探究结局的过程中享受一种快乐，从而使广告在广告受众头脑中的作用时间得以延长，并加深了印象，产生了很好的促销效果。

三、广告记忆

（一）记忆的概念

记忆是一个人的过去的经验在头脑中的反映，是人脑积累经验的功能表现。凡是人们感知过的事物、体验过的情感以及练习过的动作，都可以以映像的形式保留在人的头脑中，在必要的时候再现出来的过程就是记忆。记忆的过程包括识记、保持、再认和重现（回忆）三个基本环节。

（二）记忆的分类

1. 按照记忆的内容或记忆影响的性质划分

按照记忆的内容或记忆影响的性质划分，记忆可分为以下几种：

（1）形象记忆。形象记忆是指人们对事物形状、大小、颜色等的记忆，即对感知过的事物形象化的记忆。

（2）逻辑记忆。逻辑记忆是指人们以概念、判断、推理等为内容所形成的记忆，又叫词语-逻辑记忆，是用词语概括的各种有组织的知识记忆。

（3）情绪记忆。情绪记忆是指人们曾经体验过的某种情绪所形成的记忆，由于是对自己体验过的情绪和情感的记忆，因此，是很难忘记的记忆。

（4）运动记忆。运动记忆是指人们对做过的运动或运动内容所形成的记忆。人们总是对身体的运动状态和动作机能形成难以忘记的记忆，即对亲身经历过的，有时间、地点、人物和情节的事件的记忆。

2. 按照记忆保持时间的长短或记忆阶段划分

按照记忆保持时间的长短或记忆阶段划分，记忆可分为以下几种：

（1）瞬时记忆。瞬时记忆是指保持时间短、保持量大的一种记忆。瞬时记忆又叫感觉记忆，是指外界刺激以极短的时间一次呈现后，信息在感觉通道内迅速被登记并保留一瞬间的记忆。一般又把视觉的瞬时记忆称为图像记忆，把听觉的瞬时记忆叫作声像记忆。

（2）短时记忆。短时记忆是指不超过 1 分钟记忆。短时记忆是指外界刺激以极短的时间一次呈现后，保持时间在 1 分钟以内的记忆。

（3）长时记忆。长时记忆是指外界刺激以极短的时间一次呈现后，保持时间在 1 分钟以上，甚至数日、数周、数月、数年的记忆。

（三）增强记忆的方法

记忆力是人脑的记忆能力，是人脑对于已知的经验、知识、心理体验和各种社会活动的识记。

学习任何科学知识，都离不开记忆。而学习的最大障碍莫过于记忆力差。记忆力强就能够迅速地、准确地、持久地掌握学习过的知识和技能，也能比较好地理解、运用这些知识和技能。要提高和发展记忆力，可从以下几方面着手：

1. 记忆要有明确的目的

实践证明，在其他条件相同的情况下，有明确的记忆目的，则记忆力持久且强劲，反之则短暂而微弱。在一个检查记忆力的实验中，把记忆力大致相同的同学分成两组，然后观看一段录像。其中 A 组同学事先得到明确的提示，大都能寻找出录像中有几处错误，而 B 组同学并没有什么明确的目的，其记忆力明显低于 A 组。

2. 激发浓厚的兴趣

兴趣是增强记忆力的催化剂。一个人对他所感兴趣的信息和对象，会产生高度集中的注意力与观察力，精神上更加亢奋。对地理感兴趣的同学，由于伊拉克战争的吸引和关注，会非常熟悉伊拉克的地图，以及它的地形地貌及周边环境。因此，广告只有突出产品的鲜明特性，将消费者感兴趣的卖点有效地传达给消费者，才有利于受众的记忆。

3. 精练广告材料的数量

尽管人的记忆潜能是无限的，但是大多数人都未经过专门的训练，因此，记忆的能力和数量是有限的。在当今信息充斥各个角落的今天，只有将广告所传达的内容精练到最简单的程度，才有利于广告受众记住产品的优势和产品的品牌。

4. 记忆要遵循规律，及时复习

记忆与遗忘是对立统一的，人的遗忘是有规律的，表现为最初遗忘得较快，几天后会重新想起来，以后逐渐慢慢地遗忘。因此，在遗忘到来之前，必须及时地复习，以便大大提高记忆的持久性。因此，为了强化消费者对广告的记忆，企业要不断地重复播放相同的广告，或者在不同的广告中重复相同的广告语或产品功效。

5. 发挥形象记忆优势

在众多的记忆分类中，人们最容易记忆的就是源于人类本能的形象记忆，而且形象记忆往往可以使人没有任何压力和目的地记住所要记住的内容。心理学实验证明，心情舒畅、精神饱满的人，记忆效果就好，反之则差。利用亮丽的色彩、丰富的图画、优美的音乐和推陈出新的创意可以使消费者保持良好的心理状态，自然就能增强其对产品与品牌的记忆力。

第三节 广告文化

一、文化的概念

广义的文化是指人类在社会历史发展过程中所创造的物质财富和精神财富的总和。在阶级社会中，文化是阶级斗争的武器。一定文化（当作观念形态的文化）是一定社会的政治和经济的反映，又反作用于一定社会的政治和经济，从而成为推动社会向前发展的动力。广义的文化包括四个层次：一是物态文化层。它由物化的知识力量构成，是人的物质生产活动及其产品的总和，是可感知的、具有物质实体的文化事物。二是制度文化层。它由人类在社会实践中建立的各种社会规范构成，包括社会经济制度、婚姻制度、家族制度、政治法律制度、家族、民族、国家、经济、政治、宗教社团、教育、科技、艺术组织等。三是行为文化层。它以民风民俗形态出现，见之于日常起居动作之中，具有鲜明的民族、地域特色。四是心态文化层。它由人类社会实践和意识活动中经过长期孕育而形成的价值观念、审美情趣、思维方式等构成，是文化的核心部分。

狭义的文化是指意识形态所创造的精神财富，包括宗教、信仰、风俗习惯、道德情操、学术思想、文学艺术、科学技术、各种制度等，是人在改造客观世界、协调群体关系、调节自身情感的过程中所表现出来的时代特征、地域风格和民族习俗。文化是人类生活的反映，活动的记录，历史的积淀，是人们对生活的需要和要求、理想和愿望，是人们的高级精神生活，是人们认识自然、思考自己、使人精神得以寄托的框架。它包含了一定的思想和理论，是人们对伦理、道德和秩序的认定与遵循，是人们生活生存的方式方法与准则。

二、广告文化的概念与内涵

（一）广告文化的概念

广告文化（Advertising Culture）是从属于商业文化的亚文化，同时包含商品文化及营销文化。商品文化的实质是商品设计、生产、包装、装潢及其发展过程中所显示出来的文化附加值，是时代精神、民族精神和科学精神的辩证统一，是商品使用功能与商品审美功能的辩证统一。营销文化是指以文化观念为前提，以贴近人的心理需要、精神气质、审美趣味为原则的营销艺术和哲理，它是广告文化的集中表现形式，商品文化要通过营销文化的实现而最终实现。广告文化具有明显的大众性、商业性、民族性和时代性的特点。

广告活动不仅是一种经济活动，还是一种文化交流，它像一支无形的手左右着人们的生活方式和消费习惯。因为，商品本身就是一种文化载体，文化通过商品传播，商品通过文化而增值。正如中国通过丝绸之路，不仅将丝绸带到西域，还有以丝绸为载体的古老的东方文化。

一定的文化传统、信仰和价值观在很大程度上左右着商业经营者以及消费者的心理、行为，从而影响各国的广告活动。国际广告是跨国界、跨文化的商品营销的宣传形式，它面临的不单是语言的转换问题。如果只是简单地把国内成功的广告翻译成进口国文字直接搬出去，后果往往是不好的。因为国际广告与国内广告相比要面临语言、传统习惯、法规、教育、自然环境、宗教、经济状况等差异问题。

美国广告界的知名人士辖诺·贝蒂·范德努特以"文化的艺术和科学"为题做了长篇发言。她说："如果没有人做广告，谁能创造今天的文化？你又能从哪儿为文化活动找到一种比广告媒介更生动的宣传方式呢？我们应该承认，我们确实影响了世界的文化，因为广告工作是当代文化整体中的一部分，是文化的传播者和创造者。"广告的本质是推销，其目的是商业性的，但广告的表现形式却具有文化性，它是一定社会文化的产物。由于广告人、广告受众是具有一定社会文化习俗的人，因此不同民族社会的哲学观念、思维模式、文化心理、伦理道德、风俗习惯、社会制度乃至宗教信仰等，都不可避免地会对广告产生影响，从而形成了某个民族或国家的广告风格和气派，任何一个社会的广告无不带有社会文化痕迹。

文化的共通与差异决定着广告策略在不同文化背景中的变化，这一点对于在比较广泛的地域内进行的广告运动和跨国家、跨民族、跨宗教、跨种族的广告活动都非常重要。在进行这些类型的广告活动的策划时，策划者应该明确文化的共通与差异，保留各个文化背景的受众都能够理解和接受的广告信息和信息传达的方式，同时根据文化的差异与广告传播的内容和方式进行适当的修正。世界著名的快餐连锁店麦当劳在印度上市的实例就能很好地说明这一点。麦当劳快餐产生于以牛肉为主要肉食的美国，因此美国的多种汉堡包都以牛肉为主要原料。而印度是一个以印度教为主要宗教的国家，印度人视牛为神物，忌食牛肉。为了争取印度的市场并且尊重印度国民的民族习惯，以获得更多的消费者，麦当劳餐厅将羊肉作为在印度出售的汉堡包的主要原料，并进行广告宣传，从而顺利地进入了印度市场。

（二）广告文化的内涵

广告除了具有商业性外，其内涵还体现了广告主及广告制作者对生活的理解及其价值观念。例如，钻石牌手表的广告说："出手不凡的钻石表"。它体现的是一种高雅感。而某名牌手表的广告则说："把握时间，走向未来"。它体现的是一种对时间的珍惜及节奏感。尽管这两则广告体现了不同的价值观与诉求方式，但它们都表达了自己的追求与观念。由此可以看出，广告在宣传商品或服务的同时，也在输出着某种文化意识，改变着人们的思想和价值观念，引导着人们的行为与生活方式，在刺激物质需求的同时也刺激着人们的精神需求。广告的生命力在于创新求异，具有现代气息和催化作用的广告宣传必然或多或少地改变着一些传统文化，推动了文化的发展。广告正在成为一种特殊的社会文化现象。

广告文化性的体现，在表现形式上呈现出与文学艺术结合起来的趋势，在推销动机上反映了推销是有不同层次的。推销动机可以分成三个不同层次，即推销产品、推销服务和推销观念。推销产品是广告最基本、最直接的目的，它主要介绍产品的功能、特点、用途、款式等。推销服务比推销产品更进一层，它不止把产品推销出去，还要考虑消费者在使用产品过程中的满意度。推销观念是推销中的最高层次，它采用劝说消费者接受一种观念的办法来达到销售的目的。比如，随着人们生活水平的提高，在饮食上人们追求吃得好，这时菜肴的色、香、味、造型都成了饮食的需要。在穿着上，追求穿得美观、高雅，而服装的款式、色彩、质地就成了考虑的主要内容。这些充分说明了人们在追求商业消费的同时，也在追求文化消费。

随着推销层次的提高，广告的商业性在逐步递减，文化性却在逐步加强。简单告知式的广告已成为历史，广告人千方百计地把各种各样的观念、情感渗透在广告作品中。伴随报纸、杂志、广播、电视、网络等大众传播媒介的普及，各种媒介产品所附带的崭新的生活方式，也对传统的消费观念产生了强烈的冲击和震撼，一些具有消费示范作用的广告在改变着消费者的消费习惯。

如果说广告是在强化或改变人们的某种观念，那么文化就直接影响了人们对广告活动的理解、判断和接受。一方面，广告创作不可能脱离相应的社会文化背景；另一方面，广告必须在广告创作时进行必要的文化包装。因此，一个成功的广告必然会表现出浓厚的文化气息。

美国学者费·杰姆指出："广告正是把那些最深层次的欲望通过视觉形象引入到消费者中去。"在与广告受众的对接中，广告文化的内涵无疑起到了推波助澜的作用。例如，"钻石恒久远，一颗永流传"，让钻石与那些向往爱情、婚姻、家庭中的那种牢不可破、永久恒远的恋情的人们倍感亲切。文化包装起来的广告就是让广告受众不加任何意志努力而产生的没有预告目标的注意，让广告受众从无意注意转化为有意注意。因此，企业在推销自己的商品时，充分利用文化资源和体现人文关怀是提高广告品位和树立企业品牌形象的基础。以此为表现手段的广告符合人类关注自身的生命天性，最容易赢得消费者的注意和喜欢。

广告作为20世纪发展起来的最重要的文化现象之一，在塑造企业品牌形象方面功不可没。它以独特的表现方式借助传媒而为大众所接受。一则好的广告会使受众回味无穷，会让商家受益匪浅。对此，众多商家在广告中必须挖掘文化内涵，提炼出精美、抒情、富含人文色彩的广告诉求，达到广告文化与企业品牌及理念的相互推动，从而把广告这个文化概念变为具体的操作行为，取得相得益彰的功效。

(三) 广告中的流行文化

广告本身就是一种大众文化的形式。广告必须在紧追时尚的文化背景下进行创作，才能赢得消费者的认同。因此，广告是流行文化的施展舞台。例如，很多广告利用名人效应、权威效应进行宣传，借助名人在消费者心目中的影响力，树立商品或品牌的良好形象。宝洁公司的舒肤佳香皂和潘婷营养洗发露，分别以"中华医学会"和"瑞士维他命研究院"两个权威机构的认可向消费者推荐，很快使商品流行起来。另外，广告中的流行文化还表现为：标新立异的物质追求和自我完善的个性显示。

标新立异的物质追求即广告向人们展示的一种超前文化形象。从内容的角度，超前的文化形象总是向人们展示一个新世界，并且是一个可以通过购买获得的新世界。例如，雀巢咖啡，没有惧怕中国人素有爱喝茶、很少喝咖啡的习惯，勇敢地进军中国市场，运用多个围绕"味道好极了"为主题的系列广告，并在其广告中同时传递出如果你喝了雀巢咖啡，你就能够得到一种高品位、高档次生活的理念，从而吸引了众多喜好美味食品、向往高品质生活的中国人的注意，并一举成名。此后，雀巢集团逐渐将其旗下的奶粉、冰淇淋等系列产品导入中国，占有了相当大的市场份额。

自我完善的个性显示是指广告中所展现的令人们向往的完美的品牌个性，很多品牌最初的品牌个性未必会受到消费者的认同与青睐，但是，可以通过广告有目的性地完善自己的品牌个性与品牌形象。例如，斯达舒的成功得益于通过广告实现的品牌个性的完善。由于斯达舒名字难记，在广告创意之初，如何能快速让消费者记住产品的名字、扩大产品知名度成为中心目的。于是有了那个令人感到"恶俗"的广告：紧张的鼓点节奏下，一位年轻的母亲焦急地翻找着抽屉，原来丈夫胃病又犯了，找不到胃药，年轻的母亲急忙让儿子去找斯达舒，结果儿子却找来了一个呆头呆脑的男人，原来是所谓的四大叔。妈妈气鼓鼓地拿出真正的斯达舒胶囊纠正了儿子的错误。该广告很快在央视大量投播，一时间"四大叔"家喻户晓，偶尔会成为人们茶余饭后的"幽默"话题，而斯达舒的品牌知名度不知不觉地在全国范围内建立起来。在完成了知名度的提高之后，斯达舒立刻转向诉求症状，告诉人们"胃酸、胃胀、胃痛要用斯达舒"，表达朴实无华，诉求却简单直接，重新诠释了斯达舒的卖点，斯达舒分阶段的自我完善使其曾一跃位居国内胃肠药销售量第一名。

但是，也应该注意到，一些广告从业人员基于这种广告文化在推销过程中产生的巨大利益而误入歧途。有些人为了达到目的，利用一切行之有效的手段，不遗余力地把广告展现在受众的注意力范围内，夸大、扩张广告信息的本来含义，甚至以虚假信息混淆和干扰受众，使其对广告的介绍、产品使用和价值等做出错误判断。此外，也有的广告为了迎合某一阶层人的"品位"，破坏广告本身的文化内涵，而把它降低为一种媚俗化的时尚。

（四）广告中的区域文化

由于地理环境和自然条件的不同，导致历史文化背景的差异，从而形成了明显与地理位置有关的文化特征，这种文化就是区域文化。由于区域所拥有的市场空间和资源要素的差异，决定了一直相关的文化产业的差异性。普遍的文化差异的界定以民族、国家等要素进行划分。但是范围最广的区域文化体现在两个阵营：一是以中、日、韩为代表的东方文化，典型特点是注重伦理与情感；二是以英、法、美为代表的西方文化，典型的特点是追求自由与个性。广告是为了适应不同的受众而进行的信息传递，其中渗透的文化差异是决定广告创意主题与创意技巧以及广告效果的最重要的因素，绝对伏特加酒的平面广告"欧洲城市"系列广告很好地诠释了把握文化细节创造经典广告的理念，它的每一幅广告没有任何过多的语言文字和构图技巧，却成功地将每一个城市的标志性代表事物与绝对伏特加酒的酒瓶联系在一起，成为广告学的经典案例，如图7-20所示。

《绝对阿姆斯特丹》篇抓住了荷兰作为曾经的海上强国，贸易发达，当年征税以门的宽窄为标准，所以很多商人为了少交税，就把窗子做得比门宽很多，以便运送货物的特征，建筑物的最中间就是一个绝对伏特加酒的酒瓶形状。《绝对维也纳》篇抓住了维也纳音乐之都的特点，利用五线谱和连音线，勾勒出绝对伏特加酒的酒瓶形状。

《绝对日内瓦》篇把握住瑞士举世闻名的钟表制造业，用手表的一个连接件表述了绝对伏特加酒的酒瓶形状。《绝对米兰》篇选取了意大利甲级联赛中两支著名球队AC米兰和国际米兰的球衣，将穿有这两个球队球衣的绝对伏特加酒的酒瓶比喻成激战中的球员，可谓构思巧妙。《绝对伦敦》篇没有选择伦敦的古堡，而是选择了英国首相的官邸——唐宁街10

a)《绝对阿姆斯特丹》篇　　　　　　b)《绝对维也纳》篇

c)《绝对日内瓦》篇　　　d)《绝对米兰》篇　　　e)《绝对伦敦》篇

图 7-20　绝对伏特加酒"欧洲城市"系列广告

号,利用欧洲建筑多拱形门的特点,构思出了绝对伏特加酒的酒瓶形状……在此之后,绝对伏特加酒又利用这一理念设计了《绝对北京》篇、《绝对京都》篇、《绝对台北》篇等亚洲城市系列。

第四节　广告创意的思维方法和广告创意的培养

一、广告创意的思维方法

人类的思维方法多种多样,每种思维方法对于人的工作与学习都会产生重大影响。创新思维为我们打开创造力的闸门;发散思维使我们的思维触角向四周辐射扩散;逆向思维犹如一条反向游泳的鱼,带着我们在思维的逆转中寻找突破;类比思维使人们将陌生的、不熟悉的问题与已经解决的熟悉问题或其他事物进行比较来解决问题;换位思维让人们站在对方的立场看问题,从而更清楚问题的关键;形象思维可以使抽象的东西形象化,找到问题的突破口;辩证思维使我们明白任何事物都具有两面性,帮助我们变不利为有利;系统思维使我们具有了全局的视角,不至于在思考问题时有所偏颇。

在广告创意中起到最主要作用的思维方法有三种,即发散思维法、聚合思维法、会商思维法。

1. 发散思维法

发散思维法是指不依常规、寻求变异，从不同角度、不同层面探索答案的思维方式。具体来说，就是从一点向四面八方想开去，通过丰富的想象力，将原来的思维知识、观念信息重新组合，从而产生更多、更新的设想或方案。

例如，有一个名词"砖"，在我们对此不进行任何限定的情况下，由砖的功用可以联想到盖房子、垒高以便取物，或者用来钉钉子、打人等；由砖的形状可以联想到长城、字典、麻将等；由砖的颜色很容易联想到鲜血、女生的裙子、学生们佩戴的红领巾等；此外，男女同学小时候做游戏时，也离不开砖头。例如男生踢足球时，在没有球门的时候往往用砖头来充当球门，女同学在玩跳格子游戏时，没有粉笔画方格可以用砖头代替，或者把砖头研磨成碎末，再加上水充当颜料等。

在广告创意中，尤其需要广告人充分发挥想象力，把有关联的不同事物联系起来，从而使得广告的商品不是简单的具有某一使用功能的产品，而是具有内涵和情感的有灵性的、让人爱不释手的物品。

2. 聚合思维法

聚合思维法是指以某个问题为中心，动用各种方法、知识或手段，从不同的方向和不同的角度，将思维指向这个中心点，以达到解决问题的目的。

例如，有两个人分橙子，在没有任何限定条件下，如何使两个人分得满意？为了达到这一目的，从传统吃橙子的方法来说，要把橙子切开便于食用，可以切得尽可能多，这样你一块我一块公平的可能性比较大，如果再从利用相互约束的角度来说，可以一个人负责切，另一个人先选，那么切橙子的人会尽可能将橙子切得均匀些。但是，橙子完全可以用榨汁机榨成果汁，用杯子分配，效果应该会更好。如果限定一下分橙子的两个人的关系，父子、母女、情人等，那么橙子似乎就没有分配的必要了。如果分橙子的两个人有人不喜欢吃橙子，那么也没有分配的必要了。如果从橙子满足人的需要方面考虑，橙子皮并不是一无是处的，中医称之为"陈皮"，是一种药材，西方国家经常把橙子皮研磨成碎末放在面粉中烤蛋糕。如果不考虑橙子食用的时间，我们还可以把橙子种上，等以后结果再进行分配。又或者，可以把橙子卖了分钱，或者把橙子换成两个好分配又是两个人都喜欢的其他物品……为了达成这个愿望，方法很多。

再如，我们有一个"如何才能拥有一幢房子"的愿望，为了达到这一目的，可以考虑买房子、租房子，也可以盖房子。而盖房子的原料不同，有混凝土的高楼，砖砌的房子，南方的竹楼，木屋、露营用的帐篷等，就像《三只小猪》故事中的草房子、木头房子、石头房子一样，我们可以拥有很多种不同的房子；如果房子没有限定一定要居住，那么，我们可以画房子、用积木搭房子……

在广告创意中，把商品推销出去就是广告主的目的。而如何能将产品推销出去，就要运用聚合思维法，把一切可以运用的方法和手段都加进去，以增强广告的说服力和劝导消费者产生购买行为。

3. 会商思维法

会商思维法（Brain Storming）是指组织一批专家、学者、创意人员和其他人员共同思考，集思广益，进行广告创意的方法，也称头脑风暴法、脑力激荡法或智力激励法。这一方法最初是由美国BBDO广告公司负责人奥斯本于20世纪40年代提出的，当时称为动脑会议，强调集聚各种知识类型和各种思维方式的人员，大家相互启发、相互激励、相互补充，以便形成一种更高层次的智慧组合。

在会商思维的过程中，会议主持人要善于引导、协调，鼓励充分发表见解，提倡标新立异，使会议自始至终在比较宽松、自由、和谐的氛围中展开，要尊重每个与会者提出的构想与建议，欢迎每一种创意的产生与出现，最大限度地调动每个与会者的积极性，激发其创造力。中国历来就有"三个臭皮匠赛过诸葛亮""众人拾柴火焰高"等强调团结的力量的不同说法，广告创意的过程实际上就是不断否定自我、不断学习别人的过程。创意小组的成员在一起，你一言我一语的头脑激荡，可以促使灵感的产生，很多知名的广告就是运用会商思维法产生的。

任何事情，如果只去想而不去做，就等于放弃机会；如果连想都不敢想，就没有机会。头脑风暴法的原则：自由畅想原则、禁止批评原则、结合改善原则、以质胜量的原则。德国人鲁尔巴赫根据德意志民族习惯于沉思的性格以及由于数人争着发言易使点子遗漏的缺点，对奥斯本的智力激励法进行了改进，提出了一种以"默写"代替"发言"的头脑风暴法，规定每次会议有 6 人参加，以 5min 为时间单元，要求每个人每次提出 3 个构想，故又称"635 法"，即默写式头脑风暴法。这种方法先由主持人宣布议题，发给每人几张卡片，5min 内针对议题填写 3 张设想，把卡片传给另一个人；下一个 5min 内，在他人卡片上对其设想再提 3 个设想；以此类推传递 6 次，完成 108 个设想，再在此基础上形成创意。卡片式头脑风暴法采取与会者（3～8 人）填写卡片（每人 50 张），每人宣读自己的构想，并回答他人的质询，讨论中诱发新构想，这种方法又叫 CBS 法（卡片式头脑风暴法）。CBS 法分为四个阶段：会前准备期阶段、独奏阶段、共振阶段和商讨阶段。

尽管会商思维法有诸多优点，但也有无法掩饰的缺陷。例如，它阻碍了具有独创性的广告策划人的创意力量，迫使优秀的创意者去迎合那些缺乏创造力的成员提出的平庸的构想。

二、广告创意的培养

广告创意培养的最基础部分应该是创意动机的培养。广告创意动机是广告策划人为出色地完成视觉设计广告任务，在内心产生的强烈的欲望。弗洛伊德说，人的任何行为都可解释为人体内"利比多"的多少，这种"利比多"就是人的各种本能欲望，是一种力量，是人的心理现象发生的驱动力，而人只有对某一事物产生了某种欲望，才会产生想要获得它的欲望。推动人类社会进步与发展的力量，实际上就是人类不断膨胀和发展的各种欲望，在各种欲望的推动下，人们刻苦钻研，勇于探索，不断地推出新技术和新产品。因此，人的追求越高，发挥聪明才智的可能性就越高，而这种动机越强烈，人的思维就越活跃，就越有可能产生好的创意。詹姆斯·韦伯·扬认为：优秀的视觉设计广告创作者应具有两种独特的性格：第一，普天之下，没有什么题目是他不感兴趣的。例如，从埃及人的葬礼习俗到现代艺术，生活的每一层面都使他向往。第二，他广泛浏览和借鉴每门学科中的信息。因此，培养和激发广告创意动机的最有效方法，就是培养广泛的兴趣和强烈的求知欲，对生活中的每一件事情都保持好奇心。

（一）创意动机的培养

1. 兴趣的培养

兴趣是创意动机的表现形式之一。这是因为兴趣是人们积极探究某种事物的认识倾向，当一个人对某种事物产生浓厚的兴趣时，就会使其整个身心处于积极主动的状态，并且不遗余力地去追求它、探寻它，此时，人的创造力才会被开发出来。达尔文之所以能创立生物进化论，首先取决于他青少年时期对植物、鸟类和昆虫有着强烈兴趣。他曾经说："我有强烈而多样的兴趣，沉溺于自己感兴趣的东西，喜欢了解任何复杂的问题和事物。"许多成功的广告创意人也都是兴趣广泛的人，他们不但对广告事业有浓厚的兴趣，而且对生活中的一切事物都普遍感兴趣。因此，广泛而浓厚的兴趣是激发创意的能动源。

2. 强烈的求知欲

求知欲是促使人进行创造性活动的重要动机。爱因斯坦说："对真理的追求要比对真理的占有更可贵。"因为追求的过程就是探索的过程，而在探索的过程中，又会不断激发起人们的好奇心和求知欲。例如，牛顿对苹果落地感到惊奇，在不断探索中发现了"万有引力定律"；瓦特对水沸腾时壶盖跳动的现象感到惊奇，最后改良了蒸汽机。这些科学家的发明创造正是他们求知欲强烈的结果。一个优秀的广告创意者，也应当对世界上的一切事物具有强烈的好奇心和求知欲。

激发求知欲的途径有敢问、敢疑、敢驳等。敢问是好奇心、求知欲的主要表现形式。巴尔扎克说："打开一切科学大门的钥匙都毫无异议地是个问号，我们大部分的伟大发现，都应归功于怎么办？而生活的智慧大概就在于逢事都问个为什么。"爱因斯坦对提问做过这样一段精辟的解释："提出问题往往比解决问题更重要，因为解决问题也许仅仅是一个数学上的或实验上的技能而已，而提出新问题和新的可能性，以及从新的角度去看旧的问题，都需要有创造性的想象力，而且标志着科学的真正进步。"敢疑的最好解释是明朝学者陈献章，他认为："学贵知疑，小疑则小进，大疑则大进，疑者，觉悟之机也。一番觉悟，一番长进。"也就是说，善疑者往往能见常人所未见之事，所以也会获得常人所无法获得的成就。敢驳是指人们推翻原来的结论，重新提出新的理论的行为，这正是广告创意人员必需的能力——创造成果。

3. 好奇心的培养

好奇心是由新奇刺激所引起的一种取向、注视、接近、探索心理和行为动机。它是人类行为的最强烈动机之一。其强弱与外界刺激的新奇性与复杂性密切相关，刺激越复杂、越新奇，则个体的好奇心便越强。

好奇心的产生和培养与环境刺激密切相关。丰富多彩的环境是激发和培养好奇心的必要条件，而单调、枯燥的环境则会抑制和扼杀人的好奇心，所以创设适宜环境（包括自然环境、问题情境、情绪气氛）对培养人的好奇心极为重要。

（二）创意能力的培养

广告创意是在调查试验的基础上进行分析、综合、构思、想象，然后对创意成果进行设计制作并输出的过程。为了保证广告创意的质量，创意者必须具备相应的能力，如良好的记忆力、敏锐的观察力、丰富的想象力、准确的评价力和娴熟的操作力等。

1. 良好的记忆力

良好的记忆力可以为创意人员提供创意所必需的信息和资料，是一个人创造性思维的基础。创意人员只有拥有广博的知识和丰富的社会生活经验，才能为实现新思维和新创造提供素材和灵感。

尽管记忆力与人的遗传基因有一定的关系，但是良好的记忆力是可以培养的。每个人都可以通过刻苦学习和不断地重复记忆，实现博闻广记的梦想。相反，如果一个天资聪明的人后天不学习、不努力，他的天资很快就会消失殆尽。正如王安石《伤仲永》中描述的仲永一样。可以这样说，人的大脑只有经过不断地刺激与锻炼才能更好地发挥其潜能，只有越用才能越灵活。

2. 敏锐的观察力

在变化万千的现实世界中，只有具备敏锐的观察能力，才能获得第一手资料，才能及时地、敏锐地、准确地捕捉到机遇，碰撞出创意的火花。通常情况下，女性对细节的观察能力比较强，而男性对方位感的观察能力比较强。在众多目击证人提供的信息中，女性提供的信息往往更准确；在野外或者周围景观非常相像的地方，男性迷路的概率则很低。

尽管观察能力因人而异，但是，我们也必须认识到，敏锐的观察力也是需要培养的，创意人员必须始终保持对生活、对人的热爱与信心，对生活中发生的一切事情都要观察与思考，凡事多问几个为什么，学会分析产生某种现象和结果的原因，"为什么会这样？""如果不这样做结果会怎样？"……长期这样做，就能克服对周围事情漠不关心、视而不见、听而不闻的不良生活习惯，培养敏锐的观察力。

在培养观察能力的同时还必须克服"只见树木、不见森林"和"只见森林，不见树木"的偏颇的观察习惯，训练和培养"既见森林，又见树木"的全面、细致的观察能力，从而提高看待事情的准确性、深入性和全面性。

3. 丰富的想象力

在众多的创意能力中，只有想象力在可以预见的将来仍无法被计算机所取代，而且其在创意中的重要地位，也是无法被替代的。想象力是一切思想的原动力，也是一切创意的源泉。正是因为人们渴望像鸟儿一样能展翅高飞，于是才发明了飞机，正是因为人们想象能看得更远，随时能听见亲人的声音，才发明了望远镜和电话……可以说，想象就是创造的翅膀，一切创造都离不开想象。丰富的想象力对于创造性思维具有极大的促进和推动作用。广告创意人员只有具有超常的想象力，能够从不同方面、不同角度、不同层次创造出生动、出人意料的形象和故事，才能够确保广告的吸引力。

人的想象力也是能够培养的。当人在很小的时候，想象力是惊人的。但是，随着年龄的增长，越来越在意周围人对自己的评价，人的想象力会逐渐下降，或者说，其想象力被隐藏在内心深处了。

自有人类以来，纯粹新发明的理论和产品的数量都是有限的，对原有发明进行改进和完善构成了人类社会发展的主流。可以这样说，创造性想象不是对现成形象的描述，而是围绕一定的目标和任务，对已有的表象进行选择加工和改组而产生新形象的过程。要培养这种想象力，一方面要扩大知识范围，增加表象储备；另一方面要养成对知识进行形象加工，形成表象的习惯。另外，经常对自己提出一些"假设"问题，也可以激发想象力。总之，丰富的想象力是广告创意者必须具备的最重要的能力，应特别重视它的培养。

4. 准确的评价力

评价能力，即分析和判断的能力，它是对现成的信息评定其优劣性、正确性、适用性和稳定性的能力。在创意的开发阶段，需要记忆力、观察力、想象力来激发灵感，进行开放性的、创造性的思考，以便提出许多可能解决问题的新方法、新观点、新措施，而在创意的形成和发展阶段，则需要评价力展开收敛性的分析思考，进行"去粗取精、去伪存真、由此及彼、由表及里"的判断筛选，评估选优，最终确定可行性方案。由此可见，评价力发挥着定向作用，直接影响和决定着创意的命运，以及今后的广告运作方向。

例如，美国宝洁公司有一种20多年历史的用过即扔的方便尿布，可是在市场上却只有不足1%的市场占有率。于是他们委托著名的广告大师瓦特·哈布斯为其策划广告。哈布斯检查了这种尿布原来的广告策略构思——一种恩物，一种给予母亲的方便，他对此概念进行了分析、评判，发现这种广告概念会使母亲感觉到自己是一个懒惰的、浪费的、不肯花更多时间照顾孩子的妈妈。

于是，哈布斯否定了原来的构想，重新提出了广告构想——一种更好的照顾方式，一种使婴儿更舒服、更干燥的现代化尿布，使用这种尿布，不是对母亲更好，而是对婴儿更有益。同时他还给尿布重新取了一个富有吸引力的名称是"帮宝适"。当这种以满足母亲爱心的新广告推出之后，产品销路很快就打开了。

通过这一案例，我们可以看出创意的形成、变化和发展过程，实际上就是一系列的分析、判断、筛选的过程，准确的评价判断能力，能够更深刻、更正确、更完全地反映广告的构想和主题，保证创意的正确发挥和运用。

创意人员要培养准确的评价力，就必须养成抽象思维的习惯，凡事多问几个为什么，并善于从日常的琐碎事务中，总结和概括出共同的特征。

5. 娴熟的操作力

记忆力、观察力、思维力、想象力和评价力是属于认识层面的创意能力，而操作力则属于行为层面的创意能力。缺乏任何一个层面，都不能保证创意的成功。

作为一个广告创意者，应该既善于进行创造性思考，又善于有条不紊地进行创造性实践。

要进行创造性实践，就必须掌握娴熟的操作能力。表现在广告创意中，就是要能够运用语言、文字、符号、图画、音响、色彩等手段来贯彻和落实广告创意，以使完美的创意得到完美的展现。

（三）创意技巧的培养

1. 组合

美国广告专家詹姆斯·韦伯·扬明确提出："创意是把原来的许多旧要素做新的组合。进行新的组合的能力，实际上大部分是在于了解、把握旧要素相互关系的本领。"组合，就是将原来的旧元素进行重新组合。元素的重组过程，就好像是转动一个内装许多彩色碎片的万花筒，每转动一次，这些碎片就会发生新的组合，产生出无穷无尽、变幻莫测的全新图案。

人的思维活动也是如此，如果你能够将头脑中固有的旧信息不停地转动、重新排列组合，便会有新的发现、新的创造。正如我们小时候玩游戏那样，分配不同的人来写时间、地点、人物、做什么事情，那些完整的句子，如原来的"张三每天早晨在操场打球""张三妈妈每天半夜在厨房做饭"就可能变为"张三的妈妈每天早晨在操场上做饭""张三每天半夜在厨房打球"……原本平淡无奇的句子，经过重新组合之后，便产生了幽默，产生了"创意"。

所以，日本千叶大学教授多湖辉认为："策划内容里的97.9%是任何人都知道的、非常常见的、普遍的东西，当它们被一种新的关联体重新组合起来，具有相当的有效性时，就能产生新创意。"当然，并不是所有的旧要素的新组合都能产生创意，只有经过创造性的联想和组合，才能产生与众不同的创意。组合是产生创意最重要的源泉。

2. 逆反

逆反是指打破传统的思维方法、思维方向，打破传统观念，反其道而"思"之。逆反思维技巧用在广告上有一种曲径通幽的效果。

1995年年底，洗衣粉的原材料价格整体上涨，但洗衣粉的价格却依然维持在原有水平，洗衣粉的利润空间急剧缩小。于是，众多洗衣粉企业纷纷实行"降价策略"，希望用"薄利多销"来获得足够的利润。立白洗衣粉当时只是一个小品牌，"薄利"也难以"多销"，降价就会增大立白的生存压力。可是如果不降价，"名牌"洗衣粉的降价，将使立白面临巨大的生存危机。在生死抉择时，立白做了一个"置之死地而后生"的决定——提价，且在提价的同时，加大广告投入，以提升立白的品牌形象。这时，立白的价格比市面上一般产品的价格略高一些，但比外资品牌的价格略低一些。这一价格对大部分客户来说，具有明显的优势。比一般产品略高的价格，突出了立白的质量；而比外资品牌略低的价格，突出了立白的价格优势；再加上广告的作用（提价后一年的广告投入比之前三年的广告投入的总和还多），使很多消费者纷纷选择了立白。

再如，《美国新闻与世界报道》曾登载了一则美军募兵广告，该广告运用逆反表现手法，不仅语言轻松活泼，妙趣横生，字里行间还蕴含着军人生活的哲理。广告内容如下：

"……军营生活非人人所能为之。不仅如此，清晨，你要早早起床；每天，你要艰辛地训练，并且要付出两年、三年或四年的光阴服兵役，这对年轻的岁月来说似乎很长。

"我们不想改变这些，包括不想改变严明的军纪、铁打的军规以及诸如这些非人人都能适应忍耐的东西，我们需要的是真正想成为军人的年轻人，而不是那些想在此轻轻松松容易找到出路的人。

"但是，我们改变了的东西，将使今日军队更有效率——这是为我们所需要的人而设计的：我们给你们更好的教育，更理想的职业，更高的报酬，以及更多的旅行机会。

"然而，我们深知，你从这次军营生活中所获得的最重要的收益，是语言和文字都无法表达的，这就是你的成熟和自信。即使你离开军营，它也将伴随你终生，使你受益无穷。"

这则征兵广告获得了出乎意料的成功。它巧妙地利用了美国青年重"现实"的心理，进行反向劝说，彻底消除了应征者的疑虑，产生信任。

3. 类比

类比是指根据不同事物和现象在一定关系上的部分相同或相似的性质进行归纳、分析，从而发现他们的联系，得出新的结论的推理方法。通过类比，可以把陌生的对象与熟悉的对象进行比较，举一反三，触类旁通，从而产生新的构想。

尤其是要将科技含量比较高的产品推向市场的时候，广告创意人员就要将抽象的技术术语具体化、形象化，使之成为通俗易懂的、与消费者更为亲近的语言。宝丽来立拍得相机的广告就是用猫和狗之间发生的故事情节，来突显相机的方便、快捷。女主人养了一只猫和一条狗，猫很狡猾，经常和主人撒娇，赢得了主人的偏爱。一天，女主人出门了，这只猫就在家里搞破坏，弄翻了垃圾桶、扯坏了窗帘……等女主人回来了，猫就跑到主人的身边撒娇告状，女主人狠狠地训斥了狗，这条狗无奈而沮丧地听着训斥，无以为辩。又一天，女主人出门了，猫故伎重演，可是这一次，狗拿出了宝丽来立拍得相机，将猫的罪行一一记录，当女主人回来时，狗叼着照片，将猫的罪行呈现在主人面前，猫得到了应有的惩罚。

4. 新用途

新用途就是重新挖掘产品的新用途，或是改变产品的原有用途。在这里，无论是挖掘新用途，还是改变旧用途，产品本身，没有任何改变，改变的是看问题的眼光和角度。管理大师彼得·德鲁克认为："认知的改变是创意的重要来源。"

例如，人们熟悉的手表，其主要的功能就是——计时，但是，瑞士 SMH 集团将手表的功能进行扩展，除了劳力士、欧米伽等高级路线的精准计时器外，还推出了物美价廉的手表品牌"斯沃琪"（Swatch），在其所有的广告创意中，将手表的功用扩展到与时装的色彩和款式的搭配上来，从而开辟了手表市场的一个新时代，这也是被众多经济学家所推崇的"蓝海战略"。日本精工、卡西欧等品牌也进入了手表是一种时髦的装饰品的市场里，因此吸引了一大批追求新潮、时髦的消费者。

广告创意技巧的有效运用，能够帮助广告创意人员创造出好的广告作品。但是，广告创意有一些约定俗成的精神是不会改变的，即创意要追求原创性、单一性、相关性、震撼性和真善美的人类本性。原创性是指一则广告通过前所未有的创意，将广告信息直接有效地传达给消费者，不仅能有力地制造产品的差异性，更能塑造鲜明的品牌形象和品牌个性。单一性是指广告创意的诉求点不能贪多，要力求简单，能令消费者一目了然。如果广告诉求点太多，就会显得杂乱，没有重点，难以给消费者留下印象。相关性是指广告创意一定要与宣传的商品有相关性，否则，无论多么精妙绝伦的创意，只要人们不知道广告要传达什么样的商品信息，都不能称之为好的创意。震撼性是指广告通过图片、文字、音效等手段将产品信息有效地传递给受众。在众多的广告中，要想脱颖而出，就要追求广告的震撼性，否则难以给消费者留下深刻印象。人类的本性就是真善美，无论怎样的文化差异和风俗的不同，人们都喜欢一切美好的东西，只要广告中能够力求表达出真、善、美的人性光辉，那么，它就会成为不同国家、不同民族、不同种族共同喜爱的广告创意。

【本章思考题】

1. 简述广告创意的产生过程。
2. 吸引受众注意力的方法有哪些？
3. 记忆的分类方式有哪些？包含哪些内容？
4. 如何提高受众的广告记忆？
5. 如何进行广告创意的培养？

【案例分析讨论】

美特斯·邦威的经典创意广告营销

美特斯·邦威将自身特有的魅力通过出色的广告诉求传达给消费者，所以一直以来"不走寻常路"。它既规避了传统制造业的周期风险，又全力倾注于产品的研究、开发以及营销传播，提升了其核心竞争力。

一、品牌定位的魅力

广告诉求应当根据产品在市场中的定位确定目标。选择恰当的广告目标是一个企业制定销售业绩战略的基础,是广告获得成功的关键。现在的时代,是个性化消费的时代,一个有特色的品牌所传递的个性,已逐渐成为消费者选择它的核心因素。在个性化生活突出的行业,表现尤为如此。消费者选择服装其实就是选择一种生活主张、生活态度,展现一种自我的个性。

美特斯·邦威服饰的主力消费对象为年龄 18~28 岁的年轻一族:他们活力四射、个性张扬,渴望展示自我、证明自己,不愿随波逐流,并愿为此付出与实践,他们希望美特斯·邦威能给他们传递一种他们认可的、不同寻常的、能证实自我的生活主张、生活态度,展现他们的独特个性。同时,在休闲服市场上,服装设计、用料的同质化现象十分严重,使得品牌个性更显重要,品牌形象所传递的品牌个性成为"时尚"的关键因素。

所以,美特斯·邦威集团便紧密围绕品牌的定位、价值与个性,通过产品设计、产品陈列、店铺设计、广告投放、签约代言和各类营销活动,借助目标消费群体所关注的国内外各类公众、时尚事件,进行高频率、多层次的整合营销活动,不断提升自身的品牌和产品形象。以此,美特斯·邦威把自己适时塑造成一个"不走寻常路"的品牌形象。从郭富城到周杰伦,从张韶涵到米勒,每个代言人,都是引领年轻活力的典范。

周杰伦外表很酷,不善言谈却充满个性,内心很细腻,擅长用音乐传递感情。这正是年轻一代酷辣印象的绝佳体现;张韶涵圆眼小脸,如邻家女孩般可爱;潘玮柏街头味十足,是年轻人模仿的榜样;全新"ME&CITY"的品牌形象代言人温特沃斯·米勒,更是棱角分明、阳刚气十足……这些代言人的个性和号召力与品牌内涵的完美结合,使这个中档价位的休闲服饰品牌一举击败了市场上其他同类型品牌,拥有了可观的市场占有率。

根据欧睿信息咨询公司(Euromonitor)的统计,早在 2006 年,美特斯·邦威品牌在国内休闲服零售业的占有率,就已是国内市场主要休闲服品牌中的榜首了。国内休闲服零售的国内与国际品牌众多,市场格局分散,其中以美特斯·邦威、佐丹奴、班尼路、真维斯、以纯和森马为代表的主要休闲服品牌,合计占有休闲服零售市场份额的半壁江山。此外,李维斯(Levi's)、Lee、艾格(Etam)、杰克·琼斯(Jack&Jones)、Only、摩登女人(VERO MODA)、ZARA、H&M、优衣库(UNIQLO)等也是业内的主要竞争品牌。

小结:一个准确有效的定位能使产品快捷、长久地进驻消费者心里,使传播效率提高。

二、鲜明的广告主题语

没有鲜明的品牌语言,其竞争力也是苍白的。主题语是广告的眼睛,它的"带电量"决定消费者是否能把这个商品研究下去。因为,主题语包含的功效利益点及价值感决定了商品的被关注程度。

比如,耐克 1988 年推出代表耐克品牌核心形象的经典口号"JUST DO IT",一举奠定耐克体育用品第一品牌的地位。虽然在 20 世纪 90 年代中期耐克采用"I CAN"新口号,但耐克并未想用它来代替"JUST DO IT"这一永恒口号。因为,正是这一广告语,使得耐克以精神力量鼓舞和激励人们追求运动的内在美。

相比耐克,美特斯·邦威的"不走寻常路"也有着异曲同工之妙,崇尚时尚、自然、格调,不过于直白、大众化、缺乏力度,与其他休闲服品牌相比,美特斯·邦威显然有自己鲜明的个性。

小结:永恒的主题能够有效延续原有品牌的核心形象。丰富的表现方式、与众不同的鲜明色彩,这对美特斯·邦威深化市场,开拓销售市场,促使品牌持续发展将更为有利。

三、产品的主题卖点

产品日趋同质化、概念被模仿的今天,提炼一个好卖点,在招商广告中起着举足轻重的作用。提炼的卖点一定是要能够让经销商眼睛一亮,引爆市场的,绝不是让商家视觉疲劳的卖点。

美特斯·邦威为自己生产的服装提炼的核心卖点:时尚、个性、自然,就是成功的,它能够让商家感受到经营的市场前景,而不是虚无缥缈的很俗气的卖点。

小结:产品核心卖点可以从产品层面、产品机理、社会观念等不同的角度去挖掘、提炼。时尚、个性、自然的卖点,令美特斯·邦威在休闲服饰业内独树一帜。

四、客观实在的修饰

美特斯·邦威品牌,无论是其专业的直营店,还是加盟店,都会看到琳琅满目的商品在店面的每个位置摆放得错落有致、别具一格,给消费者赏心悦目的感觉。

对陈列的主体内容,一定要本着客观实在的态度去描述,而不能夸夸其谈。从长远来看,富有格调的陈列效果越好,销售能力就越强。

小结:美特斯·邦威通过对服饰消费群体的分析,把目光聚焦在时尚人群身上,并顺藤摸瓜把时尚潮流的装修布置引入店面布置,营造花季梦幻的效果。布置自然、专业、细致,为其销售的成功注入了一支强心剂。

五、有的放矢的品牌形象策略

在营销学上,有一个4C理论。4C即消费者的欲望和需求、满足欲望和需求的成本、购买的便利性以及与消费者的沟通。美特斯·邦威开设的品牌形象店,正是对4C理论的实践。

品牌形象店最实际的目的是准确传达产品可靠的卖点与经销商能够轻松、安全赚钱的理由和保证,然后吸引更多消费者的眼球。美特斯·邦威适时地从消费者的需求出发,掌握他们的心理,给经销商提供宣传资源、促销手段、投资回报等真实可信的品牌服务。

小结:分析顾客结构,巧妙选择消费心理,由"零散批发"转向品牌形象,这对美特斯·邦威的销售渠道而言是一件举足轻重的大事。时刻从消费者的需求出发,也确实为其新市场的开发奠定了基础。

六、有效的情感营销

一个产品可以同质化,但策略必须差异化。和前面几点所说的一致,消费者是最终的"决断者",产品口碑和业绩的好坏决定因素都在消费者那里。所以,美特斯·邦威把最重要的一种武器还是放到了顾客的消费心理上。作为服装产品,除了款式与价格因素外,情感因素便是促成消费者购买的一大动因。特别是时逢情人节、七夕节、国庆节等重要节日,美特斯·邦威所有店面工作人员更是与顾客打得"火热",情如兄弟、爱如伙伴,无论是学生一族还是工薪阶层,都"一视同仁",在任何时候都将微笑带给消费者。

小结:从某种程度而言,情感营销其实是很俗气的销售方法,美特斯·邦威尽管也用此方法,但不同于其他竞争对手的是它能举一反三,使每位顾客逐渐成为自己的朋友,从而强化了客户忠诚度,并形成了良好的口碑效应。

七、震撼的创意感

持续的广告创新与完善的市场营销,积极有效的创新管理和以大规模分销及铺天盖地的广告来占领市场,然后再集中全力从你的竞争对手中抢夺市场份额,这是一个品牌生命力的

"持续模式"。美特斯·邦威正是凭借这样的模式,赢得了市场和消费者。但更重要的是,它在变革中逐渐掌握了广告沟通的艺术,形成自己独特的广告思想和策略,那就是必须致力于沟通,而不是销售诉求。这一独特的策略和做法,鞭策着美特斯·邦威在市场发展中不断取得成功,迅速成长。

一个没有强大品牌创意感的公司,生命力往往是很脆弱的。美特斯·邦威尽管现在算是"名声在外",但如果没有强有力的品牌创意,自身品牌或许会在激烈的市场竞争中逐渐淡出。

一个成功的广告除了在内容上要求有震撼性、吸引消费者的眼球外,还需要独到创意的平面设计。有的广告,设计上花里胡哨,元素堆积太多,甚至有很多与广告内容一点关系都没有的元素,让人根本分不清主题是什么,甚至搞不清楚是什么产品,不知所云。美特斯·邦威在这一点上就有自己独到的见解。

小结:广告无论大小,创意是硬道理。一则制胜广告绝不是一个简单的文案,而是需要呕心沥血地去统筹策划。它包含产品概念的提炼、视觉标题的创意、形象的独特设计、主体内容的客观描述,以及精准的计划和执行力。

(资料来源:3158 创业资讯 http://info.china.alibaba.com/news/detail/v0-d1025971263.html)

讨论题:

1. 广告创意往往与哪些因素紧密相关?
2. 你认为从哪几个方面能看出美特斯·邦威的"不走寻常路"?
3. 美特斯·邦威的成功营销之道是否适用于所有的产品广告?

【本章参考文献】

[1] 金定海,郑欢. 广告创意学 [M]. 北京:高等教育出版社,2008.
[2] 丁邦清,程宇宁. 广告创意:从抽象到具象的形象思维 [M]. 2 版. 长沙:中南大学出版社,2011.
[3] 黄合水,陈培爱. 广告心理学 [M]. 厦门:厦门大学出版社,2010.
[4] 贝尔奇 G E,贝尔奇 M A. 广告与促销:整合营销传播视角 [M]. 张树庭,郑苏晖,译. 8 版. 北京:中国人民大学出版社,2009.
[5] 宋玉书,王纯菲,等. 广告文化学 [M]. 长沙:中南大学出版社,2004.
[6] 贺雪飞. 全球化语境中的跨文化广告传播研究 [M]. 北京:中国社会科学出版社,2007.
[7] 孙守安. 广告文化学:现代广告文化的文化解读与批判 [M]. 沈阳:东北大学出版社,2008.
[8] 西奥迪尼. 影响力 [M]. 陈叙,译. 北京:中国人民大学出版社,2006.
[9] 余明阳,陈先红. 广告学 [M]. 合肥:安徽人民出版社,1997.
[10] 潘泽宏. 公益广告导论 [M]. 北京:中国广播电视出版社,2001.
[11] 克里普纳. 超凡之梦:激发你的创意与超感知觉 [M]. 成都:四川大学出版社,2008.
[12] 张明. 打开认识世界的窗口:知觉与错觉 [M]. 北京:科学出版社,2004.

第八章

广告设计

广告设计是将广告创意具象化的过程,是在计算机平面设计技术、摄影技术、影视制作技术等基础上发展起来的一个新的职业领域。广告设计的主要特征是对图像、文字、色彩、版面、图形等广告元素的综合运用,结合广告媒体的使用特征,来表达广告目的和广告创意所进行的一系列的活动或过程。

【本章要点】

1. 广告文案与文案设计
2. 广告色彩与广告构图
3. 广告声响与广告音乐
4. 广告形象代言人

【导入案例】

黑松汽水广告文案

标题:爱情灵药

正文:温柔心一颗,倾听二钱,敬重三分,谅解四味,不生气五两,以汽水服送之,不分次数,多多益善

广告语:用心让明天更新

简短的广告文案将大家关心的爱情问题巧妙地与黑松汽水联系起来,突出表现出黑松汽水带给人的快乐。

第一节 广告文案

一、广告文案的概念及特点

(一) 广告文案的概念

今天的"广告文案"一词来自英文"Advertising Copy","文案撰稿人"的称呼,则译自英文"Writer Copy"。资料显示,从1880年开始,"广告文案"一词在美国已经有人使用,而且出现了专门的广告文案撰稿人。美国最早的专业文案撰稿人是约翰·鲍尔斯,他从

事广告文案撰写工作30余年，留下许多脍炙人口的文案案例。

广告文案又称广告文稿，即我们日常所说的广告词，是指广告中的语言文字部分。广告文案是广告技巧的集中体现，正如人与人之间的沟通与交流需要语言这一工具一样，广告文案是广告主与广告受众之间沟通的语言，是对广告创意的具象化的表现，将广告商品的诉求点通过广告文字传达给广告受众。

广告文案的设计与创作要遵循"亲吻公式"。所谓亲吻公式，是取自于英文亲吻（KISS）的四个字母，即"Keep It Sweet and Simple"的首字母。就是说，广告创作人员要确保广告文案甜美而简单，强调广告文案要具有亲和力，而且便于记忆。

（二）广告文案的特点

广告文案与一般的文学创作不同，具有很强的功利性，目的是通过传递的信息促使消费者产生购买行为和购买愿望，因此在创作上具有独特的特点。

1. 不必力求结构完整

从结构上来看，比较完备的广告文案一般包括：标题、正文、广告语、随文等几项内容。但是，由于广告媒体形式的差异，并不是每一则广告都必须包含以上几部分内容，广播广告、电视广告等就没有广告标题。广告文案设计人员应该从广告的传播目的出发，以发展创意、表现创意为根本，有机地安排和取舍。有些广告文案只采用了结构中的某一部分，以独特的结构和诉求方式，形成更有效的传达力、说服力，广告文案设计人员不要一味地拘泥于追求形式上的完整、信息的完备。

2. 可以借助各种表现方法

广告文案的表现手法多种多样，广告文案设计人员应该以一种最吸引人的表现手法将信息传达出来，所以表现方法往往不拘一格。从专家的证言、名人的推荐，到带有亲切感的生活片断，从朴素直白的性能介绍，到出人意料的新颖创意，在其他文体中使用的表现方法在广告文案写作中都能找到。广告文案形成过程中表现手法的选择和运用，应该有助于达成有效传播，提升广告的感染力和销售力，实现广告目的。

3. 语言文字风格多种多样

在语言文字风格上，广告文案打破了文体间的区隔。论文的严谨、诗歌的优美、散文的随意、新闻的纪实，都可以为广告文案所用。只要是有助于吸引受众，使广告信息得到有效传播的风格，广告文案都可以吸收和结合。

4. 传达信息的同时注重对受众的说服

广告文案应该传达有效信息。也只有在传达广告信息的活动中，广告文案才能得以存在。广告文案的写作活动，也只有在广告信息的传达过程中才能得以展开。并且，广告文案写作的根本任务，是如何在传达的同时说服和劝诱目标受众。

（三）广告文案写作与文学写作的区别

1. 写作的目的不同

广告文案写作目的性很强，它要传达广告信息，获得与目标消费者沟通的效果。而文学写作有其自身的规律和表达方式，让读者陶醉在文学作品之中，不带有任何功利色彩和商业化气息。

2. 写作的主体倾向不同

广告文案写作首先注重传达企业、商品或者服务的信息，而不是如何表达和体现广告文案设计人员的思想情趣。广告文案设计人员应该运用才智将信息处理和表达得更准确、更有表现力和吸引力。文学写作则历来讲究"抒情言志"，倾向于表现作者自身的思想感情，可以张扬写作主题的个性色彩。

3. 对文学表现手段的运用不同

广告文案写作往往采用文学的表现手法，以加强文案的吸引力，使广告受众产生读完整个广告文案的欲望，广告中文学语言、文学技法的运用，只是为了让受众在文学的氛围里得到感染，对产品、服务产生消费欲望。文学表现手段在文学作品中则完全服务于作者对人物、情节等要素的表现。

二、广告文案的构成与类型

（一）广告文案的构成

从文稿创作的角度来看，广告文案包括标题、正文、广告口号和广告随文四部分。

1. 标题

广告标题是广告文案中最能吸引受众注意的部分，一般是用于传达最重要的信息，或者以引起诉求对象兴趣为目标，在显著位置以醒目字体或特别语气来突出表现的语句。广告标题的作用，是概括和提示广告的内容，帮助消费者一目了然广告的中心思想，既起到提示作品主题实质的作用，又起到吸引消费者的兴趣和美化版面的作用。

现代广告业的大师奥美广告公司创始人大卫·奥格威认为："标题是大多数平面广告最重要的部分。它是决定读者读不读正文的关键所在。"标题是广告文案与创意的纽带，精妙的标题可以一针见血，直指创意核心，让广告的创造性充分展现。

在广告文案中，确定标题是广告写作中的主要工作程序之一。广告文案设计人员在确定标题时，要做到掌握材料，细致阅读稿件，分清主次，抓住中心，要精心创意，对每一个字都要仔细推敲，通盘权衡。

2. 正文

正文是广告作品中承接标题，对广告信息进行展开说明、对诉求对象进行深入说服的语言或文字内容，是广告诉求的主体部分。传达广告的主要信息，广告的销售任务就是靠正文来完成的。如果广告的正文结构适当，那么，它就可以使标题和插图最初传达出的观念得到延续。出色的正文对于建立消费者的信任、促使他们产生购买欲望起到关键性的作用。

产品说明书也是一种常见的广告宣传文稿。它的主要功能是说明商品的特点、性能、作用、价格以及使用方法等内容。因此，广告文案设计人员必须熟悉产品的性能并掌握消费者的心理。

3. 广告口号

广告口号也叫广告语，它是品牌核心价值的体现，是为了加强诉求对象对企业、产品或服务的印象而在广告中长期、反复使用的口号性语句。广告语基于长远的销售战略考虑，有时会持续很长时间。我们熟悉的广告语有动感地带的"我的地盘听我的"、网易的"网聚人的力量"等，它们在长期使用的过程中都对消费者产生了潜移默化的影响。广告语具有简洁明了、语言明确、独创有趣、便于记忆等特点。

广告准口号是广告口号的补充，是在广告口号长期一贯的诉求前提下，立足于现状诉求的新提法，这个现状诉求指的是针对特定时期、特定产品而进行的诉求。因此，广告准口号的诉求内容更多的应是商品特征的表现。

4. 广告随文

广告随文又称广告尾文或广告附文，是广告文案中的附属性文字，对消费者起到购买指南作用。广告随文包括品牌名称、商标、象征标志及象征人物、企业名称、地址、网址、电话、邮编、传真及特别说明等。

需要注意的是，广告文案的四个组成部分并不一定要全部出现在一则广告作品中，具体表现形式要根据媒体类型的不同以及创意的个性化而定。

（二）广告文案的类型

广告作品有一定的风格。广告风格取决于广告制作人的业务水平及一定文化氛围下的艺术表现手法。一般说来，我国广告作品的创作风格，大体可归纳为以下三种类型：

1. 规则式风格

规则式风格有点近乎程式化，在表现形式上比较正规、刻板，整个文案很少带有感情色彩，缺少艺术手法和行文技巧，有人把它称为"报道或教条式风格"。规则式风格的广告文案，在介绍产品时，一般只从质量参数、价格水平、规格尺寸、花色品种等自然属性方面如实介绍，使顾客看到可以从中得到的某种好处与实惠，既像新闻报道那样，又仿佛是一份有关产品或劳务项目的报告、通知单，语言文字上一般不做太多的修饰，有一说一、有二说二地如实告诉消费者或用户。这种风格的广告文案多用于生产资料广告和技术服务广告。规则式风格的广告文案的好处是内容具体，介绍比较全面，而且所提供的信息资料有一定的科学依据；其缺点是文体平铺直叙，显得平淡枯燥，但如果在语言文字上略加修饰，又容易同客观实际情况不符，很难突出产品、劳务的形象和功能特点。规则式风格的广告文案不宜在广播、电视等媒体中播出，也不适宜在那些没有特定对象的全国性的报刊和杂志上刊登。

2. 情感式风格

情感式风格被广泛运用于广告文案的创作中，其特点是运用文学艺术的表现形式，通过感情诉求去打动顾客、改变顾客的态度。情感式风格的广告文案要求创作者必须发挥语言文学才能，巧妙地述说，戏剧性地显示，绘声绘色地描写产品或劳务的优点，以及产品或服务可能给人们带来的利益或好处，促使市场潜在需求变为立即购买行动。

情感式风格的广告文案又可分为诱导式、同情式、设身处地式、幽默式和启发式五种。

（1）诱导式。诱导式创作风格的广告文案往往表现为一种许诺性诉求，是直接从满足消费心理、需求心理和购买心理的积极因素方面来进行文字表达的。为了使顾客感到称心如意，创作者专门以适合市场消费习惯、特点及其变化趋势的题材和信息作为广告文案的构思依据，盼望读者见到广告后会产生购买欲望，进而发展成购买行动。

（2）同情式。同情式创作风格的广告文案是指以煽情的语言和故事情节打动目标消费者的方式，将处于劣势和困境中的人群的生活状态与选择展现在目标消费者面前，以唤起受众的同情和爱心，使消费者意识到如果产生购买行为就会帮助这些不幸或自强不息的人们。

（3）设身处地式。设身处地式风格的广告文案是指把广告诉求的语言文字直接以消费者或用户的口气来表达。创作者往往根据消费者或用户所处的生活环境和使用某种产品或劳务的真实情景创作广告文案，使广告诉求意愿正好同消费者或用户的需求心理、消费心理和购买心理不谋而合，用这样的口气说服潜在需求者从速购买，正好抒发了消费者和用户发自内心的共同心声；同时，还可以唤起更多的犹豫中的潜在需求者产生实际购买行为。

（4）幽默式。幽默式风格的广告文案的创作者运用诙谐幽默的语言创造一种轻松愉快的氛围，目的在于引起读者的兴趣，提高注意率，加强信息的影响深度与广度。幽默式风格的广告文案创作应防止低级趣味，不违背社会道德标准与规范。

（5）启发式。启发式风格的广告文案大都从不同角度摆事实讲道理，而不是单纯地从正面去述说产品或服务的优点，或者它们带给消费者的益处。这种风格的广告文案充满对消费者和用户负责的情感，从深刻的道理、情理、事理中引起人们的关注，指导消费的指导思想十分明确。启发式风格的广告文案通过启发式诉求，向人们宣传新的消费观念，推广新的生产、生活方式，从而达到促进产品销售的目的。

3. 论证式风格

论证式风格的广告文案，一般采用一点论、两点论和比较等方法突出广告信息。所谓一点论，是指文案只针对产品或劳务本身固有的优点来述说，引用的信息资料都是有利于证明产品优点的事实依据。所谓两点论，就是客观地向人们介绍产品，既介绍产品的优点，又要诉求产品带给消费者的利益；既要介绍产品使用时应避免出现的问题，也毫不掩饰产品本身存在的缺点，指明如何防止或避免因不会使用产品可能发生的事故，以及出现不良状况的解决办法等。这种风格的广告，便于顾客按自己的消费水平、消费习惯和选购标准来决定是否购买该产品。所谓比较法，是针对产品外形、质量、价格、性能等方面与同类型产品相比具有的优势来创作的广告文案。广告文案设计人员运用这种创作风格撰写广告文案时，必须实事求是，不能言过其实，骗取公众信任，也不能故意贬低他人或假冒他人商标、品牌。

三、广告文案设计

（一）广告标题的设计

1. 广告标题的分类

广告标题的种类繁多，从我国的报刊广告来看，广告标题可分为以下几种：从广告内容的层次来分，广告标题可分为引题、主题、副题和分题；从广告版面大小划分，广告标题又可分为通栏标题、大标题、栏题和边题；从标题的手法上划分，广告标题可分为实题和虚题；从标题的形式和内容划分，广告标题可分为直接标题、间接标题和复合标题。最常使用的广告标题的分类就是按照标题的形式和内容分类。

（1）直接标题。直接标题，即直接体现广告的中心思想或一语点明广告主题的标题。一般来说，企业产品或服务的潜在顾客可能每天都很繁忙，而且阅读广告的时间也很短，或者顾客性子急，阅读广告心不在焉等，为了让顾客一眼就能明白企业的意图，企业产品或服务的广告最好能在标题中一语道破产品能为消费者带来什么好处。

例如：芬必得止头疼，一天都轻松。

——芬必得镇痛剂

（2）间接标题。间接标题，即不直接揭示广告主题，而是以间接的方式宣传产品的特点和功能的标题。这类广告用词讲究，具有艺术性，可以达到使人过目不忘的目的。间接性标题往往是"醉翁之意不在酒"，让消费者思考和玩味广告的深层次含义，增强广告的吸引力。

例如：双脚不再生"气"。
　　　——达克宁霜脚气药广告

（3）复合标题。复合标题是指一则广告有两个或三个标题，它的辅题包括引题和副题两种。复合型标题按组合方式划分，可有引题—主题—副题型，引题—主题型和主题—副题型三种。

例如：引题——SANYO 三洋
　　　主题——三洋卡拉 OK 录像机
　　　副题——影、视、歌三重享受
　　　引题——滴滴精纯，风味顶好
　　　主题——顶好清香油
　　　主题——脚癣一次净
　　　副题——30 分钟治愈脚气，无效退款

2. 广告标题写作要点

引人入胜的标题会使正文的阅读率成倍提高。因此，要吸引诉求对象，广告标题必须有足够的吸引力，这种吸引力蕴含在它的内容和形式中。

（1）广告标题一定要与主题相符。坚持广告标题的准确性是撰写广告文案的基本要求，写标题一定要与主题相符，必须体现主题思想，不能故作离奇之笔，写一些与广告内容毫无关联的标题。广告标题是广告内容的高度概括，要使人们看到标题就能理解广告的信息内容是什么，使顾客能在标题中对广告的信息主题有所了解，在匆匆一览之中，就能知晓广告最主要的内容、最主要的利益承诺以及整个广告想要表现的主题因素。

（2）广告标题要力求简洁。广告标题不宜过长，最好控制在 12 个字之内。有人认为，超过 12 个字的标题，会导致读者的记忆力降低 50%。因此，语言简洁凝练的广告标题，在避免晦涩难懂和过于抽象的词汇的前提下，要利用点睛之笔给人以丰富的联想、深邃的意境，从而更好地体现产品的特性。

（3）广告标题的语言要生动活泼且富有创意。广告标题要直指创意核心，让人们在较短的时间内领略广告创意的奥妙。同时，广告的完整性也要求广告标题要紧扣创意，使广告信息能够有效传达出去。生动活泼的广告语言有利于把创意的巧妙之处展现在受众面前。但需注意的是，虽然广告标题的语言要引人视觉、诱人听觉，但并不是说使用晦涩、拗口、新奇的词语就一定是成功的。关键是用词要贴切、精准，不生搬硬套，更不能题不对文、故弄玄虚。也就是说，广告标题应力求新颖、独特，避免平铺直叙，要避免使用笼统或泛泛的词语。

（4）广告标题要与广告画面融为一个整体。广告标题与画面要相互陪衬和彼此烘托，既要利用画面去配合标题，又要利用标题去配合画面，以增强整个广告效果。广告标题的字体要区别于副题和正文的字体。一般来说，标题要用大号字体，每一条标题既可以反复使用，也可以只使用一次。

3. 广告标题的创作手法

成功的广告标题是创作者在深入透彻地理解了产品、市场和消费者之后而闪现出的灵感。尽管它没有一成不变的模式，但还是有章可循的。我们通过实践和研究，总结出一些颇为有效的广告标题的常用创作手法。但需要强调的是，一则好的广告标题，往往是综合运用几种创作手法而获得画龙点睛效果的。

（1）新闻式标题。新闻式标题是指利用人们对新闻的关注度和阅读率高的特点，采用新闻标题和导语的写法与形式，把广告信息当作新闻处理，以增强广告的可信性。由于它采用富有新闻意味的词句来表述宣传内容，直截了当地告诉消费者具体事实，更容易被潜在的顾客所接受。大卫·奥格威曾说："对比没有新闻性的标题，会有多出22%的人记住具有新闻性的标题。"

新闻式标题多用于新上市产品或企业采用新工艺、新技术之时，目的在于吸引大众的注意力，进而阅读广告正文。但是必须注意的是，广告信息本身必须具有新闻价值，是真实、新鲜的事物或事件，否则，通过媒体将其作为新闻公布出来的那些被消费者认为没有新闻价值的内容，会令消费者大失所望，破坏了他们对媒介和品牌的信任程度。例如，"乔治·阿玛尼全线登陆中国"。这是美容品牌阿玛尼的广告标题，它传达的信息是："敬请关注高端化妆品阿玛尼首批进驻中国专柜"这样一个事实。

（2）疑问式标题。疑问式标题是指借助于公众的好奇心，通过提出疑问来引起关注，从而促使消费者产生兴趣，关注该品牌产品。疑问式标题在创作时，要选择那些最引人注意、消费者最为关注的产品或企业的特征进行提问。疑问式标题的字数不宜太多，应简洁易懂，多用在理性诉求的广告中。

运用疑问式标题时需注意：所提问题必须有具体答案，不能让诉求对象回答"是""否"，或者"有""没有"。例如，"你想更漂亮吗？"就是无效的提问，而"你知道什么食物能使你更漂亮？"就是有效的提问。提问式广告标题有时也标示答案，即先提问后回答的形式。例如，雅诗兰黛睫毛膏的一则广告标题："还在为晕染和卸妆而烦恼？雅诗兰黛零晕染睫毛膏"，该广告标题的诉求目标明确，很容易引起消费者的注意。再如，UPS快递公司在2008年北京奥运会期间的广告标题——"将北京送达成功终点，谁正鼎力相助？"通过北京奥运会的成功来映射公司物流和快递的实力。

（3）叙事式标题。叙事式标题是指在标题中表述了一个简单而完整的故事情节，提示或暗示故事的发生和情节的展开。叙事式标题的特点是：常常与其他形式的广告标题结合使用。经典之作有广告大师乔治·葛里宾为箭牌衬衫写的广告标题——"我的朋友乔·霍姆斯，他现在是一匹马了。"从人到马的转变的故事情节，着实让人们吃了一惊，也吸引消费者进一步探究出现这种结果的原因，而答案当然会在正文中找到。

（4）祈求或建议式标题。祈求或建议式标题，即以引导式或催促式的语气劝说或暗示消费者去做，或去思考某些事情，既可以站在企业或产品的立场进行诉求，也可以以诉求对象的口吻诉求。由于这类标题往往建议消费者使用某产品，或者提出促使消费者购买的祈求或劝说，从而直接或间接地将使用该品牌产品的利益告诉了消费者，因此，此类标题就具有晓之以理、动之以情的双重功能。例如，露露杏仁露的广告标题——"冬天喝热的露露"，这是一个合理的建议，也是对顾客的温馨关怀，必然让顾客对该品牌的产品有一种亲切感，产生了对该产品的好印象。

但是，写这类标题时应注意掌握标题的语气，切勿使用强迫的语气，或者出现贬低顾客，或强迫顾客要服从指令的语句，以免使顾客产生反感，导致适得其反的效果。

(5) 悬念式标题。悬念式标题是指为了迎合受众追根究底的心理特征，在广告标题中设立一个悬念，以吸引受众的特别注意。悬念式标题常使用令人感兴趣却一时又难以作答的词语，使受众在寻求答案的过程中不自觉地产生兴趣。

悬念式标题经常采用提出问题的方式来制造悬念，利用人们具有好奇心的本性，把读者的注意力吸引过来。当然，悬念和疑问有所不同。疑问的结果一般是受众可以预料的，而悬念一般是受众不能预料的，甚至是完全与受众的认知倾向、心理期待相反的事实。著名广告人伯恩巴克曾写过一条经典的悬念式广告标题——"这是我的秘密""我们寻出了琼的底细"，相当吸引人的注意。悬念式标题应注意以下两点：悬念不要设置得过于离奇；悬念不能只是激起读者的好奇心，在设置悬念时，应加上新的信息。

(6) 反问式标题。反问式标题是指采用反问的句式表明或暗示宣传重点，以感性或理性的诉求方式打动顾客，使顾客在思考之余感受到产品或服务的重要性，进而对其产生好感和购买兴趣。例如，邓迪毛巾的一则广告标题——"谁不喜欢又厚又软的邓迪毛巾？"在反问中展现了毛巾的重要特点，而这种特点使得人们对邓迪毛巾爱不释手。因此，这类标题的写作应站在受众的角度观察问题，不能给受众造成一种强迫之感。

(7) 比喻式标题。比喻式标题是指把所做广告的商品或服务比作某种事物或现象，以便于公众理解和接受。由于它生动活泼、形象具体，因此颇能引发人们的注意和促使人们采取行动。比喻式标题一般有"像""似""仿佛"等词汇。例如，OLAY化妆品的广告标题——"毛孔收细了，肌肤就像剥壳鸡蛋般细致光滑"。但在一些情况下也可省去以上词汇，同样能表达比喻之意。例如，朵唯女性手机的广告标题——"漂亮又安全，我的贴身保镖"，使诉求主题有效凸显。但这种广告标题创作要求喻体与本体之间要有相似性和可比性，这样才能产生诱人眼光的作用。

(8) 联想式标题。联想式标题是指采用联想、想象的形式来对商品的特征、企业的观念等进行表现，它可以运用联想价值，增加广告主体的附加价值。在广告中运用联想，可引起消费者的关注，延长广告在消费者头脑中的反映时间，并影响其情绪与行为。例如，海飞丝男士强根护发洗发露的广告标题——"男人，专心做大事"。它由男人为头屑、发根脆弱而困扰的问题，联想到男人应有的行为方式——专心做大事。男人成就大事，关乎事业，关乎家庭，必备强健根基，要认真态度，坚定信念，拥有自信和魅力，不被小事所困扰，使得广告宣传效果显著。

好的联想可以帮助消费者记住广告内容，激发购买欲望。但在应用时要注意，联想应自然、准确、巧妙。这就要求广告文案设计人员必须明确目标市场、广告对象、商品特性以及社会文化因素等，正确应用联想这一表现方式，实现好的广告宣传效果。

(二) 广告正文设计

1. 广告正文的结构

广告正文通常包括开端、主体和结尾三部分内容。

(1) 开端。开端又称引子、引言，位于标题之后，正文的起始。可以是一句话，也可以是一段话。它在标题和正文之间起承上启下的作用，在文字上起到既能衔接标题，又能为后文的展开扼要地提出问题。由于消费者看广告正文首先接触的是正文开端,因此它处于最先被消费者阅读的位置,在正文写作中占有重要地位。能不能吸引消费者把全文读完,在很大程度上是依靠出色的、使人不能不继续读下去的开端。

开端的写作应注意:文字生动凝练,要有感染力和吸引力,必须引人入胜,但不能盲目追求奇、异、僻。

(2) 主体。主体是正文的核心部分,是开端的延伸和展开,要回答或说明标题、开端中所提出的问题。写作时既不能和标题、开端相重复,又不能和标题、开端相脱节,是整个广告文案的主要部分。主题的体现、读者"期待视野"的满足,都将在主体部分完成。其任务是根据广告的主题,突出产品或服务的特性及优势,用有说服力的证据或丰富的信息,对产品或服务进行详细的解说或展示。这部分要按照说明问题的复杂与否及文字结构的特点写作,可以整段,也可以分成几个段落。

(3) 结尾。结尾是正文的结束部分,或称结语,既可以是正文的最后一段,也可以是最后一句。其作用是使用最精练的语句再次点明产品或服务独具的特点,促使消费者购买。广告正文一般都有结束语,但也有少数广告是没有结尾的,即主体部分已把该说的都说清楚了,无须画蛇添足,也可自然收结。

下面的例子可以较好地体现广告正文各部分的衔接。

【案例链接】

在地下,也有天堂

不用怀疑,在地下10公尺的恒温地窖,就是爱酒人的天堂。无数饱满多汁的葡萄,经过榨汁、去梗、提纯、过滤等多重工序后,才有资格在古朴而昂贵的橡木桶里,脱胎、换骨、发酵、酝酿。在这漫长的等待中,他们都坚信在地窖的入口镌刻的格言:没经过地窖,就上不了天堂。

从20世纪80年代研制中国第一瓶干红、干白和香槟发气泡葡萄酒,到2002年产销量位居全国首位,长城葡萄酒一直是中国葡萄酒业的骄傲。

长城葡萄酒,不但源自享誉世界的黄金产地,更出自有时间为证的酿造经验和独具一格的储藏工艺,让好酒之间没有距离,只有共同的酒香。

地道好酒,天赋灵犀!

这是一则企业与产品形象相结合的广告。该文案的第一段是开端部分,紧扣标题,解释了"地下""天堂"的含义,说明制造葡萄酒的条件和工艺,这一部分最后再一次用格言"没经过地窖,就上不了天堂"回应标题。第二段、第三段是正文的主体部分,承接开端,宣传长城葡萄酒在过去取得的成就,同时介绍长城葡萄酒的优点。第四段是结语部分,既概括了长城葡萄酒的魅力,又委婉地发出了消费号召。

2. 广告正文的设计原则

广告正文的设计应该考虑广告文案的易读性、易记性、直接性、实在性和简短性。

(1) 易读性。撰写正文一定要以读者易懂为目的。通俗易懂是撰写正文的基本原则。"这样好的奶嘴,空前绝后,我愿吃它直到长寿。"这是苏联著名诗人马雅可夫斯基写的广告诗,用词非常简单,易读易记,意境无穷。

（2）易记性。让读者看后记住广告的内容也是撰写广告正文的基本原则之一。要让读者记住广告说了一些什么，广告文案设计人员就必须在广告中回答人们最关心的问题，即你的广告能为读者带来什么益处，只有当读者感到广告的内容与他的切身利益有关，他才会对你的广告产生兴趣。这是从广告内容方面加强读者记忆的方法。

从技术上来看，广告正文的字体要区别于引题、标题、副题的字体。根据我国读者的习惯，使用黑体字和宋体作为正文的字体较好。

（3）直接性。正文的写法越直接越好。一般来说，直接涉及读者利益的广告，是具有诉求力的广告。读者不可能用很多时间来看你的广告，因此，你的广告首先要回答能为读者带来什么好处。如果你的广告满足了读者的某种需要，你的广告将会取得较好的效果。纽约广告公司的联合创建人金·法德雷指出："沟通越直接，广告的效果就越好，这就是本公司近几年来获得最大利益的原因，即了解直接有多么重要。"

不言而喻，广告正文越直接越好，越简单越好，越清楚越好。做到了这三条，广告的效果也就越好。

（4）实在性。广告正文不是随笔，更不是小说，因此，只要正文能反映事实就足够了。文学性的语言可以用，但不要讲夸张的话。诸如"我的产品是世界上最好的""誉满全球"等自吹自擂的话。

为了取得消费者的信任，有些广告主在广告正文中，使用来自群众的感谢信、留言之类的赞语，特别是名人名家的留言和赞语，对提高产品的知名度，加深读者对产品的印象具有一定的意义。但是这种做法不宜提倡或过多采用。因为，消费者看了广告之后，往往记住了名人而忘记了产品，甚至有人还会怀疑这位名人是否被广告主收买了。当然，如果名人留言具有一定的权威性，那么，名人留言无疑会提高产品和企业的身价。

（5）简短性。一般来说，长的文案比短的文案更具有推销力。但是，这也不是绝对的。在国内，最长的广告文案达到 6 450 字。美国的 Schlitz 啤酒广告一共占五页，其销售额在几个月内，就从第五位上升到第一位。美国的壳牌石油广告为 800 字，在国内有 20% 的男性读者阅读了这条广告的大部分内容。

由此可见，撰写较长的广告文稿不是绝对不可以做的事，关键在于文稿的内容要能吸引读者。

（三）广告口号设计

1. 广告口号的作用

（1）广告口号首先是企业、商品、服务与受众之间的认知桥梁。广告口号以表现企业、商品、服务的精神、理念、特性为自己的内容，经过长期流传，这些句子就成了企业、商品、服务和受众之间的桥梁。

（2）加强受众对企业、商品和服务的一贯印象。广告口号在使用过程中反复表现、统一表现和长期表现。而统一的、反复不断的、长期的表现，能在人们的心目中留下一贯的、不变的印象。这个一贯的、不变的印象可以使受众心目中的企业、商品或服务体现出各自的个性特点和形象特征，使得它们能从众多的同类中突出自己，给受众一个深刻而绵长的印象。

（3）通过多层次传播，形成口碑效应。口语化的语言风格形成流畅、明了、通俗易懂的表现特征，它利于人们的接受和记忆，也利于口头传播。人们可以在轻松的状态下完成人与人之间的多频度、多层次传播，形成一种波及效应，产生口碑力量。

（4）传达长期不变的观念，改变消费指向的同时，产生长远的销售利益。广告口号的表现内容不外乎企业的理念和商品的特性。广告口号在表现企业特征、商品特性的同时也体现了消费新观念。

2. 广告口号的设计要求

（1）信息单一，内涵丰富。广告口号一般都用一两句完整的句子来表现一个信息或一个观念，信息单一，容易理解，没有过多的信息需要受众的用心记忆和用心理解。内涵丰富，不仅是对广告信息的认知、肯定、观念表现，同时也是一种文化现象的表征，一种生活方式的倡导和价值体系的建立。

（2）句式简短，朴素流畅。广告口号要在受众的心目中形成一定程度的印记，就要使之句式简短，容易记忆；要形成多频度、多层次的波及传播，在句式上，除了简短、容易记忆之外，还要容易念，容易传。而要使广告口号成为大众阶层日常生活中的流行语，广告口号同时需具备朴素的口语化风格。因为口语化风格可以使广告口号像一句日常的用语、顺口溜。因此，简短的句式、朴素的遣词造句方式、流畅的音韵效果，是广告口号的一大形式特征。

（3）反复运用，印象深刻。广告口号的特点不是变而是不变。它是企业、商品、服务在广告运作的整个过程中，在各种媒介、各个广告作品中都以同一面貌甚至是在同一位置、用同一种书写方式出现的句子。它长期不变地向受众进行同一种观念、同一个形象、同一项利益点的诉求。在反复不变的诉求中，留给人们一个一贯的、个性的、深刻的印象。

（四）广告随文的设计

广告随文又称广告附文，是广告中向广大受众表明广告主身份、购买产品的方法以及相关的附加信息的语言文字部分，一般位于广告文案的结尾。由于广告随文让撰稿者发挥的余地较小，所以很多撰稿人不太重视随文的写作，甚至自己不写，这样的做法是极不明智的。与之相反，许多为我们所敬重的广告大师们都十分重视随文的写作，因为他们不愿放过任何一个争取消费者的机会。因此，随文的写作也是广告文案写作的一个不可忽视的环节。广告随文在设计上应注意以下几点：

1. 内容的可操作性

广告随文是对广告正文的补充，主要是将在广告正文的结构中无法表现的有关问题做一个必要的交代。这些问题包括：特殊的销售信息，如销售地点、消费奖励内容、销售时间等；产品的信息，如产品背景、产品特点等。此外，还包括一些需要避免的消费问题等。

2. 关注随文的创意

要想使随文避免单一化、程式化的倾向，文案人员在随文创作中可以采取多种方法，如既可以全面展示随文内容，也可以有重点、有侧重地展示；既可以用一个品牌标记或者企业的商标来做标签形式表现，也可用一个表格形式来表现等。

3. 注意不同媒介的适应性

广告随文在不同媒体上有不同的表现方式。在印刷媒体中，随文由文字单一地表现。在电子媒体中，广告随文一般用语言，但必要时也可用语言和文字一起表现。因此，在电子广告媒体的前提下，广告随文各方面的要求不仅仅要适应文字表现的需要和特殊性，还要适应语言表现的需要和特殊性。

第二节　广告色彩与广告构图

一、广告的色彩

（一）色彩的形成

1. 光与色彩的关系

在黑暗中，我们看不到周围的形状和色彩，这是因为没有光线。如果在光线很好的情况下，有人却看不清色彩，这或是因为视觉器官不正常（如色盲），或是眼睛过度疲劳的缘故。在同一种光线条件下，我们会看到同一种景物具有各种不同的颜色，这是因为物体的表面具有不同的吸收光线与反射光线的能力，反射光不同，眼睛就会看到不同的色彩。因此，色彩的发生，是光对人的视觉和大脑发生作用的结果。由此看来，色彩是光的产物，没有光便没有色彩感觉。

2. 光进入视觉的三种形式

（1）光源光。光源发出的色光直接进入视觉，像霓虹灯、饰灯、烛灯等的光线都可以直接进入视觉。

（2）透射光。光源光穿过透明或半透明物体后再进入视觉的光线，称为透射光。透射光的亮度和颜色取决于入射光穿过被透射物体之后所达到的光透射率及波长特征。

（3）反射光。反射光是光进入眼睛的最普遍的形式，在有光线照射的情况下，眼睛能看到的任何物体都是该物体的反射光进入人眼视觉所致。

（二）色彩的相关概念

1. 三原色

原色是指不能透过其他颜色的混合调配而得出的基本色。原色的色纯度最高、最纯净、最鲜艳，以不同比例将原色混合可以调配出绝大多数色彩，而其他颜色不能调配出三原色。由于人类肉眼有三种不同颜色的感光体，因此所见的色彩空间通常可以由三种基本色所表达，这三种颜色被称为"三原色"。色彩的三原色包含红（品红）、黄（柠檬黄）、蓝（湖蓝）三种。

2. 间色

间色又称第二次色，是由（品）红、（柠檬）黄、（湖）蓝三原色中的某两种原色相互混合的颜色。当我们把三原色中的红色与黄色等量调配就可以得出橙色，把红色与蓝色等量调配可得出紫色，而黄色与蓝色等量调配则可以得出绿色。从专业上来讲，由三原色等量调配而成的颜色，我们把它们叫作间色（Secondary Color）。当然三种原色调出来的就是近黑色了。在调配时，由于原色在分量的多少上有所不同，所以能产生丰富的间色变化。

3. 补色

补色就是色相环上相距180°的色相，如红色与绿色、黄色与紫色、橙色与蓝色等色组补色的调和和搭配可以产生华丽、跳跃、浓郁的审美感觉。然而，倘若补色以高纯度、高明度、等面积搭配，则会产生比对比色组更强烈的刺激性，使人的视觉感到疲劳而无法接受。任何一对互补色，它们既互相对立，又互相满足。它是由三对基本补色引申开来的，这就是色相环上的三对色，即黄与紫，橙与蓝，红与绿。它们把充实圆满表现为对立面的平衡。当它们同时对比时相互能使对方达到最大的鲜明性，但它们互相混合时，就互相消除，变成一种灰黑色。

互补色中那种互相满足的因素构成了一个结构简明的整体，因此，它在色彩中具有一种独特的表现价值。补色在医疗方面也有所应用。例如，做手术的大夫穿绿色手术服，是因为手术中有大量红色的血，人看久了就会怠慢，从而延误手术。绿色是红色的补色，大夫穿上了绿色手术服，手术中看到红色，也看到绿色，从而避免怠慢。

4. 固有色

人们习惯于把白色阳光下物体呈现出的色彩效果称为"固有色"，如绿色的草原、金黄色的麦浪、红色的旗帜等。由色彩的光学原理知道，物体并不存在固定不变的颜色，而只有吸收某些色光和反射某种色光的特性，因这种特性而显现出的色彩成为物体色，即固有色。有的物质最大量地反射光，便呈现白色，有的物质最大量地吸收光，便呈现黑色，有的物质吸收一部分光反射一部分光，便呈现灰色。草原的绿色，是草原在白光下，吸收了红、橙、黄、青、蓝、紫等色光，而反射出绿光的结果。

5. 环境色

环境色是指在太阳光的照射下，环境所呈现的颜色，它体现在距离较近的物与物之间或某种大范围内所形成的某种色彩环境。环境色在摄影构思构图、影视作品创作、装修设计、酒店餐饮娱乐界等显得十分重要。例如在摄影中，若不考虑环境色，人物面部的颜色可能是青色或者土黄色（病态感），食品若放置在红光和紫光的环境里，呈现的颜色有可能十分可怕或者影响人的食欲。

（三）色彩三要素

视觉所感知的一切色彩形象，都具有明度、色相和纯度三种性质，这三种性质是色彩最基本的构成元素。

1. 色彩的明度

明度是指色彩在光线强时，感觉比较亮，光线弱时感觉比较暗的特性，即色彩的明暗强度。在无彩色中，明度最高的色为白色，明度最低的色为黑色，中间存在一个从亮到暗的灰色系列；在有彩色中，任何一种纯度色都有着自己的明度特征。例如，黄色为明度最高的色，处于光谱的中心位置，紫色是明度最低的色，处于光谱的边缘。一个彩色物体表面的光反射率越大，对视觉刺激的程度就越大，看上去就越亮，这一颜色的明度就越高。

明度在三要素中具有较强的独立性，它可以不带任何色相的特征而通过黑、白、灰的关系单独呈现出来。色相与纯度则必须依赖一定的明暗才能显现，色彩一旦发生，明暗关系就会同时出现。在我们进行一幅素描的过程中，需要把对象的彩色关系抽象为明暗色调，这就需要有对明暗的敏锐判断力。

2. 色彩的色相

色相即色名，是区分色彩的名称，也就是色彩的名字，就如同人的姓名一般，用来辨别不同的人。在可见光谱上，人的视觉能感受到红、橙、黄、绿、青、蓝、紫等不同特征的色彩，人们给这些可以相互区别的色定出名称，当我们称呼其中某一色的名称时，就会有一个特定的色彩印象，这就是色相的概念。正是由于色彩具有这种具体相貌的特征，我们才能感受到一个五彩缤纷的世界。

生活中，有以植物的花、茎、叶以及果实的色彩来命名，如玫瑰红、草绿、荷叶绿、橄榄绿、苹果绿、橘红等；有以动物的特色来命名，如鹅掌黄、蟹青、孔雀蓝等；有以自然界中的天、地、日、月、星辰、山水、矿石、金属的色彩命名，如天蓝、土黄、月灰、水绿、银灰、石绿、翠绿、铅白、石青、石绿等；有以染料或颜料色的名称命名，如靛青、甲基红等；有以形容色调的深浅、明暗等形容词命名，如朱红、蓝绿、紫灰、明绿、暗蓝、鲜红等；有其他以习惯称呼的色彩名称，如酱色、肉色等。

3. 色彩的纯度

色彩的纯度也称彩度或饱和度，是指色彩的纯洁程度，表示颜色中所含有色成分的比例。含有色成分的比例越大，则色彩纯度越高；含有色成分比例越小，则纯度越低。可见光谱的各种单色光是最纯的颜色。当一种颜色中掺入黑、白或其他颜色时，纯度就会发生变化。例如，一种颜色混入白色时，它的明度提高，纯度降低；混入黑色时，明度降低，纯度也降低。

色彩的鲜艳程度取决于颜色的波长的单一程度。我们的视觉能辨认出的有色相感的色，都具有一定程度的鲜艳度。比如绿色，当它混入了白色时，虽然仍旧具有绿色色相的特征，但它的鲜艳度降低了，明度提高了，成为淡绿色；当它混入黑色时，鲜艳度降低了，明度变暗了，成为暗绿色；当混入与绿色明度相似的中性灰时，它的明度没有改变，纯度降低了，成为灰绿色。

不同的色相不但明度不等，纯度也不相等。例如，纯度最高的色是红色，黄色纯度也较高，但绿色就不同了，它的纯度几乎只能达到红色的一半。

在人的视觉中所能感受的色彩范围内，绝大部分是非高纯度的色。也就是说，大量都是含灰的色，有了纯度的变化，才使色彩显得极其丰富。

（四）色彩的感觉功能

1. 色彩的冷暖感

颜色有让人心理上感觉暖与感觉冷之分。不过，这只是颜色所具有的心理效果中最普通的一种。红色、橙色、粉色等就是暖色，可以使人联想到火焰和太阳等事物，让人感觉到温暖。与此相对，蓝色、绿色、蓝绿色等被称为冷色，这些颜色能让人联想到水和冰，使人感觉寒冷。在四季分明的温带地区居住的人们，能够更好地运用暖色与冷色。例如，他们可以根据季节的变化调整室内装饰品和服饰的颜色。即使很多人并不知道什么是暖色与冷色，但却可以感觉到不同颜色的温度差，从而更好地调节自身的温度。

暖色与冷色使人感觉到的温度还会受到颜色明度的巨大影响。明度高的颜色，都会使人感觉寒冷或凉爽；明度低的颜色，都会使人感觉温暖。与深蓝色相比，浅蓝色看上去更凉爽；与粉红色相比，红色看上去更温暖。冷色与暖色在心理上的感觉因人而异。这个差异是由不同的成长环境和个人经验造成的。比如，在冰天雪地的北方长大的人，看到冷色会联想到冰雪，因而他们看到冷色会感觉更冷。而在热带岛屿成长的人，看到冷色很难意识到寒冷，这是因为他们基本上没有过寒冷的感觉。在热带，即使是海水也是温热的。因此，想知道某个人对冷色或暖色的感觉，必须首先了解他的成长环境。

2. 色彩的轻重感

色彩是有重量的。请大家不要误解，颜色自身是没有重量的，只是有的颜色使人感觉物体重，有的颜色使人感觉物体轻。例如，同等重量的白色箱子与黄色箱子相比，哪个感觉更重一点？答案是黄色箱子。此外，与黄色箱子相比，蓝色箱子看上去更重；与蓝色箱子相比，黑色箱子看上去更重。

不同的颜色使人感觉到的重量差到底有多大呢？有人通过实验对颜色与重量感进行了研究。结果表明，黑色的箱子与白色的箱子相比，前者看上去要重1.8倍。此外，即使是相同的颜色，明度（色彩的明亮程度）低的颜色比明度高的颜色感觉重。例如，红色物体比粉红色物体看上去更重。纯度（色彩的鲜艳程度）低的颜色也比纯度高的颜色感觉更重。例如，同是红色系，但栗色就要比大红色感觉重。

3. 色彩的软硬感

色彩的软硬感的感觉主要也来自色彩的明度，但与纯度也有一定的关系。明度越高，感觉越软；明度越低，则感觉越硬。但白色与之相反。明度高、纯度低的色彩有软感，中纯度的色也呈柔感，因为它们易使人联想起骆驼、狐狸、猫、狗等好多动物的皮毛，还有毛呢、绒织物等。高纯度和低纯度的色彩都呈硬感，如它们明度又低则硬感更明显。色相与色彩的软硬感几乎无关。

4. 色彩的胀缩感

像红色、橙色和黄色这样的暖色，可以使物体看起来比实际大。而蓝色、蓝绿色等冷色系颜色，则可以使物体看起来比实际小。物体看上去的大小，不仅与其颜色的色相有关，明度也是一个重要因素。

红色系中像粉红色这种明度高的颜色为膨胀色，可以将物体放大。而冷色系中明度较低的颜色为收缩色，可以将物体缩小。像藏青色这种明度低的颜色就是收缩色，因而藏青色的物体看起来就比实际小一些。明度为零的黑色更是收缩色的代表。例如，女同事穿黑色丝袜，我们就会觉得她的腿比平时细，这就是色彩所具有的魔力。实际上，只是女同事利用了黑色的收缩效果，使自己的腿看上去比平时细而已。可见，只要掌握了色彩心理学，就可以使自己变得更完美。

此外，如能很好地利用收缩色，就可以打造出苗条的身材。搭配服装时，建议采用冷色系中明度低、彩度低的颜色。特别是下半身穿收缩色时，可以收到立竿见影的效果。下身穿黑色，上身内穿黑色外搭其他收缩色的外套，敞开衣襟效果也很不错。纵贯全身的黑色线条也非常显瘦。可是，虽然黑色等于苗条，但是如果从头到脚一身黑的话，也不好看，会让人感觉很沉重。黑色短裤配白色T恤衫是比较常见的搭配方式。如果反过来，白色短裤配黑色T恤衫，就会立刻显得很新潮。白色短裤、白色T恤衫并外罩黑色衬衫的话，也很时尚。

在室内装修中，只要使用好膨胀色与收缩色，就可以使房间显得宽敞明亮。比如，粉红色等暖色的沙发看起来很占空间，使房间显得狭窄，有压迫感。而黑色的沙发看上去要小一些，让人感觉剩余的空间较大。

5. 色彩的进退感

颜色还有另外一种效果。有的颜色看起来向上凸出，而有的颜色看起来向下凹陷，其中显得凸出的颜色被称为前进色，而显得凹陷的颜色被称为后退色。前进色包括红色、橙色和黄色等暖色，主要为高纯度的颜色；而后退色则包括蓝色和蓝紫色等冷色，主要为低纯度的颜色。

前进色和后退色的色彩效果在众多领域得到了广泛应用。例如，广告牌就大多使用红色、橙色和黄色等前进色，这是因为这些颜色不仅醒目，而且有凸出的效果，从远处就能看到。在同一个地方立两块广告牌，一块为红色，一块为蓝色。从远处看红色的那块要显得近一些。在商品宣传单上，正确使用前进色可以突出宣传效果。在宣传单上，把优惠活动的日期和商品的优惠价格用红色或者黄色的大字显示，会对人产生一种冲击性的效果，相信顾客都无法抵挡优惠价格的诱惑。

此外，在工厂中，为了提高工人的工作效率，管理人员进行了各种各样的研究。例如，根据季节适时地更换墙壁的颜色，夏季涂成冷色，冬季涂成暖色，可以有效调节室内工人的心理温度，使他们感觉更加舒适。合理搭配前进色与后退色则可以减轻工作场所给工人造成的压迫感。使用明亮的色调会使空间显得宽敞、无杂乱感，这样的环境可以提高工人的工作效率。

在化妆界，前进色和后退色更是得到了广泛的应用。合理运用色彩可以帮助化妆师画出富有立体感的脸。可以制造立体感和纵深感的眼影就是后退色。在日本的传统插花艺术中，前面摆红色或橙色的花，后面摆蓝色的花，可以构造出一种具有纵深感的立体画面。

6. 色彩的质地感

色彩的三要素对华丽及质朴感都有影响，其中纯度关系最大。明度高、纯度高的色彩，丰富、强对比的色彩感觉华丽、辉煌。明度低、纯度低的色彩，单纯、弱对比的色彩感觉质朴、古雅。但无论何种色彩，如果带上光泽，都能获得华丽的效果。

（五）色彩的心理功能

当我们看到不同的颜色时，心理会受到不同颜色的影响而发生变化。色彩本身是没有灵魂的，它只是一种物理现象。我们长期生活在一个色彩的世界里，积累了许多视觉经验，一旦知觉经验与外来色彩刺激发生一定的呼应，就会在人的心理上引出某种情绪。这种变化虽然因人而异，但大多会有下列心理反应。

1. 红色

红色正面的情感功能表现在：视觉刺激强，让人觉得活跃、热烈，有朝气。在人们的观念中，红色往往与吉祥、好运、喜庆相联系，它便自然成为一种节日、庆祝活动的常用色。红色反面的情感功能表现在：红色又易联想到血液和火炮，有一种生命感、跳动感，还有危险、恐怖的血腥气味的联想。灭火器、消防车都是红颜色的。

2. 黄色

黄色正面的情感功能表现在：明亮和娇美的颜色，有很强的光明感，使人感到明快和纯洁。幼嫩的植物往往呈淡黄色，又有新生、单纯、天真的联想，还可以让人想起富营养的蛋黄、奶油及其他食品。此外，因为黄金的颜色是黄色，所以，黄色象征着富贵、权力；秋天是丰收的季节，庄稼的颜色一般呈黄色。黄色反面的情感功能表现在：黄色与病弱有关，植物的衰败、枯萎也与黄色相关联。因此，黄色又使人感到空虚、贫乏和不健康。在中国，黄色有时还与死亡有关联，死亡烧的纸是土黄色的。

3. 橙色

橙色兼有红色与黄色的优点，明度柔和，使人感到温暖又明快。橙色正面的情感功能表现在：一些成熟的果实往往呈现橙色，富于营养的食品，如面包、糕点、烧鸡等也多是橙色。因此，橙色又易引起营养、香甜的联想，是易于被人们接受的颜色。橙色反面的情感功能表现在：在一些特定的国家和地区，橙色与欺诈、嫉妒有联系。

4. 绿色

绿色具有蓝色的沉静和黄色的明朗，又与大自然的生命相一致、相吻合。因此，它具有平衡人类心境的作用，是易于被接受的色彩。绿色正面的情感功能表现在：绿树带来的清凉感，象征生命的生机勃勃，以及象征和平的橄榄枝。绿色反面的情感功能表现在：绿色与某些尚未成熟的果实的颜色一致，因而会引起酸与苦涩的味觉；此外，深绿易产生低沉消极、冷漠感、潮湿感、霉变感等。

5. 蓝色

蓝色是极端的冷色，具有沉静和理智的特性，恰好与红色相对应。蓝色正面的情感功能表现在：天是蓝的，海是蓝的，所以蓝色往往易给人一种深远、神秘、高科技、远离世俗的感觉；浅蓝色给人清澈、超脱的感觉；深蓝色有时会给人以稳重的感觉。蓝色反面的情感功能表现在：深蓝色会产生低沉、郁闷的感觉，也会产生陌生感和孤独感。

6. 白色

白色正面的情感功能表现在：清洁、超脱、纯净等。在西方，白色象征着纯洁、善良和圣洁，因此，新娘必须要穿白色的婚纱。但是，白色也有其反面的情感功能：雪是白色的，因此，白色象征着寒冷、凄凉。在中国，披麻戴孝都是白色，白色还代表着死亡。

7. 紫色

紫色是由温暖的红色和冷静的蓝色混合而成，是极佳的刺激色。在中国传统里，紫色是尊贵的颜色，如北京故宫又称为"紫禁城"，亦有所谓"紫气东来"的说法。因此，紫色正面的情感功能表现在：紫色是一个神秘的、富贵的色彩，与幸运和财富、贵族和华贵相关联，所谓优美高雅、雍容华贵。紫色也有其反面的情感功能：暗紫色会引起忧郁、低沉、烦闷、神秘的感觉。

8. 黑色

黑色正面的情感功能表现在：高雅、热情、深邃、信心、神秘、权力和力量，西方的新郎要穿黑色的燕尾服，代表着新郎成熟稳重，对爱情忠贞不渝。但是，黑色也会使人产生恐惧、悲哀、死亡和罪恶等负面情感。

二、广告构图

构图是对画面的处理和安排，就其实质来说，是解决画面上各种因素之间的内在联系和空间关系，把它们有机地组织在一个画面上，使之形成一个统一的整体。构图是一个思维过程，它从自然存在的混乱事物中找出秩序。构图也是一个组织过程，是把大量散乱的构图要素组成一个可以理解的整体。构图就是要解决"形式美"这个重要问题。一幅艺术作品，无论是绘画还是摄影作品，"神是灵魂，形是外表"，"神"是形的精神实质，"形"是神的形象体现。不同的题材内容，要有不同的表现形式。因此，构图就是一个构思过程，它不单纯是技术问题，而是服从于总构思的具体处理表现方法问题。

（一）广告构图的含义

在广告作品中，构图设计是建立在准确功能诉求与市场定位的基础上，以有效传播为导向的视觉传达艺术，它将营销策略转化成一种能够与消费者建立起沟通的具体视觉表现。

广告构图是指通过将图、文、色等视觉元素进行富有形式感和个性化的编排组合，激发受众的兴趣，从而了解广告信息，认识广告信息。良好的广告构图能够准确地表现商品，传达策略，引发受众的好感与忠诚。

现代商业社会，消费者的购买决策在一定程度上取决于对商品的知觉。视觉作为感觉的中心要素，是形成消费者知觉的关键。良好的广告构图设计，能够通过版面创造意境美、形式美、和谐美，向消费者传达愉悦的商品信息，拉近与消费者之间的距离。

（二）广告构图的作用

1. 创造意境美

意境在某种意义上讲就是广告信息的一种个性体现。广告通过精巧的构图，能营造出浓郁的品牌氛围，让受众置身于这样的个性氛围中，仿佛让他们进入一个新的境地，从中领略个性的张扬，接受个性的熏陶，使受众产生强烈的消费动机。优秀的构图设计都会让人感受到一种强大的、新颖的、吸引人的意境。

2. 创造形式美

广告构图具有美丽的形式感与艺术感，能够为传播效果加分。构图对于形式感的要求源于两方面：一是源于受众对美的心理要求；二是源自差异化竞争需要多样的形式风格赋予品牌以不同的气质。

3. 创造和谐美

广告构图将广告信息中不同的视觉元素以艺术的手法统一于一幅广告作品中，并准确诠释广告主题。只有将广告信息中的视觉元素图、文、色以和谐的方式组合，才能营造和谐统一的视觉感受。

（三）广告构图原理

现代广告构图设计的至高要求是具有视觉冲击力，瞬间吸引消费者的注意。不管广告信息的内容多么鲜活、丰富，如果整体版面不具有吸引力，就不能引起消费者的注意，则失去了广告信息被进一步阅读的机会，从而丧失广告时机。因此，在广告构图设计中要强调各种信息元素创意化的编排，同时利用各种信息元素在视觉上做一定的对比，如强弱、疏密，或在空间关系上进行连接、重复的组合，或在色彩上进行调和、呼应，使广告版面成为一个信息整体，提高传播效率。

1. 重点原理

将广告信息中引人注目的图像或重要的文字信息放置于广告版面的视觉中心位置，或者适当放大形成视觉冲击，使受众的视线迅速被其吸引，随后被引向版面其他位置。

2. 平衡原理

平衡包括两种：对称式平衡和非对称式平衡。对称式平衡是指各要素间以一点为中心，取得上下或左右同等、同重、同形的平衡状态；非对称式平衡是指构图中各要素性质不同而量感相同，从而具有平衡感，其中图文大小、多少、明暗、疏密等要素按总量平衡的原则自由编排。

3. 律动原理

受众在阅读广告信息时，一般按照常规的视觉，习惯从左到右或从上到下，因此广告信息编排应遵循受众的视觉习惯，引导受众视觉随编排中的各种信息，由主到次富有逻辑性地、有序快速地阅读。因此，广告往往要把重要信息放置于受众视觉首先注意到的位置，或会较长时间停留视线的位置。平衡获得静态美，而律动则产生动态美。动态表现在两方面：重复和渐变。重复是指以相同或相似的图形、色彩为主，做有序的构图排列；渐变是指将重复的元素通过渐大、渐小、渐长、渐明、渐暗等方式产生层次变化的排列，能产生律动的美感，富有律动。

4. 虚实原理

对图画中的图、文等各元素，从形态、色调、明暗、技法等进行不同程度的强化或弱化。用虚实结合表现动感的构图形式主要有三种：一是动体大部分部位较清晰，动感强烈的部位虚糊，如拍文艺演出或体育竞赛的人物，使人物的身体及脸部较清晰，让动感强烈的手或脚等部位虚糊；二是动体本身清晰或较为清晰，背景、前景呈强烈虚糊的水平或放射线状；三是动体本身均呈虚糊感，让环境相对较为清晰。

第三节　广告声响与音乐

一、声音的三个物理量

人耳对不同强度、不同频率声音的听觉范围称为声域。在人耳的声域范围内，声音听觉心理的主观感受主要有响度、音高、音色等特征和掩蔽效应、高频定位等特性。其中响度、音高、音色可以在主观上用来描述具有振幅、频率和相位三个物理量的任何复杂的声音，所以又称为声音"三要素"。

1. 响度

响度是指人耳对声音强弱的主观感觉。响度和声波振动的幅度有关，一般说来，声波振动幅度越大，则响度也越大。

振幅是指物体在振动时偏离原来位置的最大距离。实验表明，音叉叉股、橡皮筋的振幅越大，人们听到的声音越大。所以，人耳感觉到的声音的大小，跟发声体的振幅有关系。振幅越大，响度越大；振幅越小，响度越小。响度还跟距离发声体的远近有关系。声音是从发声体向四面八方传播的，越到远处越分散，所以人们距发声体越远，听到的声音就越小。如果能够想办法减小声音的分散，就可以使声音响度更大一些。

响度的相对量称为响度级，它表示的是某响度与基准响度比值的对数值，即当人耳感到某种声音与 1kHz 单一频率的纯音同样响时，该声音声压级的分贝数即为其响度级。正常人听觉的强度范围为 0～140dB，小于 0dB 闻阈和大于 140dB 痛阈时为不可听声，即使是人耳最敏感频率范围的声音，人耳也觉察不到。

2. 音高

音高也称音调，是指人耳对声音高低的感觉。音高单位用赫兹（Hz）表示。音调主要与声波的频率有关，声波的频率高，则音调也高；频率小，则音调低。男低音歌唱家发音的频率可以低到每秒65次，而女高音歌唱家发音的频率可以高达每秒1 180次。

人耳对响度的感觉有一个从闻阈到痛阈的范围。人耳对频率的感觉同样有一个从最低可听频率20Hz到最高可听频率20kHz的范围。响度的测量以1kHz纯音为基准，同样，音高的测量以40dB声强的纯音为基准。实验证明，音高与频率之间的变化并非线性关系，除了频率之外，音高还与声音的响度及波形有关。音高的变化与两个频率相对变化的对数成正比。不管原来频率是多少，只要两个40dB的纯音频率都增加1个倍频程（即1倍），那么人耳感受到的音高变化就相同。在音乐声学中，音高的连续变化称为滑音，1个倍频程相当于乐音提高了一个八度音阶。根据人耳对音高的实际感受，人的语音频率范围可放宽到80Hz至12kHz，乐音较宽，效果音则更宽。

3. 音色

音色又称音品，是人们区别具有同样响度、同样音调的两个声音之所以不同的特性，或者说是人耳对各种频率、各种强度的声波的综合反应。

声音波形的基频所产生的听得最清楚的音称为基音，各次谐波的微小振动所产生的声音称泛音。单一频率的音称为纯音，具有谐波的音称为复音。每个基音都有固有的频率和不同响度的泛音，借此可以区别其他具有相同响度和音调的声音。声音波形各次谐波的比例和随时间的衰减大小决定了各种声源的音色特征，其包络是每个周期波峰间的连线，包络的陡缓影响声音强度的瞬态特性。声音的音色色彩纷呈，变化万千，高保真音响的目标就是要尽可能准确地传输、还原重建原始声场的一切特征，使人们真实地感受到诸如声源定位感、空间包围感、层次厚度感等各种临场听感的立体环绕声效果。

音色与声波的振动波形有关，或者说与声音的频谱结构有关。胡琴、钢琴、吉他、笛子等乐器发出的声音，即使音调、响度都相同，我们也可以分辨出来，可见乐音除了音调和响度这两个特征外，还有另外一个特征；这第三个特征叫作音色，我们能够分辨出各种不同乐器的声音，就是由于它们的音色不同。人的声音的音色也因人而异，所以我们闭着眼也能听出是哪位熟人在讲话。

另外，表征声音的其他物理特性还有音值，又称音长，是由振动持续时间的长短决定的。持续的时间长，音则长；反之则短。从以上主观描述声音的三个主要特征来看，人耳的听觉特性并非完全线性。声音传到人的耳内经处理后，除了基音外，还会产生各种谐音及它们的和音和差音，并不是所有这些成分都能被人耳感觉。人耳对声音具有接收，选择，分析，判断响度、音高和音品的功能。例如，人耳对高频声音信号只能感受到对声音定位有决定性影响的时域波形的包络（特别是变化快的包络在内耳的延时），而感觉不出单个周期的波形和判断不出频率非常接近的高频信号的方向；以及对声音幅度分辨率低，对相位失真不敏感等。这些均系涉及心理声学和生理声学方面的复杂问题。

在广播、电视、网络等电子类广告媒体中，声音是广告信息得以有效传递的载体。而广告中的声音主要表现在两个方面，即广告声响与广告音乐。

二、广告声响

广告中的声响要素，是运用专门的器具和技法，模拟或再现现实生活中的各种声响，再现或烘托环境气氛，增强广告的感染力。声响有着强烈的提示和暗示作用，它能诉说人的行为及人和自然的物质变化，从而加强听众对商品的印象。在选择声响时，所有的音响必须有利于增强广告的审美价值和传播效果。

广告声响主要通过环境声响、产品声响、人物声响等方面表现。

1. 环境声响

环境声响是指人生活在世界上外部环境所具有的声音，如风声、雨声、雷声、不同动物的叫声、流水声等。

在广告中，通过不同环境声响，可以让消费者明了具体的广告人物的故事发生的时间、地点，有利于广告诉求的表达。例如，由潺潺的流水声伴随着鸟叫声，消费者就会联想到远离城市的喧嚣和融入未被污染的美丽乡村。

2. 产品声响

很多产品在使用的过程中都会发出非常有特色、可以区别于其他产品的声音，比较常用的产品声音有：快门声、酒瓶的开启声、刹车声、倒酒水的声音、磁带转动的声音等。在广告中，通过不同产品使用过程中发出的声响，可以让消费者判断广告产品的类别和产品质量，达到宣传产品特有功效的目的。例如，高档轿车的广告经常有汽车急刹车的声音，以显现车的安全性能；酒倒入带有冰块的杯子发出的冰块炸裂的声音，突出表现酒的清凉、醇厚的特点。

3. 人物声响

人物声响是指人在日常生活中经常发出的被大家所熟悉的声音，如哭声、笑声、喘息声、叹息声、喊声、抽泣声、尖叫声、咳嗽声、打喷嚏声等。

人物发出的不同声响，表示当事人的情绪状况、身体状况和所处环境等，因为消费者对于人物发出的各种声音非常熟悉，所以，即便在广播广告中发出类似的声音，消费者也能了解是在什么背景下，发生了什么事情。

三、音乐

音乐是一种采用有组织的、和谐的乐音来表达思想感情，反映社会生活的艺术，它的基本构成要素是旋律和节奏。音乐最主要的功能是表象功能。人们能够利用音乐构造"形象图画"。但是，音乐的表象功能同听众个人的受教育程度、经历、性格、修养等有着密切关系，直接影响到个人的联想。音乐同语言等艺术紧密结合，而音乐的基本构成要素是旋律和节奏，这就决定了广播广告的语言表达要素也是旋律和节奏。在我们选择音乐时要注意它与广告语言的旋律和节奏的和谐，重视并创作使用好音乐，必能使广告魅力倍增。

广告音乐是用世界通用的音乐艺术语言宣传商品带给人们的便利，以产生积极的商业效果，广告音乐明确的商业性、目的性，使其有别于其他任何一种音乐形式。

广告音乐的起源可追溯到先秦时代：音乐最初的形式是在以叫卖、吆喝为主的广告中采用说唱的方式。姜太公未被起用前，曾隐居市井，操屠户之业，他在铺子里卖肉时"鼓刀扬声"，即一边拍打肉案，一边扬声而歌，以招徕顾客。到了两宋时期，小商小贩的叫卖声千奇百怪，十分动听。孟元老在《东京梦华录》中有记载："春季万花烂漫，卖花者以马头竹篮铺排，歌叫之声，清奇可听。"卖花人的歌叫声，就是一种音乐广告。但是，扯嗓吆喝，嫌费力气，声音又传不远，于是就演化出各类具有特色的响器广告，用各种不同的器具摇、打、划、吹，发出不同的音乐或节奏以表示不同的行业。宋代之后，吆喝、叫卖广告仍是小商小贩们主要的广告手段。元代《逞风流王焕百花亭杂剧》中记载了一段著名的贩卖干果、鲜果品的叫卖广告，其叫卖声成篇大套、抑扬顿挫，将各种风味干果、鲜果品的特色形容得淋漓尽致，能迅速勾起人们的购买欲望。从1923年广播首次开播，到电视媒体的出现，广告音乐在形式、表现力及专业化程度上有了极大的发展，音乐已经成为广播广告、电视广告中重要的表现手段，并与广告有机地融合在了一起。

相较于音响，音乐在广告中的作用更加显著：这和音乐的特殊本质有着密切的关系。卢梭曾经指出："音乐不在于直接描绘形象，而在于把心灵置于这些对象能够在心灵里创造的情绪中去。"这就是说，音乐是直接作用于接收者的心灵的，它具有间接性和极强的情绪性。在音乐中占主导地位的是一种极其模糊、极不确定的情感意向或音乐形象。例如，李斯特在听到《哈罗尔德在意大利》时，感觉"仿佛是表现渐渐远去的歌声和夜色渐浓的黄昏。夜终于来临，气氛宁静，天空出现最初的星光，花朵合上叶瓣，沉睡中的植物散发出芳香的气息，大自然也进入了梦乡"。别人也许会和他有相近的感受，但头脑中的形象可能会相距甚远。正是因为音乐的表情功能强而描绘功能差，所以广告中的音乐运用要充分发挥其优势而避其短处，直接深入受众心灵，使其潜移默化地接受产品信息。

广告中运用音乐有两种形式：伴奏乐和广告歌曲。目前广告中的伴奏乐以借用现成的名曲为主。无论是配现成名曲，还是请作曲家为广告产品创作新曲，都应注意符合产品本身的特点。一首曲子哪怕再优美，如果与产品相去甚远，人们就会"听曲忘物"。一首缠绵悱恻的《爱情故事》用在化妆品广告中，会增强那种如诗如梦的罗曼蒂克意境，而一旦用到大工业产品广告中，就变得不伦不类了。

除此之外，广告中的伴奏乐还要注意针对目标受众的特点：儿童饮品的伴奏曲应轻快活泼，运动服饰的伴奏曲应热情奔放，老年保健用品的伴奏曲应浑厚凝重，针对范围极广的名牌精品则要恢宏磅礴，富有气势。总之，要充分发挥乐曲的感情功能，对受众"动之以情"。

广告歌曲一般配有与产品有关的歌词，因此能够将销售主题更突出地表现出来。它将语言表义的确定性和音乐传信的情绪性两种长处结合起来，因此，一首优秀的广告歌曲往往能起到较好的广告效果。那英演唱的隐形眼镜广告歌曲《雾里看花》，黎明演唱的《蓝色街灯》等在被人们竞相传唱后，广告产品也亮相登场，因其与这些深受人们喜爱的歌曲的"裙带关系"而备受瞩目。

声响和音乐当然不是完全被割裂开使用的，同为广告的声音，它们有同样的被加以利用的特性。声音具有空间感。共时性是立体空间的一大优势，如果我们能充分利用声音的空间感，就便于在较短的时间内创造一种可感受、可理解的情境和背景，还可配合解说一则增加单位时间的信息。

声音还能引发联想，尤其是在广播广告中，人们听到某种未加解释的声响或音乐，会产生悬念，会在好奇心的驱动下进行联想，增加并补充听到的声音，完成对声音的感知和对广告主旨的把握。但应该注意的是，引起联想的前提条件是创造性地利用声音，让它具有供受众填补的"未定点"。

声音还具有典型性。声音是一种符号，在传播中，发出者和接收者必须要有一定共同的表示性含义的基础，也就是对所使用的符号的理解有一定的共同之处。例如，一则广播广告的开头，女声："你自己过吧！"（"砰"的一声，远去的脚步声……）这句话和音响非常贴近生活，让受众一听便知道发生了什么事。在这里，虽然音乐、声响对每一个消费者来说，都会产生不尽相同的审美感受，但对其主基调的理解，一般不会有太大的偏差，相信到目前为止还没有人将一支悲歌当成狂欢时的音乐。

从广播诞生之日起，音乐和声响就成了广播广告不可或缺的重要载体，随后又发展到电视广告领域，发挥出极其重要的作用，因而对它们的研究和运用也丝毫马虎不得。

【案例链接】

案例一：日本寿司饭店广告

这则广告是在向人们描绘饭店环境后，以"百人音乐会"形式广播的。

播音员：各位晚上好。"百人音乐会"这个节目是由制造洋酒具有60年历史的寿司饭店向您提供的，欢迎收听。（这时奏出肖邦音乐作品，潺潺的溪流声和小鸟啼鸣声使听众恍若身临美好的大自然。）

播音员：人生短暂，艺术长久，优秀的作品经得起悠久岁月的考验。同样，发挥杰出创造力而产出的优秀威士忌，也经得起悠久岁月的考验。具有60年传统的世界名酒"SANTORY"，是在日本最适宜酿造洋酒的地方——山崎出品的。在木桶内无声透明的东西，夜以继日地沉睡着，10年、20年、30年，随着时间的流逝，越陈越香。

（这时伴着开木塞的声音。）

播音员：朋友们，酒桶已经打开了，满京都飘荡着一股SANTORY的芳香。看，一滴一滴的酒像琥珀一样发出光芒。陈年的好酒就像一曲优雅的音乐。

（斟酒的声音，酒倒在酒杯中，冰块落入酒杯中清亮的声音，加水的声音。与此同时，轻柔缓慢，充满田园感觉的音乐依然伴随。）

播音员：您现在最好的伴侣是喝一杯放一块冰的世界名酒SANTORY，听首世界名曲，让自己完全沉浸在美妙的境界里。

案例二：台湾快乐牌香皂洗衣粉广告

台湾南侨化学工业公司决定用一支有震撼力的广告歌，来推销"快乐牌"系列产品，包括香皂和洗衣粉等。他们不惜重金，特意从日本请来了著名广告作曲家三木鸡郎。三木来台后，先买了许多当地流行歌曲唱片，静心欣赏好几天，找出了当地人民的兴趣所在，才开始创作广告歌曲。

广告歌谱写好后，南侨化学工业公司决定把计划6个月的广告预算，全部用于新产品刚上市的两个星期内。在台湾地区52家商业广播电台，每天做36次广告歌插播。在新产品上市之初的14天内，台湾各地的电台每天播出快乐牌香皂广告歌共达1 872次之多。许多人都注意到这首广告歌曲的优美旋律和有趣的歌词。"快乐，快乐，真快乐，Happy，Happy，真Happy"的广告歌声，完全覆盖了台湾上空。尤其是广告歌中的"我爱快乐，mm—m，我爱快乐，mm—m"这两声似有醉人意味的"mm—m"，最能吸引年轻的消费者，使广告产品很快成为年轻人指名购买的品牌，使用快乐牌香皂甚至成为一种时尚，而且快乐牌香皂的知名度甚至超过了在市场上畅销多年的老名牌香皂，其售价虽比同类产品高出40%，但销路却没有因此而受阻。

首先考察一下音响。日本寿司饭店广告中出现了两种音响，其一为自然音响（模拟的自然音响），如小溪的潺潺流淌，鸟儿欢乐的啼鸣，一方面渲染出一种宁静柔美的温馨氛围，让消费者产生一种仿佛置身山崎深谷、亲听泉声鸟语的无与伦比的听觉美感；另一方面又让消费者浮想联翩，有着美丽自然风光的山崎，空气清新，泉水纯净，用山崎泉水配制而成的 SANTORY 威士忌，自然芬芳浓郁，美妙异常。其二为产品音响，如开木塞的声音，将冰块放入酒杯的清脆响声，从听觉上刺激人们的生理欲求，促使消费者迅速购买以满足自己的心愿。

其次，来看看音乐。音乐有器乐和声乐之分。寿司饭店广告一开始就伴以音乐大师肖邦创作的乐曲，后来斟酒时，又响起了具有田园牧歌风味的乐曲，与上面所说的音响相互配合，共同构成一个和谐深邃的优美意境：给消费者带来轻松悦耳的审美体验，并连带着对产品留下了难忘的印象。至于台湾南侨化学工业公司广告所用的则是声乐。案例二中由三木鸡郎创作的广告歌曲是配有歌词的。如果说器乐所蕴含的意味具有非确定性的话，那么，作为语言艺术的歌词则有着较为确定的、明晰的语义。它可以直接或间接地表现产品的特征和功效，使人们对产品产生较深刻的认知，而这是器乐做不到的；歌词再配上动听的乐曲，如快乐牌香皂广告歌那样，就可以一方面传递产品信息，一方面给消费者带来悦耳的美感，让人们在陶醉中对快乐牌香皂产生高度喜爱之情，进而付诸购买行动。总之，快乐牌香皂之所以很快成为名牌产品，与其歌词的简洁、有趣，有力地表现了对快乐牌香皂的喜爱之情有着密切的关系，同时也与三木鸡郎创作的乐曲旋律优美动听乃至于迷醉了无数的青年男女，有着必然的联系。

可见，广告中的音乐如果运用出色，确有魔笛的作用。传说古代有一位牧羊少年，他有一支魔笛，可以吹奏出摄人心魄的声音。每当他吹响魔笛时，美丽的牧羊女们就不由自主地来到他身旁。音乐和音响就是广告人的魔笛，它也可以将无数的"牧羊女"——消费者吸引过来，在消费者获得悦耳的审美享受之后，会踊跃购买魔笛或相关的产品。

音响和音乐虽都是广告利用的声音，但无疑有着明显的不同。音响是自然产生的声音，可分为两大类：产品音响和非产品音响。产品音响就是产品本身在使用过程中发出的音响，如汽车奔驰的声音及刹车声，玩具枪发出的"叭叭"声等。这种音响在广播广告中扮演着重要角色，尽量让人感知到产品的真实性。而在电视广告中，它则与画面相配合，产生更为逼真的实物感，从而大大增强感染力。这种广告音响不仅加深了受众对产品的印象，同时也因自身的动听而赋予广告独特的好感。

还有很多产品自己不会发出音响或有音响但不宜表现出来（如留声机工作时的"嗡嗡"声），这就需要非产品音响了。它又有几种表现形式：一是生产工艺流程音响。例如，机器装配时发出的撞击声。二是与商标相一致的隐喻性音响。例如，小鸭圣吉奥牌滚筒洗衣机，就模拟了几声小鸭叫，让人联想起"小鸭"的品牌。三是环境音响。例如，雨衣广告经常出现的雷鸣和风雨的吼叫声。四是人物音响，即广告中人物使用某产品时发出的声音。例如，饮用某运动饮料的"咕嘟咕嘟"声和痛痛快快喝完后发出满意的"啊！"声等。

非产品音响在一般情况下都是综合使用的。例如在案例一中，就兼有工艺流程音响（在酒中加冰块的声音）和环境音响（SANTORY 威士忌的产地——山崎的鸟语和小溪潺潺声）。它们可以表现产品的独特功能、质量，烘托广告主题，强化真实感，共同营造出一种和谐的气氛，增强美的感染力，从而引起消费者的极大兴趣。

第四节　广告形象代言人

一、广告代言人的类型

广告代言人是一个宽泛的概念，从广义上来讲，它是指为企业或组织的营利性或公益性目标而进行信息传播服务的特殊人员。广告代言人可以存在于商业领域，如众多企业广告中的名人；也可以出现于政府组织的活动中。

如果我们再细化到商业营销领域，那么广告代言人可以分为企业代言人、形象代言人和产品代言人三类，它们是一种包含与被包含的关系。不同类型（范畴）的广告代言人自有其不同的职能与要求，具体到企业品牌塑造层面，我们的营销及广告人员所必须通晓的就是形象代言人了。形象代言人的职能包括各种媒介宣传，传播品牌信息，扩大品牌知名度、认知度等，参与公关及促销，与受众近距离地沟通，并促成购买行为的发生，建立品牌美誉与忠诚。

目前的形象代言人可以分为两类：一类是高可信度型；另一类是低可信度型。

高可信度型形象代言人是指具有一定公信力、影响力与传播力的公众性人物，他们一般是某个领域的名人、专家或权威，如演艺界的明星、科研界的学者等。一般说来，高可信度型形象代言人的功能在于它能够以极强的说服力与号召力来传播品牌的价值内涵，对于一些高卷入的产品品牌，宜采用此型。例如，价值不菲的世界名表欧米茄（OMEGA）聘用超级名模辛迪·克劳馥、网球天才费德勒等做代言。

低可信度型形象代言人则是指公众影响力较低的、不知名的普通人物或卡通造型，他（它）们来自生活与工作的各个领域，是广大普通受众的代表或熟悉的对象。低可信度型形象代言人虽然应用较少，但是却有它独特的一面：它力求还原于生活现实，以平凡诉求的手法拉近与广大受众的心理距离，从而达到告知与说服的目的。例如，步步高无绳电话就是以一造型独特、话语俏皮的普通人为其形象代言人，受众记住了步步高，也记住了这位总爱叫"小丽"的男人，其广告代言人反而因为这则广告而一炮走红。在名人、明星广告泛滥的背景下，以生活原型的凡人做代言，往往能起到出奇制胜的效果。

二、广告形象代言人的选取原则

1. 广告形象代言人同品牌的个性相一致

个性是品牌的灵魂，它体现了品牌的价值，也决定了品牌拥有的不同消费群。比如力士的品牌个性是高贵，万宝路的个性是阳刚、豪迈。同样，形象代言人也有不同的个性，有的成熟稳健，有的青春时尚。形象代言人个性同品牌个性吻合一致是品牌传播效果优化的关键，两者只有协调一致，精准对接，形象代言人才能很好地演绎出品牌的个性内涵，互相辉映，为品牌形象增光添彩；如果两者不一致甚至相悖，只会稀释甚至损害品牌形象，还会失去一部分品牌忠诚者的心。

随着大卫·奥格威先生的"品牌形象"观念的引入及风靡，品牌个性大战也风起云涌地在各个领域中展开了。在美国，最早的品牌个性大战要算万宝路香烟和云丝顿香烟两大品牌的战争了：万宝路香烟和云丝顿香烟在包装、色彩、口味上极为接近，然而因为围绕品牌个性选用形象代言人的不同策略而命运迥异。万宝路香烟以西部牛仔为形象代言人，其形象长久而集中地表现出一种自由、奔放、原野和帅劲，从而使消费者容易识别，并在感情上产生认同与偏好。反观云丝顿香烟，却因为品牌个性模糊，形象代言人选择得不伦不类，致使品牌识别传播不力，导致市场竞争力一蹶不振。

品牌个性与形象代言人个性的吻合是品牌传播效果优化的关键。形象代言人的个性千差万别，或沉稳老练，或青春活泼，或温文尔雅，或粗犷朴实。人的个性是在现实社会中塑造而成的，不同的个性折射着不同的人文精神和个体价值；品牌个性也产生于社会，它是整个市场价值肌体上的一个细胞，是企业经营理念和文化的无形缩影。品牌个性要得到社会与市场的认可，就必须找到与之匹配的形象代言人。只有品牌个性与形象代言人个性准确对接，才会产生传播识别的同一性，有效地树立和强化品牌形象。例如，百事可乐的品牌个性彰显着自由、奔放、热情、永远执着和永远年轻的因子，其形象代言人一贯为青年人喜爱的新生代偶像，他们浑身无不散发着青春活力，较好地吻合了品牌个性的要求，百事可乐的品牌形象因此能长久地保持鲜活的感召力。

2. 广告形象代言人同营销目标区域匹配的原则

不同特色的产品，在运用形象代言人时，应首先从本企业的营销目标区域出发考虑形象代言人的选择。现在的市场区域化特点越来越突出，不同地区的消费者有着不同的消费观念、消费模式和经济文化背景，企业营销策略应该因地制宜；在形象代言人的选择上也要注意"应境而异"。

名人在地域范围有其特有的影响范围，甲代言人的影响力在 A 营销区最大，则用之；乙代言人在 B 营销区影响力很小，则弃之。形象代言人细分指标应包括：性别、年龄、职业、个性、国籍和地理区域等。例如，百事可乐在其全球化营销策略中，就针对亚洲地区目标消费者的特点，选用了在本地很有影响力的歌星郭富城、王菲做代言；而在欧美地区，则选用了拉丁巨星瑞奇·马丁和珍妮·杰克逊为代言人。

企业在市场进程中，要把握好营销目标的区域化研究，了解区域受众的生活价值观，同时也要追踪社会潮流，分析名人、明星的动向及特点，找到与营销目标最佳结合的形象代言人。

3. 广告形象代言人的人气与产品生命周期协同性原则

品牌是恒久不变的，而且应随着时间的推移而愈见其生命力。可是品牌之下的产品，是不断发展变化的。这种变化不但体现在种类的增加和产品线的延长上，也体现在单体产品本身生命周期的变化上。产品生命周期包括导入期、成长期、成熟期和衰退期。

与之相似，形象代言人的人气也会有一个萌芽、成长、鼎盛和衰退的发展历程。如果在产品的衰退期用一处于鼎盛期的人代言，巨额的费用支出将随着产品"退市"而付诸东流，企业所期待的品牌塑造效果势必差强人意。聪明的企业主目光敏锐，他们能找准二者的最佳结合点，如当产品处于导入期时，一般采用人气极旺的明星，以期迅速扩大品牌知名度；而当产品进入成熟期后，则会考虑换用一些有潜质的新星，让其来延长产品的市场生命。

一般说来，形象代言人与产品之间的关系在受众心中的映像越牢固，说明该广告越成功，一旦该形象代言人的知名度和人气下降，产品品牌形象必将受损。因此，企业主对于有潜质而又处于成长期的产品，应尽量避免请那些人气处于鼎盛期后或处于衰退期的名人、明星做代言人。

4. 广告形象代言人与品牌使用者匹配原则

美国天高国际广告公司（BBDO）在为客户寻找形象代言人之前，要首先调查产品的"使用者形象"，即目标消费者心目中所认为的一个品牌使用者的形象。然后再依据量化统计结果确定选用与品牌最相关的亲和性指数最大的"使用者形象"为形象代言人。

BBDO 的这一模式给我们一个启示：形象代言人不一定非得是现成的，他可以人为"组合制造"，这样就开辟了一条非名人、明星的代言路线。例如，某一眼镜品牌，依据"使用者形象"调查得知，该品牌的消费者应该是白领工薪族，那么广告公司就可以在现实生活中找到各种元素组合成"原形"，并在传播中将其与品牌形象有机融合。所谓成功的凡人广告、新人广告也就是这样产生的。

卡通造型代言也不失为一种模式。例如，IBM 公司为了改变其在欧洲客户中的陈旧形象，推出了有着长长绒毛和明亮粉红色尾巴的顽皮、合群的"红豹"卡通形象，希望以此体现 IBM 公司友好、积极、主动、亲切以及强调服务的新形象。"红豹"最初是法国 GGK 广告公司为欧洲用户推荐 IBM 公司的新产品 ThinkPad 牌笔记本电脑而创意设计的，这一可爱的卡通形象一反欧洲计算机专业杂志和一般商业杂志广告的枯燥单一，而以亲切的姿态邀请读者参与进来。由于别出心裁的"红豹"形象引起了欧洲人的强烈兴趣，如今它已成为 IBM 公司在欧洲所有城市推广活动中的重要内容。

5. 广告形象代言人与企业一定期限内的合作持续性

我们常常发现某代言人刚在甲地做完 A 广告，一下子又跑到乙地做 B 广告。形象代言人日渐频繁的"走马客串"，使得广告市场一片红火。然而，这些形象代言人"一女数嫁"、四处"作秀"，同时为多家企业的多种产品做广告，在使自己成为广告明星的同时，却使得其代言品牌在受众心目中的印象日趋混乱模糊。这种现象开始引起业内人士的关注了。

鉴于此，企业在找形象代言人时，不但要分析其人气、个性、区域化影响等因素，还应考虑他的专一度，即是否对本品牌"忠贞不渝"。对于形象代言人来说，应本着自重自律的态度为契约方着想，在法定合同期内严守合同规定。其实，明智的形象代言人会对选择自己的商家也有所选择，否则一旦产品质量或商家信誉出现问题，将会损坏自己的形象，败坏自己的名声。

关于形象代言人与企业之间的契约形式，业内目前尚无一个统一的标准，常出现违约而使合同成为一纸空文的现象。因此，形象代言人市场的规范与完善，还需要政府与行业组织的通力合作，加快该领域的标准化、法制化建设，使企业和形象代言人能结成一个和睦、稳定的"家庭"。在当前情况下，即不允许同一形象代言人同时为同一产品类别的多个品牌做代言。

6. 摆正品牌与明星的主次关系

如果请明星做广告，消费者只记住了做广告的明星，甚至记住了明星的一言一行，就是记不清是什么品牌，明星的光芒遮住了品牌，品牌沦为衬托明星的绿叶，那么这无疑是名人广告的失败。

名人广告虽然需要明星参加，但广告中的真正主角应该是品牌或产品，明星只是道具。所以企业在请明星代言广告时，一定要摆正品牌与明星的主次关系，避免喧宾夺主，本末倒置，将名人广告做成明星个人秀，再大牌的明星也必须服务于品牌。

形象代言人是品牌塑造中的一把剑，企业能否运锋无阻、所向披靡，不但要剑术高明，而且剑本身也要锋利。只有好剑配上技高一等的剑客才算是完美组合。企业在品牌塑造过程中，应当认真研究代言人，善用策略与技巧，才能在市场的竞争中取得最后的胜利。

企业选择形象代言人需要考量的因素有很多，如男星、女星；代言人的知名度、风格；代言人的口碑、年龄；代言人的知名区域、领域；企业的规模、产品；市场规模、区域；品牌定位和知名度；企业广告投入规模；品牌的目标对象和产品消费对象。这么多的因素可以排列组合出许许多多的方案，经常让企业无从选择，这个行，那个也好，另外一个也不错，最后往往可能还是凭决策者的主观喜好决定，不可能产生一个让消费者喜爱的形象代言人，而产生提升品牌形象和促使产品畅销的效果。

对于处在发展扩张阶段的中小企业，品牌知名度不高和经济实力不够强大，选择形象代言人的首要因素就是形象代言人的人气和价格，以及粉丝群的多少和出镜率的高低，而不是追求所谓明星的大众知名度。因为企业没有足够的投入去支撑大知名度代言人（一线明星）的费用和宣传推广费用，不顾企业发展阶段和承受能力，企业片面强调代言人的知名度，最后就偏离了本来的目的，非但没能有效地提升品牌形象，反而因为投入太高使企业损失了支撑企业发展的命脉而走下坡路。如果企业选择阶段性、区间人群认知度高的"非一线"明星，那么企业和形象代言人相得益彰，互补互利就可能产生以小博大的效果。因为这类代言人的费用低，同时有比较高的出镜率和忠实的粉丝，可以弥补企业广告投入的不足；同时他广泛的粉丝群可以带动产品的销售，可谓一举两得。

对于大型成熟的大企业大品牌来说，企业需要的是打造代言人品格和品牌形象的完美和谐。企业选择形象代言人时代言人的气质特征、大众知名度甚至是品格修养，就成为主要考量的第一因素。例如，实力品牌联合利华一贯选择国际明星代言，它的广告宣传甚至可以打造出国际明星，只要代言人的形象气质能够吸引消费者。康佳产品和戛纳影后张曼玉首度签约后，她的优雅、从容与时尚，不但成功跨越了东西方的文化和审美差异，也与康佳诉求的品牌路线配合得相得益彰。

古今中外，确有企业凭借其形象代言人一炮走红的，也有受代言人的牵连而从此萎靡不振的，更有只记住了代言人的明星相，却忘记了核心品牌的尴尬事。为此，企业在选择形象代言人的过程中，必须考虑重点的企业体质因素，再寻求合适的目标，不要有攀龙附凤、一步登天的妄想。企业和形象代言人的关系就像老板和职业经理人的关系，只能够相互依存，携手共进。

【知识链接】

找明星做广告的十大注意事项

明星广告最便宜，这是叶茂中一直以来的看法。用明星做广告不仅能体现品牌实力，如果创意制作得当，还会特别吸引眼球，大量节省播放费用。最近几年找明星拍广告做形象代言人的厂家明显地多起来，叶茂中营销策划机构明星广告也拍了有100多条了，积累了不少经验，正好对各家想找明星拍广告的企业提供几点提醒：

一、找明星要讲门当户对

品牌和产品要与明星般配，如果品牌要做得有英雄气，那么周润发、李连杰就是最佳人选，用一些白面小偶像就不合适。如果品牌要做得柔情蜜意，那么善演凶悍泼辣的角色就不适合了。柒牌男装的口号是"男人就应该对自己狠一点"，所以柒牌请了李连杰做品牌形象代言人，我们的创意也是表达一个面对困境挑战自我的男人，通过李连杰的演绎，柒牌成功地完成了一个"对自己狠一点"的男人的品牌个性塑造。而我们的另一个客户班博休闲服则找来了擅长劲歌热舞的陈小春，配合冲破鸟笼获得自由的创意，将班博休闲服"不要束缚，我要自由"的定位表现得淋漓尽致。我们服务的海王牛初乳请释小龙做品牌形象代言人，也是门当户对的选择。释小龙健康、神气、威武有力的银屏小英雄形象，与海王牛初乳更多健康、更多营养、更多强壮的特点再吻合不过了。

二、弱势品牌也尽量不找过气明星

过气明星和二三线明星概念是不一样的。过气明星是指曾经辉煌过现在正走下坡路的明星，他有可能是一线的，也有可能是二线三线的。虽然品牌处于弱势地位，但经过多年的积累，手上资金还算宽裕，找明星做广告提升品牌就尽量别找过气的，不仅不能提升品牌，相反会给人以过气的品牌印象，还不如不找明星。当初雅客V9上市前，企业也在周迅和另一女星之间徘徊了一下，因为价格相差一倍。但最后在我们的建议下还是请了正当红的周迅，一炮打响雅客V9的品牌。正当红的明星往往会给消费者一种错觉：这个明星代言的品牌也是正当红的。品牌无形中就借到了明星的影响力。找明星本来就是为了借力。什么叫借力？就是我的品牌和产品原本都很弱，想借大牌明星提升一下。没力可借或少力可借的明星，怎么能让品牌升上去呢？海澜之家请海归背景的吴大维做品牌代言人，为的就是借其国际化的形象，增加海澜之家的时尚品位。我们的创意亦充满了时尚的表达，加之吴大维的表演天赋，使传播达到了客户的要求：一个具有国际感的海澜之家形象。

三、定明星要看竞争对手

如果竞争对手找了成龙，那么你只能找李连杰了。就像爱多请成龙表演好功夫，步步高紧接着请李连杰演出真功夫，就品牌代言角度，这确实是非常明智的选择。所以我劝我的客户，要么不找明星走别的线路，要找就一定不能比竞争对手的差。有人说至于要这么攀比吗？当然要，这就是市场竞争。再说了，找差了，你的全国经销商们也不一定会同意，实际上企业经常是迫于经销商的压力才找明星的。

四、选明星要适逢其时

正当红的明星当然是最好，但价格太贵，那就要找正处于上升趋势的明星。比如研究一下他的成长曲线，发现正往上走，而且最近有他拍的两部大戏即将开映，一举签下，又便宜又好。一般厂家和明星都是一签两年，那就赶上他红的时候了。记得当初赵薇将红未红时，我们正给某化妆品寻找品牌形象代言人，就向客户推荐了赵薇。其时，《还珠格格》刚刚开播，赵薇的身价只有20万元，而我们都很看好她。可是客户说没把握，而是选择了已成名正由少女形象向成熟形象过渡的其他女明星。后来随着《还珠格格》的火爆，赵薇一夜成名，人气急升，身价也立马飞涨。而那位女明星却因转型不是那么成功，号召力远远不能跟赵薇相比。

五、请明星要与投放成比例

如果投放费用与请明星的费用不成正比，就要当心浪费。如果请一线明星（身价在200万～300万元），或大明星（身价500万～800万元），或巨星（1 200万元左右），那么最好是做全国市场。如果只有几个省的市场，那么请200万元以下的明星比较合理。去年有家企业较劲花1 000万元找了个巨星，结果投放也只有1 000万元，那就不值了，投放不到位效果很难显现，即使是巨星也是枉然。一般说来，请明星与制作占整个投放的10%～15%比较合理。也就是说请明星花300万元的话，投放总量就要在3 000万元左右。

六、创意制作要做好

请了大明星，却舍不得多花点钱做创意、做制作，这就好比买了上好的猪肉却舍不得买一点葱姜，舍不得请好的厨师来做。请明星花300万元，做广告片却只花20万元这本身就是不合理的。好好的原料没做出好菜，结果和投放费用少一样，白扔了请明星的费用。尤其明星请得不是那么理想时，如门不当户不对，明星与品牌气质不搭配，或者因为某些原因就是请了不如竞争对手强的代言人，好的创意制作就能改善这种状况。

七、找明星最忌托几家

厂家总觉得找明星托几家，一来联络会快，二来也好压压价。其实这样适得其反。一个浙江的企业托了当地电视台一文艺部的人找某明星，厂家认为电视台人认识的明星多，结果文艺部的人又托了北京一家小广告公司，小广告公司又托了一家香港的中介公司，明星倒是找到了，价格也高得离谱，每家都想得点中介费。另外一种是托几家广告公司同时找明星，明星一下子觉得自己格外值钱了，价格猛涨。其实明星价格本是综合感受，打着同一品牌旗号找他的人多了，明星反而感觉企业心意不诚，也不知道到底哪家广告公司才是企业真正的代理公司，一烦二狂，价格飙升，而且价格不容易再压下来，吃亏的还是企业。找明星最好是直接跟明星本人接洽，最简单的找法不是找中介，而是找拍明星广告最有经验的广告公司。因为明星拍得多，明星的资源自然也多，而明星对这样的广告公司也比较了解，知道这样的广告公司有能力做好事情，对他们比较信任，报价也会实在一些。另一方面，和明星合作比较多的广告公司，因为经验多，就能帮企业争取到更多的利益，如年限、参加新闻发布会和经销商大会的次数，以及付款方式等。而且这类公司做事透明，不会收任何中介费。

八、跟明星谈判切忌太过恭维

企业方谈判人员一见面就恭维明星，好话说了一大箩筐，哄得明星高兴倒没什么，但若让精明的经纪人钻了空子就不那么令人愉快了。不要用仰视的目光看所谓的"大腕"，要用平视甚至是鸟瞰的眼光看他，再"大腕"他也是个人。在谈判僵持不下时，不妨试试冷却法。就像买东西价侃不下来时往后退一退，有时会有意想不到的效果。当初我们的客户金六福请正当红的足球教练米卢，就运用了此法，最终谈判成功。由谁来负责谈判也颇有讲究。其实明星一般是不会参与谈判的，都是由经纪人代理。所以企业方谈判人员也应相互配合，分配好不同角色。尤其是最高决策人，不能轻易表态，更不能附和恭维。

九、策略和创意要由厂家定

很多明星随意修改广告策略和创意，令厂家和广告公司头疼，所以合约一定要签上策略和创意由厂家定夺，否则请明星就不是请了个形象代言人，而是请了个大爷了。受点委屈倒无所谓，关键是不能伤害品牌，更不能伤害企业。任何时候都必须清醒：明星再大牌也只是一个烘托品牌和产品的道具，明星广告是要为品牌服务的。有些厂家不懂得这点，创意由着明星改，结果广告播出后，自己的品牌和产品不突出，倒像是给明星做的广告，那真是花冤枉钱了。

十、忌用品行不稳定的明星

品行不端的明星不用，绯闻不断的明星慎用，品行不稳定的明星忌用。作为品牌形象代言人，明星的形象与品牌的形象息息相关。一旦明星爆出品行不端，或是恶性绯闻，必将连带着影响品牌。所谓"城门失火，殃及池鱼"就是这个道理。而品行不稳定的明星就像个不定时炸弹，你不知道他什么时候会爆出个什么问题来，与其成天提心吊胆，不如选择品行好的明星来用。

（资料来源：http：//info.cloth.hc360.com/2006/08/08690245680）

【本章思考题】

1. 广告标题与广告口号有何区别？请为宣传戒烟设计一个广告。
2. 请指出色彩的情感功能。
3. 简述广告中音乐的选取原则。
4. 简述形象代言人的选取原则。

【案例分析讨论】

雪铁龙汽车带来的神奇的艺术

一些广告师的表现手法十分神奇，他们所制作的广告策划充分体现了其聪明才智。在1981年，法国广告界明星雅克·塞盖拉为法国雪铁龙汽车公司制作了一则题为"潜在力量"的广告电视片，是用数百匹高头大马，在空无一人的未来城市里奔腾疾驰，组成雪铁龙汽车公司的标志。这则广告使他一举成名。

在雪铁龙汽车公司制作的另一则广告片中，塞盖拉干练睿智的风格得到更加完美的体现。在广告里，雪铁龙汽车和飞机在航空母舰上进行速度比赛，轿车开足马力，追逐着在航空母舰上空飞行的飞机。轿车忽然腾空而起，居然越过飞机一大截，接着一头栽入大海之中，几秒钟后，表面上的输者，雪铁龙汽车却以胜利者凯旋的姿态出现在了一艘核潜艇上，在进行曲的音乐中，破浪而起，露出水面。这则广告以扣人心弦作为创意手法，既紧张又幽默，往往出人意料，可又在情理之中。

讨论题：
1. 案例中出奇制胜的广告设计要点有哪些？
2. 案例中的"艺术"形式是如何表现出来的？
3. 案例中的广告对雪铁龙的品牌形象有什么作用？

【本章参考文献】

[1] 潘强. 广告设计 [M]. 北京：科学出版社，2011.
[2] 蓝达. 美国广告设计实用教程 [M]. 戴佳敏，刘慕义，译. 上海：上海人民美术出版社，2006.
[3] 陈天荣，余宁. 广告设计 [M]. 北京：中国青年出版社，2005.
[4] 休格曼. 文案训练手册 [M]. 杨紫苏，张晓丽，译. 北京：中信出版社，2011.
[5] 余明阳，陈先红. 广告学 [M]. 合肥：安徽人民出版社，1997.
[6] 奥格威. 一个广告人的自白 [M]. 林桦，译. 北京：中信出版社，2010.
[7] 陈培爱. 广告文案创作 [M]. 厦门：厦门大学出版社，2008.
[8] 范文东. 色彩搭配原理与技巧 [M]. 北京：人民美术出版社，2006.
[9] 陈启林，李雨桐，张力. 平面广告设计色彩实践 [M]. 北京：化学工业出版社，2011.
[10] 史历峰. 广播电视广告 [M]. 郑州：郑州大学出版社，2007.
[11] 高颖，孙蔚. 报刊广告设计 [M]. 武汉：湖北美术出版社，2002.
[12] 陈斌，程晋. 影视音乐 [M]. 杭州：浙江大学出版社，2004.

第九章

公益广告

公益广告肩负着宣扬社会公德、价值观念等使命，不带有商业广告的功利性，为了节省广告费用支出，广告从业人员往往力求用最少的投入达到最佳的广告宣传效果，它是最能够反映出广告人的创造能力的一种广告形式，在国内外都受到众多从业人员的关注。

【本章要点】

1. 公益广告的概念与内涵
2. 公益广告的特点
3. 公益广告的功能
4. 公益广告的设计技巧

【导入案例】

60万家网站展现公益广告1小时募集36万份免费午餐

为了帮助因家庭贫困而无法享受午餐的学童，呼吁更多爱心人士加入，6月1日儿童节当天，中国互联网第一媒体平台百度将联合60万家百度联盟伙伴共同发起"百度——免费午餐公益一小时"网络公益活动。此次活动将在60万家网站上同时推广，打造中国"最大规模的网络公益广告"。

活动策划是：在6月1日11：00—12：00，网友只要点击百度首页"您送一份祝福百度捐一份午餐"的文字链接，或者点击百度联盟各网站上的广告链接，即可跳转至"公益一小时"活动专题页面。网友只需在专题页面中为贫困学童写一句祝福，百度就会以该网友的名义，向贫困学童捐出一份午餐。"免费午餐"是2011年4月由邓飞等500多名记者、国内数十家媒体联合中国社会福利基金会发起的全国性公募计划，倡议每天捐赠3元为贫困学童提供免费午餐。

当天11：30，"公益一小时"活动窗口刚刚开放，一名上海网友即在留言板上写下祝福。仅20min祝福就突破了14万条。据统计，短短1h内，免费午餐展示量就达到3.5亿，参与活动人数达113万，共送出祝福360 202条，为贫困儿童送去36万多份免费午餐，按照3元一餐的标准换算，实际产生捐款108万余元。该活动还吸引了韩庚、李冰冰、姚晨等数十位明星，他们纷纷通过微博，号召网友们一起为贫困学童写儿童节祝福词，送去温暖。

"对很多贫困地区的孩子来说，最好的儿童节礼物，就是一份热乎乎的午餐。"百度副总裁朱光向记者表示："作为中国互联网第一媒体平台，百度的使命是'平等地成就每个人'。世界很大，人很小。我能做的很少，但我们可以做的很多。"

中国社会福利基金会副秘书长、免费午餐基金管理委员会主任肖隆君表示，由于并未将善款定向，108万元善款到账后，将全部注入正在开展的免费午餐项目中去，所有善款将严格按照免费午餐基金善款使用原则使用，做好透明公益。

如果将公益广告与公益活动紧密联系起来，就会产生巨大的合力，为我国社会上众多需要帮助的人们送去温暖与祝福。

第一节 公益广告概述

一、公益广告的含义

公益广告属于非商业性广告，是社会公益事业的一个重要组成部分，与其他的广告相比具有相当特别的社会性。它往往取材于人们的日常生活，运用独特的创意和多变的艺术处理手段，将抽象的广告内容形象生动而又简洁深刻地展现在公众面前，以达到宣扬正义、针砭时弊、引导公众的目的。公益广告通常由政府和一些社会团体来做。但是由于制作经费问题，近些年来，有部分广告公司和企业以提供资助的形式也参与进来。企业通过公益广告向社会展示了企业的理念，提高了企业形象，而社会因为公益广告数量的增多，起到了宣扬正义，提高全民基本素质的作用，使得公益广告的社会性更加明显。

公益广告的定义很多，有代表性的主要有以下几种：

1992年出版的《中外广告大观》中，把公益广告定义为："为公众切身利益服务的广告。例如，防火防盗、卫生交通、环境保持等内容的广告，均属于为公众谋福利的广告。"

1993年出版的《现代广告词典》中，把公益广告定义为："不以营利为目的而为社会提供服务的广告，具有社会的效益性、主题的现实性和表现的号召性三大特点。"

1996年出版的《广告用语词典》中，把公益广告定义为："企业或社会团体表示它对社会的功能和责任，表明自己追求的不仅是从经营中获利，而是通过参与如何解决社会问题和环境问题向消费者阐明这一意图的广告。"

1996年出版的《中国广告词典》中，把公益广告定义为："为社会公众制作发布的，不以营利为目的，它通过某种观念的传达，呼吁关注社会性问题，以合乎社会公益的准则去规范自己的行为，支持或倡导某种社会事业和社会风尚。"

在此之后，很多学者也对公益广告的概念进行了界定，尽管具体的阐述内容有一定差别，但是，它们往往都包含公益广告的几个共同特点：不以营利为目的；要借助艺术性的表现手法，传播广告主题；传播的是对社会有益的社会观念；目的是促使公众的观念和行为向社会推崇的好的方向转变。

二、公益广告的产生与发展

（一）不同国家的公益广告的产生与发展

公益广告最早出现在20世纪40年代初的美国，当时美国经济萧条，公众对广告、对社会有众多的非议。为改变这一现象，1941年11月，美国广告联合会和美国广告公司联合会召开联席会议，决定成立"战时广告理事会"，为美国参战服务。第二次世界大战后，该组织更名为"广告理事会"，专门从事全国性的公益广告的组织协调工作。美国的公益广告又称公共服务广告或公德广告，其定义是"旨在增进一般公众对突出的社会问题的了解，影响他们对这些问题的看法和态度，改变他们的行为和做法，从而促进社会问题的解决或者缓解。"

日本的公益广告起源于1959年，由电通原社长吉田秀雄发起成立了"广告评议会"，试图实现对公共广告的管理，但是中途夭折了。1970年，三得利会长佐治敬三在大阪的广告协会提倡设立公共广告的实施机关，标志了日本的公益广告真正开始起步。公共广告机构的宗旨是通过广告的手段为社会公众服务的非营利团体，扎根于公共立场，通过公共传播机构，广泛涉及公众关心的各类社会话题，力求打动每个人的心，以塑造一个国民各阶层都接受的、健全的社会为目标。

20世纪50~70年代，公益广告在西方国家逐渐繁荣起来，英国、法国、德国等国家都建立其各自的广告评议组织，以此来推动公益广告的发展。

在我国，真正意义上的公益广告开始于改革开放以后。1986年，贵州电视台推出我国第一例公益广告《节约用水》；1987年，中央电视台开始在黄金时段推出第一个公益广告专栏《广而告之》；此后，我国在公益广告方面持续投入了大量资源，先后开展了"倡导文明之风""下岗职工再就业""知识改变命运""希望工程助学行动""抗击非典""节约创造价值""红盾护农""迎奥运 讲文明 树新风""传统节气""抗震救灾""扬正气、促和谐"等一系列具有广泛影响力的公益广告活动。2002年4月，中央电视台推出《纪实类公益广告》栏目，以"真诚，沟通"作为总的公益主题，在《东方时空》栏目中循环播出，自创办以来，累计已制作播出100多条公益宣传片，开创了中国"同一总主题纪实公益广告"的先河和纪录。"真诚，沟通"作为中央电视台最短的固定栏目，沟通强调个案选择的普遍社会意义，不猎奇，不追求极端，追求情绪的典型性和社会的共鸣性，获得了广大观众的认可与喜爱。为大力推进公益广告项目，打造公益广告品牌，中央电视台广告经营管理中心将2012年定义为"公益广告年"。从2012年1月1日起，中央电视台各频道将推出以"汇聚力量、传播文明"为主题包装的全新公益广告，突出中央电视台公益广告的辨识度和主题性，强化品牌形象，达到集中聚焦社会热点、深切反映百姓心声的公益宣传效果。

（二）企业公益广告的发展

有资料表明：公益广告刊播的多少与一个国家和城市的经济发展的程度密切相关。在那些经济发达国家，如美国、法国、日本等国，除了公益团体以外，许多企业也开始关心社会，要么呼吁人们重视家庭关系，要么强调环境保护的重要性，使得公益广告在受众心目中产生影响的同时，又塑造起企业关心社会与环境的良好形象，为社会的发展与进步起到了极其重要的作用。通常情况下，发达国家的公益广告发布的数量占到企业广告发布的40%。

在我国，由于缺少专业的机构提供公益广告的制作与媒体播放的经费，从而形成了商业性公益广告，在宣扬公益主题的同时，将企业的名称寓于其中，以达到提高企业形象的目的。这些广告对于宣扬良好的社会道德与正确的价值观念起到了一定的作用。但是我国的企业公益广告存在管理混乱、内容单一、操作不规范等问题，应该借鉴国外的企业公益广告经验，逐步进行提高和完善。

国外企业公益广告的具体经验主要表现在以下三个方面：

1. 完善而系统的规划

国内外企业随着自身的发展壮大纷纷挑起了社会责任的重担，在公益广告的制作上更加注重系统规划。一般情况下，国外企业每年都会发布一次企业的社会责任报告，介绍公司一年来的社会公益事业，以及他们的企业文化，并在官方网站上设有对公益活动的介绍，或者在专门的电视频道对公益活动进行介绍。例如，BP公司在公益活动方面都有明确的社会责任报告，并在其官方网站对其公益活动进行了明确的说明。有代表性的活动有：BP（中国）公司的气候变化与研发项目，BP参加的中国中小学绿色教育行动，BP捐助希望小学活动，BP组织员工参与志愿者活动，BP中国企业社会责任综述等。

2. 内容丰富而富有内涵

国外企业在公益广告制作上避免了单调模式，兼顾了企业形象、品牌宣传、产品推广和营销，更注重精神内涵。例如，欧莱雅（中国）有限公司与中国青少年发展基金会共同举办的"真情互动"欧莱雅校园义卖西部助学活动，活动的亮点之一就是组织一次让学生"做一天欧莱雅人"的义卖人员招募。经过激烈的竞争和严格的面试，学生不仅得到了来自欧莱雅的专业培训，包括面试技巧、公司文化、产品知识、销售技巧及团队合作精神等，还直接组织运作义卖的具体事项，从事美容咨询、销售和物流管理等活动。这样的公益宣传不仅丰富了公益活动的精神内涵，避免了单一刻板的宣传模式，同时也借助新闻舆论影响和广告宣传，更好地改善了企业的名声，从而提高企业形象的层次，提升了其品牌知名度，增强了客户忠诚度，最终增加了企业的销售额。

3. 媒体进行免费刊播

在国外，企业赞助公益广告的投放播出主要是通过公共广告机构与媒介公司签订合作合同的方式，同时，媒体是以免费的方式为其播出公益广告的。由于国外的媒体都是营利性企业，免费播放的时间决定着媒体获取的利益，因此，这就对媒体的公益之心进行了考量，从而形成了全社会公益的氛围。

但是，企业公益广告在为企业收获比经济利润更有价值的无形资产的同时，也对企业在公益广告方面的运作提出了要求。如果企业操作公益广告不合理，出现了违背公益广告的宗旨与宣传目的，违背国家有关广告发布的法律、法规，其情形要比商业广告中的违规行为更能引起人的反感，其后果是企业不但不会从中得到任何利益，企业形象也会受到严重的损害。例如，IBM公司曾经特邀专业广告公司为其精心设计了一个名为"和平、爱心与Linux"的企业公益广告宣传，并在美国芝加哥和旧金山的大街上将该广告"公之于众"，但该广告还未引起公众的注意，就被芝加哥和旧金山两市的市政部门指控IBM公司在公共场所乱涂乱画，并对其进行了经济处罚。最后，IBM公司不得不停止广告的实施，并雇人把已经画有企鹅、和平标志和心形图案的墙面清理干净。IBM的出发点是好的，但却因为没有遵守户外广告设置规划和管理中关于"不得损害市容市貌"的规定而让广告无疾而终，不仅浪费了资源，也影响到企业在公众心目中一贯的良好形象。

三、公益广告的要素

公益广告的要素有：广告主、广告代理、广告媒体、广告费用、广告信息、广告受众和广告效果七个方面。

1. 广告主

公益广告的广告主是公益广告的发起者或倡导者，负责支付公益广告费用，促使公益广告活动得以顺利展开。公益广告的广告主由四部分组织机构组成：政府或政府部门，社会公益团体和国际组织，特殊行业的企业组织，一般行业的企业组织。

（1）政府或政府部门。政府的政策、法规可以通过公益广告的形式加以发布，比照以新闻形式的"告知"，更容易被受众接受。

（2）社会公益团体和国际组织。社会公益团体和国际组织一般都是非营利性的，由社会进步人士倡导成立的，为了保护一些公共服务行业和人员的利益，或者一些特殊人群的利益而成立。这些社会团体和国际组织通过自己的活动或播放公益广告，呼吁公众对特殊人群（如残疾人、艾滋病人等）或特殊非营利事业（动物保护组织、红十字会等）的关注。

（3）特殊行业的企业组织。某些特殊行业的企业组织，如烟草企业，受法律限制不能播放商业广告，为了提高企业在受众人群中的曝光率，有些烟草企业通过公益广告来达到扩大知名度的目的。

（4）一般行业的企业组织。当前，很多企业都意识到进行公益广告宣传的重要性，将企业的经营理念、企业承担的社会责任、企业的职业操守等内容通过公益广告传播出去，拉近企业与受众的距离，可以达到促使人们摒弃对企业唯利是图的不良印象，达到提高企业形象的目的。

2. 广告代理

公益广告代理是指为公益广告活动代理客户事务的专业性广告组织。公益广告代理不收服务费，为公益广告主和广告媒体牵线搭桥，进行专业性的广告设计活动，使得公益广告效果达到最佳。实际上，有些公益广告代理自身就是广告主，他们参与公益广告的投资、策划、制作和发布，或者与其他企业或社会团体合作，一起投身到公益事业中来。

3. 广告媒体

公益广告广告媒体与商业广告的媒体形式没有差别，都是作为广告信息传播的载体而存在的组织，一般包括报纸、杂志、广播、电视、网络、户外等媒体形式。国内外许多大型媒体都常常发布公益广告，在受众中的影响力也非常大，它们在广告中扮演的社会公德与先进文化倡导者的形象随着广告的传播得以深入人心。

4. 广告费用

公益广告费用应该称为公益广告成本，与商业广告中的广告费用有着本质的差别，公益广告费用中不包含广告公司的代理费和广告媒体的刊播费，主要包含公益广告活动中需要支出的制作费。

5. 广告信息

公益广告信息是指广告中传播对受众有益的观念，如保护环境、节约用水、远离毒品等，目的在于吸引受众的注意和重视，强化或改变其原有的观念和主张。

6. 广告受众

公益广告受众是指公益广告信息的接受者，只是由于广告主题的不同，其受众往往有着很大的差别。但是，从影响人的观念的角度来看，公益广告还是面向全社会的。

7. 广告效果

公益广告的效果体现在很多方面，有些是隐性的，如电视台在天气预报时提醒受众带伞，路牌广告提醒人们注意保护环境等；有些是显性的，如宣传戒烟戒酒、关注儿童教育等。

四、公益广告的类别

根据不同的划分标准，公益广告的分类也有差异。

根据公益广告的发布者划分，公益广告可分为以下三种类型：政府与媒体公益广告，社会非营利组织公益广告，企业公益广告。

根据公益广告传播媒介划分，公益广告可分为以下两大类：影视类公益广告和平面类公益广告。但是，随着广告媒体形式的不断发展，也可以完全按照广告媒体的类型进行细化。

根据公益广告的题材和内容划分，公益广告可分为以下四大类：政治政策类公益广告，节日类公益广告，社会文明类公益广告，社会焦点类公益广告等。

以公益广告产生的效果划分，公益广告可分为：观念型公益广告和行为型公益广告。

五、公益广告的特点

1. 人本性

公益广告的内容所关注的是人本身，是人与社会的发展，以及人与自然的和谐相处等。所有关于文明礼貌、希望工程、尊老爱幼、环境保护、团结互助等内容都体现了对人的关怀。

2. 公益性

公益广告是纯粹意义上的"公共服务广告"，不含有任何商业目的，虽然其传播的内容是为了让受众接受某种观念，具有引导性，但是，它所有的信息都是围绕着公众的利益而展开，是为大众谋福利。

3. 非营利性

无论哪个组织或者企业做公益广告都不是为了营利，即便存在一定的功利性，也是建立在整个社会基础之上，属于社会功利，都是本着从整个人类社会的终极关怀的角度来进行广告实践。

除了以上三个显著特征以外，公益广告还具有情感性与号召性、社会性与义务性、通俗性与大众性、针对性与思想性、艺术性与多样性、时效性与周期性等特性。

六、公益广告的功能

公益广告与商业广告都体现出信息的一种传播功能，但是其产生的影响方面差别很大。公益广告作为非营利性广告，其功能主要表现在：教育功能、舆论导向功能、社会关怀、文化传播、美育功能等。

1. 教育功能

教育功能是指公益广告为提高大众思想、道德、理念等方面所起的作用，它区别于传统意义上的说教，是通过潜移默化的渗透力让受众主观上积极地接受某种思想和理念。具体来说，公益广告的教育功能包括常识性教育、伦理教育和政法教育。

常识性教育是指向受众宣传、灌输有关自然、生活与社会的一些基本知识，如爱护环境、尊老爱幼、与人为善、遵守交通规则等内容；伦理教育是指公益广告针对社会伦理、道德伦理与生态伦理等方面的导向功能，如反对种族歧视、反对家庭暴力、提倡诚实守信、保护动物等内容；政法教育是指公益广告将枯燥的政治法律知识以讲故事的形式传播给受众的功能，如依法纳税、打击犯罪、提高全民义务教育、倡导民族团结等。

2. 舆论导向功能

舆论导向功能是指公益广告对于相关政策和社会突发事件等事件予以引导和宣传的功能。作为一种大众传播形式，尤其是向最为广泛的大众传播社会观念的形式，公益广告不可避免地受到国家和政府的影响。例如，下岗再就业、计划生育、打击贪污腐败、实现国家统一、灾害救助等主题。

3. 社会关怀

社会关怀体现了公益广告的本质意义，即为大家做事，为大众谋福利，这是对整个人类的一种博大的关怀，尤其是对社会上一部分弱势群体，如残疾人、艾滋病人、鳏寡孤独的人和农民工以及他们的孩子——留守儿童等。

4. 文化传播

文化传播是指公益广告作为文化的一部分构筑起一个国家和社会的文明程度。在当今经济和文化日趋融合的时代，放弃对自己国家传统文化的宣扬，会使得这一国家逐渐被同化，甚至最后处于被消失的可悲境地。中华民族的自强不息、勤劳勇敢、无私奉献等精神是中华五千年的文化瑰宝，传播并延续这种精神是我们每个中华儿女不可推卸的责任。但是，除了传统文化需要传播和延续，现代的时尚与先进的思想与文化也同样可以通过公益广告进行传播，拉近国民与世界进步的距离。

5. 美育功能

美育功能是指公益广告通过书法、绘画、雕塑、音乐、舞蹈等艺术作品的传播，使人们在接受公益广告信息的同时也受到了艺术熏陶和艺术感染，无形中公益广告起到了提高人们审美情趣和陶冶情操的作用。

七、公益广告的运作模式

从20世纪50年代以来，发达国家的公益广告取得了瞩目成就，这得益于这些国家相对完善的公益广告的管理与运作模式，这些运作模式是今后中国公益广告运作模式选择与发展的参考依据。

美国公益广告运作模式最早建立，随后英国、法国、日本等国家皆效仿美国，建立起了符合本国国情的广告评议组织。

1. 美国模式

美国建立的是 AC（Advertising Council）组织，即美国广告理事会。这是由广告公司、企业和媒体三方组成的非营利性机构，主要发布社会性公益广告，主题涉及美国社会最为迫切、人们最为关注的问题。该模式主体是广告公司、企业和媒体。AC组织解决了公益广告发展中四个重要的问题，即"谁来组织"——AC组织；"谁来出资"——企业及各种捐款；"谁来创作"——广告公司；"谁来发布"——媒体。

以美国为代表的社会主导型的公益广告发展模式，使得美国公益广告得到了持续、稳定、快速的发展。

2. 日本模式

日本借鉴美国 AC 组织建立了日本公共广告机构，性质是第三方独立机构，未接受政府资金援助，活动经费全部来自会员的会费和赞助。企业负责广告制作、流通、服务的资金和信息，会员广告公司和制作公司承担广告创意和制作费用，由会员媒体免费提供版面和时段刊播。

公益广告得到企业的大力支持，企业在其中起到主导性作用，但却很少在广告画面中出现单个企业的名称或标志，而是统一署以"公共广告机构"，这说明日本企业具有强烈的社会责任感。

3. 英国模式

在英国，政府对企业实行社会责任指数考评，规定企业的社会责任，以此来增加企业品牌价值，提升企业的竞争力。企业主动履行社会责任行为，在向社会提供商品及服务的时候，积极从事社会公益活动，主动承担属于自己的社会责任。该模式与日本模式皆属于企业主导型的发展模式，强调企业对社会的责任。企业参与公益事业为公益广告的制作与发布提供了持续的资金支持，保证了公益广告的持久发展。

4. 韩国模式

韩国放送广告公社负责韩国所有广播电视媒体广告经营，它为韩国公益广告提供资金与技术支持。以韩国为代表的国家实行的是媒体型发展模式，这是由其国情决定的，是其本国特色发展模式的体现。

5. 法国模式

法国是以慈善机构为主体的公益广告运行模式。由于法国慈善捐款行为的普遍性特点，推动了法国公益广告活动的产生，也促进了法国公益广告的发展。法国的第三方慈善机构中有反艾滋议员协会、艾滋病行动协会、反饥饿运动协会、无国界沟通协会等。这些慈善机构筹集善款，确定宣传主题，通过一些广告公司和广告协会创意制作广告，以电视、海报等形式发布广告。

第二节 我国公益广告主题的选取

世界各国公益广告的主题都是与其国家的主导文化紧密相连的。中国的公益广告尽管起步较晚、发展相对缓慢，但是在公益主题的选取上还是很符合时代发展需要的，必须要着重关注的是，在吸收国外先进思想与文化的基础上，注重公益广告与传统文化的相关性，这样，才能更好地达到公益广告的传播目的。

中华文化上下五千年，民族优良的传统美德孕育了无数伟大的华夏儿女。作为其中的一分子，我们有责任将这些美德继续传播下去，并将其发扬光大，以至可以影响个人和社会的发展。我国公益广告主题选取可以体现在：人与自然的同生共存、人与社会的和谐发展、人与国家的荣辱与共、人与家庭的温馨和睦、人与人互助互爱五个方面。

一、人与自然的同生共存

万物源于宇宙也必将回归宇宙。从地球出现生命开始，到各种生物不断地进化，形成当今的生态系统，都迎合了中国传统文化精神的一个基本观念——天人合一。自古以来的各家各派都以"天人合一"为出发点和归宿，来揭示人与自然的统一性与相融相生性。但是，人类社会的发展到处充斥着贪婪与掠夺，致使现在的生态环境恶化，众多物种逐渐消失，如果人类不对自己的行为进行约束，那么人类最终也会在地球上消失。这就演绎出一系列以环保为主题的公益广告，如节约用水、禁止乱砍滥伐、爱护动物、减少"三废"排放、实行垃圾分类与回收、植树造林、节约用纸等。

二、人与社会的和谐发展

人是从属于社会的，每个人不可能独立于社会而存在，因此，人类自身寻求发展必然要与社会发展方向相一致。不同民族、不同种族具有其各自的特点，但是，面对人类社会共同发展的方向是一致的，那就是：摆脱贫困、远离疾病、崇尚科学、追求进步等人类共同的事业。这与中国传统文化的中庸之道不谋而合，体现出一种高超的调节社会矛盾的技巧。与之相伴而生的公益广告主题主要有：和平与发展、勤奋工作、劳动光荣、尊重科学、努力学习、珍惜粮食、诚实守信、下岗再就业、廉洁奉公等。

三、人与国家的荣辱与共

每个人归属于不同的家庭、不同的民族、不同的国家，这是人的差异性的评定指标之一。人与国家的关系是一种休戚相关、荣辱与共的关系，正如一首歌中唱到的"有国才有家"，没有国家的庇护，个人的力量会显得极其渺小。但每个渺小的个体团结在一起就会汇集成无穷的力量。中国自古以来非常重视爱国主义教育，民族英雄舍生取义的故事就是要引导人们热爱祖国、无私奉献，与之相辅相成的公益广告主题有：报效祖国、依法纳税、祖国统一等。

四、人与家庭的温馨和睦

家庭是每个人心灵休憩的港湾，是让人们放松心情、享受天伦之乐的伊甸园。中国人自古以来就有着浓重的家族观念，渴望家人能永远地生活在一起，三代同堂、四世同堂乃至五世同堂的家庭也并不少见，这种以"家庭族谱"为形式，以血缘纽带而紧密连接的亲情，是非常值得中国人骄傲的。在这种家庭关系的大环境下，中国人十分强调家庭伦理道德，并由此衍生出以下的公益广告主题：尊老爱幼、孝敬父母、关爱儿童、无私奉献、互敬互爱、谦恭礼让、拒绝家庭暴力等。

五、人与人互助互爱

人除了在家庭中获取爱情、亲情等温暖，还需要在社会上获取友情、关怀。而人所获得的往往与他付出的成正比，只有那些肯无私奉献的人才能在紧急关头获得更多人的关爱与同情。无论认识还是不认识的人，在别人需要帮助的时候伸出你温暖的手，在帮助别人的同时也使自己获得心灵上的满足。这与"勿以善小而不为，勿以恶小而为之"的观念相一致。与之相对应的公益广告主题有：希望工程、关爱留守儿童、不歧视艾滋病人等。

【知识链接】

中央电视台公益广告 30 年大盘点

1978年，中央电视台开始播出类似今天公益广告类的节目，此后在公益广告方面持续投入大量资源，先后开展了"倡导文明之风""下岗职工再就业""知识改变命运""希望工程助学行动""抗击非典""节约创造价值""红盾护农""迎奥运 讲文明 树新风""传统节气""抗震救灾""扬正气、促和谐"等一系列具有广泛影响力的公益广告活动。

一、公益广告的创作与播出

1. 《广而告之》——中国公益广告史上第一个电视公益广告栏目

1987年10月26日，中央电视台开播了《广而告之》栏目，每天1~2次，每次30s或1min，这是中国公益广告史上第一个电视公益广告栏目，大手笔地开创了中国大陆公益广告的先河。从此，公益广告走进了国人的视线，日益受到公众的关注，并逐渐发挥了公益广告应有的影响力，成为我国广告行业与公共事业中不可或缺的一部分。

最初的公益广告目的是"倡导文明之风"，所有的费用都是由电视台出资，没有任何商业回报。每天以小故事的形式弘扬公益主题，以树立社会良好风尚为己任，倡导社会公德，亲近、易懂，可以说，《广而告之》为中国公益事业的蓬勃发展立下了汗马功劳。

2. 电视公益广告研讨会：为业界搭建交流平台

1994年，中央电视台组织开展了"第一届电视公益广告研讨会"。1996年4月22~24日，中央电视台在北京组织召开"首届全国电视公益广告题材会"，全国15个省、市电视台参加了这次活动。中央电视台以行业领军之姿态搭建交流平台，促进电视公益广告事业健康、快速发展。

3. "全国思想道德公益广告征集比赛"：唤起全社会的广泛关注

2001年，中宣部、中央文明办、国家工商总局、国家广电总局等几大部委与中央电视台联合举办了"全国思想道德公益广告大赛"。中央电视台组织了76家广告公司参与思想道德公益广告的制作工作，从11月1日起在《新闻联播》前、《国歌》之后的这段时间，每天播出思想道德公益广告，这是为了配合《公民道德实施纲要》推出进行宣传而采取的重要措施。播出的公益广告有《共同的力量》《同升一面旗，共爱一个家》《将爱心传递下去》（洗脚篇）《爱我中华，再创辉煌》等，每条广告长度在30~60s，在中央电视台11个频道播出，每天播出不少于22次。

2006年年初，中央文明办、国家工商总局、国家广电总局、新闻出版署四大部委联合举办"全国思想道德公益广告征集比赛"，作为联合主办的媒体，中央电视台为21条入围广告作品提供了高频次的播出平台。从1月29日开始在一套、二套、三套、四套、七套、新闻频道等频道播出。此外，还在央视国际网站和《中国电视报》上开设了本次大赛的专题和投票专区，加大了整体宣传力度，引起了社会各界的广泛关注和强烈反响。

4. 《新闻联播》播出长秒公益广告：推动中国公益广告发展

2004年4月1日，中央电视台《新闻联播》播放了一条由青岛模范工人许振超亲自出演的公益广告《劳动创造人生价值》，时长达1分钟。2007年3月5日，公益广告

《婴儿篇》在中央电视台《新闻联播》播出，该电视公益广告展现的是婴儿在睡梦中对未来的追求与渴望，将人类生命最初的梦想与奥运精神"更高、更快、更强"的追求相融合，阐述2008北京奥运的主题"同一个世界，同一个梦想"。2007年5月16日，中央电视台《新闻联播》完整播出由该台广告部策划制作的长达2分钟的公益广告《相信篇》，该电视公益广告以著名演员濮存昕真挚感人的话语，消除人们对公益事业的不信任，唤起人们内心的公德意识和行动信心，阐释了"公益广告也是一盏灯"的中心思想。

二、公益广告引导良好社会风尚

1. "下岗职工再就业"题材公益广告：鼓舞斗志、感动人心

"心若在，梦就在，天地之间还有真爱；看成败，人生豪迈，只不过是从头再来！"这是刘欢在公益广告片《从头再来》中唱的歌词。刘欢荡气回肠的歌声，不知鼓舞了多少人的斗志，点燃了多少破碎的希望，深深感动了所有热爱生活的人，激励大家再次起航去创造新生活。

20世纪90年代，国家进行国有企业改革，推行下岗再就业政策。1998年，围绕下岗职工再就业这一题材，中央电视台制作了一系列鼓舞斗志、感动人心的公益广告，其中包括《从头再来》《支持就是力量》《脚步》等，这些公益广告片全部以真人真事为基础制作而成，具有极强的感染力，一经播出，在社会上反响极大，其影响力远远超过众多商业广告，成为人们的话题之一，起到了公益广告引发社会关注、震撼大众心灵的作用。

2. 《知识改变命运》：知识就是力量

1999年，世纪交替之际，人们的思想观念、生活方式经受着新、旧浪潮的冲击。中央电视台广告部联合著名爱国人士李嘉诚先生共同推出了《知识改变命运》系列公益广告，长江实业、和记黄埔投入港币1 600万元。广告分40集，每60s都是一个微型故事。通过各个层面的人生变迁、大背景下的波澜壮阔和烛光幽微的演绎方式，以一沙一石观察世界，诠释出"知识就是力量""知识改变命运"的概念。知识成为当时人们的热点话题之一，得到广泛关注。

3. "节约创造价值"：和谐社会从每一个人开始

随着经济的发展，生产、生活水平的提高，全社会用水、用电大幅增加。2005年7月，正值盛夏，许多城市出现了水电供应紧张的局面。中央电视台在此关头推出《节约创造价值》系列公益广告，包括《省电篇》《政府大有可为篇》《变废为宝篇》《价值对比篇》《拍卖最后一杯水、一瓶空气——保护环境，节约资源》《节约资源，健康生活》等。"全国空调每调低一度，一年将节约数十亿度电"，鲜明的数字不仅巧妙地说明了问题，而且给人们的思想带来了强烈的冲击，使人们明白自己微小的言行都可以给社会带来很大的影响，加强了人们节约资源的观念，有助于创造一个节约型的社会。

4. "扬正气、促和谐"：宣传廉政意识，促进社会和谐

2008年8月中旬，全国范围开展"扬正气，促和谐"全国廉政公益广告创作展播评选活动。中央电视台广告部拍摄制作由姚明主演的《裁判篇》和由国家体操队主演的《正气篇》，广告主题为"认认真真比赛，干干净净做人"，宣传廉政意识，促进社会和谐。广告创意新颖、制作精良，受到中纪委和国家体育总局的一致赞扬。

三、公益广告与重要历史事件同行

1. "希望工程助学行动": 重视知识、重视教育

为了进一步扩大希望工程的宣传影响，动员和凝聚社会力量的参与，推动希望工程助学活动的开展，2002年，中国青少年发展基金会、中央电视台《广而告之》联合拍摄制作了《希望工程助学行动》电视公益广告，广告感召了众多爱心人士踊跃捐款，大力推动了希望工程助学活动的开展，让更多的贫困孩子从中受益。

2. "抗击非典第二战场": 唤起民众的爱心和行动

2003年，我国遭遇了突如其来的"非典"疫情。在全国人民顽强抗击"非典"的战斗中，中央电视台在新闻报道和专题节目之外，还开辟了一个特别的抗击"非典"的第二战场：公益广告。从4月下旬开始，中央电视台联合企业、广告公司迅速行动，推出近20支抗击"非典"公益广告片，在各频道大量播放。这些公益广告"入心、入脑、入耳"，以强大的感染力传递勇气、责任和信心，唤起了广大民众的爱心和行动，为大家齐心协力击败非典提供了强大的精神支持。

中央电视台投入了300万元制作费，用以播放这些公益广告的时段价值总额更是超过2亿元之巨。如此集中、大规模地播出公益广告系史无前例，而公益广告同电视新闻报道的首度组合出击更是值得一提。密集的播放频率，在公益广告宣传的历史上开了先河，中国电视公益广告进入了一个新的里程。

3. "红盾护农"和"新农村"公益广告：建设社会主义新农村

2005年10月，党的十六届五中全会提出了"建设社会主义新农村"的重大历史任务。2006年3月，温家宝总理在政府工作报告中指出，建设社会主义新农村，事关全面建设小康社会和现代化建设全局。

在国家建设社会主义新农村的思想指导下，2006年下半年，中央电视台广告部积极配合工商行政管理部门，拿出定量的广告时间，在中央电视台主要频道播放《红盾护农》的公益广告，为农业、农村、农民争取更多的利益，把温总理29次的呼吁转化为实际行动，助推"和谐社会"目标的早日实现。

2007年8月，中央电视台制作了以"走进新农村，建设新农村"为主题的公益广告，高频次播出。《走进新农村，建设新农村》公益广告生动地描绘出了和谐、美好的中国农村，向观众展现出了一幅连贯的中国社会主义新农村的美好画卷，一股农村的新风吹满荧屏。

4. "迎奥运 讲文明 树新风": 迎奥运，创造和谐、文明的社会氛围

2008年1月，《迎奥运 讲文明 树新风》公益广告，荣获中国广播影视大奖——广播电视节目奖（第二十届电视文艺"星光奖"）。

在2008北京奥运会期间，中央电视台调整节目编排，开辟专门时段，陆续播出《迎奥运 讲文明 树新风》公益广告，创造和谐、文明的社会氛围。《迎奥运 讲文明 树新风》公益广告从社会各界广泛征集创意，得到了多位演艺明星、知名主持人和在世界上有影响力的华人的热情支持和踊跃参与，增强了公益广告的影响力和吸引力，拍摄地点遍布全国各地，参与拍摄和制作的人员超过2 000人。

中央电视台不仅把《迎奥运 讲文明 树新风》公益广告在多个频道的黄金时段高频次免费播出，同时，还免费提供给各个地方电视台播出，在平面、网络等多媒体平台上进行

宣传，并在英国天空电视台等海外电视机构播出。通过中央电视台的广泛播出，社会上掀起了一股"迎奥运 讲文明 树新风"的文明之风。

5. 《抗震救灾》公益广告：用媒体的力量凝聚人心

2008年5月12日，汶川大地震发生后，中央电视台迅速反应，第一时间发布消息，多个频道24h不间断直播，运用多种形式，集中频道资源，全方位、多角度全面深入报道抗震救灾情况。

为了弘扬平凡人物的闪光之处，将中国人民不屈不挠、勇敢无畏的精神发扬光大，中央电视台广告部迅速行动，5月13日开始组织创作，14日就播出了第一支公益广告《到达篇》，接着又在5、6月陆续创作、播出了《悲情篇》《短信篇》《牵手篇》《凝聚篇》《敬礼篇》《积木篇》七支公益广告，用媒体的力量凝聚人心，鼓舞中国人民战胜困难、重建家园。

5月18日晚，中央电视台直播"爱的奉献——2008宣传文化系统抗震救灾大型募捐活动"，共募集15.15亿元人民币，是中华人民共和国成立以来规模最大、募集数额最多的一次募捐活动。募捐活动展现了抗震救灾的成果，同时振奋了民心，鼓舞了斗志，坚定了全国人民在党中央、国务院指挥部署下夺取抗震救灾胜利的决心和信心。

四、不断创新的公益广告

自2008年3月3日起，中央电视台广告部推出节日、节气系列主题公益广告，在各频道广告时段中播出，挖掘传统文化，弘扬社会正气。节日、节气系列公益广告以月为单位，每月制作一支主题公益广告，选取当月最值得关注的节日或传统节气作为主题。例如，2008年3月版公益广告以"植树节"为主题，号召全社会注重环境保护，积极植树造林，共建绿色家园。此后陆续推出以"五一劳动节""六一儿童节"以及"清明""重阳""端午"等节日、节气为主题的公益广告。

节气系列公益广告是2008年中央电视台广告部在公益广告方面的创新举措，积极挖掘和广泛传播中国传统旧历年节日、节气的社会意义，倡导积极、健康的价值观，弘扬正气、引导舆论，在引发社会关注的同时更凸显国家级媒体的社会责任。

第三节 公益广告设计技巧

一、汉字笔画的变化凸显创意

汉字是由横、竖、点、撇、捺、横折、提等笔画组成的，汉字的结构有上下、左右、上中下、左中右等构成方式，通过某一笔画或汉字的某一部分的变化，可以用最简练的形式表达出深刻的广告主题，无须充斥繁杂的广告语言，又使得受众有种恍然大悟、拍案叫绝的感觉。

例如，图9-1是宣传环境保护主题的公益广告。该广告利用环保两个字的笔画，指出如果不是人人参与到环保大业中，我们生活的环境就将"坏呆"了。

又如图9-2所示，《活—污篇》利用黑白色彩鲜明的对比，将"污"字融入"活"字中，指出生存与污染实际上就是人们的一念之差，人们的选择决定了自己的生存环境应该如何。图片中没有过多的文字，使得没有太多文化的人也能够一目了然。

图9-1 宣传环境保护主题的公益广告

图9-2 宣传生态环境保护的公益广告

此外，如图9-3所示宣传诚信的公益广告，利用"诚信"两个字包含"成人"的笔画，将"诚信"的重要性——称之为人的理念表达出来，"成人"两个字用红色突出表达，将一种说教的思想巧妙地表达出来，让受众欣然接受。

二、构图对比凸显创意

构图对比凸显创意是指通过图片中颜色、形状、内容等信息的对比，凸显创意。

例如，图9-4所示是一则鼓励戒烟的公益广告，将美丽的红唇与肮脏的烟头放在一起，广告语："How About a Big Kiss?"一针见血地显示出吸烟对于女人来说是多么令人难堪，而对于男人来说更是

图9-3 宣传诚信的公益广告

无法忍受自己的爱人如此不堪。这则广告能够令人对吸烟马上产生极度厌烦的心理，达到很好的宣传效果。

还有一则反对家庭暴力的公益广告，如图9-5所示，用两只大小、重量、清洁与肮脏对比强烈的鞋子，代表家庭中男人的强势与女人的无助，让受众立刻产生同情弱者，唾弃暴力使用者的心理，达到了很好的宣传效果。

图9-4 鼓励戒烟的公益广告

图9-5 反对家庭暴力的公益广告

三、通过类比传播抽象概念

公益广告通常要传播比较抽象的概念。如何将抽象的概念形象化是公益广告创作人员必须思考的问题。因此，很多公益广告都是将抽象的概念与生活中某些与之类似的事物进行类比，以达到理念传播的目的。

例如，图9-6所示是一则宣传《消费者权益保护法》作用的公益广告，将生活中蜜蜂与苍蝇具有的某些相似性，将假冒伪劣产品与正品进行类比，正品像蜜蜂一样给人类带来蜂蜜，而伪劣产品就像苍蝇一样只传播病菌危害，而将好与坏进行区分需要安全卫士，那就是《消费者权益保护法》。这则广告，改变了人们对于法律冰冷、严肃的印象，使之亲民性突出显现出来，同时也唤起消费者的自我保护意识。

图9-6 宣传《消费者权益保护法》作用的公益广告

《身教重于言教》这则公益广告（图9-7），通过两只大小悬殊的脚丫，将人的行为与所走的路进行类比，暗示着孩子走的路就是大人走的路的翻版，只是告诉孩子应该怎么做并不重要，家长的一言一行会在无形中潜移默化地影响着孩子，因此，凡事一定要从我做起。而宣传反腐倡廉的《手榴弹篇》（图9-8），将当权者权力与手榴弹进行类比，暗示着如果权力使用不当就会像手榴弹一样产生非常可怕的后果，以警示当权者谨言慎行。

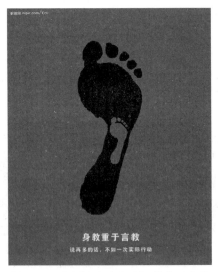

图9-7 《身教重于言教》的公益广告

图9-8 宣传反腐倡廉的《手榴弹篇》

四、巧妙地利用关联手法传递信息

关联法是各种广告设计中经常使用的方法，它将有一定关联度的事物用某种纽带联系到一起以达到宣传抽象内容的目的。

例如，图9-9所示有关禁烟的一则广告，将"世界无烟日"与"儿童节"两个看上去毫无关系，但是在生活中又有紧密相关的纪念日关联起来，指出为了明天，为了孩子，请马上戒烟，既表现出吸烟的危害，又表现出戒烟的为人为己的双重作用。

图9-9 有关禁烟的一则广告

五、采用系列平面广告体现完整概念

为了表达的概念更完整，公益广告设计通常使用几张图片，组成系列广告，一方面使得广告主题具有持续性，另一方面也容易使受众对传递的信息保持长久记忆。

例如：有关"全球变暖"这一社会问题的系列广告（图9-10），利用人们熟悉的北极熊、企鹅、海豹等极地动物，告诉我们由于全球变暖动物们面临失去赖以生存的环境这一严峻的问题，同时文案指出，我们每个人都可以伸出援助之手，只要我们行动起来，为阻止全球变暖而努力，就可以帮助它们。三幅图片都以"YOU CAN HELP. STOP GLOBAL WARMING"为主题，很好地实现了信息的有效传播。

a) 北极熊篇

b) 企鹅篇

图9-10 有关"全球变暖"这一社会问题的系列广告

c) 海豹篇

图 9-10 有关"全球变暖"这一社会问题的系列广告（续）

六、运用广告语升华主题

在公益广告的宣传中，广告语起到了举足轻重的作用，可以通过富含深意、构思巧妙的广告语，让受众在会心一笑之后，选择支持公益事业。

例如，旅游景点公益广告"投入大自然的怀抱，请不要弄脏她美丽的衣裳"；"把脏东西喂给我吧，大地妈妈刚换了件干净衣服——垃圾桶说"等。

校园公益广告："不要让我无故流泪"——节约用水篇；"举手投足间，别忘了我饥饿的大嘴"——果皮箱篇；"天地'粮'心，惜食莫蚀"——节约粮食篇等。

【本章思考题】

1. 简述公益广告的概念与特点。
2. 公益广告的功能有哪些？
3. 公益广告的设计技巧有哪些？
4. 列举一则公益广告，说明其体现的现实意义。

【案例分析讨论】

用心诠释　用爱表达——访公益广告创意人张德元

最近，在央视荧屏上有一条感动了无数人的公益广告——《爱的表达式》，这则公益广告通过对英文单词"Family"字母的演变，诠释了"家"的温情与内涵。

该公益广告，将组成家庭的英文单词"Family"的每个字母分别赋予了不同的含义，F代表爸爸、M代表妈妈、I代表孩子，以家庭生活中爸爸、妈妈和孩子的角色随着岁月的变迁而发生的故事，再现了每个家庭周而复始的、普普通通的，却又发人深省的感人故事。

情节：故事中的 F（爸爸）和 M（妈妈）在 I（孩子）小的时候细心呵护，可随着孩子的长大，当孩子有了自己的主见，却不断地与爸爸妈妈发生冲突，孩子企图冲破家长的保护与束缚来自由成长，可是爸爸妈妈却伤心地哭了。后来，孩子体会到生活的艰辛，才发现爸爸妈妈已经慢慢变老，于是孩子主动承担起家庭的责任，长成参天大树，让年迈的爸爸可以依靠，替年老的妈妈遮挡骄阳。广告的最后把"Father and Mather I Love You"翻译成"爸爸妈妈我爱你"，广告结束。整个广告没有人物、没有语言，只是在轻缓的音乐背景下，利用代表人物的英文字母的变化，体现时间的变迁和生活中往往被我们忽略的点点滴滴。这则广告言简意赅，寓意深刻，并深深打动着每个看过该段广告的人。

令很多人没有想到的是，这么经典的一则公益广告是出自浙江一名刚刚步入社会的大学毕业生——张德元。说到创作这则公益广告的初衷，张德元的理由有些奇特，"看了《功夫熊猫》《花木兰》之后，既对中国传统文化感到骄傲，又有了一种冲动——是不是也可以将外国文化中的元素用于自己的创作？"最终，一直想表达对于家的热爱的张德元将目光锁定在了英文单词和字母上，"每一种文化都有它的特质，很多人都对'Family'这个英文单词做这样的理解——'Father and Mother I Love You'，而我希望从中国文化的角度出发，来挖掘这个外来词的中国内涵，于是就有了作品中将字母幻化成大树、拐杖、雨伞等形象。"

对于自己的家庭，张德元说得并不多，记者只是知道这条创意是他在2008年爸爸去世5周年的时候创作的作品，"'家家有本难念的经'，我还是希望大家能够更多专注于这则公益广告本身。一则公益广告若能真的触动人心，应该是基于广告本身的魅力，而不是某个特定的人在特定生活中的遭遇。"

作为年轻的广告创意人，张德元对于公益广告的理解有着他这个年龄难得的深刻，"从某种程度上来说，公益广告就像一位诲人不倦的老师，而他的学生则是千千万万的人民大众。所以，要想让众人接受公益广告，就必须做到'寓教于情'。"

张德元说，"创作公益广告需要怀着一颗赤子之心去感知生活，切忌用愤世嫉俗的眼光去看待周遭的世界，做一些人云亦云的无谓鞭挞，点滴奉献远比鞭挞更有价值。一些震撼人心的东西，往往就是需要你用心去创作的。只有感动了自己，才有可能感动别人。"

如今，大学毕业的张德元在一家影视公司从事后期制作工作，"没想到自己的作品能够登上中央电视台的舞台，也没有想太多以后的事情，但是可以肯定的是，对于公益广告的创作，我会一直走下去。"

讨论题：

1. 《爱的表达式》这则公益广告真正打动你的有哪几个方面？
2. 结合实例分析公益广告诉求点的选取与商品广告的诉求点选取的相同之处以及差异性。
3. 如何理解张德元所说的"寓教于情"？
4. 你认为公益广告的精髓是什么？

【本章参考文献】

[1] 余明阳，陈先红. 广告学［M］. 合肥：安徽人民出版社，1997.
[2] 潘泽宏. 公益广告导论［M］. 北京：中国广播电视出版社，2001.
[3] 贝尔奇 G E，贝尔奇 M A. 广告与促销：整合营销传播视角［M］. 张树庭，郑苏晖，译. 8版. 北京：中国人民大学出版社，2009.

第十章

企业形象广告

当今的竞争手段多种多样,企业单纯依靠商业性广告的狂轰滥炸很难使消费者选择企业的产品,更难以使消费者成为企业产品的忠诚顾客。企业形象广告可以将人们生活中实实在在发生的事情通过各种艺术手段以故事的形式表现出来,这恰好可以帮助企业将生硬、死板的产品与品牌变得鲜活起来,变得富有人情味和富有个性,成为获取消费者喜爱与认同的重要手段。企业形象广告日益引起广告主和广告设计人员的关注。

【本章要点】

1. 企业形象的概念与内涵
2. 企业形象基本要素的设计
3. 企业形象应用要素的设计
4. 企业形象广告的设计

【导入案例】

企业形象广告是企业进行整合营销传播必不可少的手段,尤其是以提供服务为内容的第三产业,由于缺少具体的实体产品,在进行广告宣传时不易确定广告主题,此时,企业形象广告就是首选,银行、保险公司、餐饮、宾馆、旅游景点等都是通过形象广告来达到宣传与推广的目的。

微软的企业形象广告很好地诠释了微软的企业精神。一个小男孩跑进教室,广告语:"我们看到了一名医生。"一个小女孩跑到厨房找妈妈,她的妈妈正抱着一个更小的孩子往计算机输入内容,广告语:"我们看到了一位妈妈和一位CEO。"接着是一个洗完脸从卫生间出来匆忙去上学的男孩,广告语:"我们看到了一位海洋生物学家。"接着出现了不同人物的图像和场景,广告语:"在微软,我们看到的不是一个表象的世界,而是一个将来的世界,我们看到潜力,我们看到人们彰显创意,施展才华,获得更多成就,享受前所未有的生活,我们看到工作人员一起工作,自由、公开地分享信息,我们看到小企业在成长,大企业的运营变得更灵活,公司间建立起良好的合作关系,我们看到微软开发人员,开创下一个伟大梦想,在微软,我们乐于分享您的潜力,正是它,启发我们创造微软,助您不断发挥潜力,正是它,启发了我们所有的成就,因为,最终我们的成功,并非强大的软件,而是强大的您。您的潜力,我们的动力。微软。"

整个广告没有对微软开发的软件功能进行介绍,却通过日常生活中人们的潜能开发,使得普通人都有了相同的成为成功人士的机会，这与微软公司不看重表象，只注重人的潜能的企业经营宗旨不谋而合，从而将微软的企业形象很好地实现了有效传播。

第一节 企业形象与企业识别系统

一、企业形象的概念与内涵

（一）企业形象的概念

企业形象（Corporate Image，CI）是指人们通过企业的各种标志（如产品特点、行销策略、人员风格等）而建立起来的对企业的总体印象，是企业文化建设的核心。企业形象是企业精神文化的一种外在表现形式，它是社会公众与企业接触交往过程中所感受到的总体印象。这种印象是通过人体的感官传递获得的。企业形象能否真实反映企业的精神文化，以及能否被社会各界和公众舆论所理解和接受，在很大程度上取决于企业自身的主观努力。

（二）企业形象的分类

企业形象的分类方法很多，可以根据以下标准划分：

1. 根据企业的内外在表现来划分

根据企业的内外在表现来划分，企业形象可以分为内在形象和外在形象。企业内在形象主要是指企业目标、企业哲学、企业精神、企业风气等看不见、摸不着的部分，是企业形象的核心部分；企业外在形象则是指企业的名称、商标、广告、厂房、厂歌、产品的外观和包装、典礼仪式、公开活动等看得见、听得到的部分，是内在形象的外在表现。

2. 根据主客观属性来划分

根据主客观属性来划分，企业形象可以分为实态形象和虚态形象。实态形象又叫作客观形象，是指企业实际的观念、行为和物质形态，它是不以人的意志为转移的客观存在。诸如企业生产经营规模、产品和服务质量、市场占有情况、产值和利润等。虚态形象则是指用户、供应商、合作伙伴、内部员工等企业关系者对企业整体的主观印象，是实态形象通过传播媒体等渠道产生的映像。

3. 根据接受者的范围来划分

根据接受者的范围划分，企业形象可以分为外部形象和内部形象。企业外部形象是指员工以外的社会公众形成的对企业的认知，是人们通常所认定的企业形象；企业内部形象则是指该企业的全体员工对企业的整体感觉和认识。由于员工置身企业之中，他们不但能感受到企业外在属性，而且能够充分感受到企业精神、风气等内在属性，有利于形成更丰满、深入的企业形象。

4. 根据社会公众的评价态度来划分

根据社会公众的评价态度来划分，企业形象可以分为正面形象与负面形象。正面形象是指社会公众对企业形象的认同或肯定的部分；负面形象就是社会公众对企业形象的抵触或否定的部分。任何企业的企业形象都具有正、反两方面的形象，因此，企业一方面要努力扩大正面形象；另一方面又要努力避免或消除负面形象。

5. 根据公众获取企业信息的媒介渠道来划分

根据公众获取企业信息的媒介渠道来划分，企业形象可以分为直接形象和间接形象。直接形象是指公众通过直接接触某企业的产品和服务，由亲身体验形成的企业形象；间接形象是指公众通过大众传播媒介或借助他人的亲身体验得到的企业形象。

6. 根据公众对企业形象的关注程度来划分

根据公众对企业形象因素的关注程度来划分，企业形象可以分为主导形象和辅助形象。主导形象是指那些公众最关注的企业形象因素；辅助形象是指对公众关注度有一定影响的其他因素。例如，公众最关心手机的功能和价格，因而手机的功能和价格就构成该企业的主导形象，而生产该手机的企业所具有的企业理念、员工素质、企业规模等则构成企业的辅助形象。

（三）企业形象的内涵

企业形象是企业员工和社会公众对企业的总体印象，具体包括环境形象、员工形象、企业家形象、公共关系形象、社会形象、总体形象等。

1. 环境形象

企业环境形象包括厂区建筑、构筑物的布局、厂区的卫生绿化、材料堆放以及企业的合理布局等诸多内容。企业环境的好坏，不仅反映着企业经营状况的好坏，更重要的是体现了企业的现代文明程度、企业素质的高低和对外界发射的文明信息的多少。

优化企业环境的意义主要在于：美化了企业环境，表现出的是干净、井然和有序的气象，给人一种美观、和谐、清爽和怡人的感受，给人一种美的享受。这样的企业无疑给自己的员工和社会公众留下深刻的印象，树立起自己良好的形象，赢得自己在社会上的地位，便于吸引人才、技术和资金，为企业发展提供动力。企业环境的优美整洁不仅可以改造、影响环境，同时环境又反过来影响人的情绪，进而影响人的行为。试想员工生活、工作在一个花园式的企业里，不仅从内心深处为自己在这样一个企业工作而感到自豪，而且这种自豪感还会转化为行为上的积极性和创造性，在员工群体中形成凝聚力。优美整洁的企业环境是企业文化的组成部分，有利于培育出健康向上的企业精神和企业文化。现代企业虽然也把追求利润作为自己的目标，但同时还承担一定的责任和义务，这种责任和义务就包括处理好与自然的关系。因此，现代企业从产生之日起，就应承担起保护环境、绿化环境的社会责任。

2. 员工形象

员工是企业形象的主体，因为每个企业的活动，都离不开员工的参与。员工形象是企业形象的能动力量，并直接作用于企业凝聚力的强化以及员工忠诚度的提高。员工形象包括内在形象和外在形象。员工的内在形象包括创新能力、业务能力、组织能力、心理调适能力、心理承受能力和洞悉他人的能力。外表仪容仪表是员工形象展现的首要途径，同时它也是传递企业形象的重要渠道。员工的外在形象包括员工的服饰、外貌、动作、礼仪等外在表现。规范而又极富内涵的员工形象不仅有利于营造和谐的工作氛围，更是一个企业内在风范的显现。塑造员工形象的主要途径如下：提高员工的整体素质，让员工认识形象塑造的重要性和方法，自觉成为商务组织形象的塑造者和代表者；扎实抓好员工道德素质教育，并注意与宣传企业精神、塑造企业形象相结合；鼓励员工建立高尚的情操、进取的精神和健康的价值观，让商务组织具有蓬勃向上的活力；创造公平竞争的良好环境，促进优秀员工脱颖而出；不断完善道德管理约束机制。道德建设靠制度保障，制度靠管理落实。

3. 企业家形象

"企业家"（Entrepreneur）一词源自法语，原指参与军事征战的人。当代企业家的定义最早是在1800年由法国经济学家萨伊提出的。他认为：企业家是能把经济资源由较低的生产率水平转变为较高生产率水平的人。经济学家熊彼特认为，"企业家的功能是：通过利用一种新发明，或者更一般地利用一种未经试验的技术可能性，来生产新商品或者用新方法生产老商品；通过开辟原料供应新来源或产品的新销路；和通过改组工业结构等手段来改良或彻底改革生产模式"。他们是这样一些人——"企业家角色虽然没有中世纪军阀一般的魅力，但他或多或少也是（不论现在或过去）由取得成功的个人力量与个人责任心而获得领导权的另一种形式"。

企业家形象所具有的特点主要有：超常的能力、鲜明的个性、传奇的经历、运筹帷幄的气魄和战胜困难的勇气。用更科学的术语来说，就是成功的企业家必须注重培养个人的智商（IQ）、情商（EQ）、经营商（BQ）和挫折商（AQ）。

智商的高低取决于两个方面的因素：一方面是每个人源于父母的遗传基因，这是人力所无法改变的客观事实；另一方面是经过不断学习得以提高和改善的知识与经历，这是经过后天努力每个人都能够做到的，付出的努力越多，得到的回报就越多。因此，每一个成功人士都有着艰苦奋斗的经历。

情商的高低主要是指一个人处理各种人际关系的能力。企业家可以运用自己的自信、果断等鲜明的个性将员工和客户吸引到自己的身边，更重要的是通过宽容、仁爱等人格魅力获得竞争对手和社会公众的认可。

经营商是指企业家的把握机会的能力，他的远见卓识可以使得企业在激烈的市场竞争中把握住超越竞争对手的机会，也可以说是企业家运筹帷幄的风采。

挫折商是指企业家越挫越勇、不怕失败的精神。企业家不仅具有超常的忍耐力，更应该具有分析失利原因的能力，并且要总结经验教训，拥有最终取得成功的决心。

4. 公共关系形象

公共关系形象，又被称为组织形象或公众形象。它是指一定的组织或个人在社会公众心目中相对稳定的地位和整体映像，具体表现为社会公众对组织机构或个人的全部看法、评价和整套的要求及标准。要注意的是，公共关系形象表现为公众的评价，但并不是说它可以和公众评价画等号。只有公众评价中所包含的相对稳定的趋势和特征，才反映组织的形象状况。公共关系形象实际上是组织和公众互惠互利的结果，是双方利益结合与和谐程度的指示器。为防止公共关系形象的下降，避免公共关系失调，企业必须对公众评价和舆论进行监测、了解。良好的公共关系形象是组织的无形财富，它对组织各个方面都会产生巨大影响。

良好的公共关系形象会对公众产生无形的巨大吸引力。在商品经济高度发达的社会里，商品的价格、质量、包装彼此相差无几，因此公众选择的标准将由"名牌产品"转向"名牌企业"，消费者选择那些产品货真价实、服务周到、从不欺骗顾客的企业，以确保自己的利益。此外，良好的公共关系形象能给员工创造良好的工作条件，人们往往选择那些能在工作中得到尊重、关系和谐、自我价值得以实现的企业。而对于投资者来说，他的投资对象应当是组织机构合理、管理科学、有前途的企业，因而企业的公共关系形象好还可以争取到公众的财力支持。

5. 社会形象

社会形象是指企业不仅扮演创造财富的经济组织的角色，还要扮演社会公民角色，主动承担社会责任。作为社会系统的组成部分，企业必须积极地与其他社会主体建立良好和谐的关系。有社会责任心的企业，总是把企业的发展同国家、社会、民生紧密联系起来，企业发展成长之后，应不忘报效国家，要造福社会，惠泽民生。

企业的社会责任涉及企业利益、消费者权益、员工福利、纳税义务、环境保护和公益事业等诸多方面，既有法律层面的问题，也有道德层面的要求。企业家要适应时代需要，不断创业创新，发展壮大企业，促进公平正义；坚持以人为本，尊重和维护员工权益；诚信守法，遵守法律、法规；热心社会慈善事业，倾情回报社会。

6. 总体形象

企业的总体形象是指企业通过其经营和社会活动在其公众心目中形成的综合化、系统化印象，是环境形象、员工形象、企业家形象、公共关系形象、社会形象的综合，是一个完整的系统。

二、企业识别系统的概念与内涵

（一）企业识别系统的概念

企业识别系统（Corporate Identity System，CIS）是一个社会组织为了塑造企业形象，通过统一的视觉设计，运用整体传达系统，将组织的经营理念、企业文化和企业经营活动传递出去，以凸显企业的个性和精神，与社会公众建立双向沟通关系，从而使社会公众产生认同感和共同价值观的一种战略性的活动职能。

（二）企业识别系统的内涵

企业识别系统包括三个层级：理念识别、行为识别和视觉识别。它们之间的关系非常紧密。理念识别是基础，可以理解为树根；行为识别是内容，可以理解为树干；视觉识别是具体的外在表现，可以理解为树的枝叶。

理念识别（Mind Identity，MI）是企业识别系统的基础和基本精神所在，是企业在长期发展过程中形成的，具有独特个性的价值体系，是企业宝贵的精神资产，是企业不断成长的根本驱动力。

行为识别（Behavior Identity，BI）是在企业理念指导下逐步培育起来的，企业全体员工自觉的行动方式和工作方法，也可以是行为活动的动态形式，可直接将MI的内涵用具体的规章制度得以贯彻和实施。

视觉识别（Visual Identity，VI）是企业所独有的一整套识别标志，包括基本要素和应用要素两部分，是企业识别系统中最外在的、最直接的部分。

尽管企业识别系统与企业形象在表述上和构成上有明显差异，但是，它们研究的主要内容是一致的。

第二节 企业形象基本要素的设计

一、企业名称设计

（一）企业名称的概念与内涵

企业名称是指作为法人的公司或企业的名称，该名称属于一种法人人身权，不能转让，随法人存在而存在，随法人消亡而消亡。企业名称必须经过核准登记才能取得。构成企业名称的四项基本要素是：行政区划名称，字号，行业或经营特点，组织形式。

行政区划名称是指企业所在地县以上行政区划的名称。企业名称中的行政区划名称可以省略"省""市""县"等字，但省略后可能造成误认的除外。县以上的市辖区行政区划名称应与市行政区划名称联用，不宜单独冠用市辖区行政区划名称。除符合《企业名称登记管理规定》特别条款外，行政区划名称应置于企业名称的最前部。

字号是构成企业名称的核心要素，应由两个以上的汉字组成。企业名称中的字号是某一企业区别于其他企业或社会组织的主要标志。除符合《企业名称登记管理规定》特别条款外，字号应置于行政区划之后，行业或经营特点之前。驰名字号是指在一定的时间和空间范围内，在某一行业或多个行业中为人们所熟知的企业字号。企业有自主选择企业名称字号的权利，但所起字号不能与国家法律、法规相悖，不能在客观上使公众产生误解和误认。企业名称字号一般不得使用行业字词。

企业名称也是一种社会文化，从一个侧面反映了社会文化健康文明的程度。因此，在确定企业名称字号时，应考虑符合社会精神文明的要求，抵制、反对使用带有殖民奴化、封建糟粕、格调低下的字词作为企业的字号。

企业名称中的行业或经营特点字词应当具体反映企业的业务范围、方式或特点等确定行业或经营特点字词，可以依照国家行业分类标准划分的类别使用一个具体的行业名称，也可以使用概括性字词，但不能明示或暗示有超越其经营范围的业务。企业经营业务跨国民经济行业分类大类的，可以选择一个大类名称或使用概括性语言在名称中表述企业所从事的行业。企业应根据自身的业务情况，选择行业或经营特点字词，注意避免脱离自身实际业务情况而盲目追求"大名称"。

所谓组织形式，即企业名称中反映企业组成结构、责任形式的字词，如公司、厂、中心、店、堂等。目前，我国企业组织形式的称谓多样，概括起来可分为两大类：一是公司类，依照《中华人民共和国公司法》（以下简称《公司法》）设立的公司，其名称必须标明"有限责任公司"或"股份有限公司"字样。"有限责任公司"亦可简称为"有限公司"。二是一般企业类，依照《企业法人登记管理条例》设立的企业。其名称中的组织形式称谓纷繁多样，如"中心""店""场""城"等。组织形式一般不能连用或混用。对一些国际上通用的形式如"××厂有限公司""××中心股份有限公司"等，应允许使用。

在诸多要素中，企业名称是首先要重视的，好的名称能产生一种魅力，是企业外观形象的重要组成因素。人们对一个企业的记忆和印象直接来自名称，俗话说"名不正，言不顺"，企业的名称对企业形象有重大影响。如果企业名称不适于信息传递，将会直接影响到企业的商业活动。

(二) 企业名称设计原则

1. 简

简是指企业名称越单纯、越明快越好,应易于和消费者进行信息交流,易于刺激消费者的遐想和记忆。

根据"日本经济新闻"调查,企业名称的字数对认知度有一定影响,企业的名称越短,越有利于消费者的传播和记忆,4个字的企业名称在被调查者中的平均认知度为11.3%,而8个字的企业名称的平均认知度只有2.88%。

为适应信息传递,欧美许多公司进行"缩简法",把公司名称缩短或用简化名称,往往同时拥有信息传递专名和法律公司名。例如,美国明尼苏达矿业制造公司(简称"3M公司"),在一般商业活动中用"3M"代表企业,只在涉及法律意义的场合用全称(Minnesota Mines and Manufacture Company)。IBM公司亦将其全称(International Business Machines)的缩写用于企业形象的塑造。我国的TCL的全称为Today China Lion也属于这种设计原则。

2. 新

新就是创新,是指企业名称应具有新、奇、特的特点,即企业名称要富有新鲜感、有创意、有独特性,也就是企业要以全然未曾出现过的词语作为新公司的名称,很好地体现出企业的独创性。

"柯达"一词在英文中根本不存在,本身也无任何意义,但它的发音契合了相机拍照时发出的声响,厂商通过这种独特的设计理念,很快使消费者记住了企业名称和主营业务。

日本索尼公司,前身是东京通信工业株式会社,如果取其缩写TK作企业名称,没有一点特色,其创始人盛田昭夫决心必须为企业创造一个独特的名称,最后,将Sonus(拉丁语"声音")和Sonny(精力旺盛的小伙子)综合变形,创造出一个字典上找不到的新词"SONY",很快便风行世界。

万宝路(Marlboro)的名称源于一句英文的开头字母的缩写,"Man Always Remember Love Because of Romantic Only."翻译过来就是男人永远忘不了女人的爱。

3. 亮

亮是指企业名称的发音要响亮、朗朗上口,比起那些难发音或音韵不好的名字,响亮的名字自然更容易传诵。

企业拥有一个响亮的名称,是会让消费者"久闻大名"的前提条件。例如,音响企业健伍(KENWOOD),原名特丽欧(TRIO),发音节奏感不强,最后一个音"O"念起来没有气势,后改名为"KENWOOD","KEN"与"CAN"谐音,有力度和个性,而WOOD又有短促音与和谐感,整个名称节奏感强,颇受专家好评和消费者喜爱。

4. 巧

巧是指企业名称能巧妙地利用联想的心理现象,给人以好的、吉利的、优美的、高雅的等多方面的提示和联想,能较好地反映出企业的品位,在市场竞争中给消费者好的印象,如福满多、喜临门、大润发等。

随着经济全球化趋势,一个能够适应不同文化背景,带来美好联想的名称,一直是很多企业追求的目标。而企业名称的中英文翻译的技巧就显得尤为重要。奔驰车(BENZ)最初在中国台湾地区被翻译成平治车，而后来在中国大陆被翻译成奔驰，将奔驰车的速度、稳健与高品质形象地表现出来，使得奔驰车成为众多成功人士购车的首选。

金利来（Goldlion）最初的名称为"金狮"，但是在粤语的读音往往变为"尽输"，这对于企业经营者来说是很不吉利的读音。因此，曾宪梓先生后来将其中文名称改为"金利来"，代表着滚滚财源流入企业，也使得企业名称具有富贵、高档的形象，与其成功男士的选择的理念不谋而合。

品牌名称与企业名称一致，适用于性质、价格和目标市场大体一致的产品，在同一名称下推出各种系列产品，可显示企业实力，提高企业威望，也可节约广告宣传费用。但这种亲密的联系担负着"一荣俱荣，一损俱损"的风险。上海凤凰自行车厂、北京长城风雨衣公司、日本TDK公司等都是在创名牌产品后，统一品牌和企业名称，来提升企业知名度，再进一步维护品牌形象，达到相得益彰的效果。

品牌名称与企业名称不一致，适用于经营多元化，产品特性、价格、目标市场有差异的企业，一类产品一个品牌，有利于维护品牌声誉的独立性，不会产生"连带"影响，又可吸引更多的不同偏好的消费者。但品牌多了，宣传广告费用激增，而且企业的整体形象淡化，导致有些消费者只知某名牌产品，不知生产企业是谁，难以树立企业整体形象。

二、企业标志设计

（一）企业标志的概念

企业标志是通过造型单纯、含义明确、统一标准的视觉符号，将企业的理念、公司的规模、经营的内容和产品的性质等要素传递给消费大众，以便求得消费大众的认同和识别。

（二）企业标志的特征

1. 识别性

识别性是企业标志的基本功能。借助独具个性的标志，来区别本企业及其产品的识别力，是现代企业市场竞争的"利器"。因此，通过整体规划和设计的视觉符号，必须具有独特的个性和强烈的冲击力，在CI设计中，标志是最具有企业视觉认知、识别的信息传达功能的设计要素。

2. 主导性

企业标志是企业视觉传达要素的核心，也是企业开展信息传达的主导力量。标志的领导地位是企业经营理念和经营活动的集中表现，贯穿和应用于企业的所有相关的活动中，不仅具有权威性，而且还体现在视觉要素的一体化和多样性上，其他视觉要素都以标志构成整体为中心而展开。

3. 同一性

标志代表着企业的经营理念、企业的文化特色、企业的规模、经营的内容和特点，因而是企业精神的具体象征。因此，可以说社会大众对于标志的认同等于对企业的认同。只有企业的经营内容或企业的实态与外部象征——企业标志相一致时，才有可能获得社会大众的一致认同。

4. 造型性

企业标志设计表现的题材和形式丰富多彩，如中外文字体、具象图案、抽象符号、几何图形等，因此标志造型变化就显得格外活泼生动。标志图形的优劣，不仅决定了标志传达企业情况的效力，而且会影响到消费者对商品品质的信心与企业形象的认同。

5. 延展性

企业标志是应用最为广泛、出现频率最高的视觉传达要素，必须在各种传播媒体上广泛应用。标志图形要针对印刷方式、制作工艺技术、材料质地和应用项目的不同，采用多种对应性和延展性的变体设计，以产生切合、适宜的效果与表现。

6. 系统性

企业标志一旦确定，随之就应展开标志的精致化作业，其中包括标志与其他基本设计要素的组合规定，目的是对未来标志的应用进行规划，达到系统化、规范化、标准化的科学管理，从而提高设计作业的效率，保持一定的设计水平。此外，当视觉结构走向多样化的时候，可以用强有力的标志来统一各关系企业，采用统一标志不同色彩、同一外形不同图案或同一标志图案不同结构的方式，来强化关系企业的系统化精神。

7. 时代性

现代企业面对发展迅速的社会，日新月异的生活和意识形态，不断的市场竞争形势，其标志形态必须具有鲜明的时代特征。特别是许多老企业，有必要对现有标志形象进行检讨和改进，在保留旧有形象的基础上，采取清新简洁、明晰易记的设计形式，这样才能使企业的标志具有鲜明的时代特征。通常，标志形象的更新以十年为一期，它代表着企业求新求变、勇于创造、追求卓越的精神，避免企业的日益僵化、陈腐过时的形象。

(三) 企业标志的设计原则

1. 突出形象，展示个性

企业标志是用来表达企业或产品的独特"性格"的，通过标志让消费者了解企业独特的品质、风格及经营理念，企业标志只有在设计上别出心裁，富有创意，才能让消费者印象深刻，轻松地把该企业标志与其他企业区分开来。

2. 寓意准确，名实相符

企业标志要能够巧妙地将企业理念表达的深意蕴含在标志里，形象地暗示内容，耐人寻味，这样更有利于企业形象的传播。

3. 简洁鲜明，感染力强

无论用什么方法设计的标志，都应力求形体简洁，形象明朗，引人注目，而且易于识别、理解和记忆。

4. 造型优美、别致，符合美学原理

造型美是标志特有和追求的艺术特色，设计时应把握一个"美"字，使符号的形式符合人类对美的共同感知；要讲究点、线、面、体四大类标志设计的造型要素，在符合形式规律的运用中，能构成独立于各种具体事物的结构的美感。

5. 相对稳定，跟上时代发展节拍

企业要想标志被公众认可，就必须长期宣传、广泛使用。因此，稳定性、一贯性是必需的。但随时代的变迁或企业自身的变革与发展，标志所反映的内容或风格有可能落后于时代,因此在保持相对稳定性的同时,也应具有时代精神,做必要的调整修改。美国宝洁公司(P&G)的标志就是经多次修订成现在的由星星、月神构成的圆形图案的,透着浪漫、神秘的气息。可口可乐公司在20世纪70年代新CI设计中,为标准字下添加了一条白色波浪线,成为新标志的点睛之笔,和原有的流利、有韵味的字母相配,和谐而更富激情。

(四)企业标志的分类

企业标志设计主要有两大类:一是表音的符号;二是表形的符号。

1. 表音符号

表音符号是指表示语言因素及其拼合的语音的视觉符号,如大小写字母、汉字、阿拉伯数字、标点符号等日常用的文字或语素、音素。表音的符号又可以分成三种:连字符号、组字符号和音形符号。

(1)连字符号。连字符号是指因素、字母、汉字连接而成相对完整的词语,典型代表就是P&G(宝洁公司的英文标志,见图10-1)、3M(明尼苏达矿业制造公司的标志,见图10-2)等。

图10-1 宝洁公司的英文标志

(2)组字符号。组字符号是指取企业名称开头字母组成的表音符号,典型的代表就是IBM公司的标志,如图10-3所示。

图10-2 明尼苏达矿业制造公司的标志

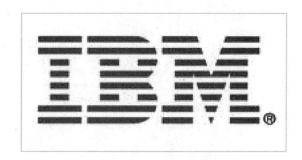

图10-3 IBM公司的标志

(3)音形符号。音形符号是表音和表形符号的结合,如今被广泛使用的就是开头字母的变形设计。图10-4所示就是一系列以字母M为开头字母的企业设计的标志,通过不同的变形和艺术手法的处理,产生了截然不同的设计风格与理念。

图10-4 摩托罗拉、麦当劳、米旗和满婷的企业标志

2. 表形符号

表形符号是指通过几何图形或象形图形来设计的标志，具体可分成：抽象符号、形征符号和图画三种。

（1）抽象符号。抽象符号是指利用几何构图来表达的某种事物的意义或概念，典型的代表是统一企业的标志（见图10-5）与奥迪汽车的企业标志（见图10-6）。

图10-5　统一企业标志　　　　　　　　图10-6　奥迪汽车的企业标志

（2）形征符号。形征符号是指抽象符号和象形符号的结合，典型的代表是日立的标志设计，如图10-7所示。

图10-7　日立早期的企业标志

（3）图画。图画是指真实、直接、形象地刻画企业标志的表现手法。早期很多企业的标志都是用图画表示，以后逐渐简化，向象征符号靠拢。典型的代表是小天鹅洗衣机的企业标志（见图10-8）和大红鹰集团的企业标志（见图10-9）。

图10-8　小天鹅洗衣机的企业标志　　　　图10-9　大红鹰集团的企业标志

（五）标志设计应注意的问题

1. 大小修正

有的标志可以很完美地用在名片和图章上，但要是放大印在广告牌上，就会有失真的感觉，而有的标志缩小后，原有的设计思想和形象就会模糊。因此，在标志设计中要注意放大和缩小引起的标志变化，及时进行修正。

2. 错觉修正

受人的视觉和心理因素的影响，人们经常会对图形和颜色产生错觉。典型的例子就是奥运五环标志，黑色和黄色环的粗细是一致的，而蓝色、绿色和红色这三个彩色环的粗细是经过调整以后使人感觉和黑色与黄色环是一样粗细的。有关错觉的内容请参阅本书第七章。

3. 文化差异

由于不同国家、不同民族在风俗习惯和审美心理上存在很大的差异性，所以在标志设计过程中，为了适应企业发展全球化趋势的特点，一定要规避各国的各种禁忌，以防止在后来的企业发展过程中出现被动局面。文化差异相关内容也在第七章有详细介绍。

三、企业标准色设计

（一）标准色的概念

标准色是企业经过特别设计而选定的代表企业形象的特定颜色，一般为1～2种，不超过4种为宜。

（二）标准色的作用

在视觉传达设计的媒体上，如广告、包装、制服标志、建筑装饰、展品陈列等，利用色彩具有的视觉刺激与引起心理反应的作用，以显示企业经营理念或产品的内容特质。

标准色的设计与选取原则与第八章的广告色彩是一致的，在此就不再做详细介绍了。

四、企业标准字设计

（一）标准字的概念

标准字是指用特别设计的文字来表现企业厂名或品名的字体。经过精心设计的标准字体与普通印刷字体的差异性在于，除了外观造型不同外，更重要的是，它是根据企业或品牌的个性而设计的，对策划的形态、粗细、字间的连接与配置，统一的造型等，都做了细致严谨的规划，比普通字体更美观，更具特色。

在实施企业形象战略中，许多企业和品牌名称趋于同一性，企业名称和标志统一的字体标志设计，已形成新的趋势。企业名称和标志统一，虽然只有一个设计要素，却具备了两种功能，达到视觉和听觉同步传达信息的效果。

（二）标准字的设计

标准字体的设计主要侧重于在汉字字体的选择和拉丁字母的字体选择。

1. 汉字字体的选择

汉字的发展过程是：象形文字—甲骨文字—大篆—小篆—隶书—真书（楷书）—草书—宋体—黑体等，不同的字体具有不同的特点，其中，甲骨文字形不规范，图形化；大篆具有线条化、均匀化、规范化和方形的特点；小篆则彻底摆脱了象形文字，具有协调、整齐、美观和长方形的特点；隶书改曲为直，结构简化，字形偏扁，有了偏旁部首；楷书的横、捺取消了隶书的蚕头燕尾，字形端庄，呈方形；草书笔墨飞舞，感情奔腾；老宋体具有横细竖粗的特点，起落笔要有饰角，字体方正，是笔画硬的程式化字体；仿宋体具有宋体与楷体的特点，字形细而稍长，粗细均匀；黑体也称等线体，笔画粗细基本相等，端庄平整，转角处不留钝角，浑厚稳健，庄重有力，醒目。

一般情况下，不同的字体代表的形象是不同的。例如，隶书代表着中国悠久的历史文化底蕴，楷体和宋体则代表严谨和规范的形象。细线构成的字体，容易使人联想到香水、化妆品之类的产品；圆厚柔滑的字体，常用于表现食品、饮料、洗涤用品等；浑厚粗实的字体则常用于表现企业的实力强劲；有棱角的字体，则易展示企业个性等。因此，在标准字的设计过程中，尤其要注意字体的选择与企业形象一致性问题。

书法是我国具有三千多年历史的汉字表现艺术的主要形式，既有艺术性，又有实用性。目前，我国一些企业主用政坛要人、社会名流及书法家的题字，作企业名称或品牌标准字体，如中国国际航空公司、健力宝等。书法字体作为品牌名称，有特定的视觉效果，活泼、新颖、画面富有变化。但是，书法字体也给视觉系统设计带来了一定的困难。首先是与商标图案相配的协调性问题，其次是是否便于迅速识别的问题。

装饰字体在视觉识别系统中，具有美观大方、便于阅读和识别、应用范围广等优点。海尔、科龙的中文标准字体即属于这类装饰字体设计。装饰字体是在基本字形的基础上进行装饰、变化加工而成。它的特征是在一定程度上摆脱了印刷字体的字形和笔画的约束，根据品牌或企业经营性质的需要进行设计，达到加强文字的精神含义和富于感染力的目的。装饰字体设计离不开产品属性和企业经营性质，所有的设计手段都必须为企业形象的核心——标志服务。它运用夸张、明暗、增减笔画形象、装饰等手法，以丰富的想象力，重新构成字形，既加强文字的特征，又丰富了标准字体的内涵。同时，在设计过程中，不仅要求单个字形美观，还要使整体风格和谐统一，理念丰富并具有易读性，以便于信息传播。

2. 拉丁文字字体选择

拉丁文字的发展：象形文字—字母（希腊人篡改、增补）—罗马人完善26个字母—卡罗林小写字母。

19世纪20年代初期出现了德国的艾克曼字体；20世纪20年代出现国际主义（黑体）字体，主要特点是根据功能需求而设计的字体；1929年，受装饰艺术的影响，出现了新艺术和现代主义设计相结合的比夫字体；到了20世纪五六十年代，出现了路比琳字体，其特点是提出字体应是表达情感的口号，字体之间的距离要加以重新组合，相互渗透。20世纪60年代以来，比较盛行文字肌理的处理。

从设计的角度来看，英文字体根据其形态特征和设计表现手法，大致可以分为四类：一是等线体。字形的特点几乎都是由相等的线条构成的。二是书法体。字形具有活泼、自由的特点，显示风格个性。三是装饰体。对各种字体进行装饰设计，变化加工，达到引人注目、富于感染力的艺术效果。四是光学体。光学体是由摄影特技和印刷用网纹技术原理构成的。

拉丁字母的分类主要有四种：圆形字母、对称字母、不对称字母和特殊字母四种，字母的组合规律也有四种，即松间隔、正常间隔、密间隔和无间隔。拉丁字母的分类与组合规律如图 10-10 所示。

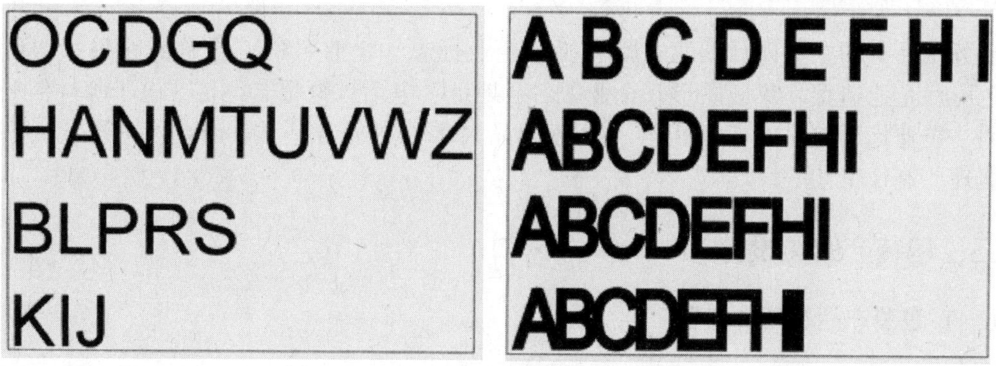

图 10-10　拉丁字母的分类与组合规律

由于拉丁字母的文字特点，因此在标准字设计过程中需要对字母之间的距离进行调整以符合视觉要求。例如，丰田汽车的英文标准字"TOYOTA"是经过字母间距调整而形成的。丰田汽车的企业标志和标准字，如图 10-11 所示。

图 10-11　丰田汽车的企业标志和标准字

第三节　企业形象应用要素设计

一、事务用品类设计

（一）事务用品类细则

事务用品类细则包括：名片、信纸、信封、便笺、各型公文袋、资料袋、薪金袋、卷宗袋、合同书、报价单、各类表单和账票、各类证卡（如邀请卡、生日卡、圣诞卡、贺卡）、年历、月历、日历、工商日记、奖状、奖牌、茶具，以及办公设施等用具（如纸镇、笔架、圆珠笔、铅笔、雨具架、订书机、传真机等）。

（二）事务用品类的主要设计要素

事务用品类的主要设计要素一般包括：企业标志、企业名称（全称或略称）、标准字、标准色彩、企业造型、象征图形、企业署名、地址、电话、电报、电传、电子邮件信箱、邮政编码、企业标语口号、营运内容、事务用品名称（如请柬、合同书）、图形、文字、构图、肌理、制作工艺等。

二、包装产品类设计

（一）包装产品类项目细则

包装产品类项目细则包括：外包装箱（大、中、小）、包装盒（大、中、小）、包装纸（单色、双色、特别色）、包装袋（纸、塑料、布、皮等材料）、专用包装（指特定的礼品用、活动事件用、宣传用的包装）、容器包装（如瓶、罐、塑料、金属、树脂等材质）、手提袋（大、中、小）、封口胶带（宽、窄）、包装贴纸（大、中、小）、包装封缄（大、中、小）、包装用绳、产品外观、产品商标标志、产品吊牌、产品铭牌等。

（二）包装产品类主要设计要素

包装产品类主要设计要素包括包装形式和构成要素两大部分。

1. 包装形式

包装形式要考虑单件设计、成套设计、组合设计和组装设计等。

2. 构成要素

包装设计中出现的构成要素有：企业署名（标志、标准字体、标准色、企业造型、象征图形等）、图形（摄影、插图等）、文字（使用说明、质量保证等）、材质（纸、塑料、金属、布、皮等）、结构和制作工艺等。

三、旗帜规划类设计

（一）旗帜规划类主要项目细则

旗帜规划类主要项目细则包括：公司旗帜（标志旗帜、名称旗帜、企业造型旗帜）、纪念旗帜、横式挂旗、奖励旗、促销用旗、庆典旗帜和主题式旗帜等。其中各类吊挂式旗帜多用于渲染环境气氛，并与不同内容的公司旗帜，形成具有强烈形象识别的效果。

（二）旗帜规划类主要项目基本设计要素

旗帜规划类主要项目基本设计要素包括：企业标志、企业名称（略称）、标准色、企业造型、广告语、品牌名称、商标、图形、材质（纸、布、金属等）。

四、员工制服类设计

(一) 员工制服类主要项目细则

员工制服类主要项目细则包括：男女主管职员制服、男女行政职员制服、男女服务职员制服、男女生产职员制服、男女店面职员制服、男女展示职员制服、男女工务职员制服、男女警卫职员制服、男女清洁职员制服、男女后勤职员制服、男女运动服、男女运动夹克、运动帽、鞋、袜、手套、领带、领带夹、领巾、皮带、衣扣、安全帽、工作帽、毛巾、雨具等。值得注意的是，企业通常要设计两个季节的服装。

(二) 员工制服类主要设计要素

员工制服类主要设计要素包括：企业基本视觉要素的运用，如企业标志、企业名称、标准色、广告语等；制服的内外造型（外观形态、内部款式等）；质料（如朴素自然的棉麻布料、庄重挺拔的毛料、华丽高雅的丝绸缎料等）；不同岗位性质的制服色彩；专制的衣扣、领带、领带夹、拉链、皮带等服饰配件等。

五、媒体广告类设计

(一) 媒体广告类设计主要项目细则

媒体广告类设计主要项目细则包括：导入 CI 各阶级对内对外广告；企业简介、产品目录样本；电视 CF、报纸、海报、杂志广告；直邮 DM 广告、POP 促销广告；通知单、征订单、明信片、优惠券等印刷物；对内对外新闻稿；年度报告、报表；企业出版物（对内宣传杂志、宣传报等）。

(二) 媒体广告类主要设计要素

媒体广告类主要设计要素包括：企业标志、名称略称、象征图形等企业署名；企业色彩系统的运用；媒体比例尺寸、篇幅、材质（如纸、霓虹灯等）；文字、图形、图像、声音、镜头、光影及其结构格式等。

六、室内外标志类设计

(一) 室内外标志类项目细则

室内外标志类项目细则包括：室内外直式、横式、立地招牌；大楼屋顶、楼层招牌；骑楼下、骑楼柱面招牌；悬挂式招牌；柜台后招牌；企业位置看板（路牌）；工地大门、工务所、围篱、行道树围篱、牌坊等。

(二) 室内外指示系统类设计要素

室内外指示系统类设计要素包括：符号指示系统（含表示禁止的指示、公共环境指示）；机构、部门标示牌；总区域看板；分区域看板；标志性建筑物壁画、雕塑造型等。

七、交通运输工具类设计

(一) 交通运输工具要素分类

交通运输工具要素包括三大类：营业用工具，如服务用的轿车、吉普车、客货两用车、展销车、移动店铺、汽船等；运输用工具，如大巴、中巴、大小型货车、厢式货柜车、工具车、平板车、脚踏车、货运船、客运船、游艇、飞机等；作业用工具，如起重机车、推土车、升降机、曳拉车、拖车头、公共用清扫车、垃圾车、救护车、消防车、电视转播车等。

(二) 交通运输工具主要设计要素

交通运输工具主要设计要素包括：企业标志、品牌标志、标准字体、企业造型、象征图案及其组合方式、位置比例尺寸、制作工艺等。

八、展示风格类设计

(一) 展示风格类项目细则

展示风格类项目细则包括：展示会场设计；橱窗设计；展板造型；商品展示架、展示台；展示参观指示；舞台设计；照明规划；色彩规划；商标、商标名称表示风格；椅子、桌子、沙发等风格。

(二) 展示风格类主要设计要素

展示风格类主要设计要素包括：企业标志、标准字体、标准色、文字、图形、企业造型、空间结构、灯光、材料、展品、影音等。

第四节 企业形象广告设计

一、企业形象广告的含义

企业形象广告（Image Advertising）是企业向公众展示企业实力、社会责任感和使命感的广告，通过同消费者和广告受众进行深层的交流，增强企业的知名度和美誉度，使广告受众产生对企业及其产品的信赖感。企业形象广告是专为树立企业形象而进行的广告，目的在于增进社会各界对企业的了解和支持。尤其是对于服务类企业，由于其提供的服务形式是无形的，往往需要通过公益广告进行广告宣传。

二、企业形象广告的分类

1. 企业理念型

企业理念是指企业的整体观念、经营宗旨和价值观念。企业理念型企业形象广告是向社会传播一种哲学思想、价值观念、理念风格以及企业的精神，这样有利于全体员工树立共同的价值观念，培养一种凝聚力，同时对广大的社会受众也能形成良好的印象。例如，海尔的"真诚到永远"，诺基亚的"科技以人为本"等企业理念型企业形象广告的主题，把企业的精神理念很好地传递出去，便于消费者对企业的理解和认同。

2. 社会公益型

社会公益型企业形象广告是指企业对社会公共事业和公益事业的响应，以企业名义倡导一种精神文明观念，对社会的一种看法，它展示了一个企业的高度社会责任感，以此来博取消费者的赞同或支持，产生一种关注效应，进而转嫁这种关注到企业或产品上，提高品牌的知名度和亲和力。这样的手法是目前企业形象广告使用最为广泛的一种。像伊拉克战争期间，统一润滑油的"多一些润滑，少一些摩擦"的广告使统一润滑油成为润滑油行业的"黑马"，将统一润滑油品牌从工业品牌做到了消费品牌，从小众品牌做到了大众品牌。再如，哈药六厂的"妈妈，洗脚"的"其实父母是孩子最好的老师"的公益广告。

意大利知名服装品牌"贝纳通"，从来不请美丽的模特进行产品宣传，而是紧紧把握时代关注的热点问题进行广告宣传，起到了非常好的效果。图10-12所示是一组反对种族歧视的公益广告，没有过多的广告语，只有"United Color of Benetton"。但是，每一幅图片都反映了人类在本质上的无差别性，很好地诠释了不同种族之间和平相处的必要性和可能性，成为社会公益型企业形象广告的典范。此外，贝纳通还针对战争问题、和平问题、同性恋问题以及艾滋病问题创作了一系列的公益广告。

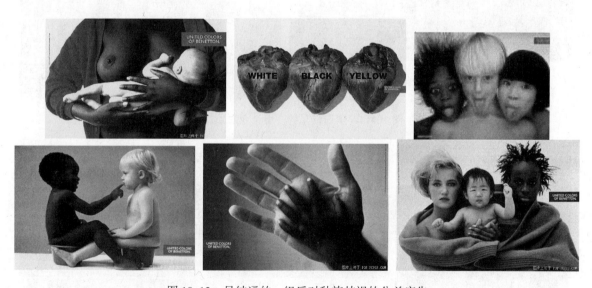

图10-12　贝纳通的一组反对种族歧视的公益广告

3. 视觉符号传播型

视觉符号传播型公益广告是指利用企业标志的特有图形，在不同媒体上进行无形的广告宣传。奔驰、奥迪、大众等汽车企业都进行过类似的广告宣传（见图10-13～图10-15）。其中，奔驰汽车一则利用玛丽莲·梦露脸上的痣，将其幻化成奔驰车的标志，成为这类广告的经典之作。

图 10-13　奔驰汽车的一组企业形象广告

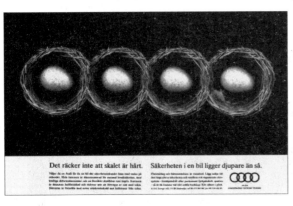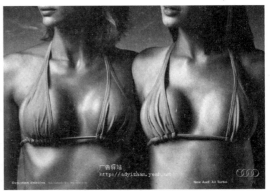

图 10-14　奥迪汽车的一组企业形象广告

图 10-15　大众汽车的一组企业形象广告

三、企业形象广告的设计原则

1. 客观真实性

企业形象广告所传播的信息必须具有客观真实性,即要实事求是地传播企业的信息,不能故弄玄虚,任意拔高。任何言过其实的广告宣传,都会因为时间的检验而无从遁形。通过广告创造的"虚假繁荣",是经受不住市场考验的。

2. 目标明确

企业的目标决定企业形象广告的目标。例如,为吸引投资,其形象广告的内容应是宣传企业经营效益、管理水平、企业实力和信誉等;而如果是为了提高品牌知名度和美誉度,那么宣传的重点应该是与众不同的品牌个性和品牌文化内涵。

3. 恒久性

企业形象广告是一项长期复杂的系统工程,不能搞突击式、集中式的宣传,不能刻意追求时效性,应该有计划、分阶段地进行。国外众多知名企业,都是将企业形象广告作为一项长期的无形资产投资经营,每年拿出相当比例的广告投入来进行企业形象宣传,累积的品牌价值十分可观。国内的海尔、科龙、康佳、长虹、金利来、奥妮、娃哈哈等,都是靠恒久性广告建立起企业知名度和美誉度的。

4. 系统性

企业形象广告的宣传内容要丰富,有变化,切忌单调刻板。尽管企业的经营理念和经营哲学并不能轻易改变,但是传递其经营宗旨的广告内容却要适时变化,以适应公众的接受心理和审美需求。企业可以通过广告的创意、广告的表现形式、广告设计的技巧和手法等进行适当的变化。

【本章思考题】

1. 简述企业形象广告的内容与功能。
2. 如何进行合理的企业形象广告策划?
3. 分析贝纳通企业形象广告的优缺点。

【案例分析讨论】

万科 2008 年度形象广告:让建筑赞美生命

万科企业股份有限公司(以下简称"万科集团")成立于 1984 年 5 月,是目前中国最大的专业住宅开发企业之一,总部设在深圳,至 2009 年,已在 20 多个城市设立分公司,2010 年,完成新开工面积 1 248 万 m^2,销售金额 1 081.6 亿元,净利润 72.8 亿元。这意味着,万科集团率先成为全国第一个年销售额超千亿的房地产公司。这个数字,是一个让同行眼红,让外行震惊的数字,相当于美国四大住宅公司高峰时的总和。万科集团致力于通过规范、透明的企业文化和稳健、专注的发展模式,成为最受客户、最受投资者、最受员工、最受合作伙伴欢迎,最受社会尊重的企业。凭借公司治理和道德准则上的表现,万科集团连续 6 次获得"中国最受尊敬企业"称号,2008 年入选《华尔街日报》(亚洲版)"中国十大最受尊敬企业"。

图 10-16～图 10-18 是 2008 年万科集团进行的企业形象广告宣传。

《生命给了建筑表情》

一块砖如何在时光中老去，
一只邮箱怎样记载一段斑驳的爱情，
一次涂鸦又印记着什么样的童年，甚至爬山虎的新叶，甚至手指滑过墙面的游戏，都是建筑最生动的表情。
万科相信，扎根生活的记忆，建筑将无处不充溢着生命。

图 10-16　万科集团企业形象广告——《生命给了建筑表情》篇

《建筑是生命的成长史》

生活着，就有生活着的痕迹。
那枚挂过书包的洋铁钉子，门框上随身体一起长高的刻度，还有被时间打磨得铮亮的把手——所有关于生活的印记和思考，总在不经意间铭刻在空间的各个角落，由岁月成篇，堆积出记忆的厚度。
万科相信，唯有尊重生命历史的建筑，才能承载未来可持续的生活。

图 10-17　万科集团企业形象广告——《建筑是生命的成长史》篇

图 10-18　万科集团企业形象广告——《建筑是生命的舞台》篇

讨论题：

1. 从以上三个平面广告分析万科塑造的企业形象是什么。
2. 不同类型的企业塑造的企业形象一定不同吗？为什么？
3. 列出企业形象广告与产品广告在主题选取上的差别。

【本章参考文献】

[1] 龚正伟，等. 企业形象 CI 设计 [M]. 北京：清华大学出版社，2009.
[2] 吴为善，陈海燕. 企业识别：CI 的策划和设计 [M]. 上海：上海人民美术出版社，2009.

第十一章
广告的效果测评

广告效果测评是对广告主、广告公司与广告媒体共同投入的当期的广告投放产生的影响力进行评价，可以从经济效果、心理效果和社会效果等不同角度来进行测评，也可以说是一种对前期广告活动的一个总结。广告主可以根据测评结果，总结经验教训，为其下期的广告活动能够取得好的广告效果制定合理的广告策略。有时广告效果与广告调查会产生重叠，形成广告主广告活动的循环链条。

【本章要点】

1. 广告效果的概念
2. 广告效果的特征
3. 广告效果的分类
4. 广告投入与广告效果
5. 广告效果的评估

【导入案例】

联合利华的 Axe 淋浴用品 Detailer 的广告代理 BBH 经过调查发现，53% 的目标用户（18～34 岁的男子）对使用肥皂或淋浴乳没有固定的选择。33% 的人固守成规，只用非 Axe 的肥皂。根据这一调查结果，BBH 确定了广告宣传的任务：一是以叙事性的故事影片来演示产品，然后把它制作成 30s 和 15s 的广告片；二是通过数字交互，让男士有试用 Detailer 的机会；三是推销组制定消费者行踪路线图，以促使潜在用户前往商店，在店内，有 Detailer 技师给予产品介绍与指导。把销售点的产品搁架改成小型洗室，并就近布置 Detailer 沐浴乳产品。

广告宣传后的一个月，Detailer 在 Axe 品牌系列及男子洗涤类产品中排名第一；在沃尔玛连锁超市的每周销售平均指数翻番增长，市场份额增长了 6%；并带动了 Axe 沐浴乳产品系列销售额增长 17%，市场份额也取得了意想不到的增长。

由于广告效果突出，这一广告被评为 2009 年度艾菲广告洗护用品类金奖。可见，评价广告成功与否的关键还是要看广告播出之后产生的广告效果，是否符合企业做广告的目的——通过广告宣传，达到推销产品，提升形象的目的。当然，要想取得好的广告效果，又与精准的广告定位、恰当的广告媒体选择、巧妙的广告创意和精美的广告设计等诸多要素有关。

第一节 广告效果的概述

一、广告效果及其特征

(一) 广告效果的含义

广告效果有狭义和广义之分。狭义的广告效果是指广告所获得的经济效益，即广告传播促进产品销售的增加程度，也就是广告带来的销售效果。广义的广告效果则是指广告活动目的的实现程度，是广告信息在传播过程中所引起的直接或间接变化的总和，它包括广告的经济效果、心理效果和社会效果。

(二) 广告效果的类别

1. 按涵盖内容和影响范围划分

按涵盖内容和影响范围划分，广告效果可分为经济效果、心理效果和社会效果。

广告的经济效果是指广告对生产、流通、消费等社会经济各环节的促进、推动作用。广告活动可以促进生产，加速流通，刺激消费，既可以为企业带来立竿见影的经济效益，又可以活跃整个社会的经济活动气氛。广告的经济效果是广告的核心效益，也是广告效果测评的主要内容。

广告的心理效果是指广告在消费者心中所产生的影响。比如，消费者对广告的注意度、记忆度、兴趣度以及购买行为等。广告的心理效果可以分为四个阶段，即广告到达效果、广告注意效果、广告态度效果和广告行动效果。

广告的社会效果是指广告对于社会精神文化生活所产生的影响。比如，广告所倡导的消费观念、道德规范、文化意识都会产生一定的社会影响，广告的社会效果往往被人们所忽视。有的企业片面追求经济效益，制作一些庸俗、低劣，甚至虚假的广告，给社会造成了很多不良影响。

2. 按产生效果的时间关系划分

按产生效果的时间关系划分，广告效果可分为即时效果、近期效果和长期效果。

广告的即时效果是指广告发布后立即产生的效果。比如，消费者在某个商店看到POP广告后，立刻采取购买行为。

广告的近期效果是指广告发布后，在较短的时间内产生的效果。比如，广告发布后的一个月内、一个季度内或者一年内商品销售额有了大幅度的增长。大部分商品广告追求的就是这种近期效果。近期效果是衡量一则广告是否成功的一个主要指标。

广告的长期效果是指广告在消费者心目中所产生的长远影响。一般来说，消费者接受广告信息之后，并不会立即采取行动，他可能会把这些信息保存积累起来，作为将来是否购买的一个依据。大多数广告效果的产生都需要一个较长的周期，广告效果的这种潜在性，企业必须给予高度重视。

3. 按对消费者的影响程度的表现形式来划分

按对消费者的影响程度的表现形式来划分，广告效果可分为到达效果、认知效果、心理变化效果和促进购买效果。

到达效果是指广告能否被消费者接触，要看有关广告媒体的覆盖率如何。例如，对印刷媒体的发行量、电子媒体的视听率等的测评，可以为选择广告媒体指出方向。

认知效果是指测定消费者接触了广告信息后，对广告的印象和记忆的程度，反映广告受众在多大程度上"听过或看过"这则广告。

心理变化效果是指通过测评消费者对广告的知晓率、理解率、喜爱度、购买欲望率等来判定消费者接触广告时所产生的心理变化，具体测试只能通过调查法、实验室测试等方法间接得到。

促进购买效果是指消费者响应广告诉求所采取的有关行为。这是一种外在的、可以把握的广告效果。一般可以采取"事前事后测定法"得到数据。

(三) 广告效果的特征

1. 时间的滞后性

广告对媒体受众的影响程度由经济、文化、风俗、习惯等多种因素综合决定。有的媒体受众可能反应快一些，有的则慢一些；有的可能是连贯的、即起的，有的则可能是间断的、迟效的。实际上，广告是短暂的，即便是招牌广告，由于媒体受众的流动性，广告留下的影响也可能是片刻之间的。在这短暂的时间里，有的消费者被激起了购买欲望，很快就购买了广告宣传的商品；有的则要等到时机成熟时才购买该商品。这就是广告效果在时间上的滞后性。

时间的滞后性使广告宣传的效果不能很快、很明显地显示出来。因此，评估广告宣传的效果首先要把握广告产生作用的周期，准确地确定效果发生的时间间隔，区别广告的即时性和迟效性。只有这样，企业才能准确地预测某次广告活动的效果。

2. 效果的积累性

广告宣传活动往往是反复进行的，一次广告宣传会由于传输信息的偶然性与易逝性，很难立竿见影，加上媒体受众的购买行为会受到多种因素的影响，不一定会在看了广告之后就采取购买行为，这段间隔时间就是广告效果的积累期。某一时点的广告效果都是这一时点以前的多次广告宣传积累的结果。

这一特点，为广告效果的产生造成了一个难以逾越的时间障碍。这就要求广告主在进行广告策划时，既要追求近期效果，又要追求长远效果，在进行广告宣传时突出广告的诉求点，以鲜明的特色来打动消费者，使他们产生购买欲望，最终达成交易行为。

3. 效果的复合性

广告效果的复合性是指广告效果的产生是各种复杂因素集合的结果。广告活动最终效果和最明显的效果就是促进产品的销售、市场环境的改善。然而，产品销售额的增长，市场占有率的提升，绝不是单一的与广告活动形成函数关系，其影响因素包括价格、开发策略、消费者购买力、竞争环境、公关活动、新闻宣传、CI 导入等，而广告效果的产生绝不是单一的、纯粹的广告行为的结果。

广告宣传活动由于媒体不同，其形式也多种多样。随着经济、科技的不断发展，新的媒体大量出现，极大地丰富了广告市场。不同的广告媒体具有不同的特点，广告主可以综合加以利用，因而广告效果具有复合性，某一时期的广告效果也许是多种媒体广而告之的结果。

在测定广告效果时，评估人员要分清影响广告效果或决定广告效果的主要因素，以确保测定的客观性与真实性。

4. 效果间接性

广告效果的间接性主要表现在两个方面：一方面，受广告宣传影响的消费者，在购买商品之后的使用或消费过程中，会对商品的质量和功能有一个全面的认识。如果商品质量上乘并且价格合理，那么消费者就会对该品牌商品产生信任感，就会重复购买。另一方面，对某一品牌商品产生信任感的消费者就会将该品牌推荐给亲朋好友，从而间接地扩大了广告效果。

5. 效果的层次性

广告效果是有层次的，即有经济效果与社会效果、眼前效果与长远效果之分。只有将它们很好地综合起来，才有利于广告主的发展，有利于塑造良好的企业形象与品牌形象。广告策划者开展广告宣传活动时，不能只顾眼前利益而进行虚假广告，更不能只要经济利益而不顾社会影响。

（四）广告效果测定的意义

1. 广告效果的测定可以检验企业的广告目标是否正确

在某一项广告活动之后，企业可以通过检验广告定位、广告策划、广告目标是否准确，广告媒介运用得是否恰当，广告发布时间和频率是否合适，广告费用投入是否合理，来全面评价广告活动，以便制定更加有效的广告策略，同时进一步指导未来的广告活动。

2. 广告效果的测定可以帮助企业选择有效的传播媒介

不同的受众群体接触传播媒介的情况是有一定差异的，尤其是在传播产业异常发达的今天，这种差异更加突出：一方面，媒介的种类、数量越来越多，人们的选择余地越来越大。仅以电视频道的增加为例，20世纪90年代以前，市民可以接收的电视频道仅为3~4个。而今天，任何一家有线电视网的用户，都可以收到至少20个电视频道的节目。但另一方面，随着媒介种类的迅速增加和选择余地的极度扩展，受众群体却越分越细，不同受众群体接触媒介的差异也越来越大，这就使得受众接触媒介的情况变得更加难以把握。

因此，企业通过研究目标消费群体接触媒介的偏好和习惯，有针对性地选择有效的媒介和时间进行广告投放，就能大大提高广告的有效性。媒介即效果，有效的媒介选择不仅能创造良好的广告效果，更重要的是，它能创造良好的广告效益。

3. 广告效果的测定可以帮助企业提高广告作品的质量

只有优秀的、有创意的广告作品才能在浩瀚的信息海洋中脱颖而出，才能吸引广告受众日渐挑剔的目光和耳朵，才能给忙忙碌碌的受众留下一点记忆，才能最终促成消费者购买行为。因而广告"说什么"和"怎么说"就成为能否吸引受众的注意力、增强受众的记忆力、激发受众的购买动机的决定因素。

企业通过研究消费者对广告记忆点和如何对广告进行理解，可以发现广告传播效果是否与广告设计的预期贴合，从而提高广告作品的质量，节约广告成本。

4. 广告效果的测定可以帮助企业选择合适的广告发布时机

首先，广告发布时机的选择是否得当，对广告效果有重大影响。广告发布的时机选择得当，则可以充分利用有利时机造成有利的媒介条件，增强广告的传播效果；而如果广告发布的时机选择不当,则可能由于不利条件的影响,使广告效果大打折扣。广告发布时机有利还是不利,与产品和服务的种类相关,也与目标消费群体的关注率有关。例如,世界杯足球赛期间,对运动服装、运动饮料等产品来说,是千载难逢的大好时机;而对绝大多数与运动无关的产品或服务来说,则不啻是一场灾难。其次,广告发布的量也是影响广告效果的重要因素。广告发布数量不足,信息传播的范围有限,也使受众的接触率过低,难以形成记忆;而广告发布数量过多,则会增加广告预算的绝对量,使边际效用下降,实际上形成了投资浪费。最后,广告发布时段或位置的选择,对广告效果的发挥也很重要。以电视广告的发布时段来说,黄金时段的发布效果和半夜十二点的发布效果之间有天壤之别。

二、广告投入与广告效果

(一) 临限程度和最高销售点理论

美国著名广告学家肯尼斯·朗曼曾经对广告投入成本与销售的关系进行了深入的研究。他认为,任何品牌的产品销售都有一个临限程度和最高销售点。临限是指某一品牌即使不做广告也有一个最低销售额;最高销售点是指由于受到产品含量、市场状况、原材料供应、生命周期等因素的影响,产品的销售额在达到顶峰的时候,就不可能再增加了。广告效果与广告投入之间的关系如图11-1所示。

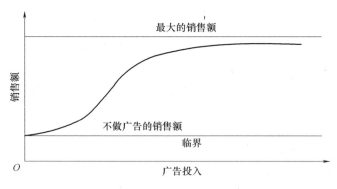

图11-1 广告效果与广告投入之间的关系

朗曼认为,在临界程度和最高销售点之间,广告的确可以促进产品的销售。这时,商品的销售量和广告的相对费用(即平摊在每一件商品上的广告费)是呈反比的。但是,由于受到产品质量、市场状况、原材料供应、生命周期等因素的影响,产品的销售量不会永无止境地增长下去,理想的广告宣传活动应该是以最小的广告投入取得最大的广告效果。当广告效果达到一定规模时,再继续进行广告投入就变成一种资源的浪费。此时,如果继续增加广告投入,不但不会提高销售额,反而会增加生产成本和推销成本,造成巨大浪费。一个企业,如果广告投入不得法,就好像把钱扔入了"黑洞",成千上万的资金毫无反响地就不见了。可见,对于企业来说,不能简单地追求增加广告投入数量,而应该讲求广告投入策略的效果。

(二) 广告的投资回报率理论

当前,在对广告投入问题的研究领域开始使用投资回报率(Return On Investment,ROI)

这一评价指标。传统的投资回报率是指建立在历史资料上的一种传统的财务分析方法，是对如何提高企业的经营成果的未来展望，强调的是对投资的自我判断，而不是持续不断地提高投入。投资回报率的计算公式为

$$投资回报率 = \frac{总收益 - 总成本}{总成本} \times 100\%$$

其中：总收益包括企业节省的资金、新增加的资金以及直接或间接促使收益增加的项目收益；总成本包括开发、学习和教育成本以及原材料成本等。

广告的投资回报率指的是单位广告花费所得到的回报，即广告中每一元的投入所取得的广告效果。其数学表达式为：

$$广告的投资回报率 = \frac{广告投入后的收益}{广告投入的数量} \times 100\%$$

广告的投放要讲求效果，讲求投入与产出的比较，广告的投资回报率就是每单位广告投放额所取得的广告效果。因此，对广告投资回报率的衡量，就是对企业的广告目标和广告预期效果的衡量。它可以是每单位广告成本的销售额或市场份额，也可能是每单位广告成本的效果，当然还可能是每单位广告成本的股价上涨等。

为确定广告投资回报率，就要考虑广告投放的开始和结束时间、媒体特点及费用、广告投入总量等因素。广告投资回报率不仅可以整合原有的衡量指标，而且可以针对新的情况解决问题。如果广告活动的目标既定，就可以用经济学的理论和方法来制定最优的广告投入决策，从而使广告投资回报率最大化。这就为把广告学以及广告投入的研究与普遍的经济学研究相结合提供了新的思路，尽管这并不能从根本上解决广告投入的量的问题，但至少可以为企业提高广告投放的效率方面和更好地与竞争对手进行广告战提供新的思路。

（三）提高广告的投资回报率的方法

1. 进行合理的媒体及媒体组合的选取

广告活动是一项复杂的商业运作，企业单靠做一次广告，使用一种媒体，很难达到预期的广告目标。为了充分发挥各类媒体在功能层次、覆盖面、表现力等方面的个性优势，企业往往选用多种媒体发布内容基本相同的广告，以增强广告的接触率和到达率，充分保证广告的效果。对于同一广告内容，受众分别在广播、电视、报纸上各接触1次，其效果比在同一媒体上接触3次要好得多。

对于同等资金的广告投入来讲，传播广泛的全国媒体的广告价格高于地方媒体，广告主为了在传播的广泛媒体进行广告宣传就要付出减少播放频次的代价。但是，覆盖面小的媒体，虽然传播范围受限，但其广告费低，广告主能达到一定的播出频次。因为，如果对1万个人说3遍，就不如对1000个人说30遍，因为1万个人虽多，但听了3遍可能毫无印象，可听了30遍的1000个人却可能已经开始行动了。

2. 注重媒体形式的创新

尽管传统的广告媒体在宣传效果、表现形式等方面显示出无法被替代的作用，但是，随着人民生活水平的不断提高，审美观点和价值观念也在不断变化，越来越多的新型广告媒体不断出现，并显示出迅猛的发展趋势。

正如第九章介绍的各种新型广告媒体，在当今的品牌推广和营销策划中所起到的作用越

来越突出，企业必须尽快地适应各种新型媒体形式，并掌握每一种媒体形式的优缺点，促使通过该媒体形式能最好地表现自己的产品给消费者带来的利益。当然，企业也要根据每一次促销的特点，进行媒体创新，这样必然会吸引大量的新闻媒体的报道和宣传，从而达到吸引消费者眼球的目的。

3. 巧妙地利用商业性公益广告

以公益性的广告内容或广告语，来塑造企业关注公益事业、关心百姓生活的形象的广告形式被称为商业性公益广告。由于它兼顾了广告主的经济利益和公众的社会利益，因而比较容易得到广告主和公众的共同支持。企业可以在宣传其经营理念和企业文化的同时，把人们共同关注的社会问题作为企业的一种使命。

商业性公益广告有利于实现广告受众与企业之间的沟通，通过对人类共同关注的问题的探讨以及企业造福社会主旨的宣传，改变了过去那种"假、大、空"式的商业广告宣传模式，将企业的价值观与所提出的公益主张不露痕迹地融为一体，而这种淡化商业色彩的公益广告在赢得受众信赖的同时，也提升了企业和媒体服务大众的责任感。

公益广告能受社会各界如此器重，一方面在于公益广告在企业形象塑造上所取得的良好效果；另一方面还应归功于其相对较高的播放频率和相对低廉的广告费用。例如，我国2003年发布的《广播电视广告播放管理暂行办法》中第16条明确规定"电视台每天播放的公益广告的数量不得少于广告总播出量的3%"，这就使得公益广告有更多的机会出现在黄金时间段，而公益广告的媒体播放价格是商业广告价格的1/4，也就是说花100万元可以达到相当于400万元的广告投入所能达到的广告效果。

4. 与其他促销方式结合提高广告效果

当前，很少有企业单纯依靠广告这一种促销手段进行宣传，而是将公共关系、销售促进等促销手段结合起来以提高促销效果，从而提升企业的知名度和美誉度，这些有特色的促销手段被称为体育营销、文化营销和事件营销。

（1）体育营销。体育营销就是企业以体育活动为载体来推广自己的产品和品牌的一种市场营销活动，是市场营销的一种手段。体育营销包括两个层面：一是将体育本身作为产品营销。从一支球队和它的运动员，到一场赛事、一次运动会，都可视为营销学意义上的产品，这个层面可以称之为体育产业营销。二是运用营销学的原理，以体育赛事为载体而进行的非体育产品的推广和品牌传播等营销现象。比如，人们在"世界杯"中所看到的赞助商的一切活动和身影，以及它们产品、品牌的巧妙展示等。通常所说的体育营销是指后一个层面。

某国外机构测算，企业进行普通广告投入，每付出1亿美元，平均品牌知名度会提高1%，而赞助奥运，投入1亿美元，知名度可提高3%，回报率足足是普通广告的3倍。耐克、可口可乐等企业因为在奥运期间的大手笔投入，获得了惊人的广告效果，而在体育营销这一领域执着了近20年的三星，更可谓是其中之典范。

1998年，在长野冬季奥运会和2000年悉尼奥运会上，三星的品牌认知度已经从最初的5%上升至16.2%，提升度高达224%。

2002年盐湖城冬季奥运会后，三星集团总销售额已达到1 140亿美元，品牌美誉度上升到72%。

（2）文化营销。文化营销是一个组合概念，简单地说，就是利用文化力进行营销，是指企业营销人员及相关人员在企业核心价值观念的影响下,所形成的营销理念,以及所塑造出的营销形象,两者在具体的市场运作过程中所形成的一种营销模式。

随着人们生活水平的不断提高,文化营销对企业知名度和美誉度的影响力日益引起企业的重视,从麦当劳叔叔,到肯德基的奇奇,再到米老鼠和唐老鸭,一系列耳熟能详的可爱形象渐渐为人们接受,他们也成了美国民间的"英雄",成了美国文化的一种象征。这种文化给品牌带来的增值效用是其他广告手段无法比拟的,在影响着人们生活、影响着全社会的同时,大大提升了企业的品牌资产价值。

(3)事件营销。事件营销(Event Marketing)是指企业通过策划、组织和利用具有名人效应、新闻价值以及社会影响的人物或事件,引起媒体、社会团体和消费者的兴趣与关注,以求提高企业或产品的知名度、美誉度,树立良好的品牌形象,并最终促成产品或服务的销售目的的手段和方式。事件营销也被称为活动营销。成功的事件营销就是成功的新闻,而一个读者接受新闻中的信息内容是他接受一则广告中的信息内容的6倍。

事件营销的优势在于其"投入小,产出大"。对于拥有好的产品却囊中羞涩的企业来说,事件营销是一个好选择,借助或炒作一些事件、新闻将企业的信息在短时间内达到最大、最优的传播效果。2008年最成功的事件营销是"封杀王老吉"。一篇"封杀王老吉"的帖子在2008年的中国互联网可谓掀起了一阵狂潮。这个帖子的背景是王老吉在四川地震中捐款一亿元。一个刚刚让全中国人民都念念不忘、交相称赞的名字,怎么突然之间要被封杀?这一消息引起的好奇和震撼自然可想而知。当仔细阅读帖子后方知,原来此封杀不是彼封杀,是号召大家都去买,买断王老吉!与此同时,王老吉被买断的消息通过各个媒体源源不断地被传播开,关注度直线升级,线上线下的相互作用,硬是让王老吉实实在在地火了一把。很多人在王老吉捐款一亿元之前,可以说只是知道这个名字,然而,这些事件的推波助澜,在短短一个星期内,就让王老吉成为家喻户晓的一个品牌,并且是人们竞相讨论的话题。就传播效果来说,王老吉捐款一亿元绝对是物有所值,比花一亿元做电视广告效果好上许多倍。事件营销,企业必须整合本身的资源,通过具有吸引力和创意性的事件或活动,使之成为大众关心的话题、议题,以达到吸引消费者的目的。

第二节 广告传播效果的评估

正如前文介绍的,广告效果依据不同的分类标准有不同的界定,但是作为广告活动产生的众多效果之一的传播效果,是企业进行广告效果评价的最重要的指标。对于广告传播效果的评价主要分三个阶段:事前评估、事中评估和事后评估。

一、事前评估

广告传播效果的事前评估主要是指广告市场环境评估和广告创意脚本测试两部分内容。

(一)事前评估的目的

广告传播效果事前评估的目的在于提前发现广告作品和媒体组合中存在的问题,及时提出修改广告文本、调整广告媒体组合的意见,以保障广告正式发布之后能产生最佳的传播效应。

(二) 事前评估的方法

1. 专家意见综合法

企业将设计好的广告文本和媒体组合计划交给若干有经验的广告专家、社会学家、心理学家、推销专家，从各个角度、各个层次，预测出将会产生的广告效果。这种方法简便易行，效果好、费用低，但在选择专家时，一定要注意其权威性，而且各位专家要能代表不同的创意风格，以保证专家评价的全面性、准确性。

2. 消费者意见法

消费者意见法是指让消费者给广告文本和媒体组合方式打分。一般有两种方式：积分计算法和配对比较法。

积分计算法是让消费者在选定的态度量表上画上自己对广告的态度，然后再将这些态度汇总统计，进行量化分析。这种方法简便易行，但必须注意所选择的消费者应有一定的代表性，他们对广告的态度能真实反映出实际消费者的反应。

配对比较法是指每次只测试两个广告方案，让消费者两两对比，选择出最喜欢的一个，再将第一轮选出的方案两两一组，让消费者再次选择，经过一轮一轮的对比筛选，直到消费者最后选定一份最满意的广告方案为止。再将每一位消费者选择的结果综合起来分析，就可以预测出正式推出广告方案时的情况。这种方法成功的关键也是要求被调查的消费者要有一定的代表性，能反映实际消费者的心态。

3. 投射法

投射法就是用引导的手段，诱使调查对象在看了广告资料以后，自由发表意见。比如，将一幅广告作品做短暂的展示，让消费者立刻讲出或写出几个他当时想到的台词，以此判断消费者在看到广告作品后的心理反应。投射法具体包括自由联想法和语句完成法两种方法。

自由联想法就是根据调查需要，向调查对象揭示联想方向，然后让其自由想象。比如，由冬天联想到寒冷，由小鸟联想到唱歌，由打斗联想到受伤等，通过调查对象联想出的这些词组，可预测出消费者的态度。

语句完成法就是填空，先给出几个不完整的句子让调查对象填充完成。例如："要买彩电就买——""要买果汁就买——"。

4. 机械测试法

机械测试法是指运用若干心理、生理测定仪器来测定消费者看到或听到广告作品后的心理及生理反应。这种方法更真实、更细致地了解消费者对广告作品的态度，为修改广告作品提供充分的依据。常用的仪器有生理电流计、瞳孔照相机、视问摄影机和瞬间显露器等。

生理电流计又叫皮肤电气反映测验器，即让被检测者看或听广告作品，与此同时，通过监视仪，观察被检测者的不同情绪反应而引起的不同电流变化，以此为根据来检测广告作品的优劣。

瞳孔照相机是一种记录眼球活动的装置。此法是根据被调查者注视广告作品时瞳孔扩张程度的大小，来判断广告作品的吸引力。

视问摄影机可以记录被检测者注视广告作品时眼球移动的时间长短和顺序，检测作品引人注目的程度、使消费者感兴趣的部分以及视觉流程路线的轨迹。

瞬间显露器是通过广告作品的瞬间闪现，让测定对象予以辨认，借以判断他对广告作品的辨认度和记忆度。

二、事中评估

广告效果事中测评的内容与事前测评相同，也是对广告作品和广告媒体组合方式的测评。通过广告效果的事中测评，可以准确地了解在实际环境中，消费者对广告作品的反应，使测评的结果更加准确可靠。其缺点是很难再对广告作品和媒体组合做修改。常用的测评方法有市场试验法、回条法、分割测定法。

1. 市场试验法

市场试验法是指先选择一两个试验地区推出广告，然后同时观察试验地区和未推出广告的一般地区的消费者反应、销售反应，比较两者的差别，以此检测广告活动的效果。这种方法简便易行，能比较直接、客观地了解消费者的反应和实际销售情况；可以及时、有效地调整整个广告运动的方向，特别适用于周转率很高的商品，如节令商品、流行商品等。

市场试验法的缺陷在于受广告效果滞后性的影响，广告效果的检测时间不易确定，过早或过晚都会影响广告效果的真实性、准确性。另外，试验地区的选择一定要有代表性，最好能够代表整个销售区的情况。

2. 回条法

回条法是指在报纸、杂志、商品包装等印刷广告上设一特定的回条，让受众阅读广告后将其剪下寄回，以此来了解广告的接收情况。

这种测评法一般是将同一则广告作品在各种印刷媒体上同时推出，通过统计各媒体的回条回收情况，判断哪一种或几种广告媒体更加有效，为广告公司确定媒体组合提供依据。这种方法可以有效地了解消费者阅读广告的情况。但运用这一方法必须经过周密的策划和安排，同时要给寄回"回条"的消费者提供一定的优惠条件或奖品。比如凭回条优惠购物或摇奖开奖等。

3. 分割测定法

分割测定法是回条法的变形，它比回条法更复杂和严格，具体操作是将两种广告文本分别在同一期的广告媒体公开刊出。一半份数刊登一种广告文本，另一半份数刊登另一种广告文本，通过回条的回收情况，测定哪一种广告文本的效果更好。这种方法在国外很常见，但在国内几乎没有使用过，关键在于印刷排版比较困难，广告媒体拒绝接受这种做法。

三、事后评估

（一）事后评估的目的

广告效果的事后评估是对广告活动进行之后的效益进行综合评定与检查，目的在于总结经验，纠正错误，为今后的广告运作提供参考依据。事后评估的方法大多采用实地调查法，以广告商品的销售额、利润、广告费等为依据，并考虑时间等相关因素而测定。

（二）事后评估的指标

事后评估的评估指标主要有销售（或利润）费用率、销售（或利润）效果比率、每期广告效益等。一般来说，广告费比率越小，表明广告效果越大；广告费增加率越小，则广告效果比率越大，广告效果越好；每元广告效益的得数越大，则效果越好。相关计算公式为：

$$销售（或利润）费用率 = \frac{本期广告费总额}{本期广告销售（或利润）总额} \times 100\%$$

$$销售（或利润）效果比率 = \frac{本期销售（或利润）额增长率}{本期广告费用增长率} \times 100\%$$

$$单位费用销售增加额 = \frac{本期广告后销售总额 - 上期广告后销售总额}{本期广告费总额} \times 100\%$$

（三）事后评估的统计方法

运用经济学上的统计学原理和运算方式，广告学上也发展了几种测定广告效果的运算方法，这些方法被认为更为科学和准确，也较为普遍实行。但也有人提出，广告效果的产生，不是靠单纯的数字那么简单。

1. 广告效果指数

广告效果指数（Adverting Effectiveness Index，简称 AEI 法）。这个方法是在抽样调查中，将有没有看过广告和有没有购买广告的商品的人数，按 2×2 分割成四个矩阵，（见表 11-1），将矩阵中的变量代入以下公式，得出广告效果指数。

$$AEI = \frac{1}{a+b+c+d}\left[a - (a+c) \times \frac{b}{b+d}\right] \times 100\%$$

式中　a——看过广告而购买的人数；
　　　b——未看过广告而购买的人数；
　　　c——看过广告而未购买的人数；
　　　d——未看过广告也未购买的人数。

表 11-1　唤起购买效果的四分割表

	看过广告	未看广告	合计人数
购买广告商品	a	b	$a+b$
未购买广告商品	c	d	$c+d$
合计人数	$a+c$	$b+d$	$a+b+c+d$

从表 11-1 中可以看出，在没有广告的测验中，也有 $b/(b+d)$ 比例的人买了商品，因此，从看到广告而购买的 a 人当中，减去受其他因素影响而购买的 $(a+c) \times b/(b+d)$ 的人数，才是真正受广告影响而购买的人数，由此的计算结果就是广告效果指数。

按照这个分割法，其他的广告效果指数也可以计算出来，见表 11-2。

表 11-2　广告效果指数计算表

指数名称	指数含义	公式
UP（Usage Pull）	使用上的吸引力	$UP = a/(a+c) - b/(b+d)$
PFA（Plus For Ad）	因广告增加的销售额	$PFA = (ad-bc)/(b+d)$
NAPP（Net Ad Produced Purchase）	纯粹的广告销售效果	$NAPP = \{a - (a+c)[b/(b+d)]\}/(a+b)$

2. 相关系数

除此之外，还可以用这个分割表计算出广告的相关系数，计算公式为

$$\varphi = \frac{ad - bc}{(a+b)(c+d)(a+c)(b+d)}$$

式中　φ——相关系数；
　　　a——看过广告而购买的人数；
　　　b——未看过广告而购买的人数；
　　　c——看过广告而未购买的人数；
　　　d——未看过广告也未购买的人数。

计算出来的相关系数关系，如图11-2所示。

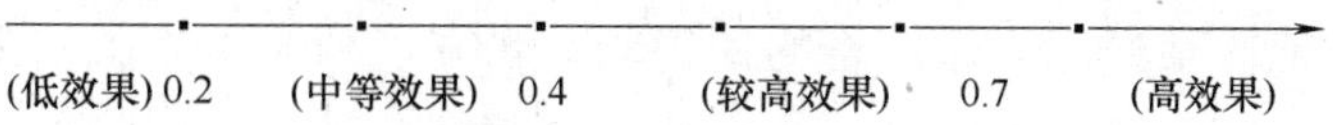

```
←——————————————————————————————→
   (低效果)0.2   (中等效果)0.4   (较高效果)0.7   (高效果)
```

图11-2　相关系数关系图

一般来说，相关系数 φ 在 0.2 以下称为低效果，在 0.2~0.4 称为中等效果，在 0.4~0.7 称为较高效果，而在 0.7 以上则为高效果。

第三节　广告销售效果的评估

作为广告效果的程度来说，购买者数和名牌变更者数也成为测定的对象。但主要的标准还是销售额，测定方法有零售店调查法和销售地区测验法。这是以实际的零售店和销售地区为对象，在特定期间，以广告商品的销售量为中心，进行各种方式的测定。虽然有关测定的准确性还存在着问题，但仍不失为广告销售效果的一种简便的评价方法。

一、市场实验法及其运用条件

（一）市场实验法概念

市场实验法是指在不同的地区投放不同支出水平的广告，观察不同广告支出对促进产品销售的影响，从而测定广告效果的一种方法。比如，脑白金广告，在每个地区可能有不同的效果，同样一种东西可以换一种做法，收入高的人拿1000元送礼可能司空见惯，但收入低的人拿1000元送礼，经济就可能很紧张，由此可见，在不同地区做出好的广告很难。

（二）市场实验法的运用

把两个条件相似的地区（规模、人口因素、商品分配情况、竞争关系、广告媒体等不能有太大差异）划分为"实验区"和"控制区"，在实验区内进行广告活动，控制区内不进行广告活动。在实验进行前，将两个地区的其他影响因素（经济波动、重大事件的影响等）控制在相对稳定的状态下，最后，将两个区的销售结果进行比较，可测出广告的促销效果。这种方法也可应用于对选样家庭的比较分析。在计算销售额（量）的增长比例公式中，实验区的广告效果按照控制区的增减比率调整。

某产品控制地区与实验地区市场比较，见表11-3。

表11-3 某产品控制地区与实验地区市场比较

	控 制 地 区		实 验 地 区	
	销 售 额	销 售 量	销 售 额	销 售 量
实验广告前销售	300	300	400	400
实验广告期间销售	270	250	480	460
增减比率	10.0%	16.7%	20.0%	15.0%
调整增减比率	—	—	30.0%	31.7%

根据表中资料，可计算得出：

实验地区某产品未做广告的销售额 = 400 − （400 × 0.10）= 360

$$某产品做广告的销售额增长百分比 = \frac{480-360}{400} \times 100\% = 30\%$$

二、广告销售效果的测定指标

1. 费用销售率

费用销售率用来测定单位广告费用促销商品的数量或金额。单位广告费用促销额（量）越大，表明广告效果越好；反之越差。

费用销售率的公式为：

$$费用销售率 = \frac{测定期销售额}{同期广告费}$$

2. 费用销售增加率

费用销售增加率用来测定单位广告费用对商品销售的增益程度。单位广告费用增加的销售量（额）越大，表明广告效果越好；反之则越差。

费用销售增加率计算公式为

$$费用销售增加率 = \frac{广告后销售额 - 广告前销售额}{广告费}$$

三、广告效果测定的新标准

2008年1月8日，创研（IMI）市场信息研究所在北京召开新闻发布会，发布受众媒体接触新指标——广告消费指数（Advertising Consumption Index，ACI）。所谓广告消费，是指被访者看到了广告并且阅读、收看、收听到了其中的内容，当然也包括被动、非自愿的阅读、收看、收听。对于出现在视野中但未在被访者脑海中留下任何印象的广告不能算作一条。例如，弹出的网络广告，如果没有阅读其信息就直接关闭窗口便不算"接触"。

ACI在技术上引入了受众广告接触率和接触时间份额两个变量。其计算公式为：

$$ACI = 接触率 \times 接触时间份额 \times 100$$

ACI从理念上引发了广告效果测定领域的变革，摆脱了传统的电视收视率、报纸阅读率等媒体接触率的测定，也不同于单一产品广告效果测试，而是站在受众的角度上考虑问题，从受众的广告接触行为出发来测定广告消费程度，所得到的测定结果是纯粹的受众广告接触情况的真实、客观反映。这就将不同属性、不同类型的广告，纳入到统一的测量平台上，使不同媒体的广告效果具有可比性。

【本章思考题】

1. 广告效果的含义是什么？有哪些特征？
2. 广告投入与广告效果之间有什么关系？
3. 广告传播效果测定的内容和方法有哪些？
4. 广告销售效果测定的内容和方法有哪些？
5. 如何运用市场实验法？

【案例分析讨论】

网络营销一体化评估——2009雪花啤酒"勇闯天涯"网络广告投放效果分析

万瑞数据通过网络广告效果和网络舆情两个维度的交叉监测发现，2009年盛夏，由于雪花啤酒"勇闯天涯"活动的举行，使雪花啤酒在这一行业中一枝独秀。

如何更加准确地评估网络广告、网络营销的效果，一直是业界最关心的问题。其中，以品牌塑造为主要目标的网络营销活动的效果评估更是一个令人头疼的问题。2009年6月，万瑞数据受华润雪花啤酒的委托，对其每年一度的雪花啤酒"勇闯天涯"活动网络广告投放进行效果监测，为了更加全面、客观地对这一活动进行效果评估，万瑞数据首次将网络广告效果评估与网络公关舆情监测结合在一起，实现了对网络营销活动的一体化评估。

雪花啤酒"勇闯天涯"活动是华润雪花啤酒（中国）有限公司的原创性品牌活动，活动自2005年启动以来，每年举办一次。活动旨在面向雪花啤酒的目标用户，塑造雪花啤酒勇于突破、挑战自我的品牌形象。

据雪花啤酒营销中心市场总监、市场部总经理利莉介绍，雪花啤酒在2003年邀请全球顶级营销顾问咨询公司为雪花啤酒进行了一次全面的"品牌诊断"，并在此基础上完成了雪花啤酒新的品牌定位。"雪花啤酒的核心目标客户是25～35岁的男性消费者，"利莉说，"身处中国改革开放大背景之下，这个年龄段的男性消费者与我们所处的这个时代具有很多的共性，那就是渴望创新和挑战。"

雪花啤酒"勇闯天涯"活动从一开始就与探索频道（Discovery）亚太电视网结成了战略联盟，在2005年的活动中，雪花啤酒联合探索频道，组织了对世界第一大峡谷——雅鲁藏布大峡谷的探索活动。在此后4年间，雪花啤酒"勇闯天涯"活动的主题分别为"探源长江之旅""远征国境线"和"极地探索"。2009年的主题活动则是"挑战乔戈里峰"。

据利莉透露，从"勇闯天涯"活动的第二年（2006年）开始，雪花啤酒便开始加大了在互联网平台上对"勇闯天涯"活动的推广投放。

2009年雪花啤酒"勇闯天涯"活动在互联网上的推广开始于6月2日，为期4个月。投放重点在四大门户网站及相关垂直类媒体。为了全面评估此次广告传播效果，特请万瑞数据开展广告效果监测项目。

针对雪花啤酒的需求，万瑞数据为其制订了一个整体监测和评估方案，在方案实施过程中，万瑞数据运用的工具包括 Adsrating 网络广告效果监测系统、Adsrating 网络广告行业监测系统和 Brandrating 网络舆情监测系统。方案除了全面监测雪花啤酒网络广告的投放状况、用户在雪花啤酒"勇闯天涯"活动网站内的行为状况外，还从啤酒行业网络广告投放整体情况和相关网络舆情变化的角度对本次雪花啤酒网络营销效果进行了综合评估。

监测发现一：超高强度的投放

夏季是啤酒行业的营销旺季，2009 雪花啤酒"勇闯天涯"活动启动之初，便在互联网上采取了超高强度的广告投放（见图 11-3）。

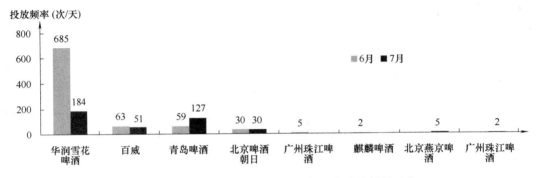

图 11-3　6～7 月各大啤酒集团四大门户网络广告投放天次

从以上结果来看，雪花啤酒 2009 年 6 月在互联网上的投放频度比行业平均水平高出 6 倍多。同时，从 6～7 月的整体情况来看，啤酒行业领军企业中雪花、青岛、百威等组成了互联网平台上的"三巨头"，而其他品牌则难以望其项背。这一结果的有趣之处在于，在过去几年间曾经处于市场领先地位、但最近市场占有率出现下滑的"老牌子"（尤其是区域性品牌）似乎对互联网营销的投放并不热心。

监测发现二：投放组合差别

根据万瑞数据针对四大门户 6～7 月啤酒企业广告投放情况的监测，发现雪花啤酒与其他竞品的投放组合具有明显的差别。

从监测结果来看，百威啤酒只选择了新浪网一家媒体投放；青岛啤酒的媒体投放主要集中在搜狐网；而雪花啤酒则在四大门户均有投放。结合前文提到的投放强度和其他指标可以看出，这种"全覆盖"式的投放组合达到了预期的效果——在 2009 盛夏的互联网上掀起了一场"雪花风暴"。

监测发现三：曝光量、点击量、点击率水平均较高

万瑞数据的监测表明，6～7 月，雪花啤酒"勇闯天涯"广告的总体曝光量达到 100 亿次，有效曝光量占比超过 30%，总点击量超过 1 千万次。从总体投放效果来看，6 月曝光量、点击量及点击用户规模均明显高于 7 月；但 7 月广告点击率高于 6 月（见图 11-4）。

监测发现四：活动网站达到预期效果

根据万瑞数据对雪花啤酒"勇闯天涯"活动网站的监测，该网站发挥了其应有的作用。同时雪花啤酒在各大网站投放的广告也为该网站带来了超过 40% 的流量，具体指标如图 11-5 所示。

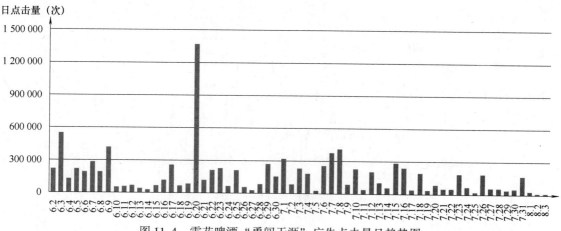

图 11-4　雪花啤酒"勇闯天涯"广告点击量日趋势图

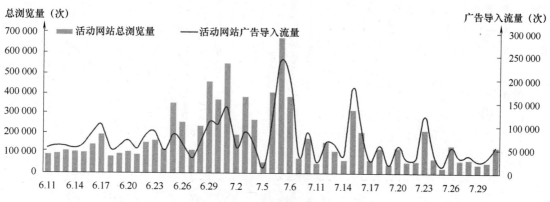

图 11-5　活动网站浏览量和广告导入流量日走势

进一步的细节分析表明，雪花啤酒本轮投放的两类网站对活动网站的流量贡献呈现出两种不同的情况：四大门户及百度的曝光量贡献度与有效曝光量贡献度比较均衡；而视频和下载类网站广告对活动网站的曝光量贡献度占比较高，但有效曝光量比例却偏低。

监测发现五：网络舆情热度攀升

"广告、公关不分家"是万瑞数据此次针对雪花啤酒"勇闯天涯"活动进行效果监测的重要方法论之一。借助万瑞数据的网络舆情监测系统 Brandrating，万瑞数据对 5 月、6 月、7 月网上与雪花啤酒有关的舆情进行了分析（见图 11-6、图 11-7）。

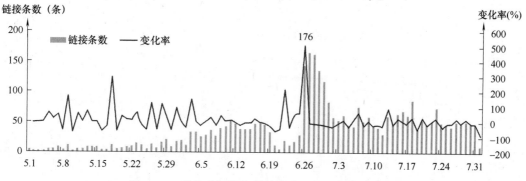

图 11-6　雪花啤酒网络舆情变化趋势（链接条数）

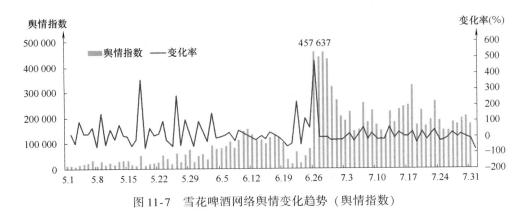

图 11-7　雪花啤酒网络舆情变化趋势（舆情指数）

从上述分析可以看出，雪花啤酒"勇闯天涯"活动 6 月、7 月的网络广告投放，对于拉动雪花啤酒网络舆情各项指标起到了巨大作用。

万瑞数据针对 2009 雪花啤酒"勇闯天涯"活动网络营销效果的一体化监测和评估表明，这一活动达到了预期的效果，雪花啤酒无疑是 2009 年盛夏啤酒行业在互联网上的一枝独秀。

讨论题：
1. 案例中运用的广告效果测评指标有哪些？
2. 分析啤酒品牌在网络广告投放的状况。

【本章参考文献】

[1] 巴茨，等. 广告管理 [M]. 赵平，洪清，潘越，译. 5 版. 北京：清华大学出版社，2003.
[2] 严学军，汪涛. 广告策划与管理 [M]. 北京：高等教育出版社，2002.
[3] 樊志育. 广告效果研究 [M]. 北京：中国友谊出版公司，1995.
[4] 赵劲松. 广告媒介实务 [M]. 北京：世界知识出版社，2001.

第十二章 广告管理

自从有了商品交换，就有了广告活动，与漫长的广告发展史相比，广告管理的历史要短很多。18世纪末至19世纪初，英、美等国家爆发了工业革命，带动了经济的快速发展。繁荣的社会经济与工商业的发展为广告业的出现以及发展创造了条件。然而，由于没有正确的管理制度的出现，广告业的竞争出现了混乱和无序的现象，对西方经济的健康发展产生了不利的影响。因此，西方各国政府于20世纪以后着手广告的立法和监督工作，这可谓是现代广告管理的开端。广告管理使广告活动适应国家宏观经济形势对广告业发展的要求，使广告行业逐渐由无序走向有序，由混乱走向健康。

【本章要点】

1. 广告管理的概念与特点
2. 广告管理的内容与方法
3. 广告行业自律

【导入案例】

2017年以来，全国工商和市场监管部门加大广告监管执法的力度，严肃查处了一批虚假违法广告。

一、河北省抚宁区广播电视台违法发布保健食品、药品广告案

当事人违法发布"唐通5.0""好身板暖甲""康谷丹舒筋活络丸""古霸王大风丸""追骨宁舒筋活络丸"等广告。广告利用专家、患者名义对产品的疗效、治愈率、有效性、安全性做出保证，违反了《广告法》第四条、第十六条、第十七条等的规定。2017年7月，秦皇岛市抚宁区市场监督管理局做出行政处罚，罚款20.5万元。

二、山西新晋商电子商务股份有限公司发布违法广告案

当事人通过互联网媒介发布"晋商贷"金融广告。广告中含有"晋商贷15%高收益理财，只选大机构，10元免费注册，高收益告别死工资，15%高收益"等对未来收益的保证性承诺，违反了《广告法》第二十五条的规定。2017年4月，山西省工商局做出行政处罚，责令停止发布违法广告，罚款40万元。

三、山西广播电视台违法发布收藏品广告案

当事人在所属频道违法发布"长征黄金大全套"收藏品广告，广告中含有对收藏品未来收益或者与其相关的情况做出保证性承诺，明示或者暗示保本、无风险或者保收益等内容,违反了《广告法》第二十五条的规定。2017年2月,太原市工商局做出行政处罚,责令当事人停止发布违法广告,罚款6.6万元。

四、辽宁沈阳广播电视台变相违法发布药品广告案

当事人在所属频道利用"良心说医事"健康养生访谈类节目违法发布"小药丸多肽"药品广告。该节目假借健康养生的名义向消费者推销药品,违反了《广告法》第十九条的规定。2017年8月,沈阳市工商局做出行政处罚,罚款10万元。

五、吉林省王沿华利用微信发布159素食全餐违法广告案

当事人自行制作了《糖尿病的病根在哪?159为什么调理糖尿病效果好呢?》等虚假内容及链接,在微信朋友圈反复转发分享,广告中宣传"159素食全餐"对疾病有治疗效果,使用未经证实且并没有准确出处的数据进行宣传,违反了《广告法》第九条、第十七条、第二十八条等的规定。2017年6月,长春市工商局做出行政处罚,责令当事人停止违法行为,限期15日内办理工商营业执照,停止发布违法广告,并在其相应范围内消除影响,罚款60万元。

六、浙江宁波声广传媒有限公司制作违法保健品广告案

当事人利用其制作的《人间晚晴》栏目,通过多家电视台播放《藏密双宝》节目,推销藏宝保健滋补液,该节目通过主持人宋一夫以介绍健康养生知识的方式变相发布藏宝保健滋补液的广告,且含有"治疗心脏及预防房颤"等医疗用语,违反了《广告法》第十八条的规定。2017年1月,宁波市市场监督管理局做出行政处罚,责令在相应范围内消除影响,罚款50万元。

七、安徽合肥仁爱医院发布虚假违法广告案

当事人在合肥仁爱中医医院网站、合肥口腔黏膜总院网站网页中宣传"中国口腔病免疫协会大力推广技术,COR-中西医口腔黏膜康复体系中西结合、治愈率高达98.6%,杜绝复发和癌变"等内容,广告中医疗服务主体、医疗服务内容、医院医师信息、曾获荣誉、康复患者数据材料等多项内容无事实依据,以及利用未登记的中国口腔病免疫协会和"肝泰一生基金会"名义,假借公益活动宣传,误导患者就医,违反了《广告法》第九条、第十六条、第二十八条等的规定。2017年3月,合肥市工商局做出行政处罚,责令当事人停止发布虚假违法广告,在相应范围内消除影响,罚款40万元。

八、福建电视台违法发布保健食品、药品广告案

当事人在所属频道违法发布"一滴硒""仙灵地黄补肾汤""养心通脉方""龙舒泰精致地龙胶囊""葛洪桂龙药膏""康态胶囊"等广告。当事人利用健康养生节目等形式变相推销以上保健食品、药品,含有涉及疾病治疗功能,使用医疗用语,含有易与药品相混淆的内容,违反了《广告法》第十九条等的规定。2017年6月,福州市台江区市场监督管理局做出行政处罚,责令当事人改正违法行为,罚款25.5万元。

九、山东夏津县广播电视台违法发布药品广告案

当事人在所属频道发布"金沐方""康谷丹舒筋活络丸""张药师壮腰丸""鑫乐宝清心沉香八味丸""铁古投""关通舒胶囊"等广告。广告中利用专家、患者的名义和形象做证明,说明药品治愈率或者有效率,并含有表示功效、安全性的断言或者保证,且未经食品药品监管部门审查取得药品广告批准文号,违反了《广告法》第十六条等的规定。2017年7月,夏津县工商局做出行政处罚,责令当事人改正违法行为,罚款20.4万元。

十、山东青岛未来梦电子商务有限公司发布违法广告案

当事人利用宣传单、微信公众号等方式对提供服务的可靠性、稳定性、合法性等情况进行与客观实际情况不符的宣传，广告含有"资金池资金流是永续增加的，保证消费者100%分红权……有完善的财务管理制度，资金由第三方工商银行监管，专款专用，保证资金无意外损失"等内容，违反了《广告法》第三条、第四条、第二十八条等的规定。2017年2月，青岛市城阳区市场监督管理局做出行政处罚，责令停止发布违法广告，在相应范围内消除影响，罚款20万元。

十一、山东莱芜市广播电视台违法发布食品广告案

当事人所属莱芜交通音乐广播频道播出"孟阳食饵""亚麻籽油"等广告，广告中含有涉及疾病治疗功能及与药品相混淆的用语。当事人的行为违反了《广告法》的有关规定，构成发布违法食品广告的行为。2017年3月，莱芜市市场监管局依法对当事人罚款2.84万元。

十二、湖南长沙市晟荣广告文化传播有限公司发布违法广告案

当事人代理发布"祝眠晚餐"食品广告，广告中含有"吃祝眠晚餐，告别失眠""调心养肝、安神助眠、安志化郁"等内容，涉及疾病治疗功能和医疗用语或者易使推销的商品与药品、医疗器械相混淆的用语，违反了《广告法》第十七条、第三十四条等的规定。2017年7月，长沙市工商局雨花分局做出行政处罚，责令当事人改正违法行为，罚款5万元。

十三、湖南省快乐一零四五广告传播有限公司在湖南电视台潇湘电影频道代理违法发布食品广告案

当事人在湖南电视台潇湘电影频道代理发布"八宝强肾汤"（即帝皇八宝五珍汤）食品广告，广告中含有易使推销的商品与药品、医疗器械相混淆的用语，违反了《广告法》第十七条、第三十四条等的规定。2017年6月，长沙市工商局雨花分局分别对湖南省快乐一零四五广告传播有限公司和湖南电视台做出行政处罚，责令当事人改正违法行为，合计罚款36.4万元。

十四、广东广播电视台违法发布广告案

当事人在所属频道违法发布"老院长祛斑方"广告。广告利用专家形象做推荐证明，含有易使推销的商品与药品、医疗器械相混淆的用语，违反了《广告法》第十七条、第三十四条等的规定。2017年5月，广东省工商局做出行政处罚，责令当事人停止发布违法广告，罚款15万元。

十五、陕西黑岩中投实业有限公司违法发布保健食品广告案

当事人在陕西卫视频道发布"活古态舒筋定痛片"（活骨王）保健食品广告，广告中含有易使推销的商品与药品、医疗器械相混淆的用语，违反了《广告法》第十七条等的规定。2017年7月，西安市工商局生产资料生产要素市场管理分局做出行政处罚，责令消除影响，罚款20万元。

这是2015年新《广告法》实施以来，较大规模的对虚假广告的整治工作，从中我们可以看出《广告法》所具有的权威性，同时也能看出新《广告法》处罚的力度对比1994年的广告法有了较大的改变，说明我国的广告法一直在随着社会的发展和进步而得到不断的改进和完善。

第一节 广告管理概述

一、广告管理的概念与特点

（一）广告管理的概念

广告管理是国家管理经济的行为，是我国市场监督管理的重要组成部分。一般来说，广告管理有广义的广告管理和狭义的广告管理之分。广义的广告管理包括广告公司的经营管理和广告行业及广告活动的社会管理两方面的内容。前者是广告公司对自身内部及经营活动的管理；后者则是政府职能部门、广告行业自身和社会监督组织对广告行业及广告活动的指导、监督、控制和查处，是对广告本身的管理。狭义的广告管理专指对广告行业及广告活动的社会管理。本书主要介绍狭义的广告管理。

（二）广告管理的特点

广告管理是对广告行业和广告活动的管理，广告管理的对象、方法、内容和范围的独特性，决定了广告管理具有自己独有的不同于其他管理的特点。这些特点包含以下几个方面：

1. 具有明确的目的性

在我国，国家通过行政立法，对广告行业和广告活动进行管理，其目的就在于使广告行业适应国家宏观经济形势发展的需要，促进广告业健康、有序地发展，保护合法经营，取缔非法经营，查处违法广告，杜绝虚假广告，保护消费者的合法权益，有效地减少广告业的负面影响。

2. 具有规范性和强制性

广告管理作为国家管理经济的行为，是严格依法进行的。世界上的许多国家都设置了专门的广告管理机构并制定了一系列有关广告管理的法规来规范和约束广告行业的发展，使广告行业做到有章可循、有法可依和违法必究。因此，广告管理具有规范性和强制性的特点。

3. 具有多层次性

广告管理的多层次是指政府行政立法管理、广告行业自律和社会监督管理的多层次相互协作管理。之所以要对广告行业和广告活动实行多层次相互协作管理，是因为任何广告管理法规即使再完备，都不能包罗万象、尽善尽美，在许多领域和地方，常常会发生一些新情况、新问题，这就需要各级广告行业协会和社会监督组织，通过自律、监督的有效途径来加以解决。正是由于广告活动的复杂性和广泛性，世界上绝大多数国家往往采用以政府行政立法管理为主，同时以广告行业自律与广告社会监督作为其必要的辅助与补充，来加强对广告活动的管理。从世界各国采用的这种多层次相互协作的广告管理实践来看，这种广告管理办法是相当成功的。

二、广告管理的方法

广告管理的方法是指为了达到管理目的，在广告管理过程中，由管理系统（管理主体）对被管理系统（管理客体）进行有目的作用的活动方式的综合。它是广告管理人员执行管理职能的手段，是管理主体对管理客体施加影响和作用的方式，是广告管理机构、管理人员协调管理对象共同活动的各种措施、手段、办法、途径的总和。

1. 行政管理方法

行政管理方法，就是依靠广告行政管理机构的职权，通过直接对管理对象下达命令、指示、决议、规定等具有强制性质的行政手段和指令性文件来管理广告活动的方法。它是广告管理机构最常用的管理方法。

在我国，广告行政管理机关是国家市场监督管理部门和地方各级市场监督管理部门。广告管理部门的主要职责有五方面：①宣传、贯彻并执行广告管理法规；②根据需要拟定单项管理规章；③对申请经营广告者进行审查、登记，并核发广告营业执照；④依法检查和监督广告宣传和广告经营活动，查处违法广告；⑤指导广告协会的工作。

行政管理方法之所以重要，是因为广告业内各广告经营系统、部门、单位以及广告客户也都有自身的行政组织，它们虽不行使国家授权的广告管理权威，但也行使自上而下不同层次的行政领导权威。从整体上来看，广告行政管理可自成一个系统，并主要由四个子系统构成，即广告行政管理机构、广告行政管理法规、广告验证监督管理、广告行政管理对象。

2. 法律管理方法

法律管理方法即人们常说的"法治"，是指以国家制定或认可的法律、法令、条例等来处理、调解、制裁广告活动中有关方面经济纠纷、经济关系和违法犯法行为的一种强制性方法。

广告管理的法律方法是广告管理法制化原则的具体运用和体现。在广告管理实践中，法律方法作为调整和处理广告活动的法律规范，具有极强的权威性、规范性、稳定性和强制性，具有其他管理方法所不能替代的特殊作用。它包括调整和处理国家与广告经营者、广告客户，广告经营者之间，广告客户之间以及广告客户与广告经营者之间，广告经营者、广告客户与消费者、用户之间，国内与国外经济组织、企业、法人之间的广告活动的经济关系和法律关系。运用法律方法管理广告，要求法律界定范围内的一切成员、单位都必须遵守，并由国家强制力来保证实施。因此，这种管理方法是保护合法经营、保护用户和消费者合法权益、维护国家和社会公共利益、维护广告经营和广告宣传正常秩序、推动广告事业健康发展的有力保证，是同危害公共利益做斗争，打击违法经营、取缔违法广告活动、查处虚假广告的有力手段，也是实现广告经济效益与社会效益统一，促进内外经济与广告正常交流的有力工具。总之，对于现代广告管理来说，法律方法是一种科学有效的管理方法，也是世界各国特别是广告业发达的国家和地区普遍采取的一种广告管理方法。

社会主义市场经济是法制经济，广告管理也要走上法制化轨道。用法律方法管理广告，要求：

（1）国家要健全广告立法，要把现代广告管理中比较成熟、稳定，带有规律性的原则、制度和办法，用法律、法令、条例等形式的条文固定下来，形成完整的规范广告行为的法律体系，使广告的经营与管理有法可依。

（2）国家要健全专门的经济司法机构，强化广告管理机关的法律职能。

（3）国家要大力普及法律知识教育，提高整个广告行业的法律意识和法律水平。

3. 广告行业自律方法

广告行业自律是指广告行业组织机构、广告经营者和广告客户，根据国家法律、法规、社会道德和职业道德的要求，针对本行业的实际情况，自行制定约束本行业或本企业从事广告活动的公约、准则和规则，并据此对自身从事的广告活动进行自我约束和管理，以保证所发布的广告奉公守法，真实可信。

4. 舆论监督方法

在现代信息社会中，舆论对社会经济生活的各个环节、各个主体具有监督作用，因为它在受众中有巨大的公信力和影响力，通过舆论的广泛影响来赞扬真的、善的、美的广告行为，鞭挞假的、恶的、丑的广告行为。

5. 消费者监督方法

消费者是广告信息的接收者和广告产品的最终使用者，广告行为的受益者和受害者也都是消费者，因此对广告的管理必须有消费者的参与。但是单个消费者的力量是有限的，所以在现实的操作中，消费者往往通过一个消费者组织来行使自己的权利，维护自己的合法权益。这个消费者组织就是消费者协会，是一个由消费者组成的群众组织，它在广告管理中发挥着巨大的作用。

6. 经济管理方法

经济管理方法是指广告公司内部根据广告活动规律的要求，利用各种经济杠杆，通过经济组织正确处理广告活动中各方面经济利益与广告经营、宣传成效的办法来管理广告的一种方法。它也是广告管理系统广泛地运用于管理广告活动的一种基本方法。

运用经济方法管理广告，是经济发展规律和广告活动规律的客观要求，也是由经济杠杆的特点决定的。从经济学角度来看，广告管理如同其他经济管理一样，其基础和核心是物质利益，管理的内容大都是围绕经济利益来展开的。所以，经济方法的实质就是贯彻效益原则，以物质利益作为内在动力和外在压力来管理广告活动的方法。广告经营、广告宣传都是同人、财、物打交道的，同生产、流通、消费等社会各方面紧密联系。广告设计、制作、代理、发布等各环节活动，要实现最佳的经济效益，不能不讲经济利益、经济成果、经济效率和经济责任。这就不能不严格地按照客观经济规律办事，不能不运用经济杠杆。实践证明，只有科学地运用经济方法管理广告并使之与行政方法、法律方法有机结合起来，才能实行有效的管理。

运用经济方法管理广告，对于广告管理机构来说，就是要寻找、完善能协调与兼顾各方经济利益的措施、办法、对策、途径，在广告管理活动中要力求做到：

（1）把根本出发点放在用合法、科学的经营活动去提高经济效益上，以效益原则来衡量广告业绩和工作成绩。

（2）按照经济规律和广告活动规律的要求，完善广告管理控制体系，理顺广告经营体制，培养并完善广告市场。

（3）运用管而不死、活而不乱的管理原则，建立监督调控体系，实现企业自主经营、自主管理、自负盈亏的真正自主权。

（4）综合运用各种经济杠杆，发挥经济杠杆的中间、分配、调节、动力、控制五大功能的作用。宏观管理方面要注意运用税收、信贷、价格三大经济杠杆，微观管理方面要努力用好工资、福利、奖惩等经济手段，组织协调好广告活动。

（5）在广告活动的各环节、各单位，要认真实行以按劳分配为主体的多种分配方式，优化劳动组合，把责任与奖惩和效益直接挂钩，健全经济核算制，推广经济合同制等。

7. 广告管理中的其他方法

当代社会，广告活动千姿百态、日新月异。广告活动的广泛性、复杂性、多变性，决定了广告管理方法的多样性。为了管理好广告业、广告活动，除了上述六种常用的方法之外，还应当运用其他方法作为配合，并把各种方法有机地结合起来。这些方法包括：

（1）教育方法。教育方法是指对人们进行共产主义思想、道德、品质方面的教育，提高人们的政治思想觉悟，以便能自觉地认识和遵守各种管理法规的广告管理方法。

（2）咨询顾问法。咨询顾问法是指由咨询顾问机构或广告咨询顾问人员针对广告活动及其管理中存在的问题进行诊断，提出各种合理化建议，供广告管理机构决策人员参考的一种方法。

总之，广告管理方法是多种多样的。各种方法在广告管理中的作用虽各不相同，但都是为达到管理目的、贯彻管理原则、执行管理职能的一种特殊方式，因而各种方法又相互联系、相互补充。在广告管理实践中，必须注意各种方法的灵活运用，并不断地进行丰富和完善。

第二节 广告管理的内容

对广告主的管理、对广告经营者的管理、对广告发布者的管理、对广告信息的管理，以及对广告内容的管理、对广告表现的管理、对广告收费的管理、对户外广告的管理，构成了广告管理的主要内容。

一、对广告主的管理

对广告主的管理是指广告管理机关依照广告管理的法律、法规和有关政策规定，对广告主参与广告活动的全过程进行的监督管理行为。由于广告主是广告活动的最初提出者，是广告及服务费用的实际支付者，所以他对是否做广告，做多少广告，何时、通过何种方式做广告以及选择哪家广告代理商和广告发布者设计、制作、代理、发布广告等，都有绝对的自主权。唯其如此，广告主的广告意识和广告行为将直接对广告活动产生决定性的影响。因此，对广告主进行切实有效的管理，实质上是对广告活动源头的管理，是真正的"正本清源"。这无疑对保证广告的真实性与合法性，防止和杜绝虚假、违法广告，进而净化整个广告行业，具有十分重要的意义。

广告管理机关对广告主的管理主要表现在两个方面：其一，保护广告主依法从事广告活动的权利；其二，保证广告主的广告活动必须遵守国家广告的管理法律、法规和有关政策规定，对违法广告行为，广告主应依法承担相应的法律责任，并接受广告管理机关的制裁。

根据我国的《广告管理条例》《广告管理条例施行细则》《中华人民共和国广告法》（简称《广告法》），以及其他广告管理法律、法规的有关规定，广告管理机关对广告主管理的内容主要包括：

（1）广告主必须提供主体资格证明。

（2）广告主的广告活动应在其经营范围或国家许可的范围内进行，不得超过其经营范围或者国家许可的范围从事广告宣传。

（3）广告主委托他人设计、制作、代理、发布广告，应委托具有合法经营资格的广告经营者、广告发布者进行。

(4) 广告主必须提供保证广告内容真实性、合法性的真实、合法、有效的证明文件或者材料。

(5) 广告主应依法申请广告审查。

(6) 广告主在广告中使用他人名义、形象的,应当事先取得他人的书面同意。使用无民事行为能力的人、限制民事行为人的名义、形象的,应当事先取得其监护人的书面同意。

(7) 广告主发布烟、酒广告,必须经过广告管理机关批准。

(8) 广告主设置户外广告应符合当地城市的整体规划,并在市场监督管理部门的监督下实施。

(9) 广告主应合理编制广告预算,不得把广告费用挪为他用。

二、对广告经营者的管理

广告经营者是连接广告主和广告发布者的中间桥梁,是广告活动的主体,因而其广告行为是否规范,对广告活动的影响至关重要。所以,加强对广告经营者的管理,是广告管理中最为重要的内容。对广告经营者的管理主要包括:对广告经营者的审批登记管理、广告业务员证制度、广告合同制度、广告业务档案制度和广告经营单位的年检注册制度。

1. 对广告经营者的审批登记管理

对广告经营者的审批登记管理,是广告管理机关依照广告管理法律、法规对广告经营者实施管理的开始,属于政府的行政管理行为。广告经营者只有在获准登记、注册,取得广告经营资格后,才能从事广告经营活动;否则,即为非法经营。严格地说,广告经营者要取得合法的广告经营资格,必须符合相关法律的有关规定和企业登记的基本要求,必须具备广告法规中规定的资质条件,必须按照一定法律程序依法审批登记。广告经营者的审批登记程序主要包括受理申请、审查条件、核准资格和发放证照四个阶段。

2. 广告业务员证制度

广告业务员是专职从事承揽、代理广告业务的工作人员,而"广告业务员证"则是广告业务人员外出开展广告业务活动的有效凭证。为了加强对广告宣传和广告经营活动的管理,保障其健康发展,国家工商行政管理局在1990年10月19日颁发了《关于实行〈广告业务员证〉制度的规定》(工商〔1990〕226号),决定在全国广告行业中统一实行"广告业务员证"制度。该规定自1991年1月1日起执行。因此,凡经批准经营广告业务的经营单位,其广告业务人员都必须按照国家工商行政管理局颁发的《关于实行〈广告业务员证〉制度的规定》,领取"广告业务员证"后,方可从事广告业务活动。

广告业务人员申请办理广告业务员证,必须接受专业培训与考核,然后向所在地的工商行政管理机关提出书面申请,并提交本单位证明文件和有关材料,经省、自治区、直辖市或其授权的省辖市工商行政管理机关审核批准后,发放"广告业务员证"。

3. 广告合同制度

所谓广告合同制度,是指参与广告活动的各方,包括广告主、广告经营者和广告发布者,在广告活动前为了明确相互的权利和义务,必须依法签订协议的一种制度,以保护参与广告活动的各方的正当权益不受侵害。广告合同一经依法订立,就具有法律效力,合同各方都必须认真履行。订立经济合同,必须遵守法律、行政法规,必须遵循平等互利、协商一致的原则。

广告合同纠纷是指参与订立广告合同的各方当事人在依法订立广告合同后，对合同履行情况和违约责任承担等所产生的争议。它包括广告合同履行情况争议和违约责任承担问题争议两方面的内容。解决经济合同纠纷的主要办法有协商、调解、仲裁和诉讼四种。

4. 广告业务档案制度

所谓广告业务档案制度，是指广告经营者（包括广告发布者）对广告者所提供的关于主体资格和广告内容的各种证明文件、材料以及在承办广告业务活动中涉及的承接登记、广告审查、广告设计制作、广告发布等情况的原始记录材料，进行整理、保存，并建立业务档案，以备随时查验的制度。

广告业务档案是在广告业务活动的过程中建立起来的，它是广告经营者（包括广告发布者）从承接登记，到收取和查验各种广告证明、材料，再到广告设计、制作、代理、发布等情况和结果的总汇，是广告业务活动的正式记录。因此，建立广告业务档案的作用主要有两个：一是业务参考作用；二是法律凭证作用。

5. 广告经营单位的年检注册制度

所谓广告经营单位的年检注册制度，是指广告管理机关依照国家广告管理的法律、法规和政策规定，面对广告经营单位一年来的经营状况进行检查验收的一种管理制度。它是各级市场监督管理部门对广告经营单位实施规范化管理的重要内容之一。任何广告经营单位都必须经过年检注册，取得"广告经营单位年检注册证"后，才有资格继续经营广告业务，否则即为非法经营。

三、对广告发布者的管理

对广告发布者的管理，又叫广告媒介物管理或者广告媒介管理。它是指广告管理机关依照国家广告管理法律、法规的有关规定，对以广告发布者为主体的广告发布活动的全过程实施的监督管理行为。换言之，广告发布者管理是广告管理机关依法对发布广告的报纸、期刊、电台、电视台、出版社等单位和户外广告物的规划、设置、维护等实施的管理。广告管理机关依法对广告发布者实施管理的主要内容包括：

1. 对广告发布者经营资格的管理

以广播电台、电视台、报纸、期刊和出版社等为主体的广告发布者（或广告媒介），其主要职责是宣传党的路线、方针、政策，发布信息，传播新闻，同时兼营广告发布业务，传播经济信息。而广告发布者以收费的形式，兼营广告发布业务，传播经济信息，属于一种广告经营行为，所以，广告管理机关必须对其实行专门管理：要求广告发布者在发布广告前，必须到当地县级以上市场监督管理部门办理兼营广告业务的登记手续，并由其审查是否具备直接发布广告的条件。对符合条件的广告发布者，广告管理机关依法予以登记，并发给广告经营者资格证明。广告发布者只有办理了兼营广告业务的登记手续，并取得广告经营资格证明后，才能经营广告发布业务；否则，即为非法经营。

2. 对广告发布者提供的媒介覆盖率的管理

媒介覆盖率是媒介覆盖范围和覆盖人数的总称，它随媒介的不同而有不同的名称。其中有广播电台的覆盖范围与收听率，电视台的覆盖范围与收视率，报纸、期刊等印刷媒介的发布范围与发行量，以及户外场所的位置和人流量等。真实的媒介覆盖率是广告主、广告经营者实施广告战略和广告发布者确定收费标准的重要依据。因此，广告管理机关应该加强对广告发布者提供的媒介覆盖率的真实性进行管理，这对维护广告发布者的声誉，树立媒介自身形象，拓宽广告发布业务来源和保护广告主、广告经营者的合法权益，有着重要的作用。

3. 对广告发布者利用媒介时间、版面和篇幅的管理

广告发布者虽然拥有对媒介的使用权，但是并不能无限制地扩展广告刊播的时间、版面和篇幅。国家行政管理机关往往利用其行政职能，对媒介刊播广告的时间、版面和篇幅做出限制性的规定和控制，以确保媒介履行更为重要的社会职能，实现健康有序的发展。

四、对广告信息的管理

广告信息包括广告信息内容及其表现，它以广告作品的形式，经媒介的发布完成传播。对广告信息的管理是世界各国广告管理中的重要内容。

五、对广告内容的管理

对广告内容的管理，集中到一点，即对广告内容的真实性、合法性进行的管理，以确保广告内容的真实、合法与健康。《广告管理条例》第三条规定："广告内容必须真实、健康、清晰、明白，不得以任何形式欺骗用户和消费者。"《广告法》第九条对广告中不得出现的内容，第十六条对医疗、药品、医疗器械广告不得含有的内容，第十八条对保健食品广告不得含有的内容，第二十一条对农药、兽药、饲料和饲料添加剂广告不得含有的内容，第二十三条对酒类广告不得含有的内容，第二十四条对教育、培训广告不得含有的内容，第二十五条对招商等有投资回报预期的商品或者服务广告不得含有的内容，第二十六条对房地产广告不得含有的内容，第二十七条对农作物种子、林木种子、草种子、种畜禽、水产苗种和种养殖广告不得含有的内容，都做了明确的规定。此外，我国的《药品广告管理方法》《医疗器械广告管理方法》《化妆品广告管理方法》《食品广告管理方法》《酒类广告管理方法》《关于加强体育广告管理的暂行规定》《关于加强融资广告管理的通知》《关于加强对各种奖券广告管理的通知》等单项法规，还对相应的广告内容的管理做出了明确规定。

六、对广告表现的管理

广告作为一种"劝说"的艺术，必须借助一定的表现方法和形式，才能将产品或服务的信息传达给广告受众，并尽可能使其留下深刻的印象，以促进购买行为的实现。广告的表现方法和形式就是广告表现。

由于广告表现是针对社会公众所开展的宣传活动，又是为了追求营利目标所采取的宣传手段，所以它必须受到广告管理的法律、法规和道德的约束，必须符合一定的社会规范。广告表现管理的内容主要包括：对广告表现真实性的管理，对广告表现合法性的管理，对广告表现道德性的管理，对广告表现公益性的管理，对广告表现独创性的管理，对广告表现可识别性的管理等。

七、对广告收费的管理

广告收费是指广告经营者、广告发布者在承接和完成广告主委托的广告业务后，所收取的广告设计费、制作费、代理费和发布费。对广告收费的管理是指广告管理机关会同物价、城建、公安等职能部门，依照广告管理法律、法规的有关规定，对广告经营者、广告发布者在设计、制作、代理、发布等广告业务活动中的收费行为的合法性进行的管理。

中国对广告收费的管理主要实行国家定价管理和备案价格管理相结合的原则。中国对广告经营者收取的广告设计、制作费的管理，主要实行备案价格管理，即广告经营者可以根据广告设计、制作成本和自身信誉、服务质量、制作水平等因素，制定自己的收费标准，然后报当地市场监督管理部门和物价部门备案。对广告代理费主要实行国家定价管理，其标准是法定的、全国统一的，即广告经营者承办国内广告业务的代理费，为广告费的10%，承办外商来华广告的广告代理费，为广告费的15%。对广告发布者收费的管理，基本上实行备案价格管理，即以广播电台、电视台、报社、杂志社四大媒介为主的广告发布者，根据自身的收听率、收视率和发行量，以及在全国或地方的覆盖率和影响，来制定自己的收费标准，然后报当地市场监管管理部门和物价管理部门备案。

户外广告场地费、建筑物占用费的收费标准，必须由当地市场监管管理部门会同物价、城建部门，根据当地经济发展的程度，户外广告的设置区域、场地、建筑物的位置好坏、人流量大小、是否在商业中心和闹市区等因素，共同协商制定，并报当地人民政府批准。一经制定并获得当地人民政府批准，就必须严格依照执行，任何单位或个人不得随意更改。

八、对户外广告的管理

户外广告是指张贴、设置、绘制在城镇繁华地段、商业闹市中心、交叉道口、旅行沿线、机场、车站、码头、高大建筑物等露天场地和交通工具上的广告。对户外广告的数量多少，质量如何，设置的地点、场所是否合理、恰当，在一定程度上反映了一个城市或地区的经济发达程度、整体精神面貌和文化、城市美化、环境保护的程度。

一般来说，户外广告的设置不得妨碍交通，不得有损市容和风景地区的优美环境，不能破坏古物建筑等。户外广告要与社会人文环境、自然环境相适应。与对其他户外形式的管理相比，对户外广告的管理较为复杂，它涉及市场监督管理、城建、环保、公安等部门，其规划管理也主要由这些部门负责。在当地县级以上人民政府的组织下，上述部门共同针对城市或者地区户外广告设置的区域、地点、规格、质量和安全等问题做出统一规划，报当地人民政府批准后，由市场监督管理部门负责监督实施。

对户外广告必须实行登记管理，即县级以上广告管理机关会同城建、环保、公安等有关部门，依照当地人民政府批准的户外广告设置规划和管理办法，对申请经营户外广告的单位或个人的经营资格、条件和设置户外广告的区域、地点等进行审查核准。对具备经营资格、条件的单位或个人，在核准户外广告设置区域、地点符合当地户外广告规划和管理办法后，准予登记。未取得核准登记的单位或个人，不得经营户外广告，否则即为非法经营，将被依法取缔。户外广告的内容必须真实、合法。户外广告发布后，并不意味着发布活动的结束。户外广告在设置、安装过程中和完毕后的安全问题，以及平时的维修、整饰，即维护问题，仍是其发布活动的继续。广告管理机关应会同城建、环保和公安等有关部门，对户外广告设计、安装所用材质和抗风、抗震等级以及与原建筑物的连接等问题、环节，进行切实有效的管理，把户外广告的安全问题落到实处，同时应加强对户外广告的维修装饰管理，对那些残缺不全、影响市容市貌的户外广告，该维修的应及时维修、该更换的应及时更换、该清理的应坚决清理，还城市以和谐、美丽。

第三节 广告行业自律

一、广告行业自律的概念与作用

广告行业自律又叫广告行业自我管理，是指广告业者通过章程、准则、规范等形式进行自我约束和管理，使自己的行为更符合国家法律、社会道德和职业道德要求的一种制度。

广告行业自律主要通过建立、实施广告行业规范来实现，行业规范的贯彻落实主要依靠行业自律组织进行。广告行业自律是目前世界上通行的一种行之有效的管理方式，并逐渐发展成为广告行业自我管理的一种制度。

广告行业自律是广告业发展到一定阶段的必然产物，它对于提高广告行业自身的服务水平、维持广告活动的秩序，都有着不可替代的作用。世界上广告业比较发达的国家都十分重视广告行业自律对于广告业发展的积极意义，行业自律逐步形成系统和规模，不断得到加强和完善。我国的广告业正处在初级发展阶段，随着社会主义市场经济的运转，广告管理法规在进一步完善和健全之中。在这种状况下，广告行业自律的作用显得更加重要。实行行业管理，加强广告法规的管理研究和确定行业自律准则，是我国社会主义市场经济发展的需要。

广告行业自律是在广告行业内建立起来的一种自我约束的道德伦理规范，因为这种自我约束是以遵守各种法律为中心而建立起来的自我限制。这种做法既可以起到补充政府法规的指导作用，又表现了广告行业自觉尊重法规的意愿。因此，自我约束对推动广告事业的发展起着积极的作用。

二、广告行业自律的特点

1. 自发性

广告行业自律的自发性表现在：广告行业组织不是政府的行政命令和强制行为的结果，而是由广告主、广告经营者和广告发布者自发成立的；广告行业组织用以进行自我管理的依据——广告行业自律规则，都是由广告主、广告经营者、广告发布者和广告行业组织共同商议、自行制定并自觉遵守的，体现出广告行业的共同愿望。这是一种完全自愿的行为，并不带有强制性。

2. 灵活性

广告行业自律的灵活性是指广告主、广告经营者、广告发布者和广告行业自律组织在制定广告行业自律章程、公约和会员守则等自律规则时，具有较大的灵活性。只要参与制定该自律规则的各方同意，就可以随时制定自律规则，而且还可以根据客观情况的变化和现实需要，随时对自律规则进行修改和补充。

3. 道德约束性

道德约束性是就广告行业自律的运作方式而言的。广告行业自律作用的发挥，一方面来自于广告主、广告经营者、广告发布者自身的职业道德、社会公德等内在修养与信念，即他们不仅主动提出了广告行业自律规则，而且还要自觉遵守。另一方面则来自一些具有职业道德、社会公德等规范作用的广告自律章程、公约、会员守则等对广告主、广告经营者和广告发布者的规范与约束。它主要借助职业道德、社会公德的力量和社会舆论、广告行业同仁舆论的力量来发挥其规范与约束作用。即使广告主、广告经营者和广告发布者有违反广告自律规则的行为，也只在广告行业内部，通过舆论谴责和批评教育等方式，对其行为加以规范与约束。

三、广告行业自律与广告行政管理的关系

广告行业自律和政府对广告行业的行政管理都是对广告业实施调整，二者之间既有密切联系，又有根本的不同。广告行政管理的依据是广告法规，它主要从外在方面对广告管理者的职责行为进行了规定；广告行业自律的原则是广告道德，它主要从内在方面划定出广告行业的职业道德规范。它们之间的关系包括：

首先，广告行业自律必须在法律、法规允许的范围内进行，违反法律的，将要被取消。政府行政管理是行政执法行为，行业自律不能与政府管理相抵触。

其次，广告行业自律与政府行政管理的基本目的是一致的，都是为了广告行业的健康发展，但是层次又有所不同，广告行业自律的直接作用目的是维护广告行业在社会经济生活中的地位，维护同业者的合法权益。而政府对广告业的管理的直接作用是建立与整个社会经济生活相协调的秩序，它更侧重于广告业对社会秩序所产生的影响。

再次，广告行业自律的形式和途径是建立自律规则和行业规范，调整的范围只限于自愿加入行业的组织或规约者；而政府的行政管理是通过立法和执法来实现的，调整的范围是社会的全体公民或组织。

最后，广告行业自律的组织者是民间行业组织，它可以利用行规和舆论来制裁违约者，使违约者失去良好的信誉，但它没有行政权和司法权；而国家行政管理则是以强制力为保证，违法者要承担法律责任。

四、中国广告行业自律规则

（一）总则

第一条　为促进全国广告行业的自我约束、自我完善，维护广告市场秩序，树立良好的行业风气，更好地发挥行业组织规范行为的作用，依据国家广告管理法律、法规，并借鉴国外广告行业的自律办法，制定本规则。

第二条　广告主、广告经营者、广告发布者及其他参与广告活动的单位和个人（以下简称"广告活动主体"），应当诚实守信，增强自律意识，遵守本自律规则的要求，承担社会责任和社会义务。

第三条　广告行业自律，是指广告活动主体以行业普遍认可的行为规范，或者以行业组织依程序制定的广告活动规则为标准，进行自我约束和自我管理，使其行为符合国家法律法规、职业道德和社会公德的要求。

第四条　中国广告协会作为全国性的广告行业自律组织，加强与地方各级广告协会和相关社会团体的合作，组织广告自律规则的制定和督促实施，并接受国家工商行政管理总局的领导。

（二）广告内容

第五条　广告应当符合《广告法》及其他法律法规的有关规定。

第六条　广告应当符合社会主义精神文明建设的需要，有利于维护社会公共秩序和树立良好社会风尚。

第七条　禁止虚假和误导广告，也不应对商品或服务的属性作片面的宣传；不应将科学上尚未定论的观点、现象当作产品或服务的特点用于广告；以明显的艺术夸张手法作为表现形式、不足以造成公众误解的除外。

第八条　法律法规禁止生产、销售的商品或提供的服务，以及禁止发布广告的商品或服务，不得广告。

第九条　广告诉求和信息传递，应当充分尊重消费者的知情权和受众的认知能力，不得利用信息的不对称作引人误解的宣传。

第十条　广告对商品或者服务的功效、性质和条件等内容有表示的，应当准确、客观，且能够被科学的方法所证实，不得有任何夸大；涉及商品的成分、含量及其他数据、统计资料的，应当提供有效的证明文件。

第十一条　广告应当尊重他人的知识产权，不抄袭他人的作品。在广告活动中使用他人作品的，应当依法获得权利人的许可，并支付相应的报酬。

第十二条　广告应当尊重妇女和有利于儿童身心健康，并正确引导大众消费。不适合未成年人的商品和服务，不应使用未成年人的形象和名义制作广告。

第十三条　广告应当尊重良好道德传统，弘扬健康民族文化，不应表现低俗、迷信和其他不良行为。

(三) 广告行为

第十四条　广告活动主体之间应通过公平的方式开展竞争，认真履行各项签订的广告合同，不得以商业贿赂、诋毁他人声誉和其他不正当手段达成交易，不得利用广告进行不正当的市场营销，或干扰、损害他人合法的广告活动。

第十五条　广告主应当向广告经营者提供真实、可靠的商品或服务信息和齐备的证明材料，不得怂恿广告经营者设计、制作不实广告。

第十六条　广告主应当尊重广告公司及其他广告服务机构的合法权益，支付相应的代理费或服务费，不得无偿占有其劳动成果。采用比稿形式选择广告公司时，应向所有提供策划、创意等方案的公司支付相应的费用。

第十七条　广告主和广告经营者不得以不正当的广告投放为手段干扰媒体节目、栏目等内容的安排。

第十八条　广告经营者应通过提高服务质量争取客户，不得恶意竞争、扰乱市场秩序，代理费的收取不得低于服务的成本费用。

第十九条　广告经营者和广告发布者应当认真履行广告的审查义务。对于各类广告证明，应查看原件，必要时还应与出证机构核实，切实把好广告制作、刊播的关口。

第二十条　广告发布者不得强制搭售广告时间、版面或附加其他不合理的交易条件。

第二十一条　广告发布者公布的广告刊播价格和折扣条件应当统一、透明，在执行中一视同仁。

第二十二条　广告代言人从事广告活动，应当自尊、自重，并事先对代言内容的真实性、合法性做必要的了解，切实对消费者负责。

第二十三条　广告社会团体组织开展的各项活动，应当注重社会效果，积极、有益、公平、公正，不应以营利为目的。

（四）自律措施

第二十四条　对于涉嫌违反法律、法规和行业自律规则的广告内容和行为，任何单位和个人都可以向中国广告协会及地方各级广告协会投诉和举报。

第二十五条　对于违反本规则的相关责任者，经查证后，分别采取如下自律措施：自律劝诫；通报批评；取消协会颁发的荣誉称号；取消会员资格；降低或取消协会认定的中国广告业企业资质等级；报请政府有关部门处理。以上处理措施，可以单独适用，也可以合并适用。

第二十六条　对于做出的自律处置有异议的，相关当事人可以向中国广告协会常务理事会提起申诉，由常务理事会做出最终自律处理决定。

第二十七条　任何单位和个人均有权对协会实施行业自律的情况进行监督，对于违规行为有权向协会的上级主管部门举报。

（五）规则体系

第二十八条　广告自律规则（含守则，下同）体系包括广告行业自律规则、专项广告自律规则、地方广告自律规则，以及为实施自律规则而制定的相关办法。本规则是制定其他广告自律规则和办法的主要依据。

第二十九条　广告自律规则的制定，应当从实际出发，深入调查研究，广泛听取政府广告监督管理部门、相关广告活动主体和其他有关方面的意见。听取意见可采取书面征询、座谈会、专家论证会等多种形式。

第三十条　中国广告协会根据社会反映和市场规则的变革，针对不同商品和服务的广告，或者不同内容和形式的广告，可以制定相应的专项广告自律规则。

第三十一条　中国广告协会各分会可以根据本专业的实际情况，依据本规则制定相关的广告自律规则和实施办法，并报中国广告协会批准后实施。

第三十二条　地方各级广告协会可参照本规则的规定，制定适合本地区实际情况的广告自律规则，并报中国广告协会备案。

（六）附则

第三十三条　中国广告协会颁布实施的各项广告自律规则，通过协会的网站、出版物及其他方式公布。

第三十四条　本规则的修订，须经中国广告协会常务理事会半数以上表决同意。

第三十五条　本规则由中国广告协会常务理事会负责解释。

第三十六条　本规则自 2008 年 1 月 12 日起施行，1994 年 12 月 7 日所颁布的《中国广告协会自律规则》同时废止。

五、国外广告行业自律规则

研究国外广告管理会发现，许多国家都没有专门的广告法，有关广告规范的法律、法规多散见于不同的法律条文中,像南非涉及广告规范的主要法律、法规就有 34 个,日本有 200 多个,英国则多达 230 个。不过有趣的是,大多国家却都有一套完备而充满活力的准广告法——行业自律准则。这些准则作为一种行业性道德约定,在自律组织及行业支持下发挥着法律所无法替代的特殊作用。

(一) 统一立法还是分散立法

各国自律准则的制定模式不尽相同,在广告自律准则的制定方式上,不同国家的模式也不尽相同。在集中制定的国家(如英国、巴西、新加坡、意大利、美国等),有关广告自律的所有准则均由一个组织统一负责。而在分散制定的国家(如法国、南非、澳大利亚等),则是在某一组织的指导下授权各行业协会(组织)分头制定。

1. 英国实行集中立法模式,两部广告法并行

(1) 英国广告实践委员会统一负责制定自律准则。英国广告实践委员会(CAP/BCAP)作为英国广告自律的主导组织,构建起了完善的自律体系,从自律准则的制定、执行,再到监督实施,均有完善的制度保障。英国的广告自律准则分别由广告实践委员会下的两个分会制定:非广播电视广告准则由非广电广告实践委员会(CAP)制定,广播电视广告准则由广电广告实践委员会(BCAP)制定。

(2) 广电广告准则与非广电广告准则分开执行。在 2009 年启动的广告自律准则修订活动中,经过三个月公开征询意见,于第四季度出台了新版自律准则。这次修订中,关于保留广播电视广告自律准则和非广播电视广告自律准则分开执行的提议得到了支持。新版《英国广告、促销和直销准则》已是第 12 版。有关广电广告的四部旧准则(《电视广告标准条例》《广播广告标准条例》《电视广告排期规范》《脚本服务准则》)被合并为统一的《英国广播电视广告准则》,它们于 2010 年 9 月 1 日实施。

(3) 误导广告和环保宣称成为 2009 年修订的重点。在新版《英国广告、促销和直销准则》中,压缩合并了旧版的许多基本准则,同时增加了新准则,如误导广告、环保宣称等。其中"环保宣称"是从旧条例的"专项准则"里提出来的。这种变化体现了广告自律重点的变化。"误导广告"已经成为英国日后监管的重点,这也是对欧盟关于误导广告监管新政的直接反应。"环保宣称"以前只是作为"专项准则"加以规范,现在被提到"基本准则"里,可见对此类问题的规范标准已达成行业共识。

2. 巴西、意大利、新加坡只有一部广告法

这三个国家自制定广告自律准则至今,只有一部独立单一的广告准则,但因为很好地做到了与时俱进,使这些准则依然充满活力。

(1)《巴西广告自律规则》注意及时贯彻政府的管理政策。用来规范巴西广告业的自律准则是 1978 年制定的《巴西广告自律准则》。1980 年,为全面贯彻该规则,巴西广告代表大会成立了巴西广告自律委员会(CONAR),主要职责就是监督和执行《巴西广告自律准则》。CONAR 下设的"道德自律委员会"是具体执行机构,可以对违例的广告经营者、广告媒体做出处罚。2007 年 10 月,巴西政府针对酗酒行为出台了一系列严厉政策,对酒类商品的广告、销售及酒驾行为等进行严格规范。为响应政府号召和履行自律职责,CONAR 于 2008 年 4 月出台了专门规范,对酒类广告提出细致要求。比如酒类广告只能在 9:30 ~ 18:00 播出,任何酒类广告中不得以任何形式出现青少年和儿童形象,里面的人物必须看起来在 25 岁以上等。

(2)《意大利营销传播自律条例》40 年修订到 50 版。《意大利营销传播自律条例》于 1966 年 5 月 12 日正式颁布，截至 2010 年 1 月 18 日，已发布第 50 版。这个自律条例适用于所有传统媒体，由意大利广告监管协会（IAP）统一负责制定和执行。这个条例保持活力的秘诀就在于：使条例的具体规章能针对广告业的发展做到与时俱进，同时与国际和国内立法保持同步。比如 2008 年 1 月，在 IAP 董事会推出的新版自律条例中，加入了评判委员会（Jury）的"法学"解释以及欧盟和国家法律中新增加的内容，同时还扩展了自律体系的适用范围。

(3)《新加坡广告行为准则》以遵守国家和民族核心价值观为首要原则。《新加坡广告行为准则》（SCAP）最早制定于 1976 年，2001 年颁布第 2 版，在 2003 年、2005 年和 2008 年针对一些条款又有修改。它的每次修改，都可以视为一个新版本。这个工作具体由新加坡广告标准局（ASAS）负责。《新加坡广告行为准则》的"基本准则"包括了国家的核心价值观、家庭价值观和公平竞争等基本原则，还包括广告管理上的一些具体准则和要求。其中，居于首位的国家和民族的核心价值原则包括：国家高于集体、集体高于个人；家庭是社会的基本单元；社会支持和尊重个体；统一而不是冲突；种族和宗教信仰和谐。

3. 法国、南非、澳大利亚：在自律组织统一指导下分散立法

这三个国家在行业自律准则的制定上有一个共同点：都是在统一的自律组织的指导下，分别由不同的行业组织负责制定适用于各自领域的详细准则。

(1) 法国。法国的自律准则是普通"劝诫"与专项"劝诫"相结合，组成完善的自律准则体系。目前，法国最为核心的自律组织是法国专职广告审查局（ARPP）。法国的广告自律准则是在 ARPP 的统一领导下，交由不同的部门和行业负责。法国的广告自律准则又称为"劝诫"，主要包括两类：普通"劝诫"和专门领域的"劝诫"。

普通"劝诫"是指那些适用于所有产品和服务的广告准则。这些"劝诫"由 ARPP 独立制定完善。专门领域的"劝诫"主要是那些针对特定产品或服务的自律准则，由专门的 ARPP 技术委员会制定和完善。这个技术委员会则由相关的行业代表组成，除了广告主本身之外，还会有政府代表、专业研究机构，如消费者研究所（INC）等。最后，这些"劝诫"都须提交给董事会主席和 8 人专家委员会审批。

目前发挥作用的普通"劝诫"有 6 个，如《ICC 营销传播准则》《广告的可识别性》《证明》《市场研究与观点》等，而专项"劝诫"又分专题性"劝诫"（如《健康宣称》《人物形象》《儿童》《安全》等）、支持性"劝诫"、行业性"劝诫"（针对各行业的广告准则）等共计 41 个。

(2) 南非。南非的大量行业准则是以"附录"的形式构成了 8 万字的《广告行为准则》。南非《广告行为准则》可以分为两大部分：一是除了"附录"之外的其他内容，如前言、导论、基本规则、专项准则、特定营销活动、广告形态、法律目录和投诉与处理流程八部分，主要由南非广告标准局（ASASA）负责制定；二是 11 个各具特色的"附录"，涉及医药、烈酒、化妆品、邮购、减肥、医疗、婴儿用品、非处方药、分时度假、环保、信托、宠物食品 11 个行业和领域，由不同的成员组织或法定机构制定。

整个《广告行为准则》有 8 万多字，而这些"附录"就占了 5 万多字。《广告行为准则》的"前言"说得很清楚：本准则的条款主要进行一个大体上的规范，具体细节由"附录"规范。也就是说，所有这些"附录"必须与《广告行为准则》的普通原则相一致，只是在细节上尽量满足其特定需要。这样一来，每个"附录"实际上就成为一部针对特定行业的相对独立的"下位法"，在广告标准局（ASASA）的统一指导和审核下由各个领域自行制定。

（3）澳大利亚。澳大利亚的广告自律分为两个时期：一个是1996年11月前以媒体委员会（MCA）为自律主体的阶段和1997年10月以后以澳大利亚全国广告主协会（AANA）为自律主体的阶段。1996年11月，澳大利亚竞争法庭认为在广告自律活动中，媒体委员会破坏了自由竞争秩序，于是停止了以它为主导的广告自律活动，同时废除了所有广告自律准则。全国广告主协会（AANA）决定建立一个替代性自律广告准则和投诉处理机制。

1996年11月至1997年10月，全国广告主协会（AANA）分别与广播、电视、印刷媒体、电影、户外广告行业以及酒精饮料、保健食品和减肥品等行业逐个谈判，最后建立起了一个新的投诉处理系统，并出台了一系列自律准则。其中由AANA制定并作为根本"大法"的《广告主道德规范》只有800多字（汉字），分为两个部分：第一部分主要针对广告的真实性、准确性以及合法性等问题进行原则性规范；第二部分主要针对广告的品位、得体性、健康与安全等问题进行原则性规范。而经AANA认可和执行的针对各领域的专项准则有10多个，如《食品与饮料准则》《儿童广告准则》《机动车准则》《酒精饮料准则》《商业电视行为准则》《保健食品广告准则》《体重控制行业行为准则》等。

（二）各国自律准则的执行模式

各国自律准则的执行模式不尽相同，消费者和竞争对手投诉多分开受理。自律准则的执行主要体现在两个层面：一是广告发布前的审核与咨询服务；二是广告发布后的监督与投诉处理。大多国家只由一个自律组织负责执行，只有少数国家（如日本和英国）由两个以上的自律组织负责执行。

1. 美国：多个投诉受理部门各司其职

目前，美国最具影响力和权威性广告自律组织是由美国商业优化局（BBB）主导的广告自律体系，其中主要的执行机构有全国广告处（NAD）、儿童广告审查处（CARU）、全国广告审查委员会（NARB）等几个相对独立的部门，而遍布各地的地方商业优化局（Local BBBs）则是实施地方广告自律与投诉处理的核心机构。

（1）全国广告处（NAD）专职受理针对全国性广告的投诉。全国广告处（NAD）主要受理全国性广告投诉，即在全国或广大区域发布的广告。不过NAD只负责审查涉及产品性能、与竞争者的优越性对比，以及涉及科学技术的主张等内容的产品广告，一般不审查涉及道德问题的广告。NAD也负责监测全国媒体上的广告。

（2）儿童广告审查处（CARU）专职受理针对儿童广告的投诉。儿童广告审查处（CARU）设立于1974年，是专职针对儿童的广告，营销做到诚信、准确和遵守自律准则及相关法规的自律平台。CARU的主要工作是审查和评估所有媒体上的以儿童为目标受众的广告。一旦发现误导、不正确或违规情况，CARU将会要求改进。CARU还为消费者、广告主、教育工作者、政府部门、专业协会提供有关儿童广告的咨询工作，为广告主和广告公司提供针对12岁以下儿童广告的指导性意见，帮助广告主以负责任的形式去处理一些敏感广告。

（3）全国广告审查委员会（NARB）是自律系统内部的上诉机构。全国广告审查委员会（NARB）是上诉机构。当广告主或投诉者不同意全国广告处（NAD）或儿童广告审查处

(CARU）的裁决时，可以向 NARB 提出上诉。NARB 可以将不接受裁决的案件交由美国有关政府部门处理。

（4）电子零售业自律项目（ERSP）负责在线营销的监督和投诉。2004 年，美国电子零售业协会（ERA）委托全国广告审查理事会（NARC）在其内部设立了一个电子零售业自律项目组（ERSP），负责接受来自竞争对手或消费者和社会的投诉。在受理投诉后，ERSP 会要求广告主 15 天内做出答复。若广告主拒绝配合，将会被提交到联邦贸易委员会（FTC）或其他政府机构那里。同时，电子零售业协会（ERA）也会配合 ERSP 的工作。比如，除名一些不遵守自律准则的会员。

2. 澳大利亚、南非：专设两个部门分开受理消费者投诉和竞争对手投诉

（1）澳大利亚的广告宣称委员会和广告标准委员会。由澳大利亚全国广告主协会（AANA）建立的广告自律体系，设有两个专职的投诉受理部门——广告宣称委员会（ACB）和广告标准委员会（ASB）。ACB 主要依据《广告主道德规范》第一部分有关原则，处理由竞争对手的投诉。ASB 主要依据《广告主道德规范》第二部分相关原则，处理公众投诉。

（2）南非的广告标准委员会和广告行业审理委员会。南非广告标准局（ASA）的自律职能主要由三大机构实施：广告标准委员会、广告行业审理委员会和仲裁委员会。广告标准委员会（ASC）主要处理日常消费者投诉。其中公众代表 9 人，行业代表 8 人，共计 17 人。广告行业审理委员会（AIT）主要负责竞争对手投诉案件。考虑到它主要是处理行业内部的纠纷，所以其成员主要来自行业，共 15 人。仲裁委员会主要处理最后的上诉案件，共 9 人。仲裁委员会坚持的主要裁决原则有：儿童与责任——强调必须对儿童负责，如加强性教育，遏制过早性行为和艾滋病的扩散；符合立宪精神；尊重大多数人意见的原则；尊重受众，不得冒犯；坚持有凭据的投诉；坚持行政公正，符合《促进行政公正法》。

3. 意大利：审查委员会和评判委员会分别实施简化和正式的审理程序

意大利广告监管协会（IAP）是 1976 年成立的意大利最主要的自律机构，其日常广告投诉处理分别由审查委员会和评判委员会两个部门执行。

审查委员会由 10~20 名委员组成，它可以基于一定的自律条款对递交上来的广告文本提供咨询，以确保这些广告能符合自律条例，也可以对被投诉的广告依照自律条例，要求修改或发出停播命令。如果是审查委员会能处理的案件，就会直接处理，但在处理一些复杂的案子时，会把它提交到评判委员会。评判委员会审理时程序严格，期间会要求广告主参与答辩，最后会公开发布裁决结果。实际上，第一种情况等于是采用简化程序审理投诉，而提交到评判委员会那里时，就相当于是进入正式程序进行审理，也可以看作是二审。

4. 法国：广告道德评审委员会的投诉处理分两步走

法国与意大利的广告处理模式近似。法国专职广告审查局（ARPP）下设专门的独立执行机构——广告道德评审委员会（JDP），负责处理来自个人、政府或社会组织的投诉。在广告道德评审委员会（JDP）内部，又设秘书处和 9 人委员会。秘书处主要负责日常投诉的登记受理及一些案件正式审理的组织工作。在受理一些简单案件时，秘书处在上报 JDP 负责人之后可以自行调解。若调解失败，再提交给 JDP 的 9 人委员会正式审判。这样做的好处是可以有针对性地处理案件，提高效率，节省资源。对于正式审理的案件，秘书处将不再参与。

5. 巴西：广告道德委员会设置 7 个受理厅受理投诉

巴西的广告自律主体是巴西广告自律委员会（CONAR），它是目前巴西广告业非常有影响力的自律主体。其下设的道德委员会是日常投诉审理机构，日常工作人员有120多人，分为7个审理庭（House），分别负责处理不同类别的投诉。

6. 英国：分散咨询和"一站式"投诉相结合

（1）分散的咨询审查服务。英国广告发布前审查有四个机构实施：

1）广告实践委员会下设的文本咨询处，主要负责确定即将出版的广告或即将实施的多媒体传播行为是否违反有关准则。这项服务是在保密状态下快速、免费进行的。

2）电视广告和广播广告在广播前必须分别接受广告广电审查中心（Clearcast）和广播广告审查中心（RACC）这两个机构的审查。这两个机构由广电媒体单位组建并提供资金支持。

3）电影广告协会（CAA）负责审查电影广告。在英国发行的每部电影，都要接受CAA的广告审查。

（2）广告标准局（ASA）集中受理所有的消费者投诉。广告标准局（ASA）是处理日常投诉的独立机构，由专门机构提供资金支持。ASA委员会下设两个审理小组：一个是非广电广告审理小组；另一个是广电广告审理小组。在人员上两个小组有所交叉。2010年的情况是：专门负责广电广告和非广电广告的人员各3名，而同时参与两方面工作的人员有9名，共计15人。需要说明的是，来自竞争对手的投诉由广告实践委员会（CAP/BCAP）直接受理，以便ASA能集中精力高效地受理来自公众的投诉。由于针对竞争对手的投诉处理起来比较复杂，需要投入更多资源进行调查取证和审理，所以分开受理有其必要性。

（3）稽查队负责督促ASA裁决的执行并主动开展广告合法情况的监测。广告实践委员会（CAP/BCAP）下面有专门的稽查队（Compliance Team）来确保ASA的裁决能够得到有效执行。此外，稽查队通过常规监测和专项抽查，有效弥补了ASA坐等消费者上门投诉的相对"消极"的自律缺陷。

7. 日本：咨询与投诉处理相对分离

在日本，专职性广告自律组织有两个：一个是财团法人——新闻广告审查协会（NARC），主要负责广告发布前审查；另一个是日本广告审查机构（JARO），主要负责事后监督和投诉处理。

接受会员委托对有疑问的广告开展审查是新闻广告审查协会（NARC）日常的主要工作。大多情况下，NARC做的是一种事前审查工作：当NARC的会员接到有疑问的广告后会向NARC发出审查委托，NARC的审查员即对该广告主的情况进行调查，形成调查报告并提出处理意见，媒体和广告公司据此做出处理。

日本广告审查机构（JARO）最核心的两个部门是运营部和审查部，分别由董事会和审查委员会领导，它们彼此相互独立。审查部由分科会、业务委员会、审查委员会三级机构构成。其职能主要是接受消费者、企业、媒体、广告公司等的咨询，并受理投诉。

第四节　现代广告监督管理

一、广告监督管理的概念与意义

从广义上讲，广告监督管理的范围包括：国家的行政管理；行业组织自律；广告主的广告管理；广告公司的管理；社会消费者的广告批评。狭义地讲，广告监督管理就是国家广告管理机关依据法律、法规和国家授予的职权，代表国家对广告活动的全过程进行监督、检查、控制、指导的活动。它是国家宏观调控经济的行为之一，属于社会上层建筑范畴，是法治行为的一种表现形式。

市场经济是法治经济。现代市场经济健康、有序的发展，关键在于市场行为的规范和市场竞争的公平。广告是具有强大促销力的市场行为，是社会主义市场经济体系中重要的组成部分。改革开放以来，我国广告业的地位、作用随着市场经济的发展，日益显示出勃勃生机和活力。广告业的发展依托于市场经济的发展，广告又为市场经济的发展传递信息。从一定意义上讲，市场经济的发展离不开广告；企业占领市场，参与竞争，扩大销售离不开广告。现代市场经济条件下企业的竞争，不单是产品质量的竞争、商品价格的竞争、商品品牌的竞争，更是企业形象力的竞争、广告宣传艺术的竞争。而企业形象力形成的最有效手段就是广告宣传；在市场经济运行中，广告作为沟通生产与消费的中介，具有辅佐企业开拓市场和引导消费的功能。广告是信息传播的重要手段，是流通领域的催化剂。一个国家的广告业发展水平，是衡量这个国家市场经济发育程度、科技水平、综合经济实力和社会文化水准的重要标志。随着我国市场经济的确立，广告的积极作用已被认知。运用广告策略开拓市场，已成为众多厂商的经验之谈。积极培育、发展广告市场，完善广告经营机制与管理机制，引进先进的广告设计制作技术，提供广告业综合服务水平，已成为繁荣和发展我国市场经济，推动企业和产品走向世界的一项重要任务。

社会经济秩序稳定，是国家经济发展、市场繁荣、国力增强、社会稳定的基本保障，也是社会经济活动正常运转的前提。维护社会经济秩序，是国家经济管理职能的充分体现。广告活动是一种广泛涉及社会经济生活和精神文明生活的市场行为。作为一种竞争手段和一种市场经营方式，其形式、内容、运作方式是否合法，对社会经济秩序有着直接的影响。健康有序的广告活动可以成为社会经济发展的润滑剂；而缺乏规范、混乱无序的广告活动则会扰乱市场秩序，危害社会经济生活。而那些虚假广告，更是严重损害消费者利益的罪恶之源，是滋生社会不稳定因素的土壤。因此，加强对广告的监督管理，运用法律、行政的手段规范广告市场行为，代表了国家的意志，体现了国家管理经济的职能。

广告市场是广告商品交换行为和交换关系的总和。参与广告市场活动的主体多种多样，市场竞争的手段丰富多彩，市场行为各具特色。调控市场规模，规范市场行为，建立市场机制，完善市场法规，保护合法经营，取缔非法经营，是广告市场生存、发展、繁荣的客观要求。因此，广告市场活动的主体必须本着守法、公平、诚实信用的原则，参与平等竞争。有比赛就要有裁判，有竞争就要有规则，在广告市场这个竞技大舞台上，更需要从市场的外部，站在宏观的角度，实施对广告科学有效的监督管理，才能促进市场经济的繁荣，促进广告业的发展。

广告不仅仅是经济现象的反映，也是意识形态的产物。它具有政策性、思想性、民族性。它借助一定的艺术形式通过特定的媒体发布信息，对社会思想、社会文化和社会风气产生巨大的影响。事实上，任何一个国家的广告宣传，都反映着这一国家的社会意识形态，反映着所在国的历史、文化及民俗，反映出当时的社会风尚和社会精神文明状况。因此，我们不能把广告狭义地理解为无意识的、抽象的、纯个人的商业活动，割裂它与国家方针政策以及道德规范的联系。同时，由于各民族的风俗习惯、宗教信仰以及传统文化不同，广告的表现从内容到形式都有鲜明的差异。在一个国家司空见惯的广告展示，在另一个国家就可能行不通。例如，在西方国家采用人体模特表现商品的广告大量存在，具有性感的裸露广告形象也是允许发布的，而在我国则不允许出现。广告宣传涉及政治、经济、思想、文化等社会各个领域，无时无刻不影响着人们的思想、道德、行为，因此，必须加强对其的管理与规范。

市场经济不但是法治经济，也是消费者主权经济。市场经济中的任何行为都和消费者有着直接与间接的联系。广告宣传与消费者息息相关，这就要求广告必须真实地介绍商品或服务，不允许有欺骗误导消费者的现象，不能为了牟取非法利益而损害消费者的利益。然而，在现实的广告活动中，广告的真实性却时常被掩盖。所以，科学、有效地体现广告的真实性，仅靠国家行政管理的强制和行业组织的自律是远远不够的，还需要借助广泛的社会舆论和消费者的监督，来更好地规范广告经营活动，保护社会和消费者的利益。消费者对广告的监督，体现了社会主义国家广告管理的特点，社会主义国家监督的民主性和人民当家做主的自觉性客观上要求消费者对广告的监督。

二、广告监督管理的特性

广告监督管理是社会化大生产和商品经济发展的要求，更是广告业自身发展的客观要求。广告监督管理与广告是辩证统一的关系。一方面，广告是商品经济发展的产物，它随着商品经济深度与广度的发展而繁荣，广告业的生存与发展是广告监督管理赖以存在的基础，广告业发展的深度与广度也决定着广告监督管理内容的变化。另一方面，广告监督管理从广告业外部与内部调控着广告业的发展，规范着广告业经营行为，客观上有效地促进了广告业的发展。如果没有对广告科学、有效的监督管理，那么广告业的发展也会走向自身发展的反面而误入歧途。广告监督管理工作是工商行政管理部门的重要组成部分，它与市场监督管理，企业登记监督管理，个体、私营经济监督管理，公平交易监督管理及商标和知识产权的监督管理等共同构成工商行政管理部门的全部工作内容。对广告的监督管理与其他行政监督管理有共同之处，也有其独自的特性，具体表现在以下几个方面：

1. 管理的法治性

广告监督管理是国家宏观调控、管理广告业经营与发展的行为。其管理的依据是国家的委托以及法律、法规的规定。工商行政管理部门对广告活动全过程的监督、检查、控制、指导行为充分体现了我国现行广告管理法规的目的、任务、宗旨、范围、职能、方法等。其管理行为、处罚手段、处罚程序、管理制度等被国家以法规的形式确定下来，从而使管理纳入法制轨道。广告监督管理法律制度已成为我国法律制度的一个重要组成部分。广告管理法制化特点，保证了广告监督管理的严肃性和连续性。

2. 操作的规范性

广告监督管理的操作规范性集中体现在《广告法》及其他广告管理法规、规章、条例的制定和运用上，对广告经营活动的规范控制、协调运作、广告经营者的资质标准、广告活动规范、广告经营规范、广告发布的一般标准和特殊标准等，都充分体现了工商管理机关对广告监督管理的规范性。

3. 管理范围的广泛性

广告监督管理涉及社会的各个方面，不仅涉及物质生产领域，还涉及上层建筑领域。广告不仅是经济宣传，同时也对社会风尚、人类精神文明建设起影响作用。广告监督管理不仅要最大限度地发挥广告促进市场经济的作用，还要使广告宣传符合我国的社会制度、民族习惯、精神文明建设的要求。

广告监督管理的客体也是多种多样，既包括广告主、广告经营者、广告发布者，也包括发布广告的内容和程序。广告主既包括生产领域，又包括流通领域；既有公民个人，又有工商企业和其他经济组织。广告的内容包括了现代产品生产和服务的绝大部分，非常丰富，表现形式多种多样。

4. 管理机构的综合性

广告活动涉及面广，无论是再生产的各个环节，还是国民经济的各个部门，都有各自的业务。如果简单地行使某一部门主管的权限管理广告，必然会割裂广告活动的整体性和内在的联系。因此，广告活动不仅要受到广告监督管理法规的限制，还要受到其他有关法规的制约。工商行政管理部门的广告监督管理也只有与其他部门、行业组织、消费者监督等配合，才能对广告活动的全过程进行监督管理。例如，工商行政管理部门与国家食品药品监督管理总局配合管理医疗器械广告；与中国人民银行、财政部配合管理金融广告；与文化部门和教育机关配合管理文教广告；与城建、环保、公安等部门配合共同管理户外广告等。总之，工商行政管理部门的广告监督管理不能单靠本部门的力量完成，广告活动的特点决定了工商行政管理部门的广告监督管理要与有关部门相互配合，协同进行。在工商行政管理部门内部的各个机构之间存在着相互配合对广告活动进行综合管理的客观要求。例如，广告监督管理的专门机构要与企业登记管理机构协调配合，搞好对广告经营单位的登记发照管理；要与个体监督管理机构相互协调，搞好对从事广告活动的个体工商户的管理；同时要与市场监督管理机构、商标管理机构、公平交易监督管理等机构配合，共同搞好对违法广告的查处。如上所述，广告监督管理不是对广告活动某一环节或某一方面的管理，而是对贯穿广告活动全过程、全方位的管理。这种监督管理必然涉及不同的部门，需要各有关部门的协调合作；又涉及工商行政管理部门内部其他职能机构的配合，以实现对广告监督活动的有效调控。

5. 监督检查的日常性

广告经营活动的连续性、科学性，使得广告监督管理机关的监督检查必须经常、及时地进行。这种经常性，一方面体现在管理主体对管理客体的日常检查，如广告管理机关对广告内容、广告形式的审查，对广告经营者的主体资格的审查，对广告表现形式与内容的监督，对广告管理制度实施情况的检查等；另一方面表现在对广告客体的广告监测、违法行为的处罚和经常性的法律法规宣传教育。例如，通过采用先进的科学技术手段对主要媒体广告内容与形式的监测，发现违法行为及时查处，经常性地对各类广告活动参与者进行广告管理法规的学习培训等。广告监督管理还有手段的技术性，管理措施的强制性等特点。

三、广告社会舆论监督管理

（一）广告社会舆论监督管理的概念

广告社会舆论监督管理即广告社会监督管理，又叫作消费者监督，是消费者和社会舆论对各种违法违纪广告的监督与举报。通常情况下，广告管理以政府的行政管理为主，但这并不是说广告行业自律和消费者监督管理是可有可无或根本用不着的存在，相反，正是由于有了广告行业自律和消费者监督的加入，政府对广告的行政管理才更加有力，广告管理也才更加富有层次。

(二) 广告社会舆论监督管理的形式

广告社会监督主要通过广大消费者自发成立的消费者组织，依照国家广告管理的法律、法规对广告进行日常监督，对违法广告和虚假广告向政府广告管理机关进行举报与投诉，并向政府立法机关提出立法请求与建议。其目的在于制止或限制虚假、违法广告对消费者权益的侵害，以维护广告消费者的正当权益，从而确保广告市场健康有序的发展。

我国的广告社会监督组织，主要是指中国消费者协会和各地设立的消费者协会（有的称消费者委员会或消费者联合会）。此外，1983年8月在北京成立的全国用户委员会，是我国首家全国性的消费者组织。中国消费者协会是经国务院批准，于1984年12月26日在北京成立的。截至1994年，全国县级以上消费者协会已超过2 400个，还在街道、乡镇、大中型企业中建立了各种形式的保护消费者的社会监督网络3.3万多个。消费者协会基本上是由工商行政管理、技术监督、进出口检验、物价、卫生等部门及工会、妇联、共青团中央等组织共同发起，经同级人民政府批准建立和民政部门核准登记，具有社会团体法人资格，挂靠在同级工商行政管理局的"官意民办"的消费者组织。

(三) 广告社会舆论监督管理的特点

与广告行政管理系统、广告审查制度和广告行业自律制度相比，广告社会监督有其自身特点，这些特点包括：

1. 广告社会监督主体的广泛性

广告主的商品或服务必须通过一定的媒介发布出来成为广告信息，才能为广大社会公众所接受，从而使其产生消费意愿和消费行为；与此同时，一则广告信息一旦发布出来，即意味着已落入社会公众的"汪洋大海"之中，要受到广告受众全方位的监督。这些广告受众即构成广告社会监督主体，其每一个成员都可以对广告的真实性、合法性进行监督，并向各级广告社会监督组织反馈其监督结果，从而构成一支庞大的广告社会监督大军。因此，广告社会监督主体具有广泛性的特点。

2. 广告社会监督组织的"官意民办"性

在西方，广告社会监督组织，即各种消费者保护组织，都是自发成立的，完全代表消费者利益，几乎不带任何官方色彩，在社会上扮演着"消费者斗士"的角色。而我国各级消费者协会则更多地带有"官意民办"的性质。这种"官意民办"性质主要表现在：其一，各级消费者协会都是经过同级人民政府批准后成立的，并非消费者完全自发的行为；其二，它成立后挂靠在同级工商行政管理机关，没有独特的地位；其三，它在经费、编制、人员及办公条件等方面需得到同级政府的支持，缺乏自主权。由这种"官意民办"性质决定，广告社会监督组织具有双重使命：既要在一定程度上体现官方意志，又要保护广大消费者的合法权益。当然，二者在更多的时候并不互相矛盾，而是一致的。

3. 广告社会监督行为的自发性

广告受众依法对广告进行监督并非广告管理机关和广告社会监督组织的指令所致，而是一种完全自发的和自愿的行为，在此过程中，几乎不存在任何的行政命令和行政干预。广告受众这种自发行为主要来自：其一，广告受众对自己接受真实广告信息权利的认识的加强；

其二，广告受众对保护自身合法权益的意识的提高。而这一切皆取决于人的素质的提高和广告受众自我保护意识的加强。因此，社会越发展，其文明程度越高，人的素质越高，广告受众的自我保护意识越强，那么他对广告的监督行为也就越自发和自觉。

4. 广告社会监督结果的无形权威性

广告主发布广告，向社会公众传递商品或服务信息，其目的在于使一般社会公众成为广告受众，使潜在的购买趋势发展成为现实的购买行为，即要让社会公众接受其广告，并进而购买其商品或使用其服务。但社会公众是否愿意接受其广告信息，是否愿意产生购买欲望和发生购买行为，主动权不在广告主一边，也不在广告公司一边，而是在广告受众一边。而广告信息是否属实，广告主的承诺是否可信，将直接影响广告受众对它的认可与否。因此，以广告受众为主的广告社会监督主体对广告的监督结果，具有一种无形的权威性。社会监督结果的这种无形权威性，是广告主、广告公司进行广告创意、构思、设计、制作时所不容忽视的，任何对它的忽视或轻蔑，都将招致严重的后果。

（四）广告社会舆论监督管理的运行机制

简单地说，我国广告社会监督的运行分为三个层次，由上而下，逐层推进，构成一个有序的整体，并自成体系。这三个层次是：广告受众对广告的全方位监督；广告社会监督组织的中枢保障作用；新闻传媒、政府广告管理机关和人民法院对虚假、违法广告及其责任人的曝光、查禁和惩处。

1. 广告受众对广告的全方位监督

每一位能够接触到广告的社会成员，只要其生理和心理没有什么缺陷，都有权对广告进行监督。由于广告社会监督队伍庞大，其成员的性别、年龄、出生、兴趣、爱好各不相同，因而其对广告的要求也不尽一致；有人要求内容真实，有人要求蕴含深厚，有人要求风格朴实……这许许多多的各不相同和不尽一致，便构成了广告社会监督主体——广告受众对广告的全方位监督。广告中任何违法、虚假的成分都逃脱不了广告受众雪亮的眼睛。广告受众这种对广告的全方位监督，构成了广告社会监督的第一个层次，它是广告社会监督的基础。可以这么说，如果没有如此庞大的广告社会监督队伍，以及他们对广告的自觉监督，那么，仅凭数量有限的各级消费者协会，无论其怎样努力工作，都无法完成对纷繁复杂、数量众多的广告的监督。正因为有广告受众对广告全方位监督这样坚实的基础，广告社会监督才得以顺利进行。

2. 广告社会监督组织的中枢保障作用

广告社会监督组织在广告社会监督的运行机制中介于新闻传媒、广告管理机关、人民法院与广告受众之间，处于第二层次。对商品或服务进行社会监督，对消费者的合法权益进行保护，是由消费者协会的性质所决定的两大任务。与此相对应，广告社会监督组织也有两大任务：一是对商品或服务广告进行社会监督；二是保护广告受众接受真实广告信息的权利。为了完成这两大任务：

一方面，广告社会监督组织要积极宣传，动员一切可以动员的力量，包括来自个人，或来自企事业单位、社会团体及其他组织的力量，对广告进行全方位的社会监督。

另一方面，广告受众对虚假、违法广告的举报与投诉，广告社会监督组织有责任与义务向大众传播媒介进行通报，并让新闻传媒对其进行曝光；对情节严重并造成了严重后果的，广告社会监督组织还应向广告管理机关和人民法院提起诉讼。

因此，在广告社会监督的运行机制中，广告社会监督组织上接新闻传媒、广告管理机关、人民法院，下连广告受众，起着重要的中枢保障作用，并共同构成一个有机的整体。

3. 新闻传媒、政府广告管理机关、人民法院对虚假、违法广告及其责任人的曝光、查禁和惩处

由广告社会监督组织"官意民办"的特点所决定，其无法独立完成对商品或服务广告进行社会监督和保护广告受众接受真实信息的权利这两大任务，在通常情况下，它不得不借助于新闻传媒、政府广告管理机关、人民法院对虚假、违法广告及其责任人的曝光、查禁和惩处。因此，新闻传媒、政府广告管理机关、人民法院对虚假、违法广告及其责任人的曝光、查禁和惩处，便构成了广告社会监督运行机制的第三层次，也是最高层次。在该层次，对广告受众投诉与举报的虚假、违法广告，最常见的做法是通过一定的社会监督组织，向新闻传媒进行发布，然后再由新闻传媒对其进行曝光，借助社会舆论的力量防止虚假、违法广告的出现和出现后的进一步蔓延。所以，新闻传媒对虚假、违法广告的曝光在广告社会监督中起着至关重要的作用，这种作用在一定程度上是不可替代的。可以这样说，广告社会监督的任务完成与否，在很大程度上取决于新闻传媒对虚假、违法广告的这种舆论监督作用是否发挥出来了。除此以外，政府广告管理机关、人民法院对情节严重并造成了重大伤害的虚假、违法广告的查禁和惩处，也是广告社会监督得以顺利实现的重要保证。当然，这已不是广告社会监督，而是属于广告行政管理的范畴了。

【本章思考题】

1. 广告管理的内容有哪些？
2. 广告管理的方法有哪些？
3. 简述广告行业自律与广告行政管理的关系。
4. 简述广告监督管理的特性。
5. 简述广告社会舆论监督管理的概念与特点。
6. 简述广告社会舆论监督管理的运行机制。

【案例分析讨论】

关于绝对化用语和虚假宣传的典型案例

一、案件来源

2016年12月，崇川区市场监督管理局收到群众举报材料，该材料反映南通A公司在天猫网上开设的名为某网络旗舰店（以下简称：涉案网店）在销售"蚊帐"商品（以下简称"涉案商品一"）时，在其宣传网页上使用"最新""最"的广告用语，当事人的上述行为涉嫌违反了《中华人民共和国广告法》的有关规定，崇川区市场监督管理局决定立案调查。在调查期间，2017年2月该局又收到上级机关转来的新交办单，该交办单反映当事人在上述涉案网店销售"床单被套4件套"商品（以下简称"涉案商品二"）时使用"限量巨亏；这是一款颠覆传统的套件，特别引进欧美纳米颗粒技术，只限今天的活动亏本哦，错过了，您将坐等20年；买贵了！10倍差价奉还""用户推荐率89%"等广告用语，当事人的上述行为也涉嫌违反了《中华人民共和国广告法》的有关规定，该局考虑到上述举报是针对同一当事人、同一涉案网店且违法行为性质相同，因此决定并案处理。

二、案件查明的事实

（1）当事人于2016年6月起通过涉案网店正式对外销售"涉案商品一"，并在其销售页面使用了"潮流体验，很有款很有型的落地式蚊帐，紧随时尚潮流，风华绝代，给您最新的体验，最高雅的品位，最时尚的生活"等广告用语，当事人接到有关消费者投诉后于2016年12月中旬自行下架了"涉案商品一"（含广告）。同时查明，上述广告由当事人自行随机找美工进行设计制作，由美工设计制作后交由当事人并由当事人自行上传到涉案网店，双方未签订书面广告合同，广告设计费用为200元（备注：未开具发票），调查期间当事人表示使用上述广告用语是基于"涉案商品一"为当事人新开发的产品且在市面上并不多，因此涉案广告用语仅属于"涉案商品一"将给消费者带来体验的一种期待和主观感受描述等宣传，涉案商品上架销售期间销售总金额为＊＊＊元。

（2）当事人于2017年1月通过涉案网店对外销售"涉案商品二"时在其销售网页使用了以下广告用语："没有不抢的道理！限量巨亏，手快有，手慢无！""震撼品质套件，限时特惠抢购，这是一款颠覆传统的套件，别家可是没有这款的哦！四季可用，久洗不变形。更特别引进欧美纳米颗粒技术，根据人体恒温、透气、防潮、防寒、防汗，这可是孕妇、宝宝、老人必备的一款暖绒套件哦。因为产量有限，后面卖价也不会便宜，只限今天的活动亏本哦，错过了，您将坐等20年。""嘿！限量巨亏，买贵了！10倍差价奉还！抢到就是赚到，错过就是罪过！""震撼行业底线价，现在就抢，划算到家。""高性价比88%，每一百位使用者有88位非常满意且高于期待。""重复购买率39%，'回头客'高达39%，25%客户大于三次购买。""用户推荐率89%，超过89%的客户推荐给身边的朋友。"当事人接到有关消费者投诉后，于2017年2月下旬自行下架"涉案商品二"（含广告）。同时查明，上述广告由当事人自行随机找美工进行设计制作，由美工设计制作后交由当事人并由当事人自行上传到涉案网店发布，双方未签订书面广告合同，广告设计费用为200元（备注：有补开发票），调查期间，当事人明确表示无法提供相关证明材料证明或支撑上述广告用语，涉案商品上架销售期间销售总金额为＊＊＊＊元。

三、执法人员的分析和处罚建议

执法人员分析如下：

1. 对"涉案商品一"广告用语的分析

当事人在涉案网店销售"涉案商品一"时，在其宣传网页中使用了"潮流体验，很有款很有型的落地式蚊帐，紧随时尚潮流，风华绝代，给您最新的体验，最高雅的品位，最时尚的生活"等广告用语，其中"最新的体验""最高雅的品位""最时尚的生活"应从其整体语境进行认定。

（1）"体验""品位""生活"等本身均属于相对抽象的概念和事项，所以认为对此的宣传和修饰更多属于和基于个人情感、个人喜好、个人愿景等带有明显个体倾向和主观色彩的描述性宣传。

（2）随着我国经济社会的持续发展，一般普通消费者大都已初步形成自己固有的消费理念和选购标准，不会轻易因为当事人的上述较为笼统且主观性色彩较浓的宣传而轻易改变其固有的消费理念和选购标准，同时，一般消费者在选择购买或不购买某个商品时更多地是基于其本身的需求，对商品本身品质、功能、款式、美观等因素的考量，因此综上，一般普通消费者不会因为上述涉案广告用语的使用而产生误导并进而做出违背其原有意思的错误意思表示或错误选择等，同时也不会因为上述涉案广告用语产生贬低其他竞争对手等危害后果，并且当事人接到有关消费者投诉后主动下架了"涉案商品一"，也佐证了当事人无主观违法的故意和动机。

综上，执法人员认为当事人的上述"涉案商品一"的上述广告用语尚不违反《中华人民共和国广告法》的有关规定。

2. 对"涉案商品二"广告用语的分析

（1）"没有不抢的道理！限量巨亏，手快有，手慢无！""震撼品质套件，限时特惠抢购。""因为产量有限，后面卖价也不会便宜，只限今天的活动亏本哦，错过了，您将坐等20年。""嘿！限量巨亏，买贵了！10倍差价奉还！抢到就是赚到，错过就是罪过！""震撼行业底线价，现在就抢，划算到家。"这些广告用语涉嫌价格违法，执法人员认为应依法移送物价部门处理（前期已移送），因此不再对该部分进行认定处理。

（2）上述"涉案商品二"的其他涉案广告用语，执法人员认为其本质是对"涉案商品二"的"永不变形"的质量、生产过程采用"先进纳米颗粒技术"和引用相关数据对涉案商品的高购买价值等方面的宣传，当事人作为广告主理应对上述广告内容的真实性负责，即当事人应提供必要的证据或证明材料来证明上述宣传的真实性和合理性，然而当事人无法证明且上述广告宣传事项属于对普通消费者购买行为有实质性影响的事项，所以执法人员认为当事人的上述行为应认定为违反了《中华人民共和国广告法》第四条的规定，即当事人的上述广告含有了虚假或者引人误解的内容，引发了欺骗或误导消费者的法律后果，应根据《中华人民共和国广告法》第五十五条的规定进行处罚，同时考虑当事人在接到有关消费者投诉后主动下架了"涉案商品二"（含广告），认为当事人上述行为符合《行政处罚法》第二十七条第一款第（一）项的规定。

综上所述，当事人在"涉案商品二"的销售网页发布违法广告的行为违反了《中华人民共和国广告法》第四条的规定，构成了《中华人民共和国广告法》第二十八条第（二）项所规定的发布虚假广告的行为，根据《中华人民共和国广告法》第五十五条的规定，执法人员建议给予当事人以下行政处罚：①责令停止发布广告并在相应范围内消除影响；②罚款700元整。

讨论题：

1. 该广告的违法之处在哪里？指出判断其违法的法律依据。
2. 作为企业和广告管理机构，在广告的规范和管理中各自要起什么作用？承担什么责任？
3. 纵观这起违法广告活动的发生、发展和结果，我们可以从中得到哪些启示？

【本章参考文献】

[1] 倪宁. 广告学教程 [M]. 北京：中国人民大学出版社，2009.
[2] 张金海. 广告学教程 [M]. 上海：上海人民出版社，2003.
[3] 王卓茹. 广告学概论 [M]. 北京：化学工业出版社，2009.
[4] 苗杰. 现代广告学 [M]. 北京：中国人民大学出版社，2008.
[5] 丛新强，梁绪敏. 广告法规与管理 [M]. 济南：山东大学出版社，2004.